## Zu diesem Buch

Die deutsche Reformpädagogik wurde 1933 weder völlig unterdrückt noch total und bruchlos in den Nationalsozialismus integriert. Sie überlebte nicht nur im autonomen jüdischen Schulwesen, das bis 1938 fortschrittlichen jüdischen Lehrern Zuflucht und Arbeit bot, sondern auch in der Emigration: Eine beachtliche Anzahl von Lehrern und Erziehern hat im Exil Schulen und Heime im Geist der Reformpädagogik oder sozialistischer Erziehungsvorstellungen gegründet. Einige dieser Gründungen, so Paul Geheebs «École d'Humanité» in der Schweiz und Kurt Hahns zur Verwirklichung seiner «Pädagogik des Abenteuers» ins Leben gerufenen Schulen, sind bekannt und bestehen noch heute. Wer weiß aber noch etwas von der «Internationalen Quäker-Schule» in Eerde (Holland), der «Pestalozzi-Schule» in Buenos Aires, einer betont antifaschistischen Gegengründung zur offensiven NS-Kulturpolitik in Lateinamerika? Sie sind ebenso vergessen wie Pitt Krügers auf dem Prinzip der «Ausgeglichenheit» und konsequenter Selbstversorgung basierenden Kinder- und Schulgemeinschaft in den südfranzösischen Pyrenäen oder die «Stockbridge School» in Massachusetts, in der zum erstenmal in den USA die gemeinschaftliche Internatserziehung von Farbigen und Weißen verwirklicht wurde. Dieser Band nimmt Spuren der real und aus dem Bewußtsein verdrängten Pädagogik wieder auf. Er dokumentiert pädagogisches Selbstverständnis, Schulgründungen und Schulalltag lebendig in Wort und Bild. Diese notwendige erste Erinnerung an die «pädagogische Emigration» verbindet sich mit der Frage, welche Rolle die «Pädagogik im Exil» beim Wiederaufbau des deutschen Schulwesens nach 1945 spielte.

## Über die Herausgeberin

Dr. Hildegard Feidel-Mertz. geb. 1930. Prof. für Jugend- und Erwachsenenbildung im Fachbereich Sozialwesen an der Gesamthochschule u. Universität Kassel. Arbeits- und Forschungsschwerpunkte: Geschichte der Erwachsenen-, inbes. Arbeiterbildung/Regionalgeschichte der Arbeiterjugendbewegung/Wirkungsgeschichte emigrierter Lehrer und Erzieher nach 1933.
(Weitere Hinweise auf die Autoren-Mitarbeiter S. 12f.)

Hildegard Feidel-Mertz (Hg.)

# Schulen im Exil

## Die verdrängte Pädagogik nach 1933

Unter Mitarbeit von Peter Budde, Jürgen P. Krause,
Gunter Nabel und Hermann Schnorbach

Rowohlt

# Kulturen und Ideen

Herausgegeben von Johannes Beck,
Heiner Boehncke, Wolfgang Müller
und Gerhard Vinnai

Redaktion Wolfgang Müller
Umschlagentwurf Stolle Wulfers (unter Verwendung
eines Fotos aus Hans Weils «Schule am Mittelmeer»
© Senta Weil, New York)

Originalausgabe
Veröffentlicht im Rowohlt Taschenbuch Verlag GmbH,
Reinbek bei Hamburg, November 1983
Copyright © 1983 by Rowohlt Taschenbuch Verlag GmbH,
Reinbek bei Hamburg, mit Ausnahme der
auf S. 254 genannten Beiträge
Satz Times (Linotron 404)
Gesamtherstellung Clausen & Bosse, Leck
Printed in Germany
1480-ISBN 3 499 17789 7

# Inhalt

# Zur Einführung

## Von den Schwierigkeiten, die Geschichte einer verdrängten Pädagogik zu schreiben

Mit dieser Dokumentation wird versucht, einen zweifachen Verdrängungsprozeß transparent und wenigstens teilweise rückgängig zu machen: die leibhaftige Verdrängung der in Personen und Institutionen verkörperten progressiven Pädagogik aus Deutschland nach 1933 – und die Verdrängung dieses Vorgangs aus dem Bewußtsein der Generationen von Lehrern und Erziehern, die seit 1945 herangewachsen sind. Sie entwikkeln ihre eigenen pädagogischen Alternativen, oft ohne zu ahnen, daß andere vor ihnen sich schon mit ähnlichen Problemen herumgeschlagen und manchmal sogar diskutable Lösungen gefunden haben. Bestenfalls haben sie während ihres Studiums beiläufig davon gehört oder gelesen, daß es in den zwanziger Jahren eine Reformpädagogik gab, die aber 1933 abrupt beendet, wenn nicht gar total und «bruchlos in den Faschismus integriert» worden sei (v. Dick, 1979; Zudeick, 1982; Beck, 1982). Das stimmt so nicht, wie dieser Band belegt. Die Herausgeber des «Jahrbuchs für Lehrer 6» haben mit der Aufnahme eines knappen Ausblicks auf die «Schulen im Exil» darauf verwiesen, daß das Wissen über sie ins «kollektive Gedächtnis der Lehrerschaft» gehört. Durch die Studentenbewegung wurde immerhin vorübergehend die in der Weimarer Republik florierende psychoanalytische und sozialistische Pädagogik wiederentdeckt. Deren «große Namen» – Siegfried Bernfeld, Otto Rühle, E. Hoernle, Kurt Löwenstein, um nur einige zu nennen – sagen vielen heutigen Pädagogikstudenten schon nichts mehr. Wie sollten sie danach fragen, was aus diesen und anderen, weniger bekannten Verfechtern eines pädagogischen Fortschritts 1933 wurde? Ihre Lehrer an den Hochschulen wissen es meist selber nicht. Das brauchte man ihnen noch nicht vorzuwerfen. Aber: sie haben lange genug in ihrer Mehrheit nicht einmal danach gefragt.[1] Sie unterscheiden sich darin leider nicht von den Vertretern anderer Disziplinen.

Die historische Erziehungswissenschaft hat sich mit der Einschätzung dieser «ersten» vielschichtigen und ambivalenten Reformpädagogik ohnehin schwer getan. Auf ihre Kontroversen und Defizite kann hier nicht näher eingegangen werden. Das bleibt einer späteren Veröffentlichung vorbehalten, die sich auch kritischer, als es in diesem Rahmen geschieht, mit der Reformpädagogik im Exil insgesamt auseinandersetzen soll.[2]

Hier soll nun eine erste und möglichst anschauliche Vorstellung davon gegeben werden, was Pädagogen, deren pädagogische und politische Grundhaltung mit dem Faschismus unvereinbar waren, in der Emigration als Lehrer und Erzieher einer wie sie entwurzelten Jugend und darüber hinaus als «Vermittler zwischen den Kulturen» geleistet haben. Das geschah vor allem durch Schul- und Heimgründungen, wie sie in diesem Band zunächst einmal beschrieben und ansatzweise in ihre Rahmenbedingungen eingeordnet werden. Dazu gehören auch Informationen über die Vor-Geschichte der «Schulen im Exil», das heißt eine abrißhafte Darstellung der Verhältnisse, die sie überhaupt erst notwendig machten. Diese Informationen zusammenzutragen, war nicht minder langwierig und mühsam als die eigentliche Erforschung der «verdrängten Pädagogik» selbst. Denn zu kaum einer der Fragestellungen, die auftauchten, gab es hinreichende Vorarbeiten. Manches konnte daher nur als untersuchungsbedürftig erkannt und benannt, aber nicht schon angemessen bearbeitet werden.[3] Es gab immer wieder überraschende und bewegende Momente: So als bei der «Fahndung» nach Lehrern einer Schule im Exil mit dem jüdischen Landerziehungsheim Caputh bei Potsdam zufällig die verborgene «pädagogische Provinz» des jüdischen Erziehungs- und Bildungswesens in den Blick geriet, das zwischen 1933 und 1938 nicht nur ein bewußtes Judentum pflegte, sondern auch – in Hitlerdeutschland! – die Chance bot, reformpädagogische Ansätze in der «inneren Emigration» zeitweilig weiterzuverfolgen. Damit wird freilich die hier vertretene These, daß wesentliche Tendenzen der deutschen Reformpädagogik in den Schul- und Heimgründungen emigrierter Pädagogen «aufgehoben» und fortentwickelt wurden, nicht grundsätzlich widerlegt. In der Emigration kam die deutsche Reformpädagogik auf den Prüfstand. Ihre Anhänger wurden gefordert wie nie zuvor und bewährten sich, indem sie

– im Zusammenleben und -arbeiten von Lehrern und Schülern das «pädagogische Verhältnis» intensiver denn je gestalteten und damit die Schulen und Heime im Exil zu einer echten Alternative zur defizitären oder fehlenden familiären Erziehung werden ließen;

– aus objektiver Notwendigkeit Erziehungsziele und -methoden erstmals «ernsthaft» realisierten, die zunächst nur pädagogische Veranstaltungen gewesen waren (Selbsttätigkeit, Verbindung von Theorie und Praxis usw.);

– an einem «Menschenbild» festhielten, das vom Faschismus verraten wurde;

– nationale Borniertheit nicht nur rhetorisch überwanden, sondern durch praktisch geübte Toleranz und Verständigung zwischen Menschen unterschiedlicher Gruppenzugehörigkeit.

Die «Schulen im Exil» stehen überwiegend in der Tradition der deutschen Landerziehungsheimbewegung, auch wenn sie darüber hinaus noch andere Absichten verfolgen wie die Versorgung und Ausbildung von Flüchtlingskindern im Blick auf eine ungewisse Zukunft. Die einzige bedeutende Ausnahme stellt die als Tagesschule geführte Pestalozzi-Schule in Buenos Aires dar, die in ihrer Arbeit aber gleichfalls ausdrücklich an die Schulversuche im öffentlichen Schulwesen der zwanziger Jahre anschließt. Sie repräsentiert zugleich die sozialistische Erziehungsbewegung, die seinerzeit im übrigen auch Formen der Internatserziehung entwickelte, wie zum Beispiel die von Leonard Nelson begründete Walkemühle. Deren Nachfolgeschulen in Dänemark und England bilden mit der von dem Quäker und Sozialisten Pitt Krüger ins Leben gerufenen «Kindergemeinschaft» einen bislang kaum wahrgenommenen «linken Flügel» innerhalb der Landerziehungsheime im Exil. In ihnen spiegelt sich das breite Spektrum wider, zu dem sich die Landerziehungsheimbewegung, in der die verschiedenen pädagogischen Reformbestrebungen – der Arbeitsschule, der Kunsterziehung, der Erziehung zum einfachen, naturnahen Leben – zusammengeflossen waren, schon während der Weimarer Republik entfaltet hatte. Es reicht vom Typ der «Freien Schulgemeinde», wie ihn Wyneken und Geheeb vertraten, bis zum «klassischen» Landerziehungsheim im Sinne des Gründervaters Hermann Lietz. Daß sich manche der «Schulen im Exil» von dieser Tradition deutlich abzugrenzen versuchen, läßt sie ihr zugleich verhaftet sein: die Landerziehungsheimbewegung besteht aus einer unendlichen Folge von Sezessionen und Neugründungen.

Daß gerade das Landerziehungsheim im Exil größere Verbreitung fand, hat seinen naheliegenden Grund in der bedrängten existentiellen Situation der geflüchteten Lehrer und Schüler. Die Schul- und Heimgründungen waren für beide Teile ein Akt der Selbsthilfe mit der vordringlichen Aufgabe, den verunsicherten, oftmals elternlosen Kindern das Ein- und Überleben in der Fremde zu erleichtern. Es gab Einrichtungen, die trotz – oder wegen – ihres Anspruchsniveaus nach einigen Jahren an ökonomischen und politischen Schwierigkeiten scheiterten (wie zum Beispiel die Nachfolge-Schulen der Walkemühle oder die «Schule am Mittelmeer» von Hans Weil); andere hatten kein eigenes, bemerkenswertes Konzept, dienten lediglich als Verwahranstalten auf Zeit. Einige jedoch – und über sie vor allem berichtet die Dokumentation – nahmen nicht nur die zeitgebundene Aufgabe wahr, sondern bewiesen darüber hinaus ein spezifisches Selbstverständnis, leisteten Beiträge zur Lösung pädagogischer und schulpolitischer Probleme im Gastland und brachten es – wenn auch unter zum Teil erheblichen Veränderungen – fertig, längerfristig oder gar bis heute zu überdauern.

Relativ bekannt geworden sind die von Paul Geheeb in der Schweiz begründete École d'Humanité und die von Kurt Hahn in Großbritannien geschaffenen Institutionen. Weil über sie – wie auch über die Walkemühle und ihre Nachfolge-Schulen – bereits einige Literatur existiert, fällt unter Verweis darauf der begleitende Text zu den sie betreffenden Dokumenten knapper aus als bei den übrigen Schul-Beispielen. Denn was weiß man schon von der Internationalen Quäkerschule in Eerde/Holland; von der antifaschistischen Gegengründung zur offensiven NS-Kulturpolitik in Lateinamerika, der Pestalozzi-Schule in Buenos Aires; von Pitt Krügers auf dem Prinzip der «Ausgeglichenheit» und konsequenter Selbstversorgung basierenden Kindergemeinschaft in den französischen Pyrenäen; von der Stockbridge School in Massachusetts, mit der Hans Maeder der gemeinschaftlichen Internatserziehung von Farbigen und Weißen in den USA zum Durchbruch verhalf?

Alle waren «einmalig» – in der beglückten und dankbaren Erinnerung derer, die sie als ein Stück Heimat im fremden Land und als stärkenden Rückhalt beim Aufbruch in eine Zukunft erlebten, die damals wirklich keine zu sein schien. Lehrer und sozialpädagogisch ausgebildete Kräfte wußten sich gebraucht, sie mußten nicht berufsfremd arbeiten oder um Unterstützung bitten. Die bei Schülern von Landerziehungsheimen oft feststellbare, extreme Anhänglichkeit an die Institution, die auf sie in ihren empfänglichsten Jahren umfassend und persönlichkeitsprägend eingewirkt hat, gewinnt in den «Schulen im Exil» begreiflicherweise noch an Intensität. Soweit Zeugnisse über den späteren Lebensweg vorliegen, ist zu beobachten, daß offenbar pädagogische oder soziale Berufe oder auch ein vergleichbares nebenberufliches Betätigungsfeld gern gewählt werden. Die Neigung zur Pflege zwischenmenschlicher Beziehungen oder die Wahrnehmung sozialer und politischer Verantwortlichkeit überträgt sich sogar nicht selten auf die nächste Generation. Insofern dürfte die «Reichweite» dieser Schulen größer gewesen sein, als ihre vielfach räumlich und zeitlich begrenzte Existenz vermuten läßt.

Dieses innige Verhältnis vieler ehemaliger Schüler und Lehrer zu den «Schulen im Exil», das sie Fotos, Briefe, Schularbeiten, Schulzeitungen und anderes mehr über Jahrzehnte hinweg aufbewahren und von einer Fluchtstation zur anderen retten ließ, hat das vorliegende Buch ermöglicht. Es enthält nur einen Bruchteil des Materials, das sich inzwischen angesammelt hat und noch ständig vermehrt. Lebendig wird es aber erst in den Erzählungen der «Ehemaligen» aus ihrer Schulzeit. Sie bilden deshalb einen wichtigen Bestandteil der Dokumentation und lassen vielleicht die Wärme und Unmittelbarkeit ahnen, die unsere Gespräche mit den «Betroffenen» zu faszinierenden Begegnungen machte. Wir meinen uns dafür am ehesten dankbar erweisen zu können, wenn wir – nach Abstimmung mit unseren Gesprächspartnern – nun einiges von dem weitergeben, was man uns anvertraut hat.

Indem diese Darstellung weitgehend die Lehrer und Schüler selbst zu Worte kommen läßt oder sich auf Interviews mit ihnen stützt, versucht sie zugleich, ein methodisches Problem zu lösen, mit dem auch frühere Publikationen über Schulversuche oder Versuchsschulen vor und nach dem Ersten Weltkrieg zu kämpfen hatten: daß nämlich der besondere «Geist», die Atmosphäre einer solchen komplexen Lebens- und Arbeitsgemeinschaft nur schwer verbal zu vermitteln und adäquat auf den Begriff zu bringen sind. Das gilt vor allem für Berichte und Analysen von «Außenstehenden», selbst wenn diese sich eine Weile in den einzelnen Einrichtungen aufgehalten haben. Aber auch die Wiedergabe der schulischen Arbeit durch die Schulleiter und ihre Mitarbeiter bleibt – wiederum aus anderen Gründen – mitunter einseitig und fragmentarisch. Ein wesentlicher Aspekt wird meistens ausgeblendet: wie sich die Schule in der Sicht der Schüler darstellt. Daß die Urteile von Lehrern und Schülern erheblich voneinander abweichen können, überrascht eigentlich nicht allzu sehr, wenn es auch die angemessene Einschätzung mancher Sachverhalte schwer, wenn nicht unmöglich macht.

Das Interesse der pädagogischen Neuerer ist zudem meist derart auf die aktive Bewältigung von Gegenwart und Zukunft gerichtet, daß sie für eine entfaltete theoretische Reflexion und gar eine sorgfältige Aufzeichnung des Vergangenen kaum Zeit und Energie erübrigen mögen; ihre Stärke ist die innovatorische Praxis. Daß außerdem deren Verwaltung in der Regel eher nachlässig gehandhabt wird, setzt der historischen Forschung, die deshalb kaum auf komplette und bürokratisch geführte «alternative» Schulakten zurückgreifen kann, erhebliche Grenzen. Es liegt auf der Hand, daß diese an sich schon schwierige «Spurensicherung» bei den Schulen im Exil noch auf zusätzliche Hindernisse trifft. Wo es irgend noch anging, haben wir uns zumindest von Örtlichkeit und Landschaft – für Landerziehungsheime grundlegend wichtig – eine eigene Anschauung verschafft. Die Befragung von Zeitzeugen wurde mit der Auswertung von Zeitschriften und Archivbeständen verschränkt. Wir haben bedrückende Stunden über Ausbürgerungsakten – und den Totenlisten von Auschwitz verbracht, in der vergeblichen Hoffnung, daß nicht alle der aus einer der Schulen deportierten Kinder umgekommen seien. Alle diese Schwierigkeiten und aller Aufwand an Arbeitskraft, Zeit und Geld werden – darin sind sich die Herausgeberin und ihre Mitarbeiter einig – mehr als aufgewogen durch die große Bereicherung und Ermutigung, die der Umgang mit der Sache und den Menschen, die für sie unter härtesten Bedingungen überzeugend eingetreten sind, mit sich bringt. Wir hoffen, daß sich etwas davon beim Lesen überträgt und vielleicht den einen oder anderen motiviert, uns bei der weiteren Arbeit zu unterstützen.

Ein Problem macht uns und jedem zu schaffen, der wie wir nicht eigentlich Interviews im strengen Sinn, sondern Gespräche mit Menschen führt, zu denen freundschaftliche Beziehungen bestanden oder sich aus den Gesprächen entwickelten. Diese Beziehungen werden durch den von uns mit einiger Anstrengung unternommenen Versuch, das Mitgeteilte in größere Zusammenhänge einzuordnen und zu «objektivieren», sicherlich einer

Belastungsprobe ausgesetzt. Mit der wachsenden Zahl solcher Kontakte wird es außerdem immer schwieriger, sie so zu pflegen, wie wir es selber gerne möchten und wie es von unseren Gesprächspartnern, die wir in keinem Falle nur als Lieferanten von Informationen angesehen haben, mit Recht erwartet wird. Wir hoffen aber auf ihr Verständnis.

Die Herausgeberin wird oft gefragt, wie sie der Sache überhaupt auf die Spur kam und warum sie ihr derart interessiert und ausdauernd nachgeht. 1930 geboren, hat sie auf Grund der eigenen Familienkonstellation politische und rassische Verfolgung im faschistischen Deutschland schmerzhaft deutlich wahrgenommen: Es fehlte nicht viel, und sie wäre eines der Kinder gewesen, um die sich die emigrierten Pädagogen gekümmert haben. Sie ist dann während der fünfziger Jahre in Gremien der Gewerkschaft Erziehung und Wissenschaft, die damals an Plänen für eine gründliche strukturelle und inhaltliche Veränderung des deutschen Bildungs- und Erziehungswesens arbeiteten, Rückkehrern aus der Emigration begegnet, die sie durch ihre Persönlichkeit wie durch ihr pädagogisch-politisches Engagement sehr beeindruckt haben. Seitdem beschäftigt sie die Frage nach Ausmaß und Hintergründen eines solchen Engagements. An der Universität hat sie von den Remigranten Horkheimer und Adorno am meisten gelernt und sich Adornos Forderung an eine «Erziehung nach Auschwitz» zu eigen gemacht: dazu beizutragen, daß Auschwitz nicht noch einmal sei. In einem 1966 veröffentlichten Tagungsbericht wurde von ihr erstmals angeregt, die in die Emigration und aus dem Bewußtsein verdrängte Pädagogik zu erforschen. Die Deutsche Forschungsgemeinschaft unterstützte das Vorhaben der Herausgeberin von 1974 bis 1977, das in einem ersten inzwischen abgeschlossenen und publizierten Teilprojekt die Geschichte des Verbandes deutscher Lehreremigranten (1933 bis 1939) rekonstruiert und in den Traditionszusammenhang der demokratischen Lehrerbewegung eingeordnet hat. Dabei kamen auch bereits die pädagogischen Aktivitäten der emigrierten Lehrer und Erzieher ins Blickfeld; ihnen konnte aber erst in einem zweiten Arbeitsabschnitt gezielt nachgegangen werden. Dieses nicht mehr von der DFG, sondern aus Hochschul- und Eigenmitteln finanzierte Unternehmen ist auf die Bereitschaft zur «Selbstausbeutung» bei den – teilweise arbeitslosen – Mitarbeitern angewiesen, denen «die Sache» mittlerweile fast ebenso wichtig geworden ist wie der Herausgeberin selbst. Ihr Anteil an dieser Veröffentlichung beschränkt sich nicht auf die Autorschaft für einzelne Kapitel; Konzeption, Kriterien für die Auswahl von Dokumenten und einzelne Gestaltungselemente wurden gemeinsam beraten. Dennoch bleibt die Herausgeberin in der Hauptsache verantwortlich, so insbesondere für diese Einführung und die von ihr darüber hinaus verfaßten Kapitel über «Die Internationale der ‹Neuen Erziehung›», «Reformpädagogik und Faschismus», «Rettet die Kinder!»; die Einleitung zum Hauptteil über die «Schulen zum Überleben» und die Kommentare zu Bunce Court School, die Nachfolgeschulen der Walkemühle, Kristinehov und die «Schule am

Mittelmeer», die Ecole d'Humanité, die Schulgründungen von Kurt Hahn und die Pestalozzi-Schule; die abschließenden Überlegungen zu den Plänen und Perspektiven nach 1945 sowie den Biographischen Anhang.

*Hermann Schnorbach*, zwischen Lehrerexamen, Diplom und Promotion nur mit Zeitverträgen an Frankfurter Schulen tätig, hat schon die frühere Forschungsarbeit und die aus ihr resultierenden Veröffentlichungen mitgetragen; er steuerte über seinen Beitrag zu Pitt Krüger und La Coûme hinaus Informationen über Berufsverbote für mißliebige Lehrer und den Abbau reformpädagogischer Einrichtungen bei. *Peter Budde*, Sonderschullehrer in Holzminden, übernahm das reichhaltige Material über die Internationale Quäkerschule in Eerde/Holland, Grundstock der Sammlung «Schulen im Exil», zur Vervollständigung und Bearbeitung; es soll noch eine eigenständige, größere Arbeit daraus werden. Die Übersetzungen aus dem Englischen besorgte *Jürgen Krause*, nach dem Magister- und ersten Lehrerexamen in Freiburg noch ohne Anstellung, der zunächst durch sein Interesse an dem Landerziehungsheim Herrlingen (= Bunce Court School oder New Herrlingen) Anschluß an die Projektarbeit fand und dazu auch bereits einziges Material zusammengetragen hat. *Gunter Nabel*, Apotheker in Wolfsburg, mit zusätzlichem Psychologiestudium und pädagogischen bzw. journalistischen Nebentätigkeiten, wurde als ehemaliger Austausch-Schüler und Assistent von Hans Maeder zur Stockbridge School befragt und darüber zum Co-Autor; seine «Collage» ist Dokument und Darstellung zugleich.

Mit diesem Buch soll unsere Zusammenarbeit nicht beendet sein. Aus dem Material ließe sich noch einiges – zum Beispiel eine Ausstellung – machen. Es wird auf jeden Fall fortlaufend ergänzt und über die Herausgeberin für Interessenten zugänglich sein.

Zu danken haben wir nicht nur denen, die uns für das Buch ihre Informationen, Text- und Bilddokumente überlassen haben, sondern auch einer langen Reihe einschlägiger Bibliotheken und Archive, aus der hier nur die uns großzügig eröffneten Schularchive der Hermann-Lietz-Schulen in Bieberstein, der Odenwaldschule und der Schule Schloß Salem herausgehoben werden sollen, weil sich deren Zugänglichkeit nicht von selbst versteht.

Gewidmet ist das Buch, in Abwandlung eines Buchtitels von Irmgard Keun, den «Kindern vieler Länder», den Kindern auf der Flucht, den Kindern zwischen den Kulturen. Es gibt sie nach wie vor. Wer ihnen hilft – und dazu fordert das Buch auf –, hilft manchmal auch sich selbst.

## Anmerkungen

1 Das hat ähnliche, aus Wissenschaftsverständnis und -geschichte der Pädagogik abzuleitende Gründe wie der von Gamm gleichfalls als «Verdrängung» registrierte Tatbestand, daß in der deutschen «Katheder-Pädagogik» eine bildungs-

theoretische Auseinandersetzung mit der faschistischen Ideologie vor und nach 1933 fast ganz unterblieb.

2 Sie wird sich auch auf die weitere Entwicklung von Ideen und Repräsentanten der sozialpädagogischen Bewegung und der Erwachsenenbildung im Exil erstrecken.

3 Das gilt beispielsweise für die «sozialistische» Internationale der neuen Erziehung, deren «bürgerliche» Komponente von Hermann Röhrs mehrfach dargestellt worden ist, oder die Entwicklung einzelner Landerziehungsheime im Nationalsozialismus, die in diesem Zusammenhang lediglich in großen Zügen und paradigmatisch abgehandelt wird. Auch die Geschichte der Rettungs- und Erziehungsarbeit für Flüchtlingskinder ist noch weitgehend ungeschrieben. Zum jüdischen Erziehungs- und Bildungswesen im nationalsozialistischen Deutschland gibt es keine zusammenfassende größere Darstellung in deutscher Sprache; auch die in Bulletins und Jahrbüchern des Leo Baeck Instituts erschienenen Aufsätze sind meist in Englisch verfaßt.


## Literatur

Beck, J.: Einige Widersprüche in den pädagogischen Alternativen, in: J. Beck/H. Boehncke (Hg.): Jahrbuch für Lehrer 7, Reinbek 1982

van Dick, Lutz: Alternativschulen, Reinbek 1979

Feidel-Mertz, H.: Schulen im Exil, in: Jahrbuch für Lehrer 6, Reinbek 1981

Gamm, Hans-Jochen: Die Verdrängung des Faschismus in der bundesdeutschen Pädagogik, in: Jahrbuch für Lehrer 5, Reinbek 1980

Gleim, Bernhard: Was kann man von der Reformpädagogik lernen? in: J. Beck, H. Behncke (Hg.): Jahrbuch für Lehrer 4, Reinbek 1979

Kunert, Hubertus: Deutsche Reformpädagogik und Faschismus, Hannover 1973

Rang, A., Rang-Dudzik, B.: Elemente einer historischen Kritik der gegenwärtigen Reformpädagogik, in: Reformpädagogik und Berufspädagogik. Argument-Sonderband 21, Berlin 1978

Scheibe, Wolfgang: Die Reformpädagogische Bewegung. 2. Aufl. Weinheim 1971

Schonig, Bruno: Irrationalismus als pädagogische Tradition. Die Darstellung der Reformpädagogik in der pädagogischen Geschichtsschreibung, Weinheim 1973

Zudeick, Peter: Alternative Schulen, Frankfurt 1982

# 1
# Die Internationale der «Neuen Erziehung»

Wer hat eigentlich die sogenannte «Reformpädagogik» so genannt? Es fällt auf, daß offenbar nur in Deutschland die «pädagogische Bewegung»[1] – eng mit anderen, auf Gesellschafts- und Lebens«reform» zielenden Bewegungen verknüpft – sich eine *Reform* von Schule und Erziehung vornahm, während in anderen Ländern vergleichbare Bestrebungen stets auf eine «progressive», «freie» oder – am häufigsten – «neue» Erziehung und Schule hinarbeiteten. Die damit beschäftigten Organisationen und Institutionen drücken schon in ihrer Namengebung aus, daß es ihnen nicht um eine teilweise an früheren Zuständen orientierte, sondern um eine grundlegende Veränderung bestehender Verhältnisse geht. Das gilt es zu bedenken, wenn die «deutsche Reformpädagogik» einmal in ihrer unübersehbaren Besonderheit herausgehoben, zum anderen in die «Reformpädagogik des Auslandes» eingeordnet wird. Von Anfang an war das Bemühen um eine Erneuerung der Pädagogik tatsächlich über die ganze Welt verbreitet. Man kann also – worauf vor allem Hermann Röhrs immer wieder hingewiesen hat – zu Recht von einer «Welterziehungsbewegung» sprechen; die Menschen, die ihr zuzurechnen sind, waren durch vielfältige Informationskanäle und Arbeitskontakte miteinander verbunden. Das hat manch einem von ihnen 1933 den Entschluß zur Emigration und die Errichtung von «Schulen im Exil» nicht unwesentlich erleichtert.[2]

Diese Welterziehungsbewegung nahm zwar in den einzelnen Ländern je nach den gegebenen Voraussetzungen einen spezifischen Verlauf und entwickelte unterschiedliche nationale Schwerpunkte, hatte aber – gefördert durch gegenseitige Anregung und Kritik – viel mehr miteinander gemeinsam. Solche Gemeinsamkeiten waren
– die zunächst ausschließliche, später abgewandelte Orientierung an den prinzipiell positiv eingeschätzten kindlichen Bedürfnissen und Fähig-

keiten, die es lediglich freizusetzen galt, gemäß dem von der Schwedin Ellen Key 1900 propagierten «Jahrhundert des Kindes», somit die «Befürwortung einer Pädagogik des Wachsenlassens» oder einer «negativen Erziehung» (Röhrs, 1980, S. 49);

– die Sensibilität für die Bedeutung des frühen Kindesalters (Fröbel, Montessori) wie überhaupt der Alters- und Entwicklungsstufen, die jeweils angemessene pädagogische Verfahrensweise erforderlich machten;

– die vorrangige Bildung des Charakters und des «ganzen Menschen» anstelle reiner Wissensvermittlung, womit man sich am entschiedensten von der «alten» (Lern-)Schule abzusetzen versuchte;

– die Betonung der Selbstbetätigung (Ferrière, Freinet), der manuellen Arbeit in Handwerk (Kerschensteiner), Gartenbau und Landwirtschaft und der «Produktion», die Blonskij, im Gegensatz zu Paul Oestreich, sogar als ökonomische Basis des Schulbetriebs verstand;

– die verändernde und die zu verändernde Beziehung zwischen Lehrern und Schülern, Kindern und Erwachsenen, wobei das Verhältnis von Nähe und Distanz, Emotionalität und Rationalität, von beiderseitigen Rechten und Pflichten immer wieder neu ausbalanciert und verschieden ausgestaltet wurde;

– die vor allem von deutschen und angelsächsischen Vertretern erkannte und praktizierte Gruppenpädagogik, die sowohl mit nach Alter und Geschlecht homogenen wie unterschiedlich zusammengesetzten Gruppen als Erziehungsfaktor arbeitet;

– die Verknüpfung mit gesellschafts- und lebensreformerischen Zielsetzungen, das heißt eine Öffnung der Schule für die Probleme der sie umgebenden engeren und weiteren Welt, was das Erlernen «demokratischer» Spielregeln und Normen am «Modell» von «Schulgemeinde» oder -parlament und anderen Formen der Beteiligung von Schülern an Entscheidungsprozessen und Verwaltungsakten einschloß.

Und schließlich trug die Erfahrung, daß man sich untereinander im wesentlichen verstand und verstehen wollte und in seinen Absichten solidarisch unterstützte, wohl auch dazu bei, daß «Völkerverständigung», der Abbau von Vorurteilen, die Erziehung zu Toleranz und friedlichem Denken und Handeln ebenso die Grundlage wie eine ausdrücklich verfochtene Zielsetzung der «Welterziehungsbewegung» wurde (Röhrs, 1977a, b; 1965, S. 12). Die «Schulen im Exil» setzten diese Postulate durchgängig konsequent in pädagogische Praxis um.

Organisatorisch verfestigte sich die Welterziehungsbewegung insbesondere in der «New Education Fellowship», die sich 1921 auf einer ersten internationalen Konferenz in Calais konstituierte, vorbereitet von der englischen, theosophisch orientierten Pädagogin Beatrice Ensor und ihren Freunden aus der «Fraternity in Education». Die von ihr bereits begründete Zeitschrift «The New Era» wurde das offizielle Publikationsorgan der neuen Weltorganisation, die sich ab 1927 «*Weltbund für*

*Erneuerung der Erziehung»* nannte und unter diesem Namen noch heute besteht. Die englische Sektion blieb im «Weltbund» stets führend, auch nachdem Elisabeth Rotten und Karl Wilker eine deutsche und Adolphe Ferrière in Genf eine französische Sektion mit eigenen Zeitschriften (Das werdende Zeitalter, Pour l'ère nouvelle) gegründet hatten. Die förmliche Gründung der deutschen Sektion geschah zu einem relativ späten Zeitpunkt (1931), der ein Ausreifen fruchtbar erscheinender reformpädagogischer Ansätze unter den Nationalsozialismus nicht mehr zuließ. In den USA hatte sich in den zwanziger Jahren ein «Progressive Education Association» gebildet, die nach anfänglicher Zurückhaltung gegenüber der «New Education Fellowship» (NEF) sich ab 1932 sogar als deren amerikanische Sektion verstand, jedoch erst 1955 gänzlich organisatorisch in ihr aufging (vgl. Röhrs, 1977b, S. 13 ff.). Der NEF bzw. dem Weltbund gehörten nicht nur Einzelpersonen, sondern auch fast alle zum Teil durch bedeutende Persönlichkeiten repräsentierten namhaften Reformschulen als Mitglieder an, zum Beispiel Decroly, Montessori, Kees Boeke, Neill, Peter Petersen und die Jenaplan-Schule, die Daltonplanschulen und die Waldorfschulen). Paul Geheeb war sowohl mit der Odenwaldschule wie der École d'Humanité vertreten, deren Konzept er 1936 auf dem 7. Weltkongreß der NEF sowie in deren Zeitschriften vorstellte. Es erregte «lebhaftes Interesse» (Brief von P. Geheeb an F. Siegmund-Schultze vom 15. 12. 1936), das in einem Aufruf des Kongreßpräsidiums kulminierte, in dem nachdrücklich um moralische und finanzielle Unterstützung der als selbstlose Pioniere der «neuen Erziehung» gewürdigten Geheebs gebeten wird. Die langjährigen Beziehungen Geheebs zu Ferrière, Piaget und dem Genfer Institut International de l'Éducation haben ihm sicherlich beim Neubeginn in der Schweiz geholfen.

In den Themen der vom Weltbund veranstalteten überregionalen und regionalen Konferenzen, die auch gezielte bildungspolitische Anstöße zu geben versuchten (zum Beispiel 1932 in Nizza/Frankreich), spiegelt sich die jeweilige pädagogische und politische Aktualität. So ist es bezeichnend, daß die 1939 für Paris geplante Weltkonferenz mit dem Thema «Der Lehrer und das demokratische Ideal» wegen politischer Schwierigkeiten nicht zustande kam. Seit Nizza hatte der Weltbund systematisch und bewußt soziale und politische Fragestellungen in sein Arbeitsprogramm einbezogen und sich auch während des Krieges für die Wahrung der zunehmend bedrohten menschlichen Grundrechte verantwortlich gefühlt, ohne allerdings seine Möglichkeiten, in Entscheidungsprozesse einzugreifen, richtig einzuschätzen und in die Praxis umzusetzen. Immerhin war der Weltbund an der Gründung zweier, dem Völkerbund und den Vereinten Nationen vergleichbarer Organisationen im pädagogischen Bereich beteiligt und hat deren Aufgaben als Transfer- und Exekutivinstanz verschiedentlich stellvertretend wahrgenommen: des Bureau International d'Éducation in Genf seit 1926 und der UNESCO seit 1945/46.

Ähnlichen Rückhalt, wie ihn die NEF bzw. der Weltbund den vorwiegend «bürgerlichen» Reformpädagogen bei der Emigration bot, fanden die sozialistischen Schul- und Erziehungsreformer bei den der Arbeiterbewegung nahestehenden Zusammenschlüssen. Seit 1922 gab es die Internationale de l'Enseignement, die Pädagogische Internationale oder (nach ihrem Gründungsort und Sitz) «Pariser Lehrerinternationale» genannt. Sie wurde von ausnahmslos allen sozialistischen, kommunistischen oder gewerkschaftlichen Lehrerorganisationen im damaligen Europa getragen und kämpfte *für* die Einheits-Arbeitsschule und *gegen* Imperialismus, Krieg und Völkerhaß. Aus ihr entwickelte sich einige Jahre danach die Internationale der Bildungsarbeiter, die sich als «einzige echte Lehrerinternationale» dem vordringenden Faschismus aufklärend und militant entgegenstellte (Feidel-Mertz, Schnorbach, 1981, S. 53 ff.). Mit ihr, die ihre Massenbasis vornehmlich in der sowjetischen Lehrerorganisation hatte, konkurrierten die reformistischen, sozialdemokratisch und gewerkschaftlich organisierten Lehrer durch die Gründung des Internationalen Berufssekretariats der Lehrer im Rahmen des Internationalen Gewerkschaftsbundes (IBSL), das eine Vielzahl produktiver Ideen entwickelte und mit dem internationalen Arbeitsamt ebenso wie mit den Internationalen Erziehungsbüro in Genf zusammenarbeitete.

Neben der Liga für internationalen Austausch und den internationalen Sommerschulen des IBSL hatten die seit 1927 mit internationaler Beteiligung organisierten Ferienlager und Kinderrepubliken der Sozialistischen Erziehungsinternationale zu verläßlichen Kontakten geführt, die vor allem den aus politischen Gründen zur Emigration gezwungenen Angehörigen pädagogischer und sozialer Berufe zugute kamen. Die Sozialistische Erziehungsinternationale (SEI) war die internationale Kinderfreunde-Organisation in der Emigration und wurde von 1934 bis 1938 von dem ehemaligen sozialdemokratischen Reichstagsabgeordneten und Berliner Bezirksschulrat Kurt Löwenstein geleitet, dem Begründer der deutschen Kinderfreunde-Organisation. Die SEI führte bis Kriegsausbruch 1939 jährlich eine dieser Veranstaltungen in Belgien, Frankreich und Großbritannien durch. Ihr Sekretariat verbreitete durch ein Bulletin, den SEI-Dienst, seit 1936 Informationen über die pädagogische Situation in Nazi-Deutschland, behandelte aber auch allgemeine Fragen der Schulreform im sozialistischen Sinn. Querverbindungen zu allen diesen Organisationen durch einzelne seiner Mitglieder unterhielt der von 1934 bis 1939 existierende sozialistisch und gewerkschaftlich orientierte Verband deutscher Lehreremigranten mit Sitz in Paris, der nicht nur – gleich anderen Emigrantenorganisationen – materielle Hilfe in Notfällen leistete und zur Information über Schule und Erziehung im faschistischen Deutschland beitrug, sondern darüber hinaus ein «Sozialistisches Schul- und Erziehungsprogramm» entwickelte, das in sich die wesentlichen Elemente der sozialistischen und bürgerlichen «neuen Erziehung» vereinigte (vgl. Feidel-Mertz, Schnorbach, 1980). Es wurde in den Landesgruppen des Verbandes – selbst in Lateinamerika – lebhaft diskutiert und dürfte auf das in den Exilschulen praktizierte pädagogische Selbstverständnis von einigem Einfluß gewesen sein.

## Anmerkungen

1 Der Göttinger Vertreter der Pädagogik, Hermann Nohl, hat die «Pädagogische Bewegung» in den zwanziger Jahren wohl zuerst auf den Begriff gebracht und ihre Geschichtsschreibung eingeleitet.
2 Erich Hylla, der 1926 das Hauptwerk von John Dewey, «Erziehung und Demokratie», ins Deutsche übersetzt hatte, verschafften amerikanische Freunde nach seiner Entlassung 1933 aus dem öffentlichen Dienst eine Gastprofessur in den USA, die er bis Kriegsausbruch wahrnam. Katharina Petersen, ebenfalls 1933 entlassen, weil sie den Eid auf Hitler verweigerte, übernahm die Leitung der Internationalen Quäkerschule in Eerde/Holland bis zu ihrer Rückkehr nach Deutschland 1938. Damit waren beide zunächst einmal der unmittelbaren Gefährdung entgangen und konnten weiterhin pädagogisch wirken. Selbst zur vorübergehenden Problemlösung waren in diesen wie einigen ähnlichen Fällen frühere Auslandskontakte nützlich.

## Literatur

Enderwitz, Herbert: Weltweite Bildungsreform, Möglichkeiten einer realen Utopie. Köln 1983

Feidel-Mertz, Hildegard, Schnorbach, Hermann: Lehrer in der Emigration, Weinheim 1981

Feidel-Mertz, Hildegard, Schnorbach, Hermann: Verband deutscher Lehreremigranten. Informationsblätter und Programme 1934–1939, Weinheim 1981

Flitner-Kudritzki (Hg.): Die deutsche Reformpädagogik, Bd, I/II, Düsseldorf 1962

Röhrs, Hermann (Hg.): Die Reformpädagogik des Auslands, Düsseldorf 1965

Röhrs, Hermann: Schule und Bildung im internationalen Gespräch, Frankfurt 1966

Röhrs, Hermann: Die Reform des Erziehungswesens als internationale Aufgabe. Entwicklung und Zielsetzung des Weltbundes für Erneuerung der Erziehung, Rheinstetten 1977 (a)

Röhrs, Hermann: Die progressive Erziehungsbewegung. Verlauf und Auswirkung der Reformpädagogik in den USA, Hannover 1977 (b)

Röhrs, Hermann: Die Reformpädagogik. Ursprung und Verlauf in Europa, Hannover 1980

# Reformpädagogik und Faschismus

## 2.1. Berufsverbot für mißliebige Lehrer

1933 fielen etwa 3000 Lehrer den politischen Säuberungen zum Opfer. Das Hauptinstrument der Nationalsozialisten zur Ausschaltung mißliebiger und oppositioneller Lehrer war das «Gesetz zur Wiederherstellung des Berufsbeamtentums» vom 7. 4. 1933 sowie die zusätzlich im Laufe des Jahres erlassenen Verordnungen zur Durchführung und Ergänzung des Gesetzes.

Lehrer, die kommunistischen Parteien oder Organisationen angehörten, wurden sofort und ausnahmslos entlassen. Andere Lehrer, «die nach ihrer bisherigen politischen Betätigung nicht die Gewähr dafür boten, daß sie rückhaltlos für den nationalen Staat eintreten», *konnten* beurlaubt oder entlassen werden. Diese völlig willkürlich auslegbare Generalvollmacht des § 4 bedeutete eine umfassende, latente Bedrohung aller dem Nationalsozialismus distanziert und oppositionell gegenüberstehenden Lehrer. Bei der Überprüfung der bisherigen politischen Betätigung sollte die «gesamte politische Betätigung in Betracht (gezogen werden)»; jeder Beamte war verpflichtet, den vorgesetzten Behörden auf Verlangen darüber Auskunft zu geben, welchen politischen Parteien er bisher angehört hatte. Als politische Parteien im Sinne dieser Bestimmung galten u. a. das Reichsbanner Schwarz-Rot-Gold, die Eiserne Front, der Republikanische Richterbund, die Liga für Menschenrechte und der Bund der Freien Schulgesellschaften Deutschlands. Sozialdemokratische Lehrer wurden nach dem Verbot der SPD am 22. 6. 1933 ebenfalls entlassen, sofern sie nicht eine Erklärung abgaben, daß sie ihre Bindungen zur SPD gelöst hätten. Auch die Lehrer «nicht-arischer Abstammung» wurden nach § 3 des GzWdB in den Ruhestand versetzt, wenn sie nicht bereits seit dem 1. August 1914 Beamte gewesen oder Frontkämpfer bzw. Kinder von Frontkämpfern waren. Später entfielen diese Ausnahmen. In Preußen erhielten alle Lehrer Fragebögen zugesandt, die nach Dienstzeit, Abstammung und politischer Betätigung fragten. Zur Prüfung der Fragebogen wurden Dreierkommissionen eingerichtet, die von den NSDAP-Gauleitern mit ‹geeigneten› Lehrkräften besetzt wurden. Die Zusammensetzung dieser Kommissionen war geheim, das Recht auf Einsichtnahme in die Personalakte aufgehoben. Alle Lehrer, gegen die von seiten der Kommissionen ein Verdacht geäußert wurde, unterzog man einer besonders eingehenden Überprüfung. Auch für alle als Dissidenten bekannten und in der weltlichen Schulbewegung aktiven Lehrer wurden solche Sonderprüfungen angeordnet. In diesen Fällen gingen die Berichte an das Kultusministerium, das in jedem einzelnen Fall über die Weiterbeschäftigung entschied. Zum 1. 12. 1933 wurden die Prüfungsausschüsse wieder aufgelöst, was aber nicht bedeutete, daß die Entlassungen aufhörten. Kultusminister Rust gab bei Beendigung der Kontrolltätigkeit der Kommissionen bekannt, daß der gesamte Personalbestand der Schulverwaltung in Preußen überprüft worden sei. «Alle dem erfolgreichen Aufbau des NS-Staates sich offen widersetzenden oder versteckt widerstrebenden Lehrkräfte sind aus dem Schuldienst entfernt worden oder werden doch in Kürze auf Grund der mir vorliegenden Berichte ihres Amtes enthoben werden» (Erlaß des Preußischen Kultusministers vom 28. 11. 1933).

Die Entscheidung über die Entlassung aus dem Dienst geschah unter Ausschluß des Rechtsweges. Bei der Entlassung wurde den betroffenen Lehrern Pension in voller, halber oder viertel Höhe gezahlt, bisweilen auch nur ein Übergangsgeld oder gar nichts. Den in den Ruhestand versetzten Lehrern erging es ähnlich. Die Höhe der Pension hing nicht von einer gesetzlichen Regelung ab, sondern von Gnade oder Willkür der Behörden.

Einige gemaßregelte Lehrer wurden nach ein paar Jahren meist auf Grund von Fürsprachen einflußreicher Mittelsmänner wieder eingestellt, was aber in der Regel mit einer «Degradierung» (zum Beispiel vom Dozenten einer Pädagogischen Akademie zum Dorfschullehrer) und «Strafversetzung» in kleinere Orte verbunden war, wo sich das abverlangte Wohlverhalten besser kontrollieren ließ. Andere – wie zum Beispiel Erna Blencke und Willi Rieloff in Hannover – hielten sich bis zur schließlich doch nicht mehr vermeidbaren Emigration mit berufsfremder Tätigkeit, etwa durch ein bescheidenes Ladengeschäft über Wasser, das zugleich als unauffälliger Treffpunkt und Verbindungsstelle zum Widerstand dienen konnte. Wer unmittelbar und massiv bedroht war oder sich überhaupt nicht auf die veränderten Umstände einlassen mochte, eventuell auch hilfreiche Beziehungen zum Ausland besaß, ging sogleich ins Exil; eine größere Zahl jüdischer Lehrer folgte erst wesentlich später, aufgeschreckt durch die Reichskristallnacht, nach (s. Kap. 2. 4.).

**Literatur**

Arbeitsgruppe Pädagogisches Museum (Hg.): Heil Hitler, Herr Lehrer, Reinbek 1983

Eilers, Rolf: Die nationalsozialistische Schulpolitik, Köln/Opladen 1963

Gamm, Hans-Jochen: Führung und Verführung. Pädagogik des Nationalsozialismus, München 1964

Schnorbach, Hermann: Lehrer und Schule unterm Hakenkreuz. Dokumente des Widerstands von 1930 bis 1945, Königstein 1983

## 2.2. Abbau reformpädagogischer Einrichtungen

Die letzten der während der Weimarer Republik entstandenen reformpädagogischen Versuchsschulen innerhalb des öffentlichen Schulsystems wurden 1933 aufgelöst. Die Gemeinschaftsschulen in den beiden Hansestädten Hamburg und Bremen und im thüringischen Gera mußten ihre erfolgreiche pädagogische Arbeit ebenso abbrechen wie die Karl-Marx-Schule in Berlin, die Versuchsschulen in Sachsen und die weltlichen Schulen in Preußen und Braunschweig.

Die *Gemeinschaftsschulen* hatten zu Beginn der zwanziger Jahre damit angefangen, auf der Grundlage kindlicher Freiheit in der Gemeinschaft und zur Gemeinschaft zu unterrichten, wobei die Schulgemeinschaft auch die Zusammengehörigkeit und Zusammenarbeit zwischen Lehrern, Schülern und Eltern umfaßte. Zuletzt wirkten in Hamburg etwa 20 Volksschulen im Sinne der Gemeinschaftsschulidee, auch eine höhere Schule gehörte dazu: die Lichtwarkschule. 1933 machten die Nationalsozialisten mit der «roten Pädagogik» und den «modernen Theorien» Schluß. Durch Aufhebung des Versuchsschulstatus, Entlassungen von Lehrern aus verwaltungstechnischen, rassischen und politischen Gründen, Strafversetzungen, Ernennungen neuer Schulleiter wurden die Gemeinschaftsschulen aufgelöst. Die Lichtwarkschule fand 1937 ihr endgültiges Ende; eine Reihe von Lehrern und Schülern stand in Beziehung zum politischen Widerstand und ging in die Emigration.

Die drei Versuchsschulen in Bremen standen bereits seit Februar 1931 in einem besonderen Abwehrkampf gegen nationalsozialistische Angriffe. Zwei ehemalige, nun nationalsozialistische Kollegen begannen mit einer Hetzkampagne gegen die «marxistischen Schulen». Sie landeten schließlich wegen Beleidigung vor Gericht (im sog. Versuchsschulprozeß), trotzdem beantragte die NSDAP-Fraktion in der Bremischen Bürgerschaft die Aufhebung der Versuchsschulen. Zu diesem Zeitpunkt wurde der Antrag noch abgelehnt, aber am 23.3.1933 dann doch gebilligt. In Bremen wurden besonders viele Lehrer aus politischen Gründen entlassen.

Die Gemeinschaftsschule in Gera (Thüringen) wurde nach elfjähriger Arbeit zum 1. 4. 1933 geschlossen.

Fritz Karsen hatte in Berlin seit 1922 damit begonnen, Ausbildungsstätten vom Kindergarten über Volksschule, Realgymnasium, Aufbauschule, Arbeiter-Abiturientenkurse bis zum Lehrerseminar für Studienreferendare zu einer einheitlichen Gesamtschule mit 1800 Schülern zusammenzufassen. 1929 nannte sich dieser Versuchsschulkomplex *Karl-Marx-Schule*. Sie praktizierte sowohl institutionell wie pädagogisch-didaktisch das Prinzip der Erziehung für die «werdende Gesellschaft». Unter der Losung «Nie wieder Karl-Marx-Schule!» setzte schon im Februar 1933 die systematische Zerschlagung der Schule ein. Fritz Karsen wurde als erster amtsenthoben und mußte wegen drohender Verfolgung emigrieren, dann wurde der Leiter der angeschlossenen Volksschule aus dem Schuldienst entfernt, es folgten die Entlassungen von Studienreferendaren und die Entlassung oder Strafversetzung der meisten Lehrer aus dem Kollegium bis Oktober 1933. Außerdem wurden der Schulkomplex aufgelöst, der Name geändert und Repressionen gegen die Schülerschaft ins Werk gesetzt.

Die *weltlichen Schulen* waren bekenntnisfreie Schulen, die in der Weimarer Verfassung zwar nicht als Regelschulen anerkannt waren, aber nicht als verfassungswidrig galten. Ein Reichsschulgesetz sollte hier die endgültige Klärung bringen. Entsprechende Entwürfe von Zentrum und Rechtsparteien, die die Bekenntnisschule über die Verfassungsbestimmungen hinaus bevorteilt hätten, sind an Protesten, Sparmaßnahmen und Regierungsumbildungen gescheitert. Weltliche Schulen mußten von den Arbeitereltern, fortschrittlichen Lehrern und den Organisationen der Arbeiterbewegung gegen die vom Staat bevorzugten und begünstigten konfessionellen Schulen mehr oder weniger erkämpft werden. Daher besuchten die weltlichen Schulen überwiegend Arbeiterkinder. Die Lehrer der weltlichen Schulen standen der Arbeiterbewegung nahe oder arbeiteten aktiv in ihr mit. Sie waren häufig Dissidenten, weil ja auch in den weltlichen Schulen kein Religionsunterricht erteilt wurde, sondern das Fach Lebenskunde. Von christlich-konservativer Seite wurden die weltlichen Schulen heftig bekämpft.

Ziel der weltlichen Schulbewegung war es, «wahrhaft freie, aufgeschlossene, tatenfrohe, denkende junge Menschen hervorzubringen», die «tatkräftig mitmachten im Kampf um eine neue, bessere Gesellschaftsform». Die Ausgestaltung des praktischen Schullebens umfaßte alle Elemente, die auch für die Arbeit der Versuchsschulen bestimmend waren.

Schwerpunkte der weltlichen Schulbewegung lagen in den Industriegebieten an Rhein und Ruhr, in Braunschweig, Hannover, Magdeburg, Berlin, Schlesien. Die ersten nationalsozialistischen Volksbildungsminister, die seit 1930 in Thüringen und seit 1931 in Braunschweig amtierten, begannen sogleich damit, die weltlichen Schulen zu unterdrücken. Sie versetzten aktive Lehrer, entließen nicht festangestellte Junglehrer, erschwerten den Lebenskundeunterricht, legten Klassen zusammen, verboten die Neuaufnahme von Schülern, und leiteten schließlich die endgültige Auflösung ein (in Braunschweig Ostern 1932, in Preußen am 1.4.1933).

Die Gemeinschaftsschulen, die nach dem Arbeitsschulprinzip tätigen Versuchsschulen in Sachsen und die weltlichen Schulen lebten von der engagierten Unterstützung durch die Eltern ihrer Schüler. Sie stammten vorwiegend aus der Arbeiterschaft. Diese Zusammenarbeit suchten andererseits auch die Lehrer dieser Schulen zu fördern und auszubauen. Für die Nationalsozialisten waren diese Schulen daher besondere Zielscheiben ihrer Angriffe und Repressionen.

Damit ging einher die Unterdrückung weiterer, dem Geist der Reformpädagogik verpflichteter Einrichtungen im Bereich der Erwachsenenbildung und der Sozialpädagogik (Montessori-Kinderheime, Oskar-Helene-Krüppelheim in Berlin, Heimvolkshochschule Tinz, Volkshochschule in Leipzig).

Die in den zwanziger Jahren eingeleitete Verbesserung der Qualifikation in den pädagogischen und sozialen Berufen wurde 1933 durch Eingriffe in die personelle und institutionelle Substanz zum Stillstand gebracht.

## Literatur

Hilker, Franz: Deutsche Schulversuche, Berlin 1924

Karsen, Fritz: Deutsche Versuchsschulen der Gegenwart und ihre Probleme, Leipzig 1923

Karsen, Fritz: Die neuen Schulen in Deutschland, Langensalza 1924

Meyer, Klaus: Arbeiterbildung in der Volkshochschule. Die «Leipziger Richtung», Stuttgart 1969

Milberg, Hildegard: Schulpolitik in der pluralistischen Gesellschaft. Die politischen und sozialen Aspekte in der Schulreform in Hamburg 1890–1935, Hamburg 1970

Olbrich, Josef: Konzeptionen und Methodik der Erwachsenenbildung bei Eduard Weitsch, Stuttgart 1972

Radde, Gerd: Fritz Karsen. Ein Berliner Schulreformer der Weimarer Zeit, Berlin 1973

Sandfuchs, Uwe: Universitäre Lehrerausbildung in der Weimarer Republik und im Dritten Reich. Eine historisch-systematische Untersuchung am Beispiel der Lehrerausbildung der Technischen Hochschule Braunschweig (1918–1940), Bad Heilbrunn 1978

## 2.3. Anpassung und Widerstand in den Landerziehungsheimen

Wie sich die Landerziehungsheime, die nach 1933 in Nazi-Deutschland weiterbestanden, auf die veränderte politische Lage einstellten, ist weder in Selbstdarstellungen der einzelnen Heime noch in der wissenschaftlichen Auseinandersetzung mit ihrer Geschichte bisher hinreichend aufgearbeitet. Eine differenzierte Einschätzung, die pauschale Vorurteile abzulösen hätte, läßt sich daher in diesem Zusammenhang nicht leisten. Näher untersucht wurde lediglich die Entwicklung der Lietzschen Heime, da sie als «Prototyp» der deutschen Landerziehungsheime unter dem genannten Aspekt besonders interessieren. Auf den ersten Blick scheint sich die vielfach geäußerte Vermutung zu bestätigen, daß hier in der Tat eine bruchlose Integration in den Faschismus stattfand: am 24. September 1933 wurde im Landschulheim am Solling bei Holzminden die Reichsfachschaft Deutsche Landerziehungsheime gegründet, in der sich die sechs Hermann Lietz-Schulen (Gebesee, Buchenau, Ettersburg, Haubinda, Spiekeroog und Bieberstein), das Landschulheim am Solling, das Süddeutsche Landerziehungsheim Schondorf am Ammersee, die Schloßschule Salem und die Urspring-Schule bei Schelklingen auf der Schwäbischen Alb zusammenschlossen. Sie verpflichteten sich durch ihre Leiter, «ihre Arbeit in den Dienst des Aufbaus des nationalsozialistischen Staates zu stellen», was aber ausdrücklich keine mechanische Gleichschaltung, sondern, schlimmer noch, die «nationalsozialistische Formgebung eines seit Jahrzehnten Bestehenden», der Landerziehungsheimbewegung nämlich, bedeuten sollte, «deren Schulen wie keine anderen den neuen deutschen Staat durch die Erziehung ihrer Jugend zu politischen Menschen mit vorbereiten halfen» (Leben und Arbeit, 2. Heft, 1933/34, S. 88). Der Oberleiter der Lietz-Schulen, Alfred Andreesen, feierte Lietz bereits zu diesem frühen Zeitpunkt und auch in den folgenden Jahren als «einen der wenigen Vorkriegs-National-Sozialisten», der sich mit Hitler in der militärisch ausgerichteten Erziehung zur Volksgemeinschaft und zum Staate, in der Propagierung und Verkörperung des Führergedankens und der Orientierung am «germanischen» Menschen traf und den «Arier-Paragraphen» sogar schon um die Jahrhundertwende bei seiner ersten Schulgründung formulierte, wenn auch nicht konsequent anwendete ...

Die Frage, ob Andreesen damit Lietz «verfälscht» hat, ist mehrfach gestellt und widersprüchlich beantwortet worden. Eine nationale, ja nationalistische, jedes «undeutsche» bzw. «ungermanische» Element abwehrende Traditionslinie kann bis in die Gründungszeit der Schulen zurückverfolgt werden; Kriegsspiele und Heroenkult finden sich im Ersten wie im Zweiten Weltkrieg als zentrale Bestandteile der in den Lietz-Schulen betriebenen Erziehung zur Genüge belegt. Andreesen mußte also das Lietzsche Erbe zur Identifikation mit dem NS-System nicht eigentlich mißbrauchen. Wie weit diese ging und wie lange sie anhielt, ist aus den öffentlichen Verlautbarungen Andreesens in Reden und Zeitschriftenaufsätzen allein wohl nicht zuverlässig aufzuklären. Der in der Hauszeitschrift «Leben und Arbeit» dokumentierte Schulbetrieb, in dem schon *vor* 1933 eine autoritäre Reorganisation der Schülervertretung und Aktivitäten der Hitler-Jugend (Spiekeroog, Buchenau) sich ereignen, deutet darauf hin, daß Andreesen auch sich selbst kaum Zwang antat, wenn er mit den nationalsozialistischen Institutionen und Organisationen des Dritten Reiches Kooperationsbeziehungen einging (Röhrs, 1980, S. 127). Sie sollen dazu beigetragen haben, daß die Lietz-Schulen ihre organisatorische Selbständigkeit behielten und nicht in «Napolas» umgewandelt wurden. Daß sich nach anfänglicher Übereinstimmung die Lietz-Schulen aus der aktiven Teilnahme an der nationalsozialistischen Pädagogik lösten und sogar «im Rahmen des Unterrichts und der Erziehung ein heimlicher Widerstand gegen das System und seine Machthaber geleistet» wurde, hat man behauptet, ohne konkrete Belege dafür beizubringen. (Sengling, 1960). Es wird zu unterscheiden sein zwischen der objektiven Funktion, die den Lietz-Schulen auf Grund der von Andreesen verfolgten Anpassungsstrategie schließlich zukam, und seinem loyalen Verhalten gegenüber einzelnen, von Maßregelungen betroffenen Kollegen wie zum Beispiel Theo Zollmann, dem früheren Leiter des von Lietz 1914 gegründeten Landwaisenheims Veckenstedt. Zollmann wurde 1935 als Sozialdemokrat seines Amtes als Leiter von Veckenstedt enthoben, das Landwaisenheim geschlossen bzw. in die Unterstufe Grovesmühle umgewandelt. Dem Umwandlungsprozeß hatte Zollmann ohnmächtig zusehen müssen, worunter er psychisch und physisch schwer litt. Am Beispiel dieser Lietz-Gründung, deren angemessene Würdigung noch aussteht, läßt sich demonstrieren, welche widersprüchlichen Aspekte im Denken und Handeln von Lietz vereinigt sind. In Veckenstedt realisierte Lietz durch Zollmann, den Pazifisten und religiösen Sozialisten, seine ursprüngliche Vorstellung einer nicht auf die Kinder privilegierter Schichten beschränkten, eher sozial als national ausgerichteten Volkserziehung. Zollmann, der schon seit seiner Studentenzeit in enger Beziehung zu Arbeiterkreisen stand und u. a. studentische Arbeiterunterrichtskurse eingerichtet hatte, geriet zwangsläufig zu Beginn der NS-Zeit in Schwierigkeiten, die durch Herkunft und Verhalten eines Teils der Waisenkinder (insbesondere aus Berlin-Moabit) noch verstärkt worden sein dürften. Im Januar oder Februar 1934 hatte einer seiner Schützlinge ein Naziplakat mit «Rot-Front» beschmiert, ein Augenzeuge dieser «hochdramatischen Situation» berichtet, wie sie bewältigt wurde: «... die Nachricht kam kurz vor Mittag ins Haus. Dr. Zollmann zog die Anwesenden nach dem Essen zusammen, weil er überzeugt war, er müsse sofort das Kind entlassen. Die Anwesenden stärkten ihn in dieser Meinung, und aufgeregt sagte er immer wieder: ‹er muß weg›. Die Stimmung war gespannt und gedrückt ... und das Kind mußte nie gehen» (Dr. B.-L., Brief an Maud von Bauer-Zollmann vom

4.10.1974). Die Sorge um das Kind hatte über die Angst um das Heim gesiegt. Um Zollmanns drohende Absetzung zu verhindern und das Landwaisenheim, das materiell und ideell von seiner tatkräftigen Person abhing, dadurch zu retten, waren zwei der dort tätigen Lehrer nach Absprache mit Zollmann 1934 in die SS eingetreten. Als sich die damit verbundene Erwartung als illusionär herausstellte, machten beide ihren Schritt wieder rückgängig. Zollmann fand später Zuflucht als juristischer Berater der Lietz-Schulen bei Andreesen in Bieberstein (!) und übernahm nach 1945 zunächst die Leitung des ebenso wie Veckenstedt in der damaligen SBZ gelegenen Heims Haubinda, bis zur Flucht in den Westen.

Wie haben Leiter und Mitarbeiter anderer Landerziehungsheime die Herausforderung dieser Jahre bestanden? Darüber ist wenig bekannt – von den spektakulären Vorgängen um Odenwaldschule (Geheeb), Salem (Hahn) und Walkemühle (Minna Specht), die zur Emigration der sie tragenden Persönlichkeiten führten, einmal abgesehen. Einigen Aufschluß gibt eine Dissertation von 1935, gerade weil sie nicht zur nachträglichen Rechtfertigung geschrieben worden ist, vor allem hinsichtlich derjenigen Institutionen, die mit dem Nationalsozialismus kollidierten. Von Wynekens Freier Schulgemeinde in Wickersdorf heißt es da: «Verfassungsmäßig herrschte stets ein stark liberalistisch-demokratischer Zug, woraus sich vielfach die fragwürdigsten Konsequenzen ergaben. Ausgesprochenermaßen wurde der Blick auf eine allgemein-europäische Geistigkeit gerichtet, was praktisch in der Zusammensetzung der Schülerschaft wie in der allgemeinen Haltung zu mancherlei Krankheitserscheinungen führte und sich politisch mit einer kommunistischen Tendenz verband. Die Auflösung Wickersdorfs als freie Schulgemeinde während der deutschen Revolution besiegelte den längst eingetretenen Zustand der inneren Auflösung» (Rieche, 1935, S. 15). Es wird seit 1933 «unter ganz anderen Grundsätzen» weitergeführt. Luserkes Schule am Meer, die an sich mit ihrer «Wesensschau der deutschen Eigenart» dem «Neuen» nicht allzu fern gestanden hätte, wurde gleichfalls 1934 «aus wirtschaftlichen Gründen, verursacht durch politische Schwierigkeiten», aufgelöst, ohne daß diese Schwierigkeiten näher erläutert werden (Rieche, 1935, S. 19). Die Freie Schul- und Werkgemeinschaft Letzlingen Uffrechts, die wie keine andere Schüler aus allen Schichten aufnahm, und zu einer besonderen Solidarität verband, mußte Ostern 1933 schließen, «weil offenbar marxistische Tendenzen in ihr geduldet wurden» (Rieche, 1935, S. 23). Als Uffrecht von der damals etwa zehn Jahre bestehenden Vereinigung der Landerziehungsheime und Freie Schulen Deutschlands in dieser prekären Situation Unterstützung erwartete, setzte sich Paul Geheeb bei Andreesen, ihrem Vorsitzenden, dafür ein, daß an diesem Fall, der ihm «sehr nahe gegangen» war, die eigene Lage der Landerziehungsheime geprüft und die Reichsregierung zu einer grundsätzlichen Stellungnahme den Schulen gegenüber veranlaßt werden sollte. Uffrecht gegenüber zeigte sich Geheeb jedoch von dem Appell an die Vereinigung überrascht und erinnerte daran, welche isolierte Rolle sie beide in diesem «erlauchten Kreis» seit Jahren gespielt hatten: «... im Grunde ... hätte man uns beide zum Teufel gewünscht. Und ... durch jenen Kreis wäre ein beifälliges Schmunzeln gegangen, wenn ihre und meine Schule kaputt gemacht worden wäre.» (Schäfer, 1970, S. 140ff., hier S. 199). Andreesen betrieb zu diesem Zeitpunkt – im Mai 1933 – die Auflösung der «Vereinigung» und ihren kollektiven Anschluß an den Nationalsozialistischen Lehrerbund (NSLB), wogegen Geheeb sich ausdrücklich wandte. Er lehnte den Beitritt zum NSLB, den er dem einzelnen Lehrer und Schulleiter freigestellt sehen wollte, für sich persönlich insbesondere dann ab, wenn dies die Mitgliedschaft in der NSDAP und das Bekenntnis zu ihrem Programm voraussetzte (Schäfer, 1973, S. 142f.). Die Schulgemeinde Marienau versuchte noch in den ersten Jahren nach 1933, eine «unegozentrische Haltung des Menschen über die augenblickliche wirtschaftliche Notzeit zu retten» (Rieche, 1935, S. 22). Als ihr Gründer Max Bondy – ebenso wie sein Bruder Curt – als Jude zur Emigration gezwungen war, sollen fast alle Marienauer sich bewährt und in Treue zu ihm gestanden haben (Marienauer Chronik, Heft 6, 1953, S. 9f.). Marienau hatte auch Beziehungen zu Mitgliedern der «Weißen Rose». Zwei von ihnen, Alexander Schmorell und Christoph Probst waren Schüler des Landerziehungsheims Schondorf am Ammersee gewesen, das durch einen idealistischen alten PG unter den Mitarbeitern über die Runden gebracht wurde, obwohl sein Leiter, Ernst Reisinger, schon vor 1933 politisch sehr exponiert war. Aber erst 1944 erschien er den Nationalsozialisten nicht mehr zur Führung einer Schule im NS-Sinn geeignet (Schondorfer Berichte, Dezember 1980, S. 40f.). Das Landschulheim am Solling entwickelte mit seiner religiösen Prägung eine Konzeption, die zugleich den «seltenen Fall eines guten Zusammengehens von HJ und Schule» ermöglichte, als die HJ im Heim 1933 stark anwuchs und den gesamten Heimdienst übernahm (Rieche, 1935, S. 44).

Während die Mehrzahl der übrigen Landerziehungsheime möglichst unauffällig zu überdauern trachtete, was durch die 1935 verfügte Aufhebung der Steuerfreiheit für gemeinnützige Unternehmen nicht gerade erleichtert wurde, bewirkte die «deutsche Revolution» in den beiden «originellen Typen» von Heimschulen, Salem und Odenwaldschule, einen starken Traditionsbruch – in der Odenwaldschule noch deutlicher als in Salem (Rieche, 1935, S. 26). Die *Odenwaldschule* vertrat nach und neben Wynekens Freier Schulgemeinde in der Weimarer Republik wohl am reinsten jene «demokratischen Schulstaaten», die Andreesen (Leben und Arbeit, Nr. 2, 1934/35, S. 53) als Entartung der Lietzschen Konzeption ansah. Geheeb seinerseits nahm für sich in Anspruch, der gemeinsam mit Lietz entwickelten, an Goethe und Fichte orientierten Idee treugeblieben zu sein, indem er «Kämpferscharen» heranzuziehen bestrebt war, «die, wenn auch in kleinem, bescheidenen Rahmen, tapfer und energisch zur Schaffung einer besseren menschlichen Gesellschaft beitragen» (Schäfer,

1970, S. 139). Geheeb witterte relativ früh die sich ankündigende, politisch bedenkliche Entwicklung und versicherte seiner davon wegen ihrer jüdischen Abstammung betroffenen Frau, Edith Geheeb-Cassirer, daß sie es notwendig mache, künftig fest zusammenzuhalten, die Ideale nicht aufzugeben und die Schule trotzdem zu erhalten. Als demonstrativer Akt gegenüber dem zunehmenden Antisemitismus erscheint es, daß er noch im Sommer 1932 einen Kurs für jüdische Kulturgeschichte an der Odenwaldschule einrichtete, der charakteristischerweise für jüdische wie nichtjüdische Schüler offen war und dem er durch seine eigene Anwesenheit zusätzliches Gewicht verlieh (Kurzweil, 1973, S. 53). Zunächst hoffte und versuchte Geheeb, die Schule über die sich bald abzeichnenden Schwierigkeiten hinweg zu retten. Folgenschwer wurde ein Vorfall in der Schulgemeinde, als ein Kind nach der Bedeutung des Regierungswechsels fragte und ein Lehrer auf dessen «Rechtmäßigkeit» verwies. Geheeb empörte sich gegen diese Interpretation und sprach von einer «Verbrecherbande an der Spitze des Staates». Diese unvorsichtige Äußerung wurde – wie manche ähnliche – von einem mit dem Nationalsozialismus sympathisierenden Geschichtslehrer an das hessische Kultusministerium weitergeleitet. Einer der Beamten dort, der – obwohl Nationalsozialist – große Achtung für Geheeb und sein Werk zu empfinden schien, warnte wiederholt Edith Geheeb, daß er die Schule nicht unbegrenzt vor den Folgen derartiger Bemerkungen und entsprechender Verhaltensweisen ihres Mannes schützen könne, zumal sie ohnehin schon im Verdacht «kommunistischer Umtriebe» stand und zahlreiche Juden als Lehrer und Schüler hatte. Ein pazifistisch gesonnener jüdischer Lehrer, Dr. Steinitz, wurde von der SA überfallartig aus der Schule geholt, der Lehrkörper nach und nach durch regimetreue neue Kräfte ersetzt, über deren Einstellung oder Entlassung Geheeb nicht mehr bestimmen konnte. Über die Schweiz forderte er Eltern auf, ihre Kinder aus der Schule zu nehmen, um damit den wirtschaftlichen Ruin der Schule einzuleiten und die Emigration in die Schweiz vorzubereiten, da er ernsthaft fürchtete, ohne eine solche, objektiv begründete Notwendigkeit bei einer Schließung der Schule aus Protest gegen die Eingriffe in ihre pädagogische Substanz mit KZ oder Gefängnishaft rechnen zu müssen. Diese häufig ausgesprochene Sorge zeugt von einer damals zumindest in bürgerlichen Kreisen nicht selbstverständlichen Kenntnis solcher Maßnahmen, die Edith Geheeb auf direkte Drohungen aus dem Ministerium, die auch ihr gegenüber artikuliert worden sind, zurückgeführt hat (Interview 26. 9. 1978). Es kann also bei Geheeb durchaus auf eine bewußte, auch politisch und nicht ethisch oder gefühlsmäßig motivierte Ablehnung der faschistischen Herrschaft geschlossen werden. Im Frühjahr 1934 siedelte er – mit 60 Jahren «gar nicht alt und müde» – mit einem Teil der Kinder und Lehrer (Alwine von Keller, Marie Neumann und Lisbet Hartig-Haas) in die Schweiz über, um seine Arbeit in einem freieren Lande fortzusetzen. Einige Mitarbeiter blieben zurück, um die Odenwaldschule in kleinerem Maßstab aufrechtzuerhalten. Geheeb beurteilte dieses Vorhaben skeptisch, aber ohne Ressentiments (Schäfer, 1970, S. 170). «Manchen Eltern wäre mit der Emigration der Kinder Ungebührliches zugemutet worden» (Schäfer, 1970, S. 51); sie gründeten mit den verbleibenden Mitarbeitern die «Gemeinschaft der Odenwaldschule» als Rechtsträger der neuen Schulorganisation.

Der mit aristokratischen Elementen angereicherte, demokratische «Schulstaat» nach antikem und englischem Vorbild, den Kurt Hahn mit dem Prinzen von Baden 1919/20 in Schloß Salem errichtet hatte, war durch Angriffe von außen während der Weimarer Republik im Innern eher gefestigt worden. Die völkisch-nationalistische «Organisation Consul», die Rathenau ermordet hatte, plante 1924 auch ein Attentat auf Hahn, das durch einen seiner Schüler vereitelt werden konnte. Dem politischen und sozialen Engagement Hahns lag ein Ethos zugrunde, das ihn mit den Nationalsozialisten frühzeitig in leidenschaftlich artikulierten Widerspruch brachte. Als Hitler sich 1932 mit den «Mördern von Pontempa», die einen Kommunisten vor den Augen seiner Mutter totgetrampelt hatten, telegraphisch solidarisierte, forderte Hahn in einem Telegramm die Alt-Salemer, die der SA oder SS angehörten, seinerseits auf, «entweder ihr Treueverhältnis zu Hitler oder zu Salem zu lösen» (Köppen, 1967, S. 42). Daß Hahn in Salem von Anfang an und gegen Ende der Weimarer Republik verstärkt «Wehrsport» betrieb, zog ihm die Feindschaft militanter Pazifisten wie auch der NSDAP zu, die der Zielrichtung dieser Aktivitäten mißtraute. Nach der «Machtergreifung» Hitlers im März 1933 wurde Hahn in Schutzhaft genommen, kam jedoch nach fünf Tagen vor allem auf Grund der Intervention des englischen Premierministers Mac Donald und des Markgrafen Berthold frei, allerdings unter der Bedingung, badischen Boden nicht wieder zu betreten und jeden Kontakt mit der Schulleitung zu unterlassen. In diesem Zusammenhang traten mehrere bekannte Persönlichkeiten für Hahn ein, indem sie ihm seine «vaterländische Gesinnung», die er u. a. im Kampf gegen den Versailler Vertrag bewiesen hatte, nachdrücklich bezeugten. Dennoch ging Hahn im Juli 1933 auf Anraten um seine Sicherheit besorgter Freunde nach Schottland. Dorthin folgte ihm 1934 der Internatsleiter Erich Meißner, der zunächst noch – vergeblich und unter großen Risiken – bemüht gewesen war, «etwas von dem Geist des alten Salem in die neue Ära hinüberzuretten» (Kupfer, in: Röhrs, 1966, S. 128). Unter dem späteren Leiter Heinrich Blendinger, der immerhin «Zivilcourage» als neue Rubrik in den Trainingsplan einführte, mußte Salem freilich zunehmend Zugeständnisse machen: Bereits 1936 war die Binnenstruktur Salems in ihrem Kern zerschlagen worden: das «Führerprinzip» trat an die Stelle der weitgehenden Selbständigkeit der «farbentragenden», das heißt verantwortlichen Schüler. Ostern 1938 hatten alle halbjüdischen Kinder die Schule zu verlassen; gleichzeitig erhielt Salem den Status einer anerkannten privaten höheren Schule, was laut Reichserlaß von einer Überprüfung abhängig war. In diesem Jahr wurde auch die traditionelle Aufführung des Oberufer Weihnachtsspiels als unvereinbar mit nationalsozialistischem «Geist» verboten; in der Emigration nahm Hahn diese Tradition wieder auf. Weltanschauliche Gegensätze gingen quer durch Schüler- und Lehrerschaft, unter der es wie überall «Konjunkturjäger» gegeben haben soll. Daß sich Jungvolk, HJ und BDM immer mehr ausbreiteten, hatte für Salem mit seiner starken Betonung der Leibeserziehung insofern eine lebenswichtige Funktion, als von der Mitgliedschaft in diesen Organisationen ab 1938 die Zulassung zu sportlichen Wettkämpfen abhing. Aktiven Widerstand gegen das Regime hat Salem jedenfalls nicht geleistet (Kupfer, in: Röhrs, 1966, S. 193). Zeitweilig stand die Schließung Salems bevor – aus wirtschaftlichen wie ideologischen Gründen. Warum sie ebenso wie die beabsichtigte Umwandlung in eine vorbildliche nationalsozialistische Erziehungsstätte, ja auch nur die Verstaatlichung, letztlich bis zur Beschlagnahme durch die SS bei Kriegsende unterblieb, scheint nicht eindeutig aufgeklärt und aufklärbar zu sein. Rücksichtnahmen auf das Ausland, insbesondere Großbritannien, mit dessen Königshaus Salem bekanntlich in engerer Verbindung stand, dürften eine Rolle gespielt haben.

Die relativ spät (1924) gegründete *Walkemühle* nimmt innerhalb der Landerziehungsheimbewegung insofern eine Sonderstellung ein, als sie zwar teilweise auf deren Traditionen basiert und auch personelle Querverbindungen zu anderen Heimen in ihrer Geschichte aufweist[1], sich aber in zwei wesentlichen Punkten von ihr abhebt: sie vereinigte unter ihrem Dach und getragen vom gleichen Geist, wenn auch mit differenzierter Zielsetzung eine «Kinderschule» und eine Bildungsstätte für meist junge berufstätige Erwachsene, und sie stellte ihre pädagogische Arbeit in den Dienst einer anspruchsvollen politischen Idee und der ihr verpflichteten politischen Organisation. In der Walkemühle wurde im Geiste des Göttinger Philosophen Leonard Nelson nach der von ihm entwickelten «sokratischen Methode» erzogen, die große, einzelne Jugendliche und kleinere Kinder mitunter überfordernde Ansprüche an eine vernunftgemäße, asketische Lebensführung, an intellektuelle und moralische Disziplin, an Eigentätigkeit und Selbstverantwortung stellte. Die «Kaderschule» für die von Nelson zur Umsetzung seiner Intentionen begründeten einander ablösenden Organisationen – Internationaler Sozialistischer Jugendbund und Internationaler Sozialistischer Kampfbund (JSK) – hatte offen elitäre, ja «undemokratische» Züge und folgte einem eigenen «Führerprinzip», das allerdings nicht «rassische» oder sonstige irrationale, sondern menschlich-geistige Qualitäten honorierte und deshalb nicht mit dem nationalsozialistischen gleichgesetzt werden kann. Den Beweis dafür liefert die hohe Beteiligung von Mitgliedern des ISK, der früh schon die kämpferische Auseinandersetzung mit dem Faschismus begann und deshalb die Erwachsenenbildung in der Walkemühle 1931 aufgab, an Widerstand und Emigration. Die Schule selbst wurde im März 1933 als Waffenlager und Treffpunkt internationaler Kommunisten verdächtigt, von der Polizei besetzt und trotz einer Reihe professoraler Gutachten, die das Schwergewicht auf die antikommunistische Haltung Nelsons und seiner Anhänger legten, mit endgültigem Unterrichtsverbot belegt, was nach längerem fruchtlosem Verhandeln eine Schließung der Schule unvermeidlich machte. Zeitweilig in eine Gauamtswalterschule umfunktioniert, wurde die Walkemühle im April 1934 offiziell enteignet. Minna Specht war zuvor schon mit dem kleineren Teil der Kinder und einigen Mitarbeitern nach Dänemark emigriert. «Über das Landerziehungsheim ‹Walkemühle› bei Kassel hatte dessen Gründer, Leonard Nelson, den Satz geschrieben: ‹In dieser Schule braucht man nicht zu lügen.› Es versteht sich, daß diese Schule nicht gleichgeschaltet werden konnte.» (Gustav Heckmann über das Schullandheim Østrupgaard, 1936.)

Auch *Anna Essinger*, die 1926 nach längerem USA-Aufenthalt das *Landerziehungsheim Herrlingen* b. Ulm in einer Art «Interessenverbund» pädagogisch engagierter Frauen gegründet hatte, schien Deutschland 1933 kein Ort mehr zu sein, an dem man «Kinder in Ehrlichkeit und Freiheit großziehen» konnte (s. S. 70f.). Herrlingen, das nach ähnlichen Grundsätzen wie die Odenwaldschule gearbeitet und zum Beispiel weniger Wert auf Disziplin als auf ein gutes Verhältnis zwischen Lehrern und Schülern gelegt haben soll, entwickelte sich nach der «Machtergreifung» zu einer rein jüdischen Einrichtung. Da Anna Essinger jüdischer Abstammung war, wurden ihr zunehmend jüdische Kinder anvertraut und nicht-jüdische Kinder schließlich völlig entzogen. Im Einvernehmen mit den Eltern bereitete sie daher die Emigration vor. Noch ehe die ersten Schüler ihre Abschlußprüfungen ablegen konnten, ging Anna Essinger mit sechs Schülern und sechs Lehrern nach England. Nach ihrem Weggang entstand in Herrlingen neu ein nunmehr bewußt jüdisches Landschulheim, das auf die Einwanderung nach Palästina vorbereitete. Es wurde von Hugo Rosenthal, einem Schüler Geheebs, geleitet und blieb bis zur Schließung 1938 ebenso wie das Jüdische Landschulheim Caputh b. Potsdam ein Refugium reformpädagogischer Bestrebungen in NS-Deutschland. (S. Kap. 2.4.)

**Anmerkung**

1 So hatte Ludwig Wunder, der die Walkemühle zuerst als Landerziehungsheim einrichtete, vorher zeitweilig für Lietz in Bieberstein und Haubinda gearbeitet, wo er auch Minna Specht kennengelernt haben dürfte, die 1918 auf Vorschlag von Nelson als Mathematiklehrerin nach Haubinda gegangen war. Nach Spannungen zwischen Wunder und den Nelsonianern verließ dieser 1924 die Walkemühle und gründete ein Landerziehungsheim, Herrlingen bei Ulm (Ziechmann, 1970, S. 104f.).

**Literatur**

Bohrer, Rainer, Renner, Birgit: Historisch-kritische Untersuchung der pädagogischen Konzeption und organisatorischen Struktur der Hermann-Lietz-Schulen (Staatsexamen-Arbeit, Marburg 1982)

Cleve, Christoph: Die Geschichte der deutschen Landerziehungsheime während
der Zeit der NS – dargestellt am Beispiel der Hermann-Lietz-Schulen und der
Odenwaldschulen (Hausarbeit in Pädagogik für 1. Staatsexamen für Lehramt an
Volks- und Realschulen, Hamburg 1974)

Köppen, Werner: Die Schule Schloß Salem, Düsseldorf 1967

Kurzweil, Z. E.: Die Odenwaldschule 1910–1934, in: Paedagogica Historica,
XIII, 1., Gent 1973

Rieche, Herbert: Der soziale Gedanke in den Landerziehungsheimen und Schulgemeinden Deutschlands, Diss., Dresden 1935

Röhrs, Hermann (Hg.): Bildung als Wagnis und Bewährung, Heidelberg 1966

Röhrs, Hermann: Die Reformpädagogik. Ursprung und Verlauf in Europa, Hannover 1980

Schäfer, Walter: Paul Geheeb, Mensch und Erzieher, Stuttgart 1960

Schäfer, Walter: Die Odenwaldschule 1910–1960, Oberhambach 1960

Schäfer, Walter (Hg.): Paul Geheeb. Briefe, Stuttgart 1980

Sengling, Dieter: Die Frage nach dem Fortleben der Lietzschen Pädagogik in den
Hermann-Lietz-Schulen (Staatsexamen-Arbeit, Marburg 1960)

Zeitschriften der Landerziehungsheime: Schule Schloß Salem; Der neue Wald-
kauz/OSO-Hefte; Marienauer Chronik; Schondorfer Berichte; Leben und Arbeit (Lietz-Schulen)

Ziechmann, Jürgen: Theorie und Praxis der Erziehung bei Leonard Nelson und
seinem Bund, Bad Heilbrunn 1970

## 2.4. Repression als Chance

Die «innere Emigration» der Reformpädagogik
im jüdischen Erziehungs- und Bildungswesen
zwischen 1933 und 1938

Daß es unter dem NS-Regime, geradezu bedingt durch seine repressive,
antijüdische Schulpolitik, eine bedeutende Erneuerung jüdischer Erziehung und Bildung in eigenen Institutionen gegeben hat, ist an sich schon
ein faszinierendes Phänomen. Es überhaupt wahrzunehmen, wird allerdings durch den Mangel an Information außerordentlich erschwert (Adler-Rudel, 1974; Colodner, 1964). Hier muß aber darüber berichtet werden, weil in einigen dieser Institutionen «der Geist der modernen Pädagogik lebendig blieb, der in den deutschen Schulen durch Gewalt zerstört
worden war». Diesen Nachweis sucht jedenfalls Hans Gärtner (1956) am

Beispiel der Theodor-Herzl-Schule in Berlin zu führen, die er – obwohl sie sich in vieler Hinsicht von der Mehrheit der jüdischen Schulen unterschied – dennoch als «typisch» für die Entwicklung nach 1933 und für eine jüdische Vorstellung von Erziehung schildert, die in dieser Form nur in Deutschland nach 1933 entstehen konnte (Gärtner, 1956, S. 130f.). Damit wird auch für die Schulpädagogik behauptet, was Ernst Simon ähnlich von der jüdischen Erwachsenenbildung sagt: daß sie authentische Traditionen der deutschen Volkshochschulbewegung weitertrug nach ihrer Zerstörung durch die Nazis. (Simon, 1959, S. 77). Die von ihm gewählte Formulierung, die er für die – 1933 erfolgende – Wiederbegründung des erstmals in den zwanziger Jahren von Franz Rosenzweig errichteten «Jüdischen Lehrhauses» in Frankfurt am Main findet: «Aufbau im Untergang», trifft zugleich die damalige Situation des jüdischen Erziehungs- und Bildungswesens insgesamt. Und dessen Entwicklung wiederum ist symptomatisch für das Schicksal der deutschen Juden in diesen Jahren: während in den Ländern Mittel- und Osteuropas von vornherein eine rasche und totale Vernichtung des Judentums in Gang gesetzt wurde, lief der Prozeß in Deutschland selbst zögernd und widersprüchlich ab. Ihn sich zu vergegenwärtigen, hilft den «Anachronismus» (Gärtner) verstehen, daß gleichzeitig mit dem Zusammenbruch der materiellen und moralischen Grundlagen des deutschen Judentums zwischen 1933 und 1938 mit einer zuvor nicht erlebten Intensität eine neue jüdische «Lebensweise» entstand. Indem ein Großteil der in Deutschland seit Generationen lebenden Juden schrittweise gezwungen wurde, die von ihnen angestrebte und vielfach erreichte Assimilation rückgängig zu machen und eine «separate Existenz» zu führen, bekamen die – teils neu entstehenden – Institutionen und Organisationen der jüdischen Gemeinschaft eine zentrale Bedeutung. Daß in dieser Zwangslage eine solche Fülle kreativer Lösungen möglich war, erstaunt zunächst und läßt auf zuvor latent vorhanden gewesene Kräfte schließen. Zu diesen gehört sicherlich auch die von Franz Rosenzweig schon mitten im Ersten Weltkrieg mit dem ersten seiner «Sendschreiben» zu Inhalten und Formen jüdischer Erziehung eingeleitete und von Martin Buber vorangetriebene Grundsatzdiskussion um ein verändertes und zu veränderndes Selbstverständnis des «Jüdischen». Rosenzweigs Vorschläge zielten nicht zuletzt auf die Ausbildung eines Lehrertyps, den es bis dahin nicht gegeben hatte, der aber durch die 1933 eintretende Unterdrückung und Verfolgung mehr denn je gefordert wurde (Rosenzweig, 1937; Buber 1936).

Analog zu der sukzessive sich erweiternden zahlenmäßig schwer präzise faßbaren Ausschaltung der Juden, Mischlinge und jüdisch «Versippten» aus dem öffentlichen deutschen Schuldienst wurden Maßnahmen zur Vertreibung jüdischer Kinder aus den deutschen Schulen beschlossen und verkündet, jedoch nicht immer und überall sofort praktiziert. Schon 1931/32 waren in der Reichsleitung der NSDAP erste Überlegungen dazu angestellt worden.[1] Noch vor dem «Judenboykott» und dem dadurch reiteten und legitimierten «Berufsbeamtengesetz» Anfang April 1933 erfolgten punktuell einschränkende Vorstöße, die sich – wie in der Folgezeit üblich – kurze Zeit später reichseinheitlich durchsetzten.[2] Die unterschiedliche Rechtslage in den einzelnen Gemeinden bezüglich des Schulwesens wird durch ein «Gesetz gegen die Überfüllung (ursprüngliche Fassung: Überfremdung, d. Verf.) deutscher Schulen und Hochschulen» sanktioniert (25. April 1933). Danach dürfen jüdische Schüler oder Studierende künftig an keiner Schule stärker als bis zu 5 % vertreten sein und 1,5 % der Gesamtzahl der Schüler und Studenten nicht übersteigen. Die Regelung wird durch Minister Rust wiederum verschärft, indem er eine Bevorzugung von arischen Kindern beim Besuch einer höheren oder mittleren Lehranstalt anordnet, «selbst wenn die Zahl der zur Aufnahme kommenden Nichtarier hinter der Verhältniszahl zurückbleiben sollte». Ähnliches Zuwiderhandeln gegen gesetzliche Bestimmungen wird in den Ländern allgemein geübt (Adam, 1979, S. 68 ff.).

Im Zusammenhang mit einer Reihe von beamten- und besoldungsrechtlichen Vorschriften, die u. a. auf weitere «Berufsverbote» für jüdische Lehrer und Erzieher hinauslaufen[3], wird 1933/34 auch die Zulassung jüdischer externer Schüler zur Reifeprüfung untersagt. Die Aufnahme von Nichtariern an den preußischen Hochschulen für Lehrerbildung, Wohlfahrtsschulen und sozialpädagogischen Seminaren wird gleichfalls verboten.

1934 scheint zunächst eine gewisse «Beruhigung» in Deutschland einzutreten, die eine größere Zahl von Juden sogar zur Rückkehr veranlaßt. Mit inoffiziellen antijüdischen Aktionen kündigt sich sodann eine erneute «Klimaverschlechterung» an. 1935 wird die Streichung des gebührenfreien Schulbesuches nichtarischer Schüler reichseinheitlich geregelt und 1937 auf Mischlinge ausgedehnt. Die Einschränkung der Tätigkeit jüdischer Jugendverbände erfolgt am 10. 7. 1935 in Verbindung mit gegen die Kirchen und deren Jugendarbeit gerichteten Bestrebungen. Am 10. 9. 1935 kommt der vielzitierte gemeinsame «Runderlaß» des Reichserziehungsministers und des Rassenpolitischen Amtes heraus, wonach mit dem Schuljahr 1936 eine möglichst vollständige Rassentrennung durchzuführen ist und gesonderte jüdische Schulen errichtet werden sollen (Adam, 1979, S. 125 f.). Es stellte sich jedoch heraus, daß dieses ungeheure Projekt leichter zu dekretieren als zu realisieren war. Ein Plan des Reichserziehungsministers, den Gemeinden zur Auflage zu machen, mit Unterstützung des Reiches für alle jüdischen Kinder zumindest gesonderte Grundschulen einzurichten, scheitert trotz Zustimmung aller beteiligten Stellen an finanziellen Erwägungen. Rust unterstützt daraufhin die Absicht von Bayern und Baden, jüdische Schüler in besonderen Klassen zu unterrichten (Walk, 1971; Adam, 1979, S. 150). Solche Sonderklassen, an den Volksschulen größerer Städte errichtet, zählten 1938 20092 Schüler. An ihnen unterrichteten jüdische Lehrer und zwangspensionierte Studienräte und Professoren (Elbogen/Sterling, 1966, S. 312).

Die Periode relativer äußerer Ruhe und Sicherheit geht 1936 zu Ende; vom Reich wird nunmehr eine Judenpolitik verfolgt, die eine Lösung der «Judenfrage» durch Auswanderung begünstigt und Gruppen, die in Deutschland verbleiben wollen, das Leben erschwert (Adam, 1979, S. 154).[4] Ab Jahresbeginn 1938 gibt es kein gemeinsames Abitur jüdischer und arischer Schüler mehr; es werden besondere Prüfungsausschüsse gebildet. Nach der «Reichskristallnacht» 1938 sollte Juden der Besuch deutscher Schulen und Hochschulen endgültig nicht mehr gestattet sein. Diese Anordnung wurde jedoch wenige Wochen darauf widerrufen, «da es nicht angehe, schulpflichtige Juden ganz ohne Unterricht zu lassen». Der Erlaßt betont zugleich, daß eine Neuregelung des jüdischen Schulwesens beabsichtigt sei. Obwohl inzwischen eine Reihe jüdischer Schulen entstanden waren, reichten sie offenbar nicht aus oder wurden aus anderen Gründen nicht besucht. Die schulische Versorgung jüdischer Kinder war also nach wie vor nicht dem Buchstaben der sie diskriminierenden Gesetze und Erlasse entsprechend gelöst, als im Juli 1939 alle Vorschriften über den Schulbesuch von Juden endlich außer Kraft traten. Die unmittelbar der Gestapo unterstellte Reichsvereinigung der Juden in Deutschland[5] wurde zum Träger des jüdischen Schulwesens sowie der jüdischen freien Wohlfahrtspflege bestimmt. Während ihr die Errichtung von Volksschulen als «Pflichtaufgabe» zugewiesen wurde, blieb der Aufbau höherer Schulen freigestellt. Das geschah grotesk erweise zu einem Zeitpunkt, als unter dem Eindruck der Reichskristallnacht Eltern und Kinder massenhaft die Flucht ergriffen. Wer es noch konnte, versuchte sich zu retten – nicht zuletzt mit Hilfe der kurzfristig und gezielt auf die Aus- bzw. Einwanderung, insbesondere nach Palästina, vorbereitenden schulischen Einrichtungen.

Als am 30. 6. 1942 die Schließung aller noch bestehenden jüdischen Schulen angeordnet und die Schulpflicht für jüdische Kinder aufgehoben wurde, war diese Anordnung im Grunde bereits gegenstandslos. Nachdem seit 1941 an Stelle der mit ökonomischen Interessen verknüpften Auswanderung die physische Vernichtung des europäischen Judentums als Ziel den NS-Judenpolitik getreten war, gab es Unterricht und Erziehung jüdischer Kinder im nationalsozialistischen Machtbereich schließlich nur mehr illegal in Theresienstadt, in Auschwitz und Buchenwald.[6]

Vor dem Hintergrund dieser unsystematisch verfahrenden, letztlich dennoch grauenhaft effizienten NS-Judenpolitik sind in dialektischer Entsprechung die alternativen Ansätze eines jüdischen Erziehungs- und Bildungswesens entstanden. Über sie soll an dieser Stelle wenigstens skizzenhaft berichtet werden. Sie hatten vor allem die Aufgabe, die erschütterte und beschädigte Identität jüdischer Kinder, die auf der Straße, in deutschen Schulen und bei vielen anderen Gelegenheiten ständigen Demütigungen ausgesetzt waren, durch die Besinnung auf den Eigenwert jüdischer Kultur und Menschlichkeit zu stabilisieren. Es scheint, daß unmittelbar nach 1933, aber auch noch in den folgenden Jahren eher die

Kinder als die Eltern ein Bedürfnis nach einer «jüdischen Identität» verspürten und es deshalb sogar zu Konflikten zwischen ihnen kam. Meist drängten diejenigen in eine jüdische Schule, die einer nationalen jüdischen Jugendorganisation angehörten; zionistische Eltern waren im Prinzip selbstverständlich ebenso eingestellt, wenngleich sie praktisch nicht immer die jüdische Schule unterstützten (Gärtner, 1956, S. 127ff.). Die Mehrzahl der Eltern versuchte jedoch, die Kinder solange als möglich in deutschen Schulen zu belassen. Ihre Vorbehalte gegenüber jüdischen Schulen[7] gingen zurück auf das bis dahin dominierende Interesse der jüdischen Mittelschicht an Assimilation, verbunden mit der Abkehr von religiösen Traditionen. Zudem schreckten die sozialen Standards damals existierender jüdischer Schulen, deren Schüler in der Mehrheit aus der unteren Mittelschicht kamen. Die als chaotisch und unmodern verschriene «Judenschule» erschien vielen deutschen Juden als Inbegriff einer überwundenen Epoche, der sie nur heftige Abneigung entgegenbringen konnten (Gärtner, 1956, S. 125).[8]

Allerdings gab es auch sicherlich nicht selten den Fall, daß selbst eine gut ausgebaute Schule der nach 1933 einsetzenden starken Nachfrage gar nicht gewachsen war (Schiratzki, 1960, S. 300). Lediglich der durch die Emigration bedingte häufige Schülerwechsel ließ die Kapazitäten einigermaßen dem Bedarf genügen. An kleineren und abgelegenen Orten, die über keine eigenen jüdischen Schulen für die wenigen jüdischen Kinder verfügten, wurden mit Hilfe der jüdischen «Zentralwohlfahrtsstelle» Transportmöglichkeiten oder die Unterbringung der Kinder in jüdischen Erziehungsheimen oder Familien organisiert und finanziert, um so jedem jüdischen Kind zumindest eine elementare Schulausbildung zu sichern (Lotan, 1959, S. 205).

Die jüdischen Schulen verfügten über eine relativ große innere Lehrfreiheit und konnten ihre Lehrpläne weitgehend selbst bestimmen. Das bedeutete, daß in ihnen Inhalte vermittelt – zum Beispiel Texte verfemter Autoren gelesen – und Methoden praktiziert werden konnten, die zur gleichen Zeit an deutschen Schulen «untragbar» waren! 1934 erließ die jüdische Reichsvertretung «allgemeine Richtlinien», deren Ausfüllung im einzelnen den Schulen selbst überlassen blieb. Sie enthielten noch folgenden, für das Selbstverständnis der deutschen Juden bezeichnenden Passus: «Die jüdische Schule erfährt ihre besondere Prägung aus dem doppelten Urerlebnis, das jedes in Deutschland lebende jüdische Kind in sich trägt: dem jüdischen und dem deutschen. Diese beiden Grunderlebnisse sind gleichmäßig zu entwickeln und ins Bewußtsein zu heben; sie sind in ihrem Neben- und Miteinander wie auch in ihrer Spannung fruchtbar zu machen und zu entfalten» (Friedländer, 1958, S. 192). Daß dieser Abschnitt in der Ausgabe von 1936 fehlt, führt E. Sterling «wohl auf Anweisung des Erziehungsministers» zurück; da aber zugleich stärker der Hebräisch-Unterricht und die Vorbereitung der Jugend auf die Auswanderung betont wird, ist vielleicht auch auf ein gewandeltes, realistischer die Lage einschätzendes Bewußtsein von der eigenen Zukunftsperspektive zu schließen (Elbogen/Sterling, 1966, S. 312).

Dem nun nicht länger tragfähigen Glauben an eine deutsch-jüdische Symbiose als Bildungsziel hatte Martin Buber 1933 das Idealbild einer «wesensjüdischen Schule» entgegengestellt, dem die meist in großen Städten neu entstandenen Schulen sicherlich nicht durchweg in vollem Umfang entsprachen. Dieses Ideal leitete aber dennoch generell die «Reorientierung» auch jener Lehrer und Schüler, denen es auf Grund ihrer Herkunft aus dem assimilationsfreudigen Besitz- und Bildungsbürgertum zunächst recht schwerfiel, ihre Identifizierung mit dem «Deutschtum von Weimar» im doppelten Sinne aufzugeben oder zumindest zu relativieren. Die Schulen unterschieden sich offenbar je nach der sozialen Zusammensetzung von Schüler- und Lehrerschaft in ihrer Arbeit und ihrer Atmosphäre nicht unerheblich: in methodischer Hinsicht kam es an einzelnen Schulen zu Konzentrationen eines progressiven Potentials, weil der Zuwachs an Lehrern durch moderne Ausbildungsstätten gegangen war (Gärtner, 1956; Friedländer, 1958). Überhaupt hatten junge und aktive Lehrer unter den damaligen Bedingungen bessere Chancen, rasch in leitende Stellungen aufzusteigen und ihre Vorstellungen zu verwirklichen, wenn auch mitunter im Konflikt mit traditionell ausgerichteten Gemeinden. Daß sie Qualifikationen, die sie vermitteln sollten, sich selbst erst gerade angeeignet hatten (wie zum Beispiel Hebräisch oder manuelle Fertigkeiten im Gartenbau, in der Landwirtschaft oder in einem Handwerk), konnte sich pädagogisch positiv auswirken. Um solche Defizite zu beheben, wurde neben dem seit längerem in Würzburg bestehenden orthodoxen Lehrerseminar in Berlin eine zweite jüdische Lehrerbildungsanstalt errichtet, die Dr. Fritz Bamberger leitete; prominente jüdische Wissenschaftler beteiligten sich an der Ausbildung von Volksschullehrern, die vor allem fehlten, während es Gymnasiallehrer in größerer Zahl gab. Unter der Leitung von Martin Buber und Ernst Simon fand 1934 eine «Lehrerbildungswoche» in Lehnitz bei Berlin statt; eine ähnliche Veranstaltung für Mitarbeiter der Erwachsenenbildung lief im gleichen Jahr im jüdischen Landerziehungsheim Herrlingen, wiederum von Martin Buber geistig angeregt und orientiert an Gedanken von Franz Rosenzweig (Simon, 1965, S. 75 ff.). Weitere Kurse speziell zur Lehrerfortbildung, organisiert von der Mittelstelle für jüdische Erwachsenenbildung, folgten. Eine Gruppe junger jüdischer Lehrer gab zwischen 1936 und 1938 sogar eine als «Rundschreiben» aufgezogene Zeitschrift zu ihrer Fortbildung heraus (Allgemeine Jüdische Wochenzeitung, 11. 10. 1968). Eine zusätzlich stimulierende Funktion erfüllte der – dank der günstigen Bedingungen im Berliner Raum – mögliche Austausch und «freundschaftliche Wettbewerb» unter den jüdischen Schulen, wie zum Beispiel die Einladung einer Lehrergruppe ins *Jüdische Landschulheim Caputh bei Potsdam*, zur Demonstration und Diskussion der dort praktizierten Arbeitsmethoden (Friedländer, 1958, S. 196). Diese 1932 – kurz vor der Machtübernahme – von Gertrud Feiertag, einer hervorragenden Pädagogin, geschaffene, später von Dr. F. Friedmann und Dr. E. Ising geleitete Einrichtung scheint in der Tat vorbildlich und im Geist der reformpädagogischen Bewegung gearbeitet zu haben, wie Sophie Friedländers Erinnerung an dieses «verlorene Paradies» eindrucksvoll belegt. Ausstrahlungen der Arbeit in Caputh reichen über ihr gewaltsames Ende hinaus ins schwedische und englische Exil.[9] Caputh war – wie auch das bereits erwähnte *Jüdische Landschulheim Herrlingen* – ursprünglich nicht als *jüdisches* Landschulheim gegründet worden, aber die NS-Schulpolitik machte es dazu (Interview E. und R. Bruch). Zunächst war es mehr ein Kinderheim für Kinder geschiedener oder emigrierter Eltern. Der Umgang mit diesen Kindern stellte an die Lehrer und Erzieher, die sog. «Gruppentanten», schon hier besondere Anforderungen, die sich in den «Schulen im Exil» noch verstärkten. Sie wurden dadurch ausgelöst, «daß diese Kinder furchtbar nervös und unglücklich waren. Denn es war sehr oft so, daß die Mutter noch in Deutschland und der Vater ausgewandert war und irgendwo eine Zuflucht suchte, oder der Vater war im Konzentrationslager, und die Kinder haben irgendwie alle gewußt, daß sie in der Luft hängen. Kinder gingen von heute auf morgen weg, weil die Eltern etwas gefunden hatten, wo sie hingehen konnten. Sie haben also furchtbar schlechte Träume gehabt, und wir haben nächtelang an deren Betten gesessen und getröstet, so gut wir konnten. Aber das allerwichtigste war, daß wir den Kindern beigebracht haben, daß sie den Kopf hochhalten konnten, denn sie waren nicht schuld an dem, was geschah. Und das natürlich konnte man ein bißchen dadurch tun, daß man sie in der jüdischen Geschichte unterrichtete ...» (Interview Alice Bergel). Ein Internat bot sicherlich die besseren Möglichkeiten, sozialpädagogisch auf die geschädigten Kinder zu reagieren und sie vor einer feindlichen Umwelt abzuschirmen. Wieweit jüdische (Tages-)Schulen generell leisteten, was Hans Gärtner (1956) aus seinen begrenzten Erfahrungen an der Theodor-Herzl-Schule in Berlin ableitet, daß sie «Inseln» bildeten, die Gelegenheit zur Entfaltung eines eigenen Lebensstils boten und die Kinder damit vor Demütigung und Unterdrückung ihrer Selbstachtung bewahrten, ja sie geradezu «glücklich» machten, wird behutsam zu relativieren sein. Schließlich stand der faschistische Ungeist nicht nur vor der Schultür, sondern drang mit den Kindern, die als Mischlinge oder jüdische Christen zunächst der NS-Pädagogik ausgesetzt, dann aber gleichfalls aus den deutschen in jüdische Schulen verwiesen worden waren, zunehmend in diese selber ein. Das Problem, das in Deutschland erst relativ spät auftritt und daher peripher bleibt, stellt sich auch in den «Schulen im Exil» und gelegentlich mit erschütternder Kraßheit 1945 bei den Kindern aus Konzentrationslagern ein.[10]

Ebenso wie die Schulbildung unterlagen auch der Zugang zu Hochschulen und die berufliche Ausbildung sowie die Ausübung erlernter Berufe einer wachsenden Zahl von Beschränkungen. Zwar wurden erst im

Oktober 1944 der Besuch von Fachlehrgängen und Abendkursen verboten, die Berufsschulpflicht aufgehoben sowie überhaupt das Recht zum Besuch berufsbildender oder Fachschulen abgeschafft (Adam, 1979, S. 270), während Juden schon 1938 von der Teilnahme an Reichsberufswettkämpfen ausgeschlossen worden waren (!) (Adam, 1979, S. 213), aber diese Maßnahmen gehörten zu den Gesetzen und Anweisungen gegen die Juden – insgesamt waren es über 1000 – die von der Ministerialbürokratie noch produziert worden sind, «als es schon gar keine Juden in Deutschland mehr gab» (Martin, 1981, S. 299). Die tatsächliche Entwicklung ging zunächst dahin, qualifizierende Maßnahmen und Einrichtungen zur «Berufsumschichtung» und Vorbereitung auf die Auswanderung in eigener jüdischer Regie zu unterstützen, solange Auswanderung als offizielle Strategie der NS-Judenpolitik galt. Gartenbau, Landwirtschaft oder ein Handwerk zu erlernen, wurde vor allem von zionistischen Organisationen jüdischen Jugendlichen (und auch Erwachsenen) angeboten. Dafür gab es im deutschen Judentum kaum traditionelle Voraussetzungen[11], weshalb eine echte Berufsumschichtung angestrebt wurde.[12] Unter den neuen berufsqualifizierenden Institutionen ist das 1935/36 ins Leben gerufene *Auswandererlehrgut Groß-Breesen* hervorzuheben. Es steht eindeutig im ideellen Zusammenhang der Jugend- und Landerziehungsheimbewegung, mit der es durch die Person seines Begründers und Leiters, Curt Bondy, sowie durch den «background» vieler seiner Schüler aufs engste verbunden ist. Ihm lag daher mehr an einer «Charakterbildung» durch «Bewußtmachung» zentraler moralischer Kategorien im Verbund mit den besten Elementen der klassischen deutschen Bildung, als an einem ausschließlichen oder vorwiegenden Training handwerklicher oder agrikultureller Techniken. In der Praxis ist es wohl nicht zu einer ausgewogenen Verbindung der verschiedenen Anteile im Ausbildungsprogramm gekommen; dennoch gestaltete sich die Zeit in Groß-Breesen für die meisten zu einer prägenden «persönlichen Erfahrung», die zum späteren Zusammenhalt der Absolventen auch während der großen Zerstreuung über die ganze Welt beigetragen haben dürfte. Eine spezielle jüdisch-religiöse Haltung zu erzeugen, gelang – nach Bondys eigenem Eingeständnis – freilich nicht. Nicht zufällig war das Auswanderungsziel der Groß-Breesener nicht Palästina, sondern Südamerika, speziell Brasilien. Die meisten Groß-Breesener fanden – nach zeitweiliger Haft in Buchenwald 1939 – vor ihrer endgültigen Emigration aus Europa in den Niederlanden eine vorläufige Zuflucht in einem «Werkdorf», wo sie als geschlossene Gruppe durch die Disziplin und die Kultur ihres Verhaltens beeindruckten (van Tijin, S. 183 ff.). Vielleicht repräsentieren sie am ehesten die von Gärtner apostrophierte «letzte Generation» deutscher Juden, die – in Deutschland aufgewachsen – ein Erbe überzeitlicher kultureller Werte bewahrte, die durch die Nazis nicht verdorben werden konnten (Gaertner, 1956, S. 141). Manche von ihnen sind «bessere Deutsche» als Juden geblieben; andere aus dieser Altersgruppe – mit vergleichbaren

Erfahrungen – leben noch heute im Zwiespalt. Produktiv geworden ist die nicht völlig aufgegebene «deutsch-jüdische-Symbiose» am ehesten in den Bemühungen derjenigen Emigranten, die sich nach 1945 bewußt als «Brückenbauer» zwischen Deutschland und ihrer neuen Heimat verstanden.

## Anmerkungen

1 Im März/April 1933 legte eine zweckmäßig zusammengesetzte «Arbeitsgemeinschaft» einen umfassenden Entwurf zu einem «Gesetz zur Regelung der Stellung der Juden» vor, der nicht nur ein weitgehendes «Berufsverbot» für jüdische Lehrer enthielt, sondern auch jüdischen Kindern den Besuch deutscher öffentlicher und privater Schulen untersagte. Ein zu gründender Verband der Juden in Deutschland sollte eigene Schulen errichten. Der «Entwurf» erscheint wie eine Vorwegnahme aller, erst sehr viel später tatsächlich getroffenen Maßnahmen.

2 So beschließt Thüringen im März 1933 zum Beispiel einen Entzug der Geschwisterermäßigung für jüdische Schulkinder, und Minister Rust fordert in einer Rede vom Februar 1933, alles was in die deutschen Schulen nicht hineingehöre und undeutsch sei, «abzuschneiden» (Adam, 1979, S. 64 f.).

3 Zum Beispiel wird die Erteilung von Privatschul-Konzessionen vom Arier-Nachweis abhängig gemacht.

4 Auf dieser Linie liegt die Anordnung der bayrischen Politischen Polizei vom 28.1.1936, derzufolge die Tätigkeit der zionistisch eingestellten Jugendorganisationen im Interesse der Staatsführung ist und deren Mitglieder daher nicht mit derjenigen Strenge zu behandeln sind wie Angehörige der deutsch-jüdischen Organisationen.

5 Diese trat an die Stelle der 1933 formell begründeten Reichsvertretung der deutschen Juden, deren Name 1935 nach den Nürnberger Gesetzen in Reichsvertretung der Juden in Deutschland geändert werden mußte. Zu ihren Aufgaben hatte schon die Organisation des «jüdischen Schulwerks» gehört. Kurzfristig erfolgte noch eine wichtige Umgestaltung der Reichsvertretung in einen Reichsverband im Sommer 1938, der einen Rahmen bilden sollte, in dem sich jeder Jude ohne Rücksicht auf seine Zugehörigkeit zu einer Gemeinde hätte organisieren können. Den jüdischen Gemeinden war zu diesem Zeitpunkt das Recht zur Erhebung von Steuern genommen worden. Adler-Rudel sieht in der Konstruktion ein «Zeichen für den relativen Optimismus, der selbst zu einem so späten Zeitpunkt für die Möglichkeit einer Weiterarbeit der jüdischen Institutionen bestand» (1974, S. 17).

6 In Theresienstadt arbeitete der Zionist Fredy Hirsch, in Buchenwald auch der antifaschistische Lehrer Wilhelm Hammann auf diese Weise im «Kinderblock». Die in Buchenwald außerdem errichtete «Maurerschule», die von der SS auch in anderen Lagern akzeptiert wurde, rettete vielen jüdischen Jugendlichen durch eine Facharbeiter-Ausbildung das Leben (Langbein, 1980, S. 198, S. 205; Albertus, 1981). Im holländischen Westerbork wirkte Gerhard Frank.

7 Von ihnen gab es 1933 noch 153 – in Preußen, Bayern und Baden-Württemberg.

8 Jüdische Lehrinstitute mit einer langen, ehrwürdigen, bis ins 18. Jahrhundert

zurückreichenden Tradition und Geschichte wie die Samson-Schule in Wolfenbüttel und das Frankfurter Philantropin waren durch die jeweiligen örtlichen Gegebenheiten bedingte Ausnahmen.

9 Einige Lehrer und Schüler gingen nach Schweden an die 1934 in Västraby/ Schonen von dem Ehepaar Posener gegründete, zionistisch ausgerichtete Internatsschule Kristinehov (siehe S. 102f); Friedmann nach England, Ising in die USA.

10 Selma Schiratzki berichtet von einem solchen Fall: unter den Kindern, die 1939 von der deutschen in die jüdische Schule überwechseln mußten, war ein Junge, der am 10. November begeistert die Scheiben der Judenschule eingeworfen hatte; seine christliche Mutter bat aufgeregt, ihn ihr abzunehmen, er wäre der heftigste Judenhasser, den man sich vorstellen könne (Schiratzki, 1960, S. 306).

11 Ausnahmen waren die schon im 19. Jahrhundert gegründete jüdische Gartenbauschule in Ahlem und das 1931 entstandene «Landwerk Neuendorf».

12 Faktisch hatte sie jedoch auf makabre Weise bereits stattgefunden: «Die Sozialstruktur der Anfang 1939 im Reich ansässigen Juden hatte sich im Vergleich zu 1933 vollständig verkehrt. Etwa 70% der erwerbstätigen Juden konnte keinen Beruf mehr ausüben, sie lebten von Resten des eigenen Vermögens oder mit Hilfe der jüdischen Wohlfahrtsorganisationen. Das deutsche Judentum war 1939 aus der Gesellschaft ausgegliedert und befand sich in einem Prozeß der Verelendung, der es dem Propagandaklischee vom herumstreichenden, schmutzigen Ostjuden allmählich tatsächlich nahekommen ließ» (Martin, 1981, S. 307).

## Literatur

Adam, U. D.: Judenpolitik im Dritten Reich, Königstein 1979

Adler-Rudel, S.: Jüdische Selbsthilfe unter dem Naziregime 1933–1939, Tübingen 1974

Albertus, Heinz: Kinder in Buchenwald, Weimar 1981

Angress, Werner T.: Auswandererlehrgut Groß-Breesen (engl.), in: Leo Baeck Institute Year-Book X, London 1965, S. 168ff.

Buber, Martin: Die Stunde und die Erkenntnis. Reden und Aufsätze. 1933 bis 1935, Berlin 1936

Buber, Martin: Rede über das Erzieherische. (1926), in: Werke, Erster Band, München/Heidelberg 1962, S. 787ff.

Colodner, Solomon: Jewish Education in Germany under the Nazis, Jewish Education Committee Press (1964)

Elbogen, Issmar, Sterling, Eleonore: Die Geschichte der Juden in Deutschland, Frankfurt/M. 1966

Friedländer, Fritz: Trials and Tribulations of Jewish Education in Nazi Germany, in: Leo Baeck Institute Year-Book III, London 1958, S. 192ff.

Gärtner, Hans: Problems of Jewish Schools in Germany during the Hitler Regime, in: Leo Baeck Institute Year-Book I, London 1956

Langbein, Hermann: ... nicht wie die Schafe zur Schlachtbank. Widerstand in den nationalsozialistischen Konzentrationslagern, Frankfurt/M. 1980

Liotan, Giora: The Zentralwohlfahrtsstelle, in: Leo Baeck Institute Year-Book IV, 1959, S. 189ff.

Martin, Bernd, Schulin, Ernst (Hg.): Die Juden als Minderheit in der Geschichte, München 1981

Rosenzweig, Franz: Zur jüdischen Erziehung. Drei Sendschreiben, Berlin 1937
Schiratzki, Selma: The Rykestrasse School in Berlin, in: Leo Baeck Institute Year-Book 1960, S. 299–307
Simon, Ernst: Aufbau im Untergang, Tübingen 1959
Simon, Ernst: Jewish Adult Education in Nazi Germany, in: Leo Baeck Institute Year-Book X, London 1965, S. 68ff.
von Tijn, Gertrude: Werkdorp Nieuwesluis in: Leo Baeck Institute Year-Book 1969 Bd. XIV, S. 182ff.
Walk, Josef: Die Erziehung des jüdischen Kindes in Nazi-Deutschland, Jerusalem 1971 (hebr.)

Sophie Friedlaender

# Erinnerung an ein verlorenes Paradies
## Das Jüdische Landschulheim Caputh 1933–1938

«Ich wage zu behaupten, daß es selbst in der allgemeinen Geschichte der Pädagogik eine solche Chance nur selten gab, in der der Gedanke der Menschenbildung seine Größe und seine Stärke so eklatant beweisen und bewahren konnte.»
(David F. Kaelter: Das Jüdische Schulwerk in Deutschland nach 1933, Publikation des Leo Baeck Institute of Jews from Germany, Nr. 2/3, 1958)

Daß Caputh für uns Erwachsene eine begrenzte, aber innerlich freischöpferische, ja, fast fröhliche Zeit war, dessen waren wir uns bewußt. Oft aber kam mir die Frage, was diese Zeit für die Kinder bedeutete (Kinder, die nach Caputh kamen, weil sie von den Staatsschulen ausgeschlossen waren, deren Eltern auf der Suche nach einem Einwanderungsland, vielleicht geschieden waren?). 40 Jahre später überrumpelte ich einen Familienvater, der mit 15 Jahren Caputh verlassen hatte und mit der Jugendaliyah nach Palästina gegangen war, in Israel mit dieser Frage. «Es war die glücklichste Zeit meines Lebens», war die prompte Antwort.

Was war dieses Caputh?

Ein Dorf in der Nähe von Potsdam, an der sich zu Seen weitenden Havel; Obstbaum bestandene Hänge ziehen sich hinauf zu Kieferwäldern, wo man Pilze sammeln konnte.

An der höchsten Stelle hatte Gertrud Feiertag einen Privatbesitz in ein Erholungsheim umgewandelt; mit gutem Instinkt folgte sie 1933 den Anforderungen der Zeit und half bei der Entwicklung zu einem Landschulheim für jüdische Kinder. So entstand hier, inmitten der Zerstörung alles dessen, was uns an Fortschritt und kulturellen Werten in Deutschland am Herzen lag, eine Oase, in der vieles von diesen Werten in aller Stille noch Jahre weiter lebte.

Jeden Monat wuchs die Zahl der Kinder bis zur Höchstzahl von 150. Für die

Unterkunft wurden Häuser gemietet im Dorf, meist frei gewordene Wassergrundstücke von jüdischen Besitzern, die schon ausgewandert waren. Eines davon war das schöne, jetzt unter Nationalschutz stehende Blockhaus von Einstein, den die Kinder noch fragen konnten, warum die Sterne nicht vom Himmel fallen. Hier wurden die Kinder von Hausmüttern betreut, die in Stätten wie dem Jugendheim Charlottenburg eigens für diese Arbeit ausgebildet waren (eine Ausbildung, wie sie uns in keinem anderen Land bekannt geworden ist). Diese Hausmütter verstanden, jede auf ihre Art, in den verschiedenen Häusern eine familienartige Atmosphäre zu schaffen, in manchen Fällen mit einem Ehepartner. Hier wurde zusammen gearbeitet, gebastelt, gelesen, diskutiert.

Schon 1932 wurde Dr. Friedmann als einer der Lehrer für die Arbeit gewonnen. Mit der wachsenden Kinderzahl fanden sich bald andere jüdische Fachlehrer, die ja alle schon aus den öffentlichen Dienst ausgeschlossen worden waren. Zwei in der Frankfurter Akademie ausgebildeten Junglehrer richteten mit viel Geschick und Begabung die Grundschule ein. Als der älteste von uns wuchs Friedmann ganz natürlich in die Rolle des Schulleiters hinein.

Was waren es für Kinder? Jungen und Mädchen aus dem assimilierten jüdischen Mittelstand. Oft belastet durch häusliche Umstände und zusätzlich gefährdet durch die äußere Unsicherheit gab es unter ihnen einen hohen Prozentsatz schwieriger Kinder. Keine leichte Aufgabe für Lehrer und Erzieher, die ja die äußere Unsicherheit mit den Kindern teilten. Es war eine Herausforderung für jeden einzelnen Mitarbeiter, mit dieser Situation fertig zu werden. Man darf nicht vergessen: so eine kleine Schule hatte nicht die Autorität einer Staatsschule, und der Schulleiter besaß keine andere als die Autorität seiner Persönlichkeit. Wir unterrichteten in Räumen, die nie als Schulräume gedacht waren; außer ein paar Schultafeln gab es keine Lehrmittel, keine Lehrbücher, keinen Lehrplan. Dabei wurde mir klar, daß es im Grunde auf alle diese Dinge nicht ankam, für die heute so viel öffentliche Gelder ausgegeben werden. Wir zehrten alle von den Gütern, die wir in Kopf und Herz mitgebracht hatten und waren in der Gestaltung des Unterrichts auf die eigene Initiative angewiesen. Wir mußten eine innere Disziplin schaffen, durch die die Kinder aufnehmen konnten, was Lehrer und Erzieher ihnen geben konnten. Wer von den Erwachsenen von seiner «Gabe» nicht viel hielt, schied bald als Mitarbeiter wieder aus. Die Kinder waren ungeduldig und kritisch. Wir mußten ihnen geben, was sie in ihrer Situation brauchten, was sie anging, und was sie zum Selbsttun anregte.

Und dafür bot Caputh goldene Möglichkeiten. Man mußte sie nur ergreifen. So waren wir nicht nur Lehrende, sondern ständig auch Lernende. Friedmann, zutiefst bewandert in den Gesetzen geschichtlicher Entwicklung, vollgesogen mit den Schönheiten der deutschen Literatur, wandte sich sogleich dem intensiven, ihm völlig neuen Studium des Judentums zu, und wir waren bezaubert, wie schnell er vermochte, den Kindern die jüdische Geschichte nahezubringen, so lebendig, als hätte er die verschiedenen Phasen selbst miterlebt.

Und das war wichtig: den Kindern, denen die deutsche Umgebung plötzlich zur Fremde wurde, Zusammenhänge zu erklären und ihnen einen neuen Halt zu

Bei dieser Aufführung von «Saul und David» übernahm Friedmann die Rolle des Saul, weil der Junge, der sie spielen sollte, nach Palästina abgereist war.

geben und eine neue Richtung. Aufführungen vom «Sommernachtstraum» und Hans Sachs-Stücken lösten Spannungen in den Kindern und gaben ihnen Freude. Sie waren gefesselt von Friedmanns biblischen Erzählungen, und aus seinem tiefen Verständnis für Kinder dramatisierte er ihnen zwei der schönsten Geschichten: «Joseph und seine Brüder» und «Saul und David», Stücke, in denen die Caputher Jungs in ihrem Umgang miteinander zu erkennen waren. Es wurde so deutlich dabei, wie menschlich nahe und allgemein gültig doch diese alten Erzählungen sind. Und diese Stücke wurden aufgeführt. Die ganze Breite des vergrößerten Eßsaales wanderten die Brüder mit herrlichen (selbstgemachten) Kamelen nach Ägypten, zeitgemäß gekleidet in von Friedmann selbst gefärbten Nesselstoffen. Alle Erwachsenen halfen mit den Kostümen. Hebräische Lieder begleiteten die Wanderer, zum Teil vom Musiklehrer vertonte Bibelstellen, die vielen von uns noch heute in der Erinnerung nachklingen.

Das alles ging die Kinder an. Eines von ihnen malte die wandernden Brüder später an die Eßsaalwand. Der ostjüdische, begabte Winawer kam am Schabbath und führte uns ein in den Zauber von jiddischen und hebräischen Liedern, und der regelmäßige Unterricht in der hebräischen Sprache bei einem Lehrer, dessen Muttersprache es war, half für das Verständnis dieser für die Kinder so anderen Welt.

Für mich hatte Caputh eine ganz besondere Bedeutung in meinem Werdegang als Lehrerin. In meiner Ausbildung in der Weimarer Zeit hatte ich viele fortschrittliche Schulen besucht, hatte meine Lehrbegeisterung entfacht an der

Die Musikecke im Eßsaal mit dem Wandgemälde «Josephs Brüder ziehen nach Ägypten». Das begabte Mädchen, von dem die Malerei stammt, hatte Eltern und Geschwister durch Selbstmord verloren. Es selbst wurde «auf der Flucht erschossen». Das Mädchen links ist umgekommen; der 2. Junge von links hinten ist auf der «Andorra» torpediert worden (Angaben von Sophie Friedländer).

«Sokratischen Methode», wie sie auf einer Lehrertagung in Minna Spechts «Walkemühle» demonstriert wurde. Ostern 1933 hatte ich mein Referendarjahr beendet mit meiner Assessorprüfung an der Karl-Marx-Schule in Berlin-Neukölln, wo ich viel Anregung bekommen hatte für freien sinnvollen Unterricht, und wo ich erfahren konnte, wie weit sich unsere Ideen vom Arbeitsunterricht praktisch durchführen ließen. Und jetzt konnte ich anwenden, was ich gelernt hatte: im 3. und 4. Schuljahr Gesamtunterricht, und Englisch und Geographie durch die ganze Schule (1.–9. Schuljahr), immer aber nicht nur Lehrende, sondern ständig weiter Lernende. Unbeschwert von irgendwelchen Vorschriften gründete ich meinen Grundschulunterricht auf sinnvolle praktische Betätigungen, an denen wir dann Schreiben, Beschreiben, Lesen, Rechnen lernten und unser allgemeines Wissen bereicherten.

Wir legten ein Schulbeet an, säten und pflanzten, die Beete wurden gemessen und maßstabgetreu gezeichnet. Der märkische Sand mußte viel gegossen werden. Ein regelmäßiger Dienst fürs Wasserschleppen wurde eingerichtet – für die Kleinen gar nicht so leicht – Pflanzen wurden gezeichnet, Früchte gewogen und Gewinn errechnet. Das Schulbeet gab für alles den Stoff, alles wurde zum direkten Erlebnis. Täglich war der erste Gang zum Schulbeet, und immer gab es etwas Neues. «Weißt du noch, wie sich die Sonne in dem Tautropfen in der Kürbisblüte spiegelte?» Daran erinnerte ein Soldat auf Wache in Israel einen früheren Mitschüler. Und der Kürbis wurde dann von den Kindern zum Erntefest geschleppt.

Durch die gemeinsamen Aufgaben und kleinen Verantwortungen entwickelte sich in der Gruppe ein guter Gemeinschaftsgeist, eine Atmosphäre des Einander-gelten-lassens, einen jeden nach seinen natürlichen Gaben. Die Kinder lernten, einander und sich selbst einzuschätzen und ihren eignen Fortschritt zu fordern. Der Unterrichtsstoff für die Grundschulkinder wuchs uns überall entgegen. Konnte es eine idealere Umgebung geben für die Heimatkunde? Wir konnten uns alles erwandern oder mit Schiff und Bus er-fahren. Und dann nahmen wir uns viel Zeit, um herauszufinden, wie das Gesehene auf einer Landkarte sozusagen stenographisch festgehalten werden kann. Wie stellt man einen Berg auf der Karte dar? Nie werde ich vergessen, wie der zehnjährige Frank in plötzlicher Erkenntnis ausrief: «Man muß die Höhenlinien einfach fallen lassen!» So verstand er die Projektion.

Und dann stellten wir die ganze Gegend dar in einem Relief. Da war ich wieder die Lernende. Nachdem es fertig und am Elterntag ausgestellt war, brauchten wir wieder den großen Tisch. Mit der größten Seelenruhe verteilten die Kinder die kleinen Häuser unter sich; die Havel aus blauem Papier und die Bäume wanderten in den Papierkorb und der Sand in den Garten. Das Relief war nicht mehr. Ich war traurig. Erst allmählich verstand ich: Kinder brauchen kein Museum. Sie gehen durch eine Phase, und dann – kommt etwas Neues. Wir besuchten die Rohrweberei, wo sie das örtliche Rohmaterial, den Uferschilf, zu Matten webten. Und wir besichtigten die Dorfbäckerei. Dieser Besuch führte zu meinem liebsten «Projekt». Für den Bäcker war dieser Besuch nicht ohne Risiko. Nur in Gruppen von vier Kindern durften wir nach Einbruch der Dunkelheit zu ihm kommen. Noch heute habe ich seine maßstabgetreue Grundrißzeichnung der Backstube, nach der dann in der Werkarbeit ein puppenstubengroßes Modell entstand. Jedes Kind wählte sich einen Gegenstand aus der Backstube aus und bastelte ihn nach. In der Deutschstunde wurde dann die Herstellung in allen Einzelheiten beschrieben und gezeichnet. An einem Abend, kurz vor Weihnachten, wurde vor allen Kindern das Licht in der Backstube angeknipst, und der Bäcker hielt eine versöhnliche Rede, für die ich ihm heute öffentlich Dank sagen möchte. «Wie schön wäre es», meinte er, «wenn auch die Dorfkinder an so einem Ereignis teilnehmen könnten.» So ein «Projekt» gab dem Schulmorgen in der Grundschule Richtung und Rhythmus für Beobachten, Beschreiben, Nachlesen, Darstellen. Die Kinder konnten so weitgehend selbständig ihren individuellen Arbeiten nachgehen. Während meiner 14tägigen Englandreise konnte ich daher ganz beruhigt den Unterricht einer Jugendleiterin übergeben, da sie sich völlig auf die Selbständigkeit der Kinder verlassen konnte.

Zur Stärkung unserer eignen Disziplin gab jeweils ein Lehrer einmal im Monat eine Stunde vor seinen Kollegen, die dann anschließend anregend und oft aufgeregt diskutiert wurde. Immer schienen wir dabei zurückzukommen auf letzte religiöse Werte. Wir mußten mit der Zeit ein gutes Selbstvertrauen entwickelt haben, denn eines Tages erging eine Einladung an die jüdischen Lehrer in Berlin zu einem «offenen Tag» in Caputh, an dem sie Zugang zu allen Unterrichtsstunden hatten. Eine der Gäste war Dr. Hilde Lion, die mich – viele Jahre später – in Erinnerung an meine «Gurkenstunde» an ihre Schule in Haslemere engagieren wollte.

Für Kinder und Erwachsene war es wichtig, sich sprachlich auf eine Auswanderung vorzubereiten. Nachdem der Hebräischlehrer ausgewandert war, übernahm unsere sprachbegabte Französischlehrerin den Unterricht, für den sie immer eine bis zwei Lektionen den Kindern im Lernen voraus war. Sie brachte sogar eine kleine Aufführung auf Hebräisch zustande.

Die «Frühstunde» war eine besondere Gabe. Während die meisten Fächer ergiebiger in Doppelstunden unterrichtet wurden, waren für die Anfänger in Englisch 45 Minuten vor dem Frühstück (von 7.00–7.45) gerade richtig, um ihre Aufnahmefähigkeit voll auszunutzen. In jedem Stadium des Englischunterrichts gab es Dialoge und kleine Stücke, die aufgeführt wurden. Wir inszenierten «David Copperfield», «From Coalmine to Parlament», eine Auseinandersetzung zwischen zwei Public School-Kindern mit zwei von unseren Landschulheimkindern über den Unterschied in der Schulerziehung. Immer ging es die Kinder an, und so kannten wir wenig Disziplinschwierigkeiten der üblichen Art. Dasselbe galt für den Geographieunterricht. Die Länderkunde von Äthiopien brachte das Gespräch auf den Krieg mit Italien und die Haltung des Völkerbundes. Irland gab Anlaß für den Vergleich der kulturell unterdrückten katholischen Minderheit mit der Situation der Juden in Deutschland. Palästina und die Teilungsvorschläge – all das konnten wir in den Unterricht mit hineinnehmen.

Frau Feiertag mit ihrem starken «Blick fürs Ganze» unterstützte auch den Wunsch der Kinder nach einer Ratsversammlung (etwa was wir «Schulgemeinde» nannten), «wo die Kinder das sagen konnten, was sie gelernt hatten, und auch was einem nicht gefällt konnte man sagen», hieß es in einem Kinderbericht. So erfuhren wir von allem, was in der Schule und in den verstreuten Häusern vor sich ging. Jeder einzelne der Mitarbeiter konnte von seinem speziellen Beitrag unter diesen so seltsam günstigen Umständen erzählen. Für Biologie und Physik, zum Fotografieren und Entwickeln gab es wunderbare Möglichkeiten. Auch für die körperliche Ertüchtigung war gesorgt. Um 6.00 morgens

Hausarbeit vor dem Einstein-Haus

schlüpften alle Kinder in ihre Trainingsanzüge zum Waldlauf gleich hinter dem Haupthaus. Eine Lichtung im Wald wurde eine ideale Stelle für den Sportplatz. Später schickte Caputh auch seine Vertreter zum Sportfest aller Berliner jüdischen Schulen. Von den Wassergrundstücken aus wurde viel geschwommen; es gab auch ein Paddelboot und ein Boot mit einem Motor, an dem sich die großen Jungen erprobten. Alles «schichtete um», das heißt, man wollte etwas Praktisches lernen. In einem der Häuser wurde beschlossen, sich nicht mehr bedienen zu lassen. Die Kinder wollten die Hausarbeit selber machen, was zur Folge hatte, daß man mehr darauf achtete, erst gar keinen Schmutz ins Haus zu tragen. Der Nachmittag war der Werkarbeit gewidmet. Der Gärtner leitete die Kinder an beim Umgraben, Rasen schneiden, Pflanzen, bei der Sicherung für die Jauchegrube; beim Bau des Fahrradschuppens half ihnen Stockman, der «Mann für alles». Man lehrte Holz-, Metall- und Papparbeit. Schülerinnen, die als Kindergärtnerinnen ihr praktisches Jahr absolvierten, fanden Lerngelegenheiten in der Gruppenarbeit, in der Küche, beim Waschen, in Haus und Garten. Für alle gab es noch abends Englisch, Hebräisch, Gymnastik, Blockflöten. Jeder gab, was er zu geben hatte, und niemals wurde die «Gabe» je in irgendeine Beziehung gebracht zu den bescheidenen, oft unregelmäßig ausgezahlten Gehältern. Es war ja im Grunde alles ein gemeinsames Lernen.

Wie es in der Natur der Verhältnisse lag, gab es viel Kommen und Gehen. Drei Musiklehrer lösten einander ab, mehrere Grundschul- und Hebräischlehrer, Kinder kamen und gingen. Abschiednehmen war an der Tagesordnung; aber es gab einen starken Kern, und irgendwie doch eine lebendige Kontinuität.

Der Rhythmus des Tages, der Woche und der Jahreszeiten mit ihren Festen gab der Gemeinschaft einen schönen Zusammenhalt. Jeden Morgen, wenn wir uns an den Frühstückstisch setzten, zauberte der Musiklehrer eine Stille unter den ewig unruhigen Kindern, auf die er mit Recht stolz sein konnte. Dann spielte er einen Satz aus irgendeinem klassischen Stück auf dem Flügel, der alle fesselte und eine Aufnahmebereitschaft schuf für den Tag. (Die Schönheit eines solchen Tagesanfanges wanderte mit mir nach England. Als ich mich kurz vor Beginn des Krieges als «Second-in-Command» in einem Kinder-Flüchtlingslager für den Tageslauf verantwortlich fühlte, fand ich unter den Erwachsenen eine Konzertpianistin, die im winterkalten Eßsaal den Tag mit Musik einleitete.)

Es wurde viel musiziert in Caputh; einzeln und in Gruppen und – seltsam geeignet in unserer Situation – führten die Kleineren, glücklich ins Spiel versunken, Hindemiths «Wir bauen eine neue Stadt» auf. Es war nicht die Absicht, eine jüdische, orthodoxe Atmosphäre zu schaffen; aber die allgemeine Beschäftigung mit den Urwerten des Judentums brachte uns neues Verständnis und half uns, vieles in die Gestaltung der Feste aufzunehmen. Das Anzünden der Kerzen zum Schabbath, Singen, eine Morgenfeier mit biblischen Erzählungen wurden bald zur Regel. Das Pessachfest, das klassische Fest zur Erinnerung an die Befreiung aus der Sklaverei, war den Kindern leicht nahe zu bringen. Auf die Gesetzgebung am Sinai zum Wochenfest waren wir gerne stolz; die Kinder waren radikaler als wir: Sie wollten, daß *alle* Angestellten am Schabbath ruhen sollten. Nun, da die Stadtkinder im Land der Obstbäume soviel vertrauter mit der Natur geworden waren, hatten sie eine neue Beziehung zum Erntefest Sukkoth, und wir zogen in den Wald, Zweige zu sammeln für die Laubhütte. Die Weigerung der Hasmonaer, zu griechischen Göttern zu beten, war leicht verständlich zu machen. In der Werkarbeit entstanden siebenarmige Leuchter und viele Geschenke. Chanukah-Geschenke mußten selbstgemacht sein. Das Chanukahfest brachte ein Leuchten in das Dunkel der Nazi-Winternacht. Und wie zu den meisten Festen der Vollmond über dem Wald durch die großen Eßsaalfenster schien, wurde auch der jüdische Kalender, der ja ein Mondkalender ist, den Kindern ein Erlebnis.

Es war wie ein Traum. Ein schöner Traum. Aber zuweilen rummelte die Wirklichkeit gefährlich nahe. Nicht die Inspektion vom Potsdamer Schulrat machte uns Kummer. Die war fast freundschaftlich kollegial. Aber das Schulhaus, dessen einzigen Privatraum ich bewohnte, wurde nachts von einem SA-Mann bewacht. Zweimal geschah es, daß wir von Freunden im Dorf gewarnt wurden, daß ein Plan bestünde, das Heim anzugreifen und zu zerstören. Das erste Mal beschlossen wir, die Kinder in Sicherheit zu bringen. Jeder Erwachsene übernahm eine Gruppe, die er dann – ein jeder auf einem andern Weg (durch den Wald, über die Fähre, über ein anderes Dorf) nach Potsdam führte und von da mit der S-Bahn nach Berlin. So eigenartig und unwirklich war die Caputher Situation, daß wir alle schon nach ein paar Tagen getrost dorthin zurückkehrten und das Leben wie bisher weiterführten.

Das zweite Mal jedoch, am 11. November 1938, war es ernst. Es war ein dunkler Novembermorgen. Die Kinder arbeiteten in den Schulräumen bei elektrischem Licht. Plötzlich ging das Licht aus, und sie hörten Glasscherben klirren vom Eßsaal her. Dort versammelt, hörten sie, wie Frau Feiertag mit ruhiger Stimme bat, die Kinder in Sicherheit bringen zu dürfen. So gingen sie wieder in Gruppen nach Potsdam – diesmal, um nicht wieder zurückzukehren, während im Beisein von Dorfschulkindern und ihres Lehrers die Möbel im Eßsaal zerschlagen und die Sachen der Kinder zum Fenster hinausgeworfen wurden.

Und Caputh wurde zum verlornen Paradies.

Nur wenige der Kinder und Erwachsenen konnten sich in dieser späten Stunde noch retten. Aber wo sich heute Caputher treffen, da wirkt noch der Zauber der Gemeinschaft von damals.

Gertrud Feiertag konnte nicht mehr auswandern. Sie wurde später nach dem Osten deportiert.

Das Geschenk eines Segelbootes an einen Kibbuz in Israel, gestiftet von ehemaligen Caputhern aus aller Welt zu dem Geburtstag, der ihr 80. gewesen wäre, soll unsere Dankbarkeit für die «Seele von Caputh» und die Erinnerung an sie erhalten.

# 3
# Rettet die Kinder!

## Aktionen – Organisationen – Institutionen

Ob «rassisch» oder «politisch» verfolgt: allemal waren die von Verfolgung betroffenen Kinder noch stärkeren Belastungen als die Erwachsenen ausgesetzt. Kam zur Flucht – die, als Massenschicksal erlebt, noch am ehesten bewältigt werden konnte – Diskriminierung als zusätzliche negative Erfahrung hinzu, dann gab es nach der Beobachtung von Nettie Sutro für «gesunde Kinder» gegenüber dieser doppelten Gefahr nur eine Rettung: «... nämlich das Ganze in ein Abenteuer zu verwandeln. Wo dies gelang, kamen sie, insbesondere viele Jugendliche, heil und zynisch heiter aus den schwersten Situationen heraus» (Sutro, 1952, S. 183). Daß die demonstrierte Lebenstüchtigkeit schwerwiegende Spät- und Dauerschäden oft nur oberflächlich verdeckt haben dürfte, ist durch Untersuchungen zur Entwicklung von Kindern Deportierter aufgewiesen worden (Vegh, 1983). Damit das «Kind aller Länder» (Irmgard Keun) diese Überlebensstrategien aber überhaupt entwickeln konnte, mußte zunächst einmal seine physische Existenz gesichert werden; Ansätze pädagogischer Betreuung verbanden sich damit.

Zahlreiche Einzelpersonen und Organisationen haben vielfältige, verzweifelte und dennoch oft nur begrenzt erfolgreiche Versuche unternommen, Kinder vor dem Zugriff der Nazis oder aus Hunger, Krankheit und mannigfachem Elend in der Emigration zu retten. Einige Beispiele aus der noch ungeschriebenen Geschichte dieser Rettungsarbeit sollen die Probleme andeuten, die sie für alle Beteiligten mit sich brachte.

Die Reichsvertretung der Juden in Deutschland hatte sich ab 1933 darauf konzentriert, «unbegleiteten Kindern» die Ausreise und Aufnahme in Pflegefamilien und -heimen zu ermöglichen: wenigstens 18000 profitierten davon. Viele jüdische Eltern stellten jedoch anscheinend mit Rücksicht auf die abzuschließende Schulausbildung ihrer Kinder – wie prekär diese sich inzwischen auch gestaltete – die Emigration zurück. Die relativ hohe Zahl von jüdischen bzw. «nicht-arischen» Kindern, die sich im Juli

1941 noch in Deutschland befanden, läßt sich allerdings auch mit der restriktiven Einwanderungspolitik der meisten Länder, insbesondere der USA und des britischen Hochkommissars für Palästina erklären, die keine Aufhebung der Quoten für «unbegleitete Kinder» gestatteten. Nach der Kristallnacht wurde von jüdischen Stellen in Palästina die Adoption von 10000 Kindern aus Deutschland angeboten, von den Briten aber verweigert; sie schlugen statt dessen vor, eine entsprechende Zahl jüdischer Kinder in Großbritannien aufzunehmen, wenn jüdische Hilfsorganisationen für ihren Unterhalt garantierten (Strauss, 1980, S. 328). Ein spezielles Komitee trat dazu in Aktion: The British Movement for the Care of Children from Germany (Adler-Rudel, 1974, S. 118). Zuvor hatte dort schon der Save the Children Fund unter der Präsidentschaft von Lord Noel-Baxter Initiativen entfaltet. Auch Jugendliche, die sich in verschiedenen Einrichtungen (Auswanderer-Lehrgut Groß-Breesen, ORT-Schule Berlin) beruflich ausgebildet hatten, kamen nach England, was freilich mit der Auflage verbunden war, sich nur im Haushalt oder in der Landwirtschaft zu betätigen. Die Kinder- und Jugend-Alijah brachte damals 3262 Kinder aus Deutschland nach Palästina, die vor allem im Kinderdorf Ben-Shemen – einer Gründung des schon in den zwanziger Jahren nach Palästina eingewanderten ostjüdischen Sozialpädagogen Siegfried Lehmann – in sonstigen Kinderheimen und mit Hilfe der Kibbuzorganisationen ein Unterkommen fanden. Allein während des Zweiten Weltkrieges gelang dieser Organisation darüber hinaus die Rettung von ca. 10000 Kindern und Jugendlichen aus umkämpften europäischen Ländern. Das Schweizer Hilfswerk für Emigrantenkinder (SHEK), dessen Fürsorge auch Flüchtlingskindern anderer als deutscher Nationalität galt, half durchreisenden wie länger und auf Dauer in der Schweiz verbleibenden Kindern, lud bedürftige Kinder zu mehrwöchigen Ferienaufenthalten in der Schweiz ein und kooperierte mit Hilfsorganisationen, die zum Teil auf Initiative von einschlägig qualifizierten Emigranten – Ärzten, Sozialarbeitern, Lehrern – entstanden waren. So hatte sich beispielsweise in Paris die emigrierte Fürsorgerin Hanna Eisfelder im Elendsviertel «Belleville» umgesehen, «war voll der schweren Eindrücke nach Zürich gekommen, hatte in unserer ersten öffentlichen Kundgebung gesprochen und konnte schon Ende 1933 mit einer Schweizer Spende zurückfahren. Mit diesem Geld begann sie, die neuen Schützlinge in der ... ‹Assistance médicale aux enfants de refugiés› zu unterstützen. Täglich nahm diese medizinische und fürsorgerische Beratungsstelle an Umfang zu und entwickelte sich aus dem Nichts zu einer der wesentlichsten Einrichtungen der deutschen Emigration» (Sutro, 1952, S. 35). Ihre Arbeit schildert Bruno Frei in einem Artikel der Neuen Weltbühne (Heft 20/ 1937, S. 632f.):

In einem unscheinbaren Straßenladen des dichtbevölkerten Quartier Menilmontant – kein Schild verrät, was da geschieht – arbeitet die *Assistance Médicale aux Enfants des Refugiés*. Von Januar 1934 bis Juni 1936 sind hier 1335 deutsche Emigrantenfamilien mit 2384 Kindern betreut worden; in jedem Monat kommen rund hundert neue Fälle dazu, es wurden also bisher weit über dreitausend Kinder behandelt. 8200 ärztliche Untersuchungen und 1900 Hausbesuche sind in diesen zweieinhalb Jahren ausgeführt worden. Die kleine Frau im weißen Ärztekittel, die diese Auskünfte mit ruhiger Sicherheit gibt, ist die Leiterin. Frau Doktor Hanna Eisfelder.

Zahlen sind ausdruckslos, das Leben einiger Flüchtlingskinder sagt mehr. Da sitzen im Vorzimmer drei Kinder, sie sind erst vor kurzem aus Deutschland gekommen. Vater, politischer Flüchtling, ist schon länger im Ausland. Mutter blieb mit den Kindern in Deutschland. Eine Mischehe, die der Nationalsozialismus zerstört hat. Die Frau wurde vom Aufbruch der Nation erfaßt und verstieß ihre Kinder. Dem Vater gelang es, sie aus Deutschland herauszuholen. Nun sitzen sie da und belasten das ohnehin schwere Leben des Flüchtlings, der seine Kinder vor Hitler retten wollte. Hat er sie gerettet oder zum Untergang verurteilt? Das wird davon abhängen, ob die Assistance Médicale die Kinder in einer Familie oder in mehreren unterzubringen vermag.

Da ist die kleine Inge, sieben Jahre alt. Der Vater, Kommunist, ist ein vielfacher Emigrant. Er war in Jugoslawien verhaftet, war in Deutschland und ist jetzt in Frankreich. Das Kind, dauernd herumgestoßen, verschüchtert und verängstigt, hat den heißen Wunsch, irgendwo hinzukommen, wo man deutsch spricht, wo es Kinder gibt und wo man bleiben kann. Als sie noch kleiner war, erzählt Inge, mußte sie im Koffer schlafen. (Die Mutter bestätigt es.) Und dann mußte sie immer reisen, immer reisen. Wenn nur das Reisen aufhören würde, wäre alles gut. 1335 Familien – 1335 Dramen. «Das wichtigste ist», erzählt Frau Doktor Eisfelder, «daß wir die Kinder wenigstens für einige Zeit aus dem Flüchtlingsmilieu herausbringen. Das ist gut für die Kinder, aber noch besser für die Eltern. Einige Monate ohne die tägliche Sorge und den täglichen Kampf, und die stärkste Müdigkeit, die stärkste Verzweiflung weichen neuer Hoffnung.» So ist die Verschickung der Kinder eine Haupttätigkeit der Assistance Médicale. Im Sommer 1936 wurden rund fünfhundert Emigrantenkinder nach der Schweiz verschickt, hundert in die französische Provinz. Viel, sehr viel leistet die Schweiz: in Zürich gibt es ein besonderes Komitee für deutsche Emigrantenkinder. Als der Baseler Zug auf dem Pariser Ostbahnhof einlief und einen Transport Emigrantenkinder brachte, war der kleine Harry, fünf Jahre alt, plötzlich verschwunden; mit ihm sein zehnjähriger Bruder, der mit der Mutter zur Bahn gekommen war, den jüngeren Bruder abzuholen. Nach langem Suchen fand man die beiden Kinder in dem Zug nach Zürich; die Kinder schrien: Laßt uns doch einsteigen, wir wollen zurück in die Schweiz. Verständlich, wenn man weiß, daß sich der Vater dieser Kinder drei Jahre versteckt gehalten hat, ständig von der Angst bedrückt, verhaftet und ausgewiesen zu werden. Die neue Regelung der Flüchtlingsfrage durch die Regierung der Volksfront wird wenigstens das Gespenst der Ausweisung bannen und so einen der Gründe für die vielen Kindertragödien der Emigration aus der Welt schaffen.

«Bisher», erzählt Frau Doktor Eisfelder, «haben zweihundert Säuglinge, die in Paris geboren wurden, unsere Säuglingsfürsorge passiert, augenblicklich betreuen wir fünfzig.» Mit Geld und Lebensmittelkarten versucht die Assistance Médicale die Ernährung der Kleinkinder zu verbessern, Milch für die Säuglinge bereitzustellen.

Eine der schwierigsten Aufgaben ist die Erziehungsberatung. Es gilt, die Eltern zu erziehen, die sich in ihre neue Lage nicht finden können und die Schwierigkeiten der Kinder noch vergrößern. Es fällt auf, daß die Kinder der Emigranten meist gute Schüler, aber schlechte Hausgenossen sind. Das Erlernen der fremden Sprache macht bei den Kleinen bis zu zehn Jahren überhaupt keine Schwierigkeiten; die Größeren leisten dagegen oft hartnäckigen Widerstand, bis zum entschiedenen Kampf gegen die neue Sprache. In einer Pariser Volksschule haben Schüler und Lehrer für den alljährlich zu verteilenden Prix de Cameradérie den zwölfjährigen deutschen Jungen Heinrich und einen Negerjungen vorgeschlagen. Heinrich hat den Preis bekommen und wurde am 14. Juli auf der Mairie gefeiert und mit der Trikolore geschmückt.

«Und woher nehmen Sie das Geld?» Frau Eisfelder verstummt. Ein Grauhaariger mischt sich in die Unterhaltung. Vom Januar 1934 bis zum Juni 1936 haben wir rund 600000 Francs ausgegeben, folglich auch eingenommen. Hätten wir nicht unsere schweizer Freunde, unsere Freunde in England und Amerika, so hätten wir nicht einmal 10000 Francs ausgegeben. Das ist das Geheimnis unserer Finanzen. Wir bekommen nichts, was schlimm ist, von den zahlungsfähigen Deutschen. Wir sind jetzt im Begriffe, ein französisches Patronage-Comité für die Assistance Médicale zu gründen. Vielleicht wird sich dann einiges ändern.»

Von den vielen Solidaritätswerken, die die Unterstützung aller Gutgesinnten und Gutwilligen verdienen, ist das stille Werk der Assistance Médicale eines der wichtigsten.

Soviel das SHEK auch für die Gesamtheit der Emigranten- und Flüchtlingskinder vieler Länder an zeitweiligen Hilfen geleistet hat: 300 jüdische Kinder aus dem Frankfurter Waisenhaus blieben die einzigen, die unter dem Eindruck der Reichskristallnacht «spontan und freiwillig in die Schweiz eingeladen wurden», eingeladen werden durften, «obwohl ihre Weiterreise keineswegs gesichert war» (Sutro, 1952, S. 71). Holland bot damals Asyl für 1850, Belgien für 800, Frankreich für 700 und England für 10000 Kinder an, von denen dort allerdings wegen der erschwerten Ausreisebedingungen nur 7700 dort vor Kriegsausbruch eintrafen.

In Frankreich fing das jüdische Kinderhilfswerk OSE (Œuvre de Secours aux Enfants) den Zustrom von Kindern vor allem jüdischer Emigranten, der sich nach der Reichskristallnacht noch verstärkte, in einer ganzen Kette von Heimen auf, die seit 1938 unter der Oberleitung des österreichischen sozialistischen Pädagogen Ernst Papanek standen. Eines der Heime leitete u. a. Ernest Jouhy als eine «kleine Kinderrepublik»; einige dieser Kinder sollen später im französischen Widerstand aktiv geworden sein (Interview E. Jouhy). Da Papanek sich weniger einem orthodoxen Judentum als den Traditionen der Arbeiterbewegung verpflichtet fühlte und auch Kinder von politisch Verfolgten ohne Bindung ans Judentum aufnahm, brachte ihn die von ihm praktizierte weltanschauliche Koedukation und Toleranz gelegentlich mit Vertretern der OSE in Konflikt. Sie verschärften sich noch, als es nach dem Einmarsch der Deutschen darum ging, die nach Südfrankreich evakuierten Kinder möglichst rasch und vollzählig nach den USA zu schaffen. Daß von amerikanischer Seite nicht energisch und großzügig genug verfahren wurde, ließ 69 Kinder mit Sicherheit den Deutschen in die Hände fallen; die französische Widerstandsbewegung und der jüdische Untergrund sorgten dafür, «daß es nicht Hunderte waren» (Papanek, 1980, S. 178). Denn das in letzter Minute entsandte Schiff und die auf Druck der Quäker und der Roosevelts, deren Verdienste um die Emigrantenhilfe gar nicht hoch genug veranschlagt werden können, bewilligten 5000 Notvisa kamen zu spät. Um die von den Deutschen geforderten Deportationsquoten erfüllen zu können, gewährte die Vichy-Regierung auch nur 350 von 1000 Kindern Ausreisevisen, denen die USA Notvisa ausgestellt hatten (Fabian/Coulmas, 1978, S. 96).

In der amerikanischen Ausgabe seines Buches über «Die Kinder von Montmorency», wie der deutsche Titel lautet, rechnet Papanek auch mit den für die weitere Sorge für die geretteten Kinder Verantwortlichen in den USA ab, die darauf bestanden, die Kinder in individuellen, und zwar traditionell möglichst jüdischen Pflegefamilien und nicht in Heimen unterzubringen – eine Praxis, die ähnlich aus England berichtet wird. Bei der Auswahl von Pflegefamilien gab öfter die Gewähr für das religiöse Seelenheil als die pädagogische Eignung den Ausschlag. Darüber hinaus baten deutsch-jüdische Hilfskommissionen in den USA, nur Kinder aus gutsituierten Familien für eine Übersiedlung vorzusehen, um soziale Probleme möglichst auszuschließen (Strauss, 1980, S. 328).

Selbst die jüdische Dachorganisation UGIF (Union Générale des Israélites de France) wird beschuldigt, Kinder den Deutschen zur Deportation ausgeliefert zu haben. Das Kinderhilfswerk OSE, das Mitte 1943, als die Deportationen längst begonnen hatten, noch 13 legale Kinderheime in den ehemaligen unbesetzten Gebieten Südfrankreichs unterhielt, brach Anfang 1944 mit der UGI und verlegte sich darauf, jüdische Kinder in Klöstern und bei Bauernfamilien zu verstecken. Kinder, die sich an die nicht-jüdische Umgebung im Untergrund nicht anpassen konnten und etwa darauf bestanden, koscher zu essen oder den Sabbath zu halten, wurden illegal über die scharfbewachte Schweizer Grenze gebracht. «Die Berner Regierung hatte die Grenzposten angewiesen, nur Flüchtlinge mit Kindern aufzunehmen und die anderen wieder nach Frankreich abzuschieben. Die Befolgung dieser Anordnung hing, wie immer in solchen Fällen, stark von den einzelnen Beamten ab. Es ist zumindest einmal vorgekommen, daß ein ganzer Kindertransport wieder zurückgeschickt wurde» (Fabian/Coulmas, 1978, S. 118).

Manche Präfekturen in Frankreich «übernahmen» offiziell einzelne Kinderheime und stellten den Kindern falsche Papiere aus, die ihnen mit Rücksicht auf ihren oft deutlichen Akzent eine elsäßische oder lothringische Herkunft bescheinigten. In Paris war die OSE schon früher in die Illegalität gegangen und hatte in dieser Region 50 Kinder aus UGIF-Heimen retten können.

Die Hauptaktivität der OSE bestand darin, die Kinder aus den berüchtigten südfranzösischen Internierungslagern, vor allem aus dem 1942 zum Sammellager für alle Flüchtlingskinder ohne Eltern erklärten Rivesaltes, herauszuholen und privat oder zunächst noch in Heimen unterzubringen. In den Jahren 1940/41 gelang es der Organisation, 470 Kinder aus Rivesaltes zu befreien, das einen besonders schlechten Ruf genoß. Der Lagerkinder nahm sich außerdem das Schweizer Hilfswerk unter anderem mit Lebensmittelzuwendungen an. Es vermittelte Spenden und Briefkontakte, wie sie im Zusammenhang mit der Pestalozzischule in Buenos Aires dokumentiert sind (siehe Kap. 4).

«Die Lage der Kinder war oft außerordentlich schlimm. Von den Eltern früh getrennt und durch teilweise jahrelangen Lageraufenthalt dazu erzogen, zunächst einmal an sich selbst zu denken und allem, was an sie herantrat, mißtrauisch gegenüber zu stehen, gelang es ihnen oft nicht, sich in das Heimleben einzufügen. Als 1942/43 die Razzien und Deportationen einsetzten, mußten sie sich bereithalten, jederzeit zu fliehen, und sie verbrachten oft lange Nächte im Wald. Waren sie privat untergebracht, fanden sie nicht immer das erhoffte Verständnis bei der Aufnahmefamilie. Fast alle Kinder machten eine Identitätskrise durch: Außer der Tatsache, daß sie sich in einem fremden Land befanden, allein, in Gefahr und mit ungewisser Zukunft, kamen sie oft aus einer jüdischen in eine streng katholische Umgebung. Die Reaktionen auf diesen Schock waren unterschiedlich. Manche versuchten, ihrer Vergangenheit treu zu bleiben und ihre Identität zu bewahren, und sie sonderten sich von ihren Kameraden ab. Andere taten alles, um sich so schnell wie möglich den Gewohnheiten der neuen Umgebung anzupassen. Die fürchterliche Einsamkeit dieser Kinder geht aus Zeugnissen ihrer Pflegerinnen hervor, denen es trotz aufopferndster Arbeit nicht gelang, wirklich zu helfen» (Fabian/Coulmas, 1978, S. 95).

Die mit ihnen internierten Lehrer und Erzieher nahmen sich ihrer an und organisierten einen Kindergarten oder gar eine regelrechte Lagerschule, wie zum Beispiel Hanna Schramm in Gurs und der kommunistische Lehrer Otto Meyer u. a. im südfranzösischen Lager St. Cyprien unter dem Leitspruch: «Fröhlich sei der Schüler, fröhlicher der Lehrer am fröhlichsten der Direktor.»

## Literatur

Adler-Rudel, S.: Jüdische Selbsthilfe unter dem Nazi-Regime, Tübingen 1974

Fabian, Ruth, Coulmas, Corinna: Die deutsche Emigration in Frankreich nach 1933, München 1978

Freudenberg, Adolf (Hg): Rettet sie doch! Franzosen und die Genfer Ökumene im Dienste der Verfolgten des Dritten Reiches, Zürich 1969

Papanek, Ernst, Linn, Edward: Out of Fire, New York 1975; deutsche Ausgabe: Die Kinder von Montmorency, Wien 1980

Schramm, Hanna: Menschen in Gurs, Worms 1977

Strauss, Herbert A.: Jewish Emigration from Germany, Nazi Policies and Jewish Responses, in: Year-Book of Leo Baeck-Institute XXV, 1980, S. 328

Sutro, Nettie: Jugend auf der Flucht, 1933 bis 1948, Zürich 1952

Vegh, Claudine: Ich habe ihnen nicht auf Wiedersehen gesagt. Gespräche mit Kindern von Deportierten, München 1983

Hanna Schramm berichtet aus dem Lager Gurs

Hanna Schramm
# Die Lagerschule von Gurs

Von Anfang an hatten wir uns Sorgen um die Kinder gemacht. Was sollte aus ihnen werden, eingepfercht in übervollen Baracken und zwischen lauter Erwachsenen? Zunächst waren diese Sorgen verfrüht, denn so lange das Wetter schön war, spielten sie draußen, amüsierten sich prächtig und waren bei bester Laune. Aber als es kalt und regnerisch wurde, mußten sie in den Baracken bleiben, und das fanden sie weit weniger lustig. Sie saßen still und gedrückt herum und langweilten sich; ich wundere mich noch heute, daß Ungezogenheiten und Geschrei so selten blieben. Es mag daran gelegen haben, daß sie sich unter den vielen fremden Menschen wie «zu Besuch» vorkamen, und da vermeidet man, einen schlechten Eindruck zu machen. Ich wußte, daß sich unter den Badensern eine gelernte Kindergärtnerin befand und ließ sie mir kommen. Sie war jung und flößte mir sofort Vertrauen ein. «Was können wir bloß mit den Kindern anfangen, können Sie vielleicht etwas vorschlagen?»

«Wenn man eine leere Baracke und ein paar Tische und Bänke hätte, könnte man ganz gut einen Kindergarten einrichten. Spiel- und Malmaterial werden wir schon irgendwie zusammenbekommen.» Eine leere Baracke. Wir waren im Winter 1940/41, die Baracken waren noch ziemlich dicht besetzt. Aber das Wort ‹Kindergarten› erweichte die Herzen; wir machten durch Zusammenlegen der Plätze eine Baracke frei, Bänke, Tische und Material wurden uns von einigen Organisationen gestiftet, und wir hatten unsern Kindergarten, in dem die Kleinsten auch schliefen. Es war für uns alle eine Freude, wenn wir im Vorübergehen die Kleinen singen oder jauchzend spielen hörten, oder zusahen, wie sie eifrig Perlen fädelten, malten oder bastelten. Nur blieb noch das Problem der Schulpflichtigen zu lösen. Bei einem Morgenrapport schlug ich vor, uns auf einem leerstehenden Ilot eine Baracke zur Verfügung zu stellen und darin eine Schule für die Kinder des ganzen Lagers einzurichten. (...) Eine Baracke erhielten wir sofort, auch ein oder zwei große Öfen und eine hinreichende Holzzuteilung. Nach kurzer Zeit stellte die Intendanz sogar genügend Tische und Bänke, denn wenn es sich um Kinder handelt, sind die Franzosen eher bereit, etwas zu tun.

An einen Stoffplan war nicht zu denken; es lag auch gar nicht in unserer Absicht, eine Lernschule etwa in Form einer einklassigen Dorfschule aufzubauen. Wir hatten Papier und Schreibzeug geschenkt bekommen, aber keine Lehrmittel, keine Schulbücher, und unsere Lage war viel zu ungewiß, um planen zu können. Aber wir besaßen das für jede Schule entscheidend wichtige: einige hochbegabte Pädagoginnen, die den Geist der Kinder anzuregen wußten und dafür sorgten, daß sie nicht ganz vergaßen, was sie bereits gelernt hatten. Die Kinder kamen mit Begeisterung, stellten Fragen nach allem möglichen, und ihre Wißbegier trieb den Unterricht vorwärts. Es war wohl die einzige Schule der Welt, in der es nur eine Schulstrafe gab: einen Tag nicht zur Schule kommen zu dürfen.

Eines Morgens erschien Hannah Zweig, eine Verwandte von Stefan Zweig.

«Ich möchte mir gern ein paar Kinder zum Theaterspielen zusammenholen», sagte sie.

Ich war etwas skeptisch; sie war ein ausgesprochener Intellektuellentypus, und ich konnte mir nicht recht vorstellen, daß sie mit Kindern umgehen könnte.

«Versuchen können Sie gern», sagte ich, «aber Geld für Kostüme haben wir nicht.»

«Ist auch gar nicht nötig.»

Ich kümmerte mich zunächst nicht weiter um die Sache, bis sie mich eines Tages zu einer Vorstellung in ihre Baracke einlud. Meine Skepsis war völlig unberechtigt gewesen. Die unter Mithilfe der Kinder gestalteten kleinen Szenen und gemimten Lieder waren reizend, und die Kinder sprachen und bewegten sich völlig natürlich. Bei «Fuchs, du hast die Gans gestohlen», trottete der Fuchs auf allen vieren hocherhobenen Hauptes davon, eine aus weißem Papier geschnittene Gans im Maul. «Sonst wird dich der Jäger holen mit dem Schießgewehr.» – Der Fuchs sah sich etwas unsicher um und blieb stehen. – «Seine große, lange Flinte schießt auf dich das Schrot», bewegte ihn zu zögernder Umkehr, und bei «und dann bist du tot», legte er dem mit einem Stock auf ihn zielenden Jäger reuig die Gans zu Füßen. Man hatte den Eindruck, als sei alles spontan und im Augenblick entstanden, und das war es zum Teil wirklich. In der Szene zwischen David und Goliath wurden die Schimpfreden, mit denen die beiden Gegner aufeinander zugingen, jedesmal saftiger. Unsere Kindertruppe wurde ein großer

Erfolg, und besonders die Alten verlangten immer wieder, daß sie in ihren Baracken auftrat.

Kindergarten, Schule und Theater bestanden nur kurze Zeit. Ein Teil der Kinder kam in kleinere südfranzösische Lager, wo eine Dorfschule in erreichbarer Nähe war, für andere erreichte Andrée Salomon, die das jüdische Kinderhilfswerk OSE leitete, Patenschaften in den USA und die Auswanderung.

(Aus: Hanna Schramm: Menschen in Gurs, Worms 1977, S. 115f., Verlag Georg Heintz)

Eine ähnliche Situation wie im besiegten und kollaborierenden Frankreich ergab sich in Großbritannien nach dessen Kriegseintritt. «Tribunale» entschieden darüber, wer von den deutschen Flüchtlingen als «feindlicher Ausländer» in Internierungslagern landete. Minna Specht verbrachte ein Jahr (1940/41) auf der Isle of Man als Lagerälteste und Leiterin einer Camp-School. Die Erinnerungs-Mappe, die ihr die Kinder zum Abschied gestalteten, zeigt an, wie sie auch in diesem beschränkten Rahmen zu wirken verstand. Ihr sind die folgenden Blätter entnommen. Liselotte Wettig, die ebenfalls an der Lager-Schule arbeitete, betont die faire Behandlung sowohl der Erwachsenen wie der Kinder durch die englische Lagerleitung, die sogar Biologie-Lektionen außerhalb des Lagergeländes in einer Marine-Biologie-Station zuließ. (Interview L. Wettig v. 20. 8. 83)

# Remember the Camp-School
# (Isle of Man 1940/41)

TO MINNA

We started school in May,
and had to stop our play.
We learnt much in Geography,
and much about the History
of King Alfred and his men,
of fights in which were killed many men.

Minna thought of having a cinemae-box,
so that we could go there one day.
On Saturdays we go on the rocks
or we have a football play.
The football is broken, that is a shame,
for that not the girls, but the boys are to blame.

We thank you very much, what you did for us all,
we are very sorry that we broke the ball.
We hope you liked the time with us,
and trouble you surely had enough with us.
We all wish you good luck and farewell,
and to see you again, and that you are well.

# EVENINGS
## IN
## CROFTON

PREPARING LESSONS.

HISTORY OF ARTS

THE BOTTLES

PREPARING LESSONS AFTER 10:00 p.m.

# 4
# Schulen zum Überleben

## Pädagogische Selbsthilfe im Exil

Den Kindern, die zunächst in der Tschechoslowakei, in Dänemark, Holland oder Belgien unter ähnlichen Bedingungen wie in Frankreich Zuflucht gefunden hatten, blieb gleichfalls die weitere Flucht nicht erspart, sobald die Deutschen auch diese Länder erreichten. Viele konnten nicht mit ihren Eltern reisen oder zusammen leben; für sie wurden immer wieder «Lösungen auf Zeit» gebraucht – manche davon haben sich als sehr dauerhaft erwiesen. Besser als die Unterbringung in Familien erschien fortschrittlichen Pädagogen wie Papanek, der selbst nach den Prinzipien der Wiener Schulreform verfuhr, ein nach modernen und humanen Grundsätzen geleitetes Heim, dessen Mitarbeiter auf die Schwierigkeiten der bereits verstörten und geschädigten Kinder eher angemessen einzugehen vermochten als vielleicht gutherzige, aber mit dieser Aufgabe überforderte, weil nicht entsprechend vorbereitete Pflege-Eltern.

Eine umfassende schulische Betreuung war nicht in allen Heimen möglich und vorgesehen. Wurden sie als reines Internat geführt – wie das kleine, als Koopetative arbeitende Heim in Plessy Robinson bei Paris (Interview Marianne Welter, 30. 9. 1981) oder eine in der Tschechoslowakei errichtete Institution für Kinder geflüchteter kommunistischer Genossen – besuchten die Kinder die Schulen des jeweiligen Landes und erhielten mitunter zusätzlichen deutschen Unterricht. Lex Ullmann veranschaulicht, wie diese von der Parteileitung in Prag festgelegte doppelte Zielsetzung:

«1. Sofortiger Besuch der tschechischen Schule mit dem Ziel, beste Lernergebnisse zu erreichen;

2. Pflege der deutschen Sprache durch unsere Pädagogen. Unterricht in Deutsch, Rechtschreibung / Grammatik, Lesen, Geschichte, Erdkunde», die noch durch eine betont antifaschistische politische Erziehungs- und Bildungsarbeit verstärkt wurde, die Kinder belastete:

«Unsere Kinder hatten anfangs Schwierigkeiten in der tschechischen Schule. Die tschechischen Kinder sahen in ihnen verhaßte Deutsche. Niemand wollte sich mit ihnen auf eine Bank setzen. Dazu kamen Sprachschwierigkeiten. Mit Hilfe der tschechischen Genossen des Ortes, durch Agitationseinsätze bei den Eltern der Kinder, durch Aussprachen mit den tschechischen Lehrern ... konnte Klarheit geschaffen und Verständnis für die deutsche antifaschistische Emigration geweckt werden ... Bald hatten alle unsere Kinder einen tschechischen Paten, lernten die Sprache des Gastlandes und wurden oft sonntags zum Essen zu tschechischen Familien eingeladen. Das war wichtig, denn unser eigener Speisezettel war sehr mager ...

Unsere Kinder hatten es nicht leicht. Neben der tschechischen Schule lief im Heim der deutsche Unterricht. Er fand statt, wenn in der Schule Religionsunterricht erteilt wurde, an dem unsere Kinder nicht teilnahmen. Der Pfarrer hatte Verständnis dafür. An Tagen, an denen die Räume der tschechischen Schule nachmittags frei waren, fand der Deutschunterricht dort von 14 bis 16 Uhr statt. Der Tag der Kinder begann mit Frühsport, es folgten Unterricht, Mahlzeiten, Gartenarbeit (unsere Kinder hatten die Verantwortung für bestimmte Gemüsebeete übernommen), Zusammenkünfte der Pioniergruppe, Basteln, Singen und Sport, auch für Freizeit blieb genügend Raum. Jeweils zwei Kinder hatten am Tage Stubendienst, das heißt, sie mußten für die Sauberhaltung ihrer Räume, die Essensausgabe und die Geschirrwäsche sorgen. An jedem Wochenende halfen die größeren Kinder beim Scheuern (den Kindern waren die schönsten Räume des Schlosses zugeteilt)». (Aus L. Ullmann: Zur Erziehungsarbeit mit Kindern deutscher Emigranten in Kindererziehungsheimen in der ČSR [1934–1938], in: Jahrbuch für Erziehungs- und Schulgeschichte, 18, Berlin [DDR] 1978, S. 126–131)

Im Sommer 1936 wurde eine Pionierorganisation im Heim gegründet die nicht nur politische Veranstaltungen, sondern auch die Freizeit gestaltete. «In den Pionierstunden» – als deren Höhepunkte Besuche aus Prag, zum Beispiel von Egon Erwin Kisch oder «Kuba» (Kurt Barthel) genannt werden – erzählten Genossen von ihrem Kampf gegen kapitalistische Ausbeutung, Faschismus und imperialistischen Krieg, von der Bedeutung der Großen Sozialistischen Oktoberrevolution, vom Kampf des spanischen Volkes gegen Franco und seine faschistischen deutschen und italienischen Helfershelfer und auch von den Heldentaten der Internationalen Brigaden. Die Genossen erläuterten den Kindern, warum sie die Heimat hatten verlassen müssen. Es wurde beschlossen, eine Landkarte von Deutschland und der ČSR im Erdkundeunterricht zu zeichnen. Die Pioniere trugen in diese Karte die Städte und Orte ein, die ihre Heimat waren, und schrieben quer über die ganze Landkarte die Losung: ‹Wir kehren zurück›.

Einen anderen Anspruch hatten die Heime, die sich zugleich von vornherein als Schulen konstituierten oder naturwüchsig dazu entwickelten.

Geographiestunde im Heim mit dem Lehrer Karl Veken. Die Kinder lernen ihr Gastland mit Hilfe einer selbstgezeichneten Landkarte kennen.

Ihr Zusammenhang mit der Landerziehungsheimbewegung ist augenfällig und wird durch Leiter und Mitarbeiter, die aus ihr oder verwandten sozialpädagogischen Einrichtungen kommen, hergestellt. Ebenso breitgefächert wie die deutsche Landerziehungsheimbewegung sind die ideologischen Positionen der ihr nahestehenden «Schulen im Exil». Sie entstanden manchmal ganz einfach auch aus der Notwendigkeit heraus, die eigenen oder anvertrauten Kinder schulisch zu versorgen, teilweise als Fortsetzung in Deutschland aufgelöster oder aufgegebener Institutionen (Walkemühle, Odenwaldschule, Salem, Caputh, Herrlingen) und schließlich in größerer Zahl als Neugründungen, von denen die meisten – mit einigen um so bemerkenswerteren Ausnahmen – allerdings nur so lange überdauerten, wie die Not, der sie ihre Entstehung verdankten, anhielt. Einige hatten sich nicht nur *auch*, sondern ausschließlich die Vorbereitung jüdischer Kinder und Jugendlicher auf die *Ein*wanderung nach Palästina zur Aufgabe gestellt. Sie zählen zwar zu den Schulen im Exil, nicht aber – dem Selbstverständnis der Ein-, nicht Ausgewanderten zufolge, das es zu respektieren gilt – die Institutionen, die in Palästina bzw. Israel in Fortsetzung der in Deutschland aufgegebenen reformpädagogischen Traditionen gegründet worden sind (Interview Ernst Simon, 13.6.1975).

Die Schulen im Exil hatten verstärkt zu leisten, was den Landerziehungsheimen immer schon abverlangt wurde: Beschädigungen und Defizite in der kindlichen Entwicklung auszugleichen, fehlende oder zerrüttete familiäre Beziehungen zu ersetzen. Das alles galt für die Flüchtlingskinder im Extrem. Sie fielen oft von einem Kulturkonflikt in den anderen

– ihre Identitätskrise war permanent. Die Heimschulen boten zumindest zeitweilig Geborgenheit, menschliche Wärme und Zuwendung, Ausrüstung mit lebensnotwendigen praktischen Kenntnissen, intellektuelle Förderung und eine heilsame und anregende musische Atmosphäre. Materiell wurden die Kinder selten verwöhnt, selbst wenn sie nicht in einem Bauernhof, sondern in einem Schloß oder Herrenhaus untergebracht waren. Die Existenz der Schulen beruhte auf den sehr ungewissen elterlichen Zuschüssen oder der nicht minder problematischen Unterstützung von Fall zu Fall durch Hilfskomitees und -organisationen.

Weitgehende «Selbstversorgung» durch Mitarbeit der Kinder in Haus und Garten war daher unvermeidlich Prinzip aller dieser Schulen. Was zuvor spielerische Einübung in manuelles Arbeiten, pädagogisches Mittel, gewesen, wurde im Exil lebensnotwendig und «ernst». Diese entscheidende Differenz wird von einem Schüler der Bunce Court School (New Herrlingen) selbst treffend ausgedrückt (s. S. 80).

Wichtigste Funktion aller dieser Schulen war einerseits die Stabilisierung und Bewahrung der von den Kindern eingebrachten kulturellen Identität, darüber hinaus aber die Auseinandersetzung mit einer anderen, anzueignenden Kultur. Sie versuchten, mehr oder minder erfolgreich und bewußt, als «Brücken» zu dienen, die nach beiden Seiten zu begehen waren, wie es etwa von der Stoatley Rough School überliefert und im Namen der kurzfristig erschienenen Schulzeitung («Bridge») programmatisch fixiert ist. Dazu trug wesentlich bei, daß die Emigranten – Kinder wie Erwachsene – in den Schulen nie unter sich geblieben, sondern in wechselnden Proportionen stets mit einheimischen bzw. verschiedenen Nationalitäten angehörenden Schülern und Lehrern konfrontiert worden sind. In den «Schulen im Exil» überwand die deutsche Landerziehungsheimbewegung die ihr seit Lietz immanente «nationale» Ausrichtung endgültig und machte auch mit der längst propagierten internationalen Verständigung wie mit anderen reformpädagogischen Grundsätzen Ernst.

Es wäre noch zu untersuchen, ob und wie sich diese Begegnungen auch auf die Repräsentanten der «anderen Kultur» und – über sie – insbesondere die Lehrer und Erzieher – eventuell auf Veränderungsprozesse in der Schul- und Bildungspolitik des Gastlandes ausgewirkt haben. In Großbritannien, dessen Internatsschulwesen bis in die vierziger Jahre stärker von den traditionell ausgerichteten «Public schools» als von den weniger zahlreichen und mächtigen «Progressive schools» bestimmt worden ist, könnte der in diesem Land besonders hohe Verbreitungsgrad abweichend und arbeitender Exilschulen ein Denkanstoß und förderlich für reformerische Bestrebungen gewesen sein.

Als die Bombenangriffe der Deutschen über die Städte Englands hereinbrachen, übernahm der von kommunistischer Seite initiierte Freie Deutsche Kulturbund, dem aber auch zahlreiche deutsche Juden, Persönlichkeiten des englischen öffentlichen Lebens sowie Albert Einstein, Lion

Feuchtwanger, Heinrich Mann und viele andere emigrierte Deutsche von Rang und Namen angehörten, die Evakuierung Tausender deutscher Flüchtlingskinder. Es wurde zu diesem Zweck ein Refugee Childrens' Evacuation Fund gegründet, aus dem auch eine wohl erst seit 1943 existierende Schule, die Theydon Boys School, finanziert werden sollte. In einem Spendenaufruf, der einer Begleitschrift zu einer gleichfalls von dieser Organisation veranstalteten Ausstellung: «The war as seen by children» entnommen ist, wird als Aufgabe dieser Schule ausdrücklich die Vorbereitung der deutschen Flüchtlingsjugend auf die Rückkehr nach Deutschland genannt und als Teil der damals bereits in England lebhaft diskutierten «Re-education» begriffen: «You will agree with us if we see this problem in connection with the problem of the re-education of the German Youth. Whilst we are making plans, we should not forget those who are living in this country, and might easily be neglected, if we do not certain steps now. This neglect would be unwise in every aspect, not only from the point of view of the children themselves. We shall need all decent forces among the German people so why not start here and now with the education of German refugee children in this country.

These children who want to return to Germany after the war need a certain amount of instruction in German language, writing literature, history and geography if they want to be able to play their part in the building up of a new and better Germany, and we count on you that you will help us to build up this school. Every contribution is one step nearer to achieving our aim which is to prepare this children to play their full part in a free and democratic post-war world» (London 1943).

Ob dabei mehr an die Kinder politischer Flüchtlinge oder auch an die jüdischen Jugendlichen gedacht wurde, die sich zu mehreren Hundert in der Freien Deutschen Jugend zusammengeschlossen hatten? Johann Fladung hat sie in ihrem Klubhaus erlebt:

«Alle hatten ihre Eltern in Deutschland verloren, aber sie wollten Deutsche bleiben, die deutsche Sprache nicht verlernen und sich mit der deutschen Kultur vertraut machen. Ich saß jede Neujahrsnacht bei ihnen in ihrem Haus, und es lief mir kalt über den Rücken, wenn sie sangen: ‹Wir haben die Losung von Dachau gelernt und wurden stahlhart dabei›. Wenn ich bei ihnen war, sprachen sie nicht von ihren Eltern» (Dr. h. c. Johann Fladung: Zur Person, Karlsruhe 1964).

Es muß vorläufig offen bleiben, inwieweit diese Schulkonzeption, die «mit dem Gesicht nach Deutschland» gewandt war und sich damit deutlich von einer Erziehung vorwiegend zum Ein- und Überleben in einem anderen Land abhebt, überhaupt noch realisiert worden ist.

Schulen mit einer solchen, integrativen Funktion haben sich verschieden lange und gut zumal in England gehalten, bestehen aber in der Regel heute nicht mehr. Das gilt etwa für

– die *Beltane School in Wimbledon*, eine gemeinsame Gründung von Andrew Tomlinson und den Wienern Ernst und Ilse Bulowa, die 30 deutsche und österreichische Emigrantenkinder verschiedensten Alters nach England brachten und mit einer gleichen Anzahl englischer Kinder zweisprachig und «ziemlich permissiv» erzogen und unterrichteten (Brief U. Goldsmith, 20. 5. 1983);

– die *Stoatley Rough School*, von Dr. Hilde Lion mit Dr. Luise Leven, Dr. Emmy Wolff und englischen Lehrkräften in Haslemere (Surrey) 1934 gegründet und bis 1960 geleitet; ihre sozialpädagogische Orientierung wurde durch Eleonore Astfalck und Hanna Nacken wesentlich verstärkt;

– die *Bunce Court School* oder «New Herrlingen», von 1933 bis 1948 in Otterden/Kent existent, deren erste 10 Jahre Anna Essinger, die das Landerziehungsheim Herrlingen bei Ulm fast komplett nach England überführte, im folgenden selbst ausführlich darstellen soll, weil daran einige für diesen Schultyp exemplarische Züge zu erkennen sind.

– die *Nachfolge-Schulen der Walkemühle in Wales* und *Butcombe Court* bei Bristol, wohin Minna Specht von Dänemark auswanderte; ihre farbige Schilderung dieser Odyssee schließt die Reflexion auf das Erfahrene ein (s. S. 88 ff.).

In der Gegenüberstellung dieser beiden Berichte werden sowohl gemeinsame existentielle Probleme und pädagogische Grundhaltungen, aber auch die Unterschiede zwischen Schulen mit und ohne politischen Rückbezug erkennbar. Völlig «unpolitisch» wirkte freilich keine der Schulen im Exil, auch wenn sie nicht, wie es von der Nachfolgeschule der Walkemühle in Dänemark heißt, zugleich als Verbindungs- und Anlaufstelle für Politemigranten dienten. Sie betrieben schon allein dadurch politische Erziehungs- und Bildungsarbeit, indem sie aus den Kindern kritikfähige, selbständig denkende und verantwortlich handelnde Menschen zu machen versuchten.

In den Berichten über das zionistische Internat Kristinehov/Västraby in Schweden und die Schule am Mittelmeer in Recco/Italien von Hans Weil, die an der «deutsch-jüdischen Symbiose» festhält, werden zwei typische Formen der Auseinandersetzung mit dem jüdischen Schicksal miteinander konfrontiert. Über die Entscheidung für die eine oder andere ist nicht nur in Recco, sondern auch in anderen «Schulen im Exil» oft und heftig gestritten worden.

Die folgenden Schulporträts – von der Ecole d'Humanité bis zur Stockbridge School – stellen Schulen vor, die wegen ihres Konzepts, der Persönlichkeit ihrer Gründer und nicht zuletzt wegen der Dauerhaftigkeit dieser «Modellversuche» besonderes Interesse verdienen. Der sich dabei fast unvermeidlich entwickelnde «Personenkult» scheint der Landerziehungsheimbewegung immanent zu sein. Es fällt auf, daß unter den «Identifikationsfiguren» – wie überhaupt in pädagogischen und sozialen Berufen – Frauen immerhin zahlreicher vertreten sind. Frauen kommen im Exil also nicht nur als aufopferungswillige Gefährtinnen mehr oder minder großer Männer vor. Bei den «Schulen im Exil» erscheint diese Abhän-

Als es am allwöchentlichen Tag der Arbeit für die Schule keine nützliche Beschäftigung für die kleinsten «Stoatley Roughians» gab, suchten sie sich selber eine: Sie gruben nach Regenwürmern für die Hühner ...

gigkeit von den sie jeweils tragenden Personen dadurch gerechtfertigt, daß es in ihnen wirklich mehr auf den «Menschen», die von ihm geschaffene Atmosphäre als auf die systematische Vermittlung von Qualifikationen ankam. Nicht das Erreichen bestimmter Standards im Unterricht hatte Vorrang, sondern die Erziehung zum Menschen durch den Menschen, mit allein seinen Vorzügen und Schwächen. Denn – auch das sollte nicht übersehen werden – manche dieser «Persönlichkeiten» hat aus der Erkenntnis eigener Defizite eine besondere Sensibilität für die Beschädigungen und Leiden anderer gewonnen, aus selbsterfahrenen Nöten pädagogische Tugenden und Leitlinien gemacht.

Die von diesen Frauen und Männern begründeten Schulen im Exil wirken zunächst inselhaft und verloren in ihrer Zerstreuung über die halbe Welt. Aber je mehr davon ans Licht gehoben wird, desto klarer zeichnet sich ab, daß es sich um ein ganzes, ideell und personell vielfach vernetztes Inselreich handelt. In seinem Gesamtzusammenhang, der den Zeitgenossen noch nicht voll bewußt war und sein konnte, bildet es eine «reformpädagogische Provinz», die zu entdecken lohnt.

# Lernen aus Notwendigkeit
# Anna Essingers «New Herrlingen»
# (Bunce Court School)

Wie sehr Anna Essinger an Kontinuität zwischen ihrer alten und neuen Schulgründung, zugleich an einer deutlichen Abgrenzung gegenüber dem nunmehr in Herrlingen existierenden Jüdischen Landschulheim gelegen war, geht daraus hervor, daß die Bunce Court School zumindest in den ersten Jahren als New Herrlingen German School (1935 in einem Inserat, das für Ferienkurse wirbt) oder New Herrlingen Country Home School (auf Postkarten) sich versteht und so auch nach außen in Erscheinung tritt.

Der Selbstdarstellung Anna Essingers bleibt noch hinzuzufügen, daß die Bunce Court School nach dem Berichtszeitraum bis zur Schließung im Juli 1948 unter zunehmend schwierigeren Bedingungen fortbestand.

1944 waren an ihr als Lehrer tätig neben Anna Essinger: Hanna Bergas (Englisch, Deutsch und Kunstgeschichte), Richard Grüneberg (Hebräisch und Geschichte), H. E. Maier (Werkunterricht), Hanna Elisabeth Meyer (Geographie), Selma Rauchmann (Volksschule), Marta Schlesinger (Handarbeitsunterricht), Helmut Schneider (Mathematik, Physik, Biologie), Maria Dehn (Biologie und Gartenbau) und Dr. Bruno Adler (Kunst- und Literaturgeschichte), in Deutschland ehemals ein bekannter

Schriftsteller, der später erfolgreich an den nach Deutschland bzw. der SBZ ausgestrahlten Programmen des Britischen Rundfunks mitarbeitete. In Alt- wie Neu-Herrlingen hat Dr. Adolf Prag als Mathematiklehrer einigen pädagogischen Einfluß ausgeübt, bevor er eine Professur in Cambridge erhielt.

Von 1940 bis 1942 hatte vorübergehend Käte Hamburg an der Schule Mathematik und Deutsch unterrichtet, die zuvor schon in einer besonderen Beziehung zum «alten» Herrlingen stand: 1921 hatte sie dort ein privates kleines Heim für arme uneheliche Kinder geschaffen und sie als «Tagesschüler» in das Landerziehungsheim von Anna Essinger eingebracht, wo sie als Äquivalent Mathematikunterricht gab. Sie setzte diese Tätigkeit auch unter Hugo Rosenthal im dann Jüdischen Landschulheim Herrlingen bis 1939 fort. Sie hatte es bis dahin fertiggebracht, die teilweise jüdischen Kinder in ihrer Obhut zu behalten.

Eine Querverbindung zum Jüdischen Landschulheim Caputh stellte Dr. F. M. Friedmann her, der noch in den letzten Jahren, von 1946 bis 1948, als Lehrer an die Bunce Court School kam. Er nahm sich vor allem der gestörten und mißtrauischen Kinder an, die damals aus den Konzentrationslagern nach England gebracht worden waren.


Anna Essinger
# Die Bunce Court School (1933–1943)

«Und wahre Erziehung zielt ganz darauf ab, die Menschen dazu zu bringen, nicht bloß das Richtige zu *tun*, sondern das Richtige zu *genießen* – nicht bloß geschäftig, sondern die Geschäftigkeit lieben – nicht bloß gebildet, sondern das Wissen lieben – nicht bloß rein, sondern die Reinheit lieben – nicht bloß gerecht, sondern nach Gerechtigkeit hungern und dürsten.»                (Ruskin)


## Einleitung

In dieser schrecklichen Welt des Aufruhrs und der Aufregung erscheint es fast vermessen, einen Bericht über das Leben einer kleinen Gemeinschaft zu verfassen. Ich bin gebeten worden, einen Rückblick auf die ersten zehn Jahre der Bunce Court School in England zu schreiben. Und während die 500 Kinder, die die Schule für längere oder kürzere Zeit besucht haben, nur einen kleinen Teil der gesamten Flüchtlingstragödie ausmachen, so ist man doch der Ansicht, daß es sowohl vom soziologischen als auch vom menschlichen Standpunkt aus interessant sein dürfte, ihren Weg zu verfolgen, der typisch für die Entwicklung vieler anderer erscheinen mag. Dies wird mir auch die Gelegenheit geben, den vielen

Freunden von nah und fern zu danken, die trotz nahezu unüberwindlicher Schwierigkeiten immer wieder geholfen haben, den Bestand der Schule zu sichern.

## Geschichte

Als Hitler am 1. April 1933 (sic) in Deutschland die Macht übernahm, glaubten viele Leute, daß diese Art von Regime nicht lange währen könne. Wir hatten damals eine Schule auf der Schwäbischen Alb in der Nähe des Donautals. Im Dorf besaßen wir viele Freunde, aber alles, was in Deutschland am 1. April 1933 geschah, fand selbst in diesem abgeschiedenen Ort seinen Widerhall. Mir schien Deutschland nicht länger ein Ort zu sein, an dem man Kinder in Ehrlichkeit und Freiheit großziehen konnte, und ich beschloß damals, für unsere Schule eine andere Heimat zu suchen. Zuerst wurden in der Schweiz Nachforschungen angestellt, dann in Holland, und im Juni kam ich zum erstenmal nach England. Ich hatte hier schon einige Freunde und fand neue. Nach Beratschlagungen mit vielen Leuten wurde beschlossen, die Schule nach England zu verlegen. Weder das (englische; Anm. d. Übers.) Kultus- noch das Arbeitsministerium erhoben Einspruch dagegen, und das Innenministerium gab die erforderliche Genehmigung.

Alle Eltern der Kinder wurden informiert. Sonst wurde während dieses Sommers nur wenig über unsere Pläne gesprochen, da sie noch nicht ganz klar waren. Freunde[1] in England suchten nach einem Haus, und nachdem eines gefunden worden war, wandten wir uns wieder an die Eltern. Die meisten von ihnen und viele Eltern möglicher neuer Schüler zeigten starkes Interesse und waren sehr dafür, daß die Kinder nach England gebracht würden. Im August 1933 wurde ein Pachtvertrag auf sieben Jahre unterzeichnet, und im September kamen sechs der älteren Jungen und Mädchen und sechs Lehrer nach England, nach Bunce Court, Otterden, um im Haus die notwendigen Vorbereitungen für den Einzug der Schule zu treffen.

Während des Sommers war, hauptsächlich von neugefundenen Freunden, ein kleines Komitee gebildet worden, das sich zur Aufgabe gemacht hatte, genügend Geldmittel zu sammeln, um Betten und die für den Anfang notwendigsten Möbel zu kaufen. Dieses Komitee bedeutete für uns eine große Hilfe, nicht nur wegen der Betten und Matratzen, die da waren, als die Kinder ankamen, sondern auch wegen der moralischen Unterstützung, die uns diese Menschen gaben, und wegen des Vertrauens in uns, als sie der Schule eine neue Heimat ermöglichten. Bunce Court bestand aus einem großen Herrensitz, der in einer zehn Hektar großen, wunderschönen Park- und Gartenlandschaft lag. Es gab ein paar Schuppen und ein Bauernhaus, und für die größeren Jungen war vor unserer Ankunft eine Hütte errichtet worden.

Keiner von denen, die mithalfen, wird je diese zehn Tage vergessen, in denen geputzt und alles für den Empfang der Kinder vorbereitet wurde. Und keines der

Bunce Court School

65 Kinder, die am 5. Oktober mit großen roten Bussen aus Ost-Kent vom Boot in Dover abgeholt wurden, wird je die Fahrt durch das wunderschöne herbstliche Kent und die Ankunft in Bunce Court vergessen, wo das Abendessen schon für alle wartete. Auf dem Gutsgelände und drum herum gab es viel zu erkunden und zu entdecken. Die Schule fing am nächsten Tag an.

Die ersten zwei Monate vergingen schnell mit mehr praktischer Arbeit in Haus und Garten, als wir je zuvor geleistet hatten; aber es ging darum, aufzubauen, und die ganze Zeit über wurden neue Pläne gemacht.

Dieses glückliche Leben erhielt Ende November einen ernsten Dämpfer, als einer unserer älteren Jungen, der seit Jahren bei uns gewesen war, an Kinderlähmung erkrankte und drei Tage später starb. Es war wirklich ein ernster Winter, bis wir sicher waren, daß die übrigen Kinder außer Gefahr waren.

Obwohl das Komitee der Freunde eine würfelförmige Hütte für zwanzig Jungen errichtet hatte, lebten wir im ersten Winter in ziemlich beengten Verhältnissen, und den Kindern fiel es nicht leicht, sich zu akklimatisieren. Es gab ein paar

73

Diphtherie- und Scharlachfälle. Der Frühling kam und mit ihm die Möglichkeit, ein kleines Sanatorium zu bauen, um Krankheitsfälle isolieren zu können. Dies erwies sich die ganzen Jahre hindurch als eine enorme Hilfe. Wir hatten keine weiteren Epidemien, und unsere Krankheitsquote ist seither außerordentlich niedrig. Kinder und Erwachsene benutzten das Sanatorium oft, um sich darin übers Wochenende auszuruhen, und schwächliche Kinder verbrachten dort gleich nach ihrer Ankunft häufig mehrere Wochen, bis sie bereit und in der Lage waren, mit den anderen zu leben.

In jenem Sommer wurden drei Klassenräume gebaut, um im Haupthaus Platz für mehr Kinder zu schaffen. Diese Gebäude wurden durch die großzügige Hilfe des «Women's Appeal»-Komitees ermöglicht. Es trafen mehr Anmeldungen ein, als wir annehmen konnten, aber viele dieser neuen Kinder kamen nur vorübergehend zu uns. Bis 1934 hatten sich viele Eltern entschlossen, selbst zu emigrieren, und sie wollten ihre Kinder in guter Obhut wissen, während sie die Auswanderung vorbereiteten. Dieses Kommen und Gehen brachte viel Unruhe in die Schule, aber unter diesen Umständen ließ sich das nicht vermeiden.

Bis Ostern 1934 gelang es uns schließlich, geeignete Lehrer zu finden, die uns halfen. Das war durchaus nicht einfach, obwohl als Antwort auf Zeitungsanzeigen eine Reihe von Bewerbungen eintrafen. Während des Winters hatten wir mehrere neue Lehrer auf Probe bei uns gehabt; und wir hatten tatsächlich von Anfang an englische Mitarbeiter. Aber es war schwierig, die richtigen zu finden, die sich einfühlen und gleichzeitig den besonderen Problemen gerecht werden konnten. Probleme gab es nicht nur mit der Sprache, obwohl auch diese groß genug waren, uns beschäftigten vor allem menschliche Probleme, die vielleicht zu schwer waren, als daß sie junge Engländerinnen und Engländer hätten begreifen können, da ihre Welt damals noch sorglos und sicher schien. 1933 schien niemand um uns herum genau zu verstehen, warum wir mit all diesen Kindern weggingen.

Wir hatten dreizehn Mädchen und Jungen herübergebracht, die so weit waren, daß sie ihre Abschlußprüfung (London Matriculation) machen konnten, und sie versuchten im Juni 1934 ihr Glück. Von den dreizehn Kindern bestanden neun, drei davon mit Auszeichnung. Das war für uns eine große Ermutigung. Bis dahin waren wir uns nicht ganz sicher gewesen, wie gut wir den Anforderungen des englischen Schulsystems genügen konnten. Wir hatten in Gruppen gearbeitet, entsprechend der Bedürfnisse der einzelnen Kinder, von denen nicht alle von unserer eigenen Schule gekommen waren; einige waren von Schulen gekommen, deren Unterricht nur sehr wenige Grundkenntnisse in der englischen Sprache vermittelt hatte. Um den Lehrkörper nicht zu überlasten, beschlossen wir jedoch, mit Beginn des zweiten Jahres das englische System der Schulklassen zu übernehmen – mehr oder weniger den Altersgruppen entsprechend. Die pädagogischen Schulprobleme werden jedoch später behandelt werden; ebenso die finanziellen Probleme, die schon sehr früh im Leben der Schule auftraten und ständig ihre Entwicklung beeinflußten.

Die Schule wurde sehr freundlich aufgenommen, und mit der Zeit bekam sie viel Kontakt zur näheren und weiteren Nachbarschaft. Während des ersten Sommers kam die Anregung, wir sollten einen «Tag der offenen Tür» veranstalten, der dann in der letzten Juliwoche begangen wurde. Aristophanes' «Friede» wurde aufgeführt, mit dem Haus als Hintergrund, und das Anfertigen der Kostüme und Masken nahm einen großen Teil der Zeit der Mitarbeiter und Kinder in Anspruch. Die Proben wurden mit großer Aufregung verfolgt; einige von uns waren ziemlich skeptisch, ob die Schauspieler mit ihrem nürnbergischen, schwäbischen oder rheinischen Dialekt Aristophanes in gutem Englisch aufführen könnten, und der Dialekt kam trotz aller Proben durch. Lord Samuel hieß die Kinder mit einer herzlichen Ansprache in England willkommen, einiger seiner optimistischen Worte für die Zukunft erinnerte man sich noch lange Zeit.

Es waren etwa 250 Besucher gekommen; einige von den Eltern der Kinder und viele, die an der Schule interessiert waren, aus London, sowie Freunde von Mitarbeitern und Kindern. Alle verfügbaren Tische und Stühle aus dem ganzen Haus standen auf dem Rasen, und es war ein hübsches Bild, zu sehen, wie die Kinder an die bunt gekleidete Zuhörerschar Tee ausschenkten.

Als eine Folge dieses Tages der offenen Tür wurden viele der Kinder später eingeladen, ihre Ferien bei englischen Familien zu verbringen. Manche dieser ersten Kontakte bestanden fort, und die wahren Freundschaften, die geschlossen wurden, trugen in einigen Fällen dazu bei, daß die Emigration von Schwestern, Brüdern oder sogar Eltern zustande kam.

Aber dieser Tag der offenen Tür zeigte auch, daß unsere Einrichtungen für Theateraufführungen sehr begrenzt waren, und es wurde dann beschlossen, ein Freilicht-Theater zu bauen. Ein Platz fand sich in der Nähe des alten Tennisplatzes, mit einer wunderschönen Reihe von Zedern als Hintergrund. Der Rasen fiel dort leicht ab, und niemand konnte sich vorstellen, wie schwierig es sein würde, die nötigen Kubikmeter Erde zu bewegen, um das griechische Theater zu bauen. Es waren immer einige Freunde, Architekten und Architekturstudenten da, die uns halfen, die Pläne zu zeichnen, und einige, die halfen, sie auszuführen, aber es dauerte fast bis zum nächsten Tag der offenen Tür, um diese riesige Arbeit zu Ende zu bringen. Bis zum Juli 1935 hatten wir aber dann ein Freilicht-Theater mit genügend Sitzgelegenheiten für 300 Gäste, was sich jedoch als zu wenig für die große Zuschauerzahl an diesem Tage herausstellte. Sie kamen, um den Kindern diesmal bei der Aufführung von Aristophanes' «Vögeln» zuzuschauen, und das Englisch der Kinder hatte sich sehr verbessert. An diesem Tag der offenen Tür hielt Professor Bentwich die Ansprache. In späteren Jahren wurden zu verschiedenen Anlässen die folgenden Stücke aufgeführt: «Arms and the Man» (1934); Szenen aus «Le Bourgeois Gentilhomme» auf französisch. Hofmannsthals «Everyman», Goldonis «Servant of Two Masters», Szenen aus Grillparzers «Weh dem der lügt», «Bastien und Bastienne» als Puppenspiel (alle 1935); «The Fantastics», «Schneewittchen», Szenen aus «Götz von Berlichingen» und aus Kleists «Robert Guiskard» (1936); «Noah», die «Bauernkantate» (1937); «Tobias and the Angel» (1938); (Mozarts, Anm. d. Übers.) «The Magic Flute» (1939); «The Stolen Prince» (1940); «La Serva Padrona» als Puppenspiel (1937 und 1940); Szenen aus (Shakespeares; Anm. d. Übers.) «Twelfth Night» (1940); «The Mad Hatter's Tea Party» (1941); «Peter and the Wolf», Szenen aus «Egmont», «Tor und Tod» (alle 1942); (Shaws; Anm. d. Übers.) «Androcles and the Lion» (1935 und 1942); und «Lady Precious Stream» (1943). Weitere Redner bei Tagen der offenen Tür waren Sir Wyndham Deedes, Sir Norman Angell und Lady Reading. Für alle diese Stücke wurden die Kostüme und Requisiten, die elektrische Beleuchtung und alle technischen Einrichtungen von Jungen und Mädchen geplant und ausgeführt, bei Bedarf mit Hilfestellung seitens der Lehrer. Bei verschiedenen Anlässen wurden darüber hinaus nur für die Schulgemeinde improvisierte Stücke aufgeführt.

In Deutschland wurde die Lage immer ernster, und immer mehr Leute wollten ihre Kinder ins Ausland schicken. Aber die Möglichkeiten für Geldüberweisungen wurden eingeschränkt, und der Rat der Schule sprach sich gegen die Aufnahme von Kindern aus, bei denen das Finanzielle nicht definitiv geregelt wäre. Wir hatten immer zehn oder zwölf Kinder ohne irgendwelche finanziellen Sicherheiten mitgetragen – Kinder, von deren besonderen Nöten wir wußten. Aber nun wurde die Nachfrage immer größer, und wir nahmen mehr auf, im Vertrauen darauf, daß ihr Schulgeld bezahlt würde, sobald es die Situation der Eltern erlaubte. In den meisten Fällen wurde unser Vertrauen nicht enttäuscht, aber es muß doch gesagt werden, daß einige Eltern vergaßen, ihre Schulden zu bezahlen, ehe sie nach Amerika gingen. Wenn man dies im Vergleich zu all der Hilfe und Freundlichkeit sieht, die wir von anderen Eltern und englischen Freunden erfuhren, so war die Enttäuschung nicht so groß; sie war weniger vom Finanziellen als vom Menschlichen her jedoch schwer zu ertragen, vor allem, weil die Leute wußten, welch einen verzweifelten Kampf die Schule während all der Jahre durchzustehen hatte. Wir waren alle der Überzeugung, daß eine Schule kein gewinnbringendes Geschäft sein sollte, aber mehr und mehr wuchs auch die Überzeugung, daß uns ein bestimmtes Maß an Sicherheit beim Planen und beim Aufbau der ständig wachsenden Gemeinschaft helfen würde.

Trotz dieses Mangels an Sicherheit dehnte sich die Schulgemeinde aus, und ihre Bedürfnisse wurden befriedigt – oft zu unserer eigenen Überraschung. Die Schule half nicht nur Kindern aus Deutschland herauszukommen, sondern diente auch als Sprungbrett für Erwachsene, die entsprechend ihrer bisherigen Ausbildung und ihrer Fähigkeiten in der Schule ihren Platz finden konnten. Aus diesem Grund wechselten die Helfer viel häufiger, als das sonst der Fall gewesen wäre. Es wurde von Anfang an erkannt, daß eine Gemeinschaft, deren Mitglieder zuvor meist in der Stadt gelebt hatten, auf dem Lande eine Menge Anreize und Abwechslung brauchte. Besonders während der grauen, sonnenlosen Wintermonate gaben wir uns besondere Mühe, Besucher aus London oder von anderswoher einzuladen, und dies erwies sich als sehr erfolgreich. Mitglieder der Workers' Education Association waren regelmäßig zu Gast, ebenso wie Mitglieder der Völkerbundsunion.[2]

Viele der älteren Jungen und Mädchen wurden zu den Nansen-Zeltlagern eingeladen und schlossen dort neue Freundschaften, die die Jahre überdauert haben. Insgesamt wuchsen die Kontakte der Kinder und Erwachsenen und wurden vertieft, bis der näher kommende Krieg und alles, was er mit sich brachte, die meisten Reisen und Besuche unmöglich machte.

Die Situation in Europa in den Jahren 1938 und 1939 mit all ihren Greueln und der wachsenden Angst änderte auch das Leben der Schule. Sowohl die Mitarbeiter als auch die Kinder fürchteten um das Leben ihrer Lieben im Ausland, und im Verlauf des Jahres 1938 wurde klar, daß allein die Rettung von Leben wichtig war und daß eine Planung und geordnete Evakuierung nicht länger möglich war. Mehrere von uns wurden von einem der Flüchtlingskomitees gebeten, beim Empfang der Kindertransporte zu helfen, die seit den Pogromen in Deutschland und Österreich nach England kamen. Zusammen mit einigen ehemaligen Helfern und einigen der älteren Kinder der Schule gingen sechs von uns nach Dovercourt, um die Kinder zu empfangen. Keiner von uns wird je die herzzerreißenden Tage und Wochen dort vergessen. Tausende von Kindern wurden gerettet, aber dies waren notwendigerweise eilig getroffene Vorkehrungen, und vielleicht war es nur natürlich, daß sich schwerwiegende Fehler nicht vermeiden ließen; Fehler, die wohl damit begannen, daß man Kindern erzählte, sie würden ein bequemes Leben haben, wenn sie von ihren Eltern weggingen und nach England kämen; Fehler von hiesigen Komitees, die glaubten, je schneller diese Kinder in englischen Familien unterkämen, desto besser wäre es für sie und die Gemeinschaft. Niemand von uns kannte die Kinder; in vielen Fällen waren nicht einmal die nackten Fakten ihrer Herkunft bekannt, und kaum jemand kannte die Familien, die sich anboten, sie bei sich aufzunehmen. Einige dieser Kinder erlebten, daß sie während dieser vier Jahre in acht bis zehn verschiedene Familien gesteckt wurden, und einige von den erst kürzlich zur Schule gestoßenen Neuen kamen infolge dieser übereilten und großzügigen Angebote, unbekannte Kinder aufzunehmen, hierher. In dieser Zeit wurde besonders erfolgreich an das Mitleid der Bevölkerung appelliert.

Durch Spenden wurde die Schule in die Lage versetzt, zwei Schlafsäle zu bauen, um einigen der Kinder, die in Dovercourt ankamen und um deren Aufnahme wir gebeten wurden, ein Zuhause zu geben. Bis zu deren Fertigstellung wurden die Kinder vorübergehend in zwei Nebengebäuden untergebracht, von denen eines ein ehemaliges Krankenhaus in Faversham war, das der Gemeinderat der Schule mietfrei angeboten hatte. Dreißig Kinder, Mädchen und Jungen, kamen von dort jeden Tag per Bus zur Schule, und während des sehr schlimmen Winters mußte der Unterricht manchmal dort abgehalten werden.

Dreißig der jüngsten Kinder wurden in Chilham in einem reizenden alten Bauernhaus untergebracht, welches Freunde mit Möbeln ausstatteten und welches der Besitzer für diese Kinder in Ordnung brachte. Fast ein Jahr lang fand dort der Grundschulunterricht statt.

Vor dem Kriegsausbruch im September 1939 teilte uns die Besitzerin von Bunce Court mit, daß sie, nach fast sieben Jahren, nicht bereit wäre, den auslaufenden Mietvertrag für das Haus zu verlängern. Sowohl von Komitees als auch von Freunden war bis dahin eine ganze Menge Geld in das Gut gesteckt worden, und man war der Meinung, es solle nun für die Schule aufgekauft werden. Dies wurde mit Hilfe einer schweren Hypothek getan.

Den Besitz der Schule feierten wir gehörig auf dem Gutsgelände an ihrem sechsten Geburtstag, der jedoch vom Krieg überschattet wurde. Die Kinder kehrten von den Außenstellen zur Schule zurück, die durch den Bau der Schlafräume nun genug Platz bot, um sie aufzunehmen; und die «Familie», die während des Jahres der Trennung sehr viel größer geworden war, lebte nun wieder zusammen.

## Evakuierung nach Shropshire

Dann breitete sich in England die Furcht vor einer Invasion aus, und im Mai 1940 wurden alle unsere Männer und Jungen über 16 interniert.[3] Dies war für die ganze Schule ein schwerer Schlag. Ihm folgte die Internierung unserer Köchin und dreier unserer sechzehnjährigen Mädchen. Meine Anfrage, ob wir in Kent noch sicher wären, wurde von verschiedenen Behörden, die ich um Rat fragte, auf die leichte Schulter genommen; sie meinten, wir befänden uns in völliger Sicherheit. Aber im Juni 1940 forderte man uns auf, binnen drei Tagen den Bezirk zu verlassen, der zum Verteidigungsgebiet erklärt wurde; außerdem benötigte das Militär unsere Gebäude. Die drei Tage wurden schließlich auf eine Woche verlängert – eine hektische Woche, in der wir nach einem Dach über dem Kopf für uns suchten.

Nach einem kurzen Besuch in London kam ich nach Shropshire, wo ich niemanden kannte, aber einer unserer Freunde aus Kent hatte mir eine Empfehlung an eine Freundin gegeben. Sie nahm mich mit großer Herzlichkeit auf und fuhr mit mir auf Haussuche. Fast überall, wohin wir kamen, wurde uns erklärt, das Haus wäre «gerade gestern requiriert» worden, und nach einer Woche schien es keine andere Wahl zu geben, als Trench Hall zu nehmen, das, wie ich wußte, zu klein für uns alle war.

Während ich auf Haussuche war, packte zu Hause jeder so schnell wie möglich; man mietete Möbelwagen, bestellte Busse, und am 13. Juni fuhren 15 Kinder und zwei Lehrer zu einer befreundeten Schule, die ihnen den Sommer über Zuflucht gewähren konnte, während 125 nach Trench Hall kamen. Sie machten sich sofort daran, ein Privathaus, das sieben Jahre lang leer gestanden hatte, in Ordnung zu bringen, um zum zweitenmal für uns eine Schule und ein Zuhause zu schaffen. Reparaturen aller Art waren zu erledigen. Wände mußten gestrichen und Schulräume vorbereitet werden; Garagen und Ställe mußten zu Schlafräumen umgebaut werden; eine nahegelegene Weide mußte gepachtet und umgepflügt werden, um uns nach Möglichkeit im folgenden Jahr zu ernähren. In Kent hatten wir einen gut bestückten Garten zurückgelassen, außerdem 500 Stück Geflügel, Schweine und Bienen. Das Gut hier war zu klein (2 Hektar), um Tiere zu halten, aber wir schafften es, genug Nahrung anzubauen, um die Kinder während dieses ersten Jahres zu ernähren.

Dieses neue, uns aufgezwungene Abenteuer trug viel dazu bei, die Gemeinschaft zu stärken, die während des vorangegangenen Jahres so viele neue Kinder hatte aufnehmen müssen, die sich noch nicht ganz eingelebt hatten. Alle spürten, daß es notwendig war, sich aufs äußerste anzustrengen, damit wir leben und mit der schulischen Arbeit fortfahren konnten. Einen Monat nachdem wir hier angekommen waren, nahm die oberste Klasse an der Prüfung für das «School Certificate» teil, und alle bestanden, was mehr war, als wir erwartet hatten.

Die Schulbehörden waren uns gegenüber sehr zuvorkommend, mehrere Leute von der Wem-Schule besuchten uns; aber da wir in einer so schwierigen Zeit als völlig Fremde gekommen waren, fanden wir es nicht sehr leicht, in Shropshire Freunde zu finden. Mehr als je zuvor sahen wir uns dazu genötigt, uns auf uns selbst zu stützen.

Daß wir den Sommer überlebten, ist für mich immer noch ein Wunder. Es gab nicht einen Mitarbeiter, der nicht seine eigenen Probleme hatte. Ehemänner und Freunde waren interniert und nach Kanada deportiert worden.[4] Niemand wußte, was mit ihnen oder mit uns geschehen würde, aber wir überlebten, wie wir auch vorher schon überlebt haben.

Nun gab es keine so große Möglichkeit für Veränderungen innerhalb der Schule mehr wie zu Beginn des Krieges. Natürlich konnten weder Kinder noch Erwachsene von Europa herüberkommen; und unbewußt wurden die zuletzt gekommenen Kinder verantwortungsvoller, bildeten mehr einen Teil des Ganzen. Für die Kinder, die uns hier während des ersten und zweiten Trimesters verließen, nahmen wir keine neuen auf, weil wir wirklich überfüllt waren. Wir konnten im Höchstfall 80 Kinder unterbringen, und wir sind seither bei dieser Anzahl geblieben. Unter den neu ankommenden Kindern befanden sich immer mehr Engländer, so daß nun fast 25 Prozent unserer Kinder Engländer sind.

Das Hauptproblem ist hier bis jetzt der mangelnde Kontakt zur Nachbarschaft gewesen. Obwohl die Jungen auf den Bauernhöfen helfen und gute Arbeit leisten und man sie oft um Hilfe bittet, ist jeder so mit seinen eigenen Sorgen beschäftigt, daß wir nur sehr selten Besuch aus der Nachbarschaft erhalten. Der Mangel an Verkehrsmitteln hat ohne Zweifel etwas damit zu tun, denn wenn wir einmal Leute treffen, sind sie recht freundlich, und höchstwahrscheinlich leiden alle evakuierten Schulen unter einem ähnlichen Verlust an Außenkontakten.

Hier haben wir keine Tage der offenen Tür, aber für die Schule haben wir einige Theaterstücke und sehr viel gute Musik aufgeführt, wobei gelegentlich auch Gäste aus Shrewsbury und Wem oder Eltern und Freunde der Kinder die Aufführungen miterlebten.

## Die vergangenen zehn Jahre

Die letzten zehn Jahre kann man nicht als ein bewußtes, vorher überdachtes pädagogisches Experiment betrachten. Wir mußten uns unerwarteten Zwängen stellen, die sich Jahr für Jahr aus äußeren Schwierigkeiten ergaben, und mit ihnen fertig werden, so gut wir konnten. Erwachsene und Kinder mußten gemeinsam lernen, und beide mußten vieles verlernen. Wir haben festgestellt, daß man Unvorhergesehenes und Unerwartetes meistern kann, wenn alle zum Wohl des Ganzen am selben Strang ziehen, und ich freue mich, am Ende dieser zehn Jahre berichten zu können, daß wir, trotz vieler Hochs und Tiefs bei Erwachsenen und Kindern, gemeinsam ein aktives und glückliches Leben geführt haben – Engländer und Deutsche, Christen und Juden, Akademiker und Arbeiter. Dies halte ich für unsere größte Leistung.

## Schulische und pädagogische Probleme

Das erste Problem der Schule war die Sprache unserer neuen Heimat. Die meisten unserer Kinder, die wir 1933 herüberbrachten, hatten etwas Englischunterricht gehabt, ebenso die Erwachsenen, aber mit ganz wenigen Ausnahmen hatte keiner von uns je in einem fremden Land gelebt. Obwohl den neuen englischen Lehrern bei der Einstellung zur Auflage gemacht wurde, während des ersten Jahres kein Deutsch zu lernen, lernten sie es meistens doch, weil für lange Zeit die inoffizielle Sprache der Schule Deutsch war – trotz der ständigen Ermahnung «Red englisch!», die wir überall hörten. Je mehr Einladungen unsere Mitarbeiter und Kinder von englischen Familien und Schulen erhielten, desto mehr verbesserte sich ihre Sprachbeherrschung. Weil wir uns dieser sprachlichen Schwierigkeit bewußt waren, verwandten wir auf den Englischunterricht viel Sorgfalt. Während deutsche Kinder, die englische Schulen besuchten, sicherlich in kürzerer Zeit und fließender sprechen lernten, kümmerte man sich meines Erachtens nicht immer in gleichem Maße um die Grundlagen ihrer Sprachkenntnisse. Viele der älteren Kinder haben dies seither bestätigt.

Recht bald nach der ersten «London Matriculation» wurde beschlossen, statt dessen die Prüfung für das «Cambridge School Certificate» zu übernehmen. 1937 wurde unsere Schule vom Board of Education anerkannt, und die Inspektionswoche war eine der interessantesten und fruchtbarsten Wochen, die wir je hatten. Die erfahrenen Inspektoren staunten, was sich, trotz eingeschränkter Möglichkeiten, im Unterricht machen ließ. Als sie gingen, waren sie – wie ich schon immer – davon überzeugt, daß es – weit eher als an der Institution und ihren Mitteln – an der Persönlichkeit, der Lebendigkeit und am Interesse des Lehrers lag, wenn alles so gut lief. Einer dieser Inspektoren fragte einen zwölfjährigen Jungen, der mit uns aus Deutschland gekommen war, ob wir dort auch praktisch gearbeitet hatten. Nach kurzem Zögern antwortete der Junge: «Wir haben dort auch einige praktische Arbeit getan, aber dort war das eine pädagogische Maßnahme, und hier ist es eine Notwendigkeit.» Es war dieses Bewußtsein ihrer Notwendigkeit, welches der praktischen Arbeit eine gewisse Würde verlieh; und dies half den neuen Kindern, von denen manche noch nie zuvor einen Besen gehandhabt hatten, ohne große Schwierigkeiten den anderen nachzueifern. Alle praktischen Arbeiten, ob in der Werkstatt, in der Küche oder im Garten, wurden als gleichwertig behandelt und genauso ernst genommen wie die theoretische Arbeit in der Schule.

Die schulische Arbeit leidet unter diesen verschiedenartigen und zusätzlichen Verpflichtungen nicht. Insgesamt gesehen sind die Kinder aufs Lernen erpicht, und sie sind sich auf seltsame Weise bewußt, daß sie weiterlernen müssen, was immer auch geschieht. Das macht den Unterricht zu einem Vergnügen. Wir müssen sie kaum jemals antreiben; dennoch haben die Prüfungsergebnisse in den zehn Jahren mit sehr wenigen Ausnahmen bewiesen, daß die Kinder fleißig sind.

## Nachschulische Betreuung

Da die meisten Eltern nicht in England waren und sich nicht um die Berufsausbildung und die Zukunft ihrer Kinder nach deren Abgang von der Schule kümmern konnten, war von Anfang an klar, daß wir diese ganze Verantwortung auf uns nehmen mußten. Anfangs war es nicht leicht, angemessene Ausbildungs- oder Arbeitsplätze zu finden, aber es war noch schwerer, passende Wohnplätze für sechzehn- und siebzehnjährige Jugendliche zu finden, von denen manche völlig allein dastanden. Da die Schwierigkeiten in Europa immer größer wurden, kamen die Eltern und Verwandten unserer Kinder nach England, was deren nachschulische Betreuung erleichterte. Seit dem Krieg ist es kein Problem mehr, Ausbildung und Arbeit zu finden, alle Kinder haben Arbeit. Die meisten von ihnen verdienen ihren Lebensunterhalt und bilden sich daneben weiter. Die Statistik am Ende dieses Berichtes vermittelt eine Vorstellung davon, welche Berufe die Kinder ergriffen oder welche beruflichen Ausbildungswege sie eingeschlagen haben.

Wir versuchten von Anfang an, den Kindern klarzumachen, daß ein Universitätsstudium nicht nur schwierig, sondern in einigen Fällen unmöglich wäre, aber selbst wo es finanziell möglich war, hielten wir es für unklug, sich in dieser Weise zu spezialisieren. Unser Leben in der Schule ließ sie erkennen, daß man auch an anderen Tätigkeiten Freude finden kann.

Es wird immer behauptet, daß Juden sich nicht für praktische Arbeit eignen. Ganz abgesehen von dem Beispiel in Palästina, welches das Gegenteil bewiesen hat, stellten wir fest, daß sie bei entsprechender Anleitung gute praktische Arbeit leisten, solange sie sich nicht allein mit praktischen Tätigkeiten zufriedengeben müssen; daneben brauchen sie intellektuelle Anregungen für ihre Freizeit, und am wichtigsten ist, daß sie die richtige «Nahrung» für die acht Stunden finden, die sie nicht mit Arbeiten oder Schlafen verbringen, sondern die sie mit künstleri-

schen oder anderen Aktivitäten ausfüllen können, um Herz und Geist zufrieden-
zustellen.

Es ist versucht worden, Jungen und Mädchen in festen Zentren unterzubringen, und es zeigte sich, daß sie einander helfen und sich umeinander kümmern,
wo immer sie sind. Dort, wo Lehrer nach ihrer Heirat einen eigenen Hausstand
gegründet haben, haben sie im allgemeinen solche Zentren gebildet. Es kommen auch ständig Kinder zur Schule zurück, um dort ihre Ferien zu verbringen,
um sich Rat zu holen und um sich auszuruhen. Dies ermutigt in der Regel die
Kinder, die noch in der Schule sind, und so helfen sie sich gegenseitig.

## Das Leben in der Schule

Eine große Anzahl von Kindern so weit von ihrem ursprünglichen Zuhause und
ihren gewohnten Lebensumständen wegzubringen, bedeutete für sie eine
grundlegende Veränderung in ihrem Leben. Wir waren ganz sicher, daß man ein
wirkliches Zuhause niemals ersetzen könne, aber wir waren von Anfang an überzeugt, daß Wärme und ein Gefühl der Sicherheit für das Wachstum dieser entwurzelten Kinder wesentlich seien. Wir hatten ein zweifaches Ziel: die Kinder
spüren zu lassen, daß sich die menschlichen Werte trotz allem, was geschehen
war, nicht geändert hatten; und daß die kulturellen Grundlagen der Kinder es
wert waren, gepflegt zu werden, obwohl die Kinder von ihrer Heimat getrennt
waren. Auf der anderen Seite mußten sie lernen, dem Leben in einem fremden
Land erwartungsvoll entgegenzusehen, die Menschen zu schätzen, mit denen
sie leben und sich verständigen mußten, und sich eine neue Lebensgrundlage
zu schaffen. Es wurde für notwendig erachtet, den Kindern zu helfen, eine neue
Haltung gegenüber dem Leben zu finden, ihnen beizubringen, gemeinsam zu
leben, gemeinsam zu planen und Dinge gemeinsam zu tun; sich zu ganzheitli-
chen Menschen zu entwickeln und andere Menschen zu achten, wie verschieden sie auch seien; ihre eigene Arbeit und die anderer zu achten; Dinge schätzen
zu lernen, die es wert sind, und ohne all die banalen und kleinen Dinge auszu-
kommen, an die viele Stadtkinder gedankenlos gewöhnt waren – dies waren die
Ziele des Lebens in unserer Schule. Viele freie Betätigungen halfen, die Bedeutung dieser Ziele zu unterstreichen. Wir hatten das Glück, Lehrer zu haben, die
nicht nur für die wissenschaftlichen, sondern auch für die künstlerischen Fächer
begeistern konnten. Viele Berufsmusiker, die Kindern und Erwachsenen Freude
bereitet haben, haben zum Beispiel immer wieder gesagt, daß sie selten eine
Zuhörerschaft hatten, die mit derart ungeteilter Aufmerksamkeit und Interesse
zuhören konnte. Musik war die Form der Entspannung, an der jeder Gefallen
fand und teilhatte, und ich glaube, wir können sagen, daß das Musikverständnis
der Kinder eher durch unverfälschte Aufführungen und die Entwicklung ihrer eigenen Fähigkeiten als durch die leichtere Methode des Schallplatten- und Ra-
diohörens gefördert wurde. Zeichnen und Malen hatte als Fach nicht so viel
Glück wie Musik, da die Lehrer häufig wechselten; aber der verschiedenartige

Praktische Arbeit drinnen und draußen

Einfluß vieler Lehrer führte zu manchen interessanten Ergebnissen. Ein regelmäßig stattfindender kunstgeschichtlicher Kurs gehört seit vielen Jahren zu den freien Abendbeschäftigungen. Da einige der Mitarbeiter gute Sammlungen von Reproduktionen besitzen, wurde den Kindern die Möglichkeit gegeben, die künstlerische Entwicklung in verschiedenen Ländern und verschiedenen Epochen zu studieren. Seit dem Krieg mußte der Besuch von Museen und Galerien leider aufgegeben werden.

Der Ausbau der Schule hat bis heute nicht aufgehört, und die Kinder haben sich immer darum gekümmert. Häuser sind genauso wichtig wie kleinere Dinge, und wir sind auf ihre Hilfe angewiesen. Nicht zufällig ist die Werkstatt vielleicht der am besten ausgestattete Ort in der Schule. Es wurden richtige Möbel hergestellt, und alle laufenden Reparaturen werden selbst erledigt. Die Jungen fertigen viele für die Klassenräume notwendige Geräte an – die meisten Geschenke für Kameraden, Lehrer und Verwandte stammen aus der Werkstatt. Auch das Nähzimmer spielt eine wichtige Rolle; nicht nur fürs Flicken und Ausbessern, was in Notzeiten wichtig genug ist, sondern viele der Mädchen machen auch ihre Unterwäsche und Kleider selbst. Auch hier entstehen viele Geschenke. Ein keineswegs unwichtiger Teil dieser ganzen Ausbildung und der praktischen Arbeit besteht darin, sich um das Haus zu kümmern, was sowohl die Kinder als auch die Mitarbeiter tun: Putzen und Polieren und das Verschönern des Hauses insgesamt – keine kleine Aufgabe.

Sowohl Jungen als Mädchen lernen, im Garten zu arbeiten, und aus dieser Tätigkeit sind einige Gärtner hervorgegangen. Das gleiche gilt für die Küche, wo Jungen und Mädchen kochen und anrichten gelernt haben; einige unserer Jungen sind nun als Köche bei der Armee, einige der Mädchen in Krankenhäusern und britischen Restaurants.

Das alles hat die «Familie» näher zusammengebracht. Denn es ist weit wichtiger, gemeinsam etwas zu tun, als nur gleiche Ansichten zu haben. Wir heben immer hervor, daß die Arbeit der Kinder beträchtlich zum reibungslosen Funktionieren der Schule beiträgt, denn andernfalls hätte es die Schule nicht all diese Jahre hindurch mit einem so geringen Schulgeld schaffen können. Wir ließen die Kinder immer spüren, daß sie gebraucht wurden. Genauso wie es notwendig war zu arbeiten, war es auch notwendig, gewisse Regeln aufzustellen; aber das geschah nur, wenn sich dafür aus dem gemeinsamen Leben heraus eine Notwendigkeit ergab.

Es herrscht nicht die Disziplin einer Institution, sondern die einer großen Familie, in der man gegenseitig nachgibt. Obwohl man es oft und unter verschiedenen Aspekten versucht hat: eine *förmliche* Selbstverwaltung mit Präsidenten, Parlament und Ausschüssen hat nie wirklich funktioniert. In der Praxis haben die Kinder jedoch recht viele Pflichten übernommen, und sie haben gelernt, ihr Leben innerhalb des Rahmens des Ganzen und mit Hilfe der Mitarbeiter selbst zu organisieren.

Die Jungen und Mädchen haben schrittweise gelernt, nicht nur ihre Arbeit, sondern auch ihre Freizeit und ihre Spiele selbständig einzuteilen und zu gestalten. Fürs Wochenende planen wir nur sehr wenig für sie, und es ist schön zu sehen, daß die meisten von ihnen mit ihrer Freizeit etwas anzufangen wissen. Wir sehen nur sehr selten ein Kind, das sich langweilt, und wenn, dann ist es meist eines, das die Schule erst seit kurzem besucht. Der körperlichen Entwicklung der Kinder haben wir immer besondere Beachtung geschenkt, Sportstunden sind ein regulärer Teil des Lehrplans. Die Kinder waren nie verpflichtet, sich an Spielen zu beteiligen. Ein Nachmittag pro Woche wird immer für Spiele freigehalten, an den Wochenenden werden diese von Jungen und Mädchen richtiggehend organisiert. Das jedes Jahr am Pfingstmontag stattfindende Sportfest ist an der Schule zu einer festen Einrichtung geworden. Meist findet – allerdings eher zwischen Gruppen als zwischen einzelnen – ein harter Wettkampf statt, an dem sich regelmäßig auch ehemalige Schüler beteiligen.

Als wir noch in Kent waren, wurden gelegentlich Spiele mit Nachbarschulen veranstaltet, aber seit der Evakuierung der Schule ist das nicht mehr möglich.

Wie das Sportfest, so wurden im Laufe der Jahre auch andere Feste zu einer festen Einrichtung. Solange noch die Kinder, die wir ursprünglich aus Deutschland mitgebracht hatten, in Bunce Court Schüler waren, wurde der 1. Mai als der Geburtstag der Schule gefeiert. Als dann die neuen Kinder kamen, die wenig oder nichts von Herrlingen wußten, rückte die Ankunft in England am 5. Oktober 1933 mehr in den Vordergrund und wurde als der englische Geburtstag der Schule gefeiert. Wir begingen ihn meist in Verbindung mit dem Erntedankfest. Die Ernte wurde von Kindern und Erwachsenen mit vereinten Kräften eingebracht. Im allgemeinen wurden bei dieser Gelegenheit die Prüfungsergebnisse veröffentlicht, und bei aller Bescheidenheit müssen wir doch anerkennen, daß sie es wert waren, gefeiert zu werden. Mehrere Male fiel überhaupt niemand durch, meistens nur wenige. Außer den Examen für das «School Certificate» und die «London Matriculation» machten unsere Kinder Prüfungen in Hauswirtschaftskunde und legten die technischen Examen der «City and Guilds of London» als Damenschneiderin und als Zimmermann bzw. Tischler ab.

Der Zustand der Zweisprachigkeit, den wir annehmen mußten, machte uns zuerst Schwierigkeiten, wurde aber immer selbstverständlicher. Nach zehn Jahren stellen wir nun fest, daß wir die Muttersprache sorgfältiger pflegen müssen. In diesem Jahr haben wir in Deutsch zum erstenmal eine Anfängerklasse für deutsche und österreichische Kinder, die mehrere Jahre bei englischen Pflegeeltern lebten und ihr Deutsch völlig vergessen haben. Diese Sondergruppen bestehen aus englischen und deutschen Kindern. Wir haben die interessante Beobachtung gemacht, daß letzteren das Sprechen und Verstehen leichterfällt.

Die Fächer, die wir unterrichten, sind die üblichen Schulfächer, wobei wir der englischen Sprache, Literatur und Geschichte besondere Aufmerksamkeit schenken. Am Religionsunterricht (Altes und Neues Testament) nehmen alle teil. Einige Kinder lernen Hebräisch, vor allem diejenigen, deren Eltern in Palästina sind. Französisch als dritte Sprache wurde auf Grund von kriegsbedingten Schwierigkeiten und von Lehrermangel eine Zeitlang stiefmütterlich behandelt; aber nun lernen es die meisten Kinder wieder. Als schwerwiegendsten Mangel empfinden wir in Trench Hall das Fehlen eines Labors, und somit können wir in Physik und Chemie nur wenig Unterricht anbieten; Biologie wird jedoch voll unterrichtet, da es ein für alle wichtiges Fach ist. Wir haben das Glück, eine große und gute Bibliothek zu besitzen, und ich möchte an dieser Stelle den vielen englischen Freunden und Bekannten für ihre wertvollen Buchgeschenke danken. Die Jungen und Mädchen lernen, nachzufragen, neugierig und selbständig zu sein und Sachen selbst herauszufinden. Bei allen Arbeiten wird das kritische

Denken gefördert, die Kinder sollen Dinge nicht einfach als gegeben ansehen. Für junge und neue Lehrer ist das nicht immer einfach, sie finden aber bald Geschmack an dem größeren Reiz, den das Leben mit lebendigen Kindern bietet.

Immer wieder hat sich meine Ansicht als richtig erwiesen, daß für einen erfolgreichen Unterricht das «menschliche Element» viel wichtiger ist als ein Haufen technischer Geräte. Eine der großen Freuden dieser zehn harten Jahre war für mich die Erfahrung, wie mit Hilfe eines guten und kooperativen Kollegiums aus wenig viel gemacht wurde. Obwohl es nicht immer leicht war, entwurzelten Kindern über ihre Schwierigkeiten hinwegzuhelfen, hat mich die Gewißheit, daß die Schule ihnen die Möglichkeit bot, anständig aufzuwachsen, zur Weiterarbeit ermutigt.

### Schulstatistiken[6]
### Bunce Court 1933–1943

Stand: Sommer 1943

Anzahl der Aufnahmen und Abgänge zwischen 1933 und 1943:

|  | Aufnahmen | | | Abgänge | | |
|  | Jungen | Mädchen | insgesamt | Jungen | Mädchen | insgesamt |
|---|---|---|---|---|---|---|
| 1933 | 50 | 23 | 73 | 6 | 0 | 6 |
| 1934 | 16 | 15 | 31 | 20 | 18 | 38 |
| 1935 | 20 | 15 | 35 | 16 | 9 | 25 |
| 1936 | 25 | 16 | 41 | 24 | 14 | 38 |
| 1937 | 22 | 23 | 45 | 31 | 19 | 50 |
| 1938 | 55 | 39 | 94 | 20 | 18 | 38 |
| 1939 | 71 | 55 | 126 | 58 | 46 | 104 |
| 1940 | 14 | 11 | 25 | 37 | 31 | 68 |
| 1941 | 11 | 8 | 19 | 23 | 11 | 34 |
| 1942 | 14 | 7 | 21 | 13 | 20 | 33 |
| 1943 | 7 | 8 | 15 | 7 | 5 | 12 |

Insgesamt:

|  | Aufnahmen | Abgänge | Jetzige Anzahl |
|---|---|---|---|
| Jungen | 305 | 255 | 50 |
| Mädchen | 220 | 191 | 29 |

Emigration von Kindern:

|  | Mädchen | Jungen |
|---|---|---|
| USA (mit Eltern) | 30 | 40 |
| USA (allein) | 6 | 3 |
| Palästina | 8 | 10 |
| Deutschland | 4 (2 zurück nach England) | 3 |
| Kanada | 1 | 2 |
| Südamerika | 1 | 5 |
| andere Länder | 12 | 18 |
| Summe | 62 | 81 |

Prüfungsergebnisse bis Dezember 1942:

|  | «Matriculation» | «School Certificate» | Werken |
|---|---|---|---|
| Jungen | 20 | 28 | 2 |
|  |  |  | Hauswirtschaft |
| Mädchen | 18 | 20 | 3 |

Abgänge zu weiterführenden Einrichtungen:

|  | Jungen | Mädchen |
|---|---|---|
| Weiterführende Schulen | 93 | 50 |
| Technische Hochschulen | 23 | 6 |
| Universitäten | 10 | 11 |
| Laborarbeit und Teilzeitstudium | 14 | 5 |

Praktische Berufsausbildung nach Abgang von Bunce Court:

Jungen

| Ingenieurwesen, Werkzeugbau, Tischlerei usw. | 21 |
|---|---|
| Landwirtschaft | 15 |
| Kochen, Hauswirtschaft | 6 |
| Architektur | 3 |
| Kunstschulen | 3 |
| Lehrerausbildung | 3 |
| Gartenbau | 2 |
| Büroarbeit | 2 |
| andere Berufe | 12 |

Mädchen

| Sekretärinnen | 28 |
|---|---|
| Kinderkrankenschwester | 21 |
| Gartenbau | 13 |

| | | |
|---|---|---|
| Krankenschwester | | 12 |
| Lehrerinnen | | 12 |
| Damenschneiderei (3 Diplome) | | 12 |
| Kochen und Hauswirtschaft | | 4 |
| Kunstschulen | | 4 |
| orthopädische Ausbildung | | 3 |
| Masseurinnen | | 2 |
| andere Berufe | | 11 |

Kriegsdienste:

| Jungen | 36 | Mädchen | 5 |
|---|---|---|---|

Kinder, die seitdem geheiratet haben:

| Jungen | 6 | Mädchen | 21 |
|---|---|---|---|

Kinder, die gestorben sind:

| Jungen | 4 | Mädchen | 0 |
|---|---|---|---|

Anzahl der ehemaligen und jetzigen Mitarbeiter in Bunce Court:

| | Deutsche | Engländer |
|---|---|---|
| im Büro | 6 | 6 |
| Lehrer | 20 | 26 |
| andere | 25 | 15 |

(Aus dem Englischen übersetzt von Jürgen P. Krause)

Anmerkungen des Übersetzers

1 Der Begriff «Freund» scheint zum Teil synonym für «Quäker» benutzt zu werden. (Quäker = «Gesellschaft der Freunde»)
2 «League of Nations Union».
3 Da die Schule von Anfang an englisches Personal hatte, das wohl nicht interniert wurde, bedeutet diese Aussage entweder, daß sich zu diesem Zeitpunkt nur englische *Frauen* an der Schule befanden, oder daß der familienartige Zusammenhalt unter den Deutschen stärker war, so daß A. E. zuerst einmal an die deutschen Mitarbeiter dachte.
4 So erging es u. a. dem Sportlehrer Reinhold Grischkat, der noch heute in Kanada lebt. Da er von Beruf eigentlich Ingenieur war, konnte man den Deportierten dort gebrauchen ...
5 Hervorhebung vom Übersetzer.
6 Leicht gekürzt.

# Mit dem Blick auf die Jugend Europas
# Minna Specht und die Nachfolge-Schulen
# der Walkemühle in Dänemark
# und Großbritannien

Mit einem Teil der Kinder setzte Minna Specht, beim Aufbau tatkräftig unterstützt von Mary Saran, sowie mit Gustav Heckmann und Lieselotte Wettig als ersten Lehrkräften, ab 1933 die schulische Arbeit der Walkemühle zunächst in Dänemark fort. Sie begann in einem kleinen Sommerhaus in Möllevangen, das mit Hilfe der Kinder in ein Schulheim verwandelt werden mußte. Nachdem die Existenz durch einen Spendenfonds finanziell einigermaßen abgesichert war, wurde eine Erweiterung und Übersiedlung der Schule – nach vorübergehender Quarantäne wegen Polio-Gefahr in einer stillgelegten Gartenbauschule in Aarslev – auf einen alten Herrenhof, Østrupgaard, bei Odense auf Fünen möglich. Die bewußt angestrebte Auseinandersetzung mit der dänischen Umwelt konnte durch den halbjährigen Aufenthalt einer Gruppe älterer Kinder in Kopenhagen intensiviert und mit der Vorbereitung eines erneut notwendigen Umzugs im Winter 1936/37 verbunden werden. Noch bevor dieser zustande kam, verfestigte ein Brand in Östrupgaard die Trennung der beiden Gruppen. In Dänemark wurde kein weiteres Quartier auf Dauer mehr gesucht. Bereits angebahnte Kontakte mit englischen Quäker-Freunden führten dazu, daß die Schule nunmehr nach Großbritannien überführt wurde. Die jüngeren Kinder reisten Ostern 1938 mit ihren Erzieherinnen zuerst nach Wales, wo die Schule in eine Bergarbeiter-Siedlung auf genossenschaftlicher Basis integriert werden sollte; die älteren Schüler folgten im Herbst 1938 auf Fahrrädern (!) nach. Die in das Projekt gesetzten Hoffnungen ließen sich jedoch nicht realisieren; es scheiterte im Frühjahr 1939 wohl, wie es scheint, an finanziellen Schwierigkeiten. Minna Specht und ihre Mitarbeiter, zu denen nun auch Hans Lewinski, Martha Friedlaender, Charlotte Sonntag und zeitweilig Ada Lessing gehörten, entwickelten den neuen Plan einer *«Internationalen Schule»*, die nach gründlicher Vorarbeit trotz der seit Kriegsbeginn sich verschlechternden Lage der Emigranten im Frühjahr 1940 eröffnet werden sollte, was jedoch aus Mangel an Resonanz unterblieb. Mit den bislang in zwei düsteren walisischen Dörfern unzulänglich untergebrachten Teil-Schulen zog Minna Specht nun an einen «freundlicheren Ort», den für ein Landerziehungsheim ideal gelegenen und ausgestatteten Herrenhof Butcombe Court in der Nähe von Bristol, um dort die Kriegszeit zu überstehen. Wiederum hatten die Kinder Planung und Entscheidung mitgetragen. Wenige Wochen nach dem Einzug im April 1940 zerschlug die Internierung von Minna Specht und fünf weiteren deutschen Emigranten auch diesen letzten Versuch einer Fortsetzung der Walkemühle im Exil.

Die schon in Wales herausgebrachte Schülerzeitung «Our Friend» hielt danach noch unter den in ganz England verstreuten Kindern eine Weile die Verbindung aufrecht. Minna Specht die eindeutig die «Seele» der Walkemühle und ihrer Nachfolge-Institutionen gewesen war, hatte in den Kriegsjahren auch maßgebend Anteil an der Erarbeitung von Konzeptionen deutscher Emigranten in England für eine Neugestaltung des Erziehungs- und Bildungswesens nach Hitler. Das bewog Paul Geheeb, sie der amerikanischen Besatzung für die Leitung der Odenwaldschule vorzuschlagen, die sie von 1946 bis 1951 innehatte. Butcombe Court stellte sie 1945 im Namen der für die Schule verantwortlichen Stiftung den Quäkern zur Verfügung, die darin jüdische und halbjüdische Kinder aus dem Lager Theresienstadt unterbrachten. Charlotte Heckmann, seit Dänemark für die Kindergarten-Arbeit verantwortlich, hat mit deren tiefer Verstörtheit noch erschütternde Erfahrungen gemacht.

In der Bilanz, die Minna Specht 1944 im Kontext einer Veröffentlichung der New Education Fellowship über «Kindergemeinschaften» als «experiments in democratic living» aus ihren Schulversuchen zieht, richtet sie den Blick zugleich nach vorn, in die schwere Zukunft, die der Jugend in dem von Krieg und Faschismus verheerten Europa bevorsteht. Und sie hofft, daß ihre positiven Erfahrungen mit der «Erziehung zu Vertrauen» – in die eigene Kraft, den anderen Menschen, auf bessere Zeiten – dieser Jugend von Nutzen sein könnten.

## Literatur

Erinnerungen an Minna Specht. Aus Anlaß ihres 100. Geburtstages am 22.12.1979, Frankfurt a. M. 1980

Erziehung und Politik. Minna Specht zu ihrem 80. Geburtstag, Frankfurt a. M. 1960

Walter, Nora: Mit Kindern in Dänemark, in: D. Horster, D. Krohn (Hg.); Vernunft, Ethik, Politik. Gustav Heckmann zum 85. Geburtstag, Hannover 1983

Ziechmann, Jürgen; Theorie und Praxis der Erziehung bei Leonard Nelson und seinem Bund, Bad Heilbrunn 1970, insbes. Teil III, 2/3

Der Herrenhof Østrupgaard, Dänemark

Die Bewohner der Schule Østrupgaard, 1935: erste von rechts in der zweiten Reihe Minna Specht, neben ihr Gustav Heckmann, vor dem Baum Grete Hermann, links davon Liselotte Wettig.

Minna Specht
# Erziehung zum Selbstvertrauen
Eine Schule im Exil

«Wir sind gewarnt worden, wie die Menschheit noch selten gewarnt wurde.» Diese Worte Pestalozzis, die er nach dem Napoleonischen Krieg schrieb, besitzen in unserem Jahrhundert eine noch schrecklichere Wahrheit. Wieder einmal haben wir die körperliche und seelische Entwicklung der Jugend der Machtpolitik geopfert. Diesmal haben Millionen von Kindern mit ihrem Leben bezahlen müssen. Pestalozzi hatte gefordert, den Jugendlichen wieder zu erlauben, *menschlich* zu werden, auf daß sie Bürger werden. Mit diesen einfachen Worten hat er uns den Weg gezeigt, der aus der Gegenwart in eine hoffnungsvollere Zukunft führt.

Alles das, was ich zur Lösung eines Erziehungsproblems, das weit größere Anstrengungen als je zuvor erfordert, beitragen kann, habe ich durch meine eigenen Erfahrungen mit einer Gruppe von Flüchtlingskindern gewonnen.

1933 brachten wir diese kleine Gruppe von zehn Kindern von Deutschland nach Dänemark und Ende 1938 dann nach Großbritannien. Dies waren Kinder aus der Walkemühle, die den Aufruhr der nationalsozialistischen Machtergreifung erlebt hatten, und nun mit ein paar Lehrern ein Leben im Exil teilten.

Die konstruktive Arbeit, die wir in den wenigen Jahren von 1933 bis 1940 mit 40 bis 50 Kindern leisteten, basierte auf der Arbeit der Walkemühle. Die eigentliche Emigration folgte nicht einem sorgfältig vorbereiteten Plan, sondern entsprang der Not des Augenblicks. Wir wollten die Kinder retten, deren Eltern entweder an Ort und Stelle blieben, um ihre Widerstandsarbeit gegen die Faschisten fortzusetzen, oder sich als Flüchtlinge eine neue Existenz suchen mußten. Unser Leben im Exil war von den Greueltaten in den besetzten Ländern und von der Tyrannei, die die deutsche Jugend vergiftete, weit entfernt. Aber alle unsere Kinder hatten eines gemeinsam: sie waren entwurzelt worden. Sie hatten ihre Staatsangehörigkeit, ihr Heimatland, die Gegenwart ihrer Eltern, ihre soziale Herkunft und ihre alten Kameraden verloren, aber sie erhielten die Chance, nach einer kurzen Übergangszeit wieder Wurzeln zu schlagen. Eine vollständige Anpassung wurde nicht erreicht; sowohl alte, in der Erinnerung weit zurückliegende aufregende Erfahrungen als auch die erst kürzlich erlebten erschwerten den Prozeß. Aber wenn ich zurückblicke, meine ich, daß es uns gelang, bei vielen Kindern die für das Wachstum notwendigen Vorbedingungen wieder zu schaffen: *das Vertrauen in andere Menschen und in die eigenen Kräfte.* Ich will nicht die psychologische Behandlung spezieller Fälle beschreiben; die Art und Weise, wie wir dem Durchschnittskind helfen konnten, mag vielleicht eine Anregung sein, die Erziehungsmethoden zu diskutieren, die im Europa der Nachkriegszeit gebraucht werden.

Ein einfaches Beispiel soll dies gleich am Anfang verdeutlichen. Bei Kindern, die zumindest in ihren ersten Lebensjahren ein gewisses Maß an Sicherheit erfahren hatten, war unsere Aufgabe verhältnismäßig leicht; viel schwerer war sie bei denen, die ihre ersten Eindrücke im Tumult des politischen Umsturzes empfingen.

Eines Nachmittags baten mich die jüngeren Kinder, mit ihnen ins Kino zu gehen. Unter ihnen befanden sich zwei kleine jüdische Schwestern. Als die ältere geboren wurde, hatte der Vater eine gute Arztpraxis aufgebaut und war in einer sicheren Position. Aber zu der Zeit, als die jüngere ein Baby war, wagte die Mutter nicht, sie in ihrem Kinderwagen durch die Straßen von Berlin zu schieben, in denen die Antisemiten ihre Orgien feierten. Die ältere hatte ihr Vertrauen ins Leben nie verloren. An jenem Tag im Kino amüsierte sie sich köstlich über den Trickfilm, in dem Häuser zusammenstürzten, Männer sich gegenseitig über die Dächer jagten und Autos zusammenstießen. Die jüngere zog mich am Ärmel und flüsterte: «Ich halt's nicht mehr aus, die Leute sind alle so böse.» Ich konnte sie nur beruhigen, indem ich mit ihr nach draußen ging. Ein polnischer Junge, der das Pogrom in Warschau miterlebt hatte, folgte uns schweigend.

Dieser Vorfall erinnerte mich an Thomas Manns Novelle «Unordnung und frühes Leid», in der er die relativ harmlosen Aufregungen in der Kindheit seiner eigenen Kinder beschreibt. Was konnten wir für noch geistig gesunde Kinder tun, um ihr Vertrauen ins Leben zu stärken, und wie konnten wir jenen, die an einem Schockerlebnis litten, helfen, ihr Vertrauen wiederzufinden?

Das Heimleben unserer Schule in Deutschland hatte mehr oder weniger absichtlich auf der Einfachheit der Umgebung, der Unabhängigkeit von Tradition, dem Gemeinschaftsleben und auf Selbstvertrauen beruht. Alle diese Grundsätze greifen eigentlich ineinander; tatsächlich ergänzen sie sich notwendigerweise, und zusammen mit der Lehrerpersönlichkeit lieferten sie den Rahmen, innerhalb dessen wir den entfremdenden und einschüchternden Einflüssen, denen diese Kinder ausgesetzt gewesen waren, entgegenwirken konnten.


## Einfachheit der Umgebung

An einem Morgen im März 1933 ergriffen die Nazis von der Walkemühle Besitz. Als ich in das Zimmer zurückkehrte, von dem aus die Kinder die ungewöhnlichen Vorgänge – Uniformen, Waffen, Kommandos – beobachtet hatten, wurde ich von ihnen mit der bangen Frage empfangen: «Wohin gehen wir nun?» In dieser mißlichen Lage schossen mir verschiedene Möglichkeiten durch den Kopf, und ich sagte dann: «Ich will versuchen, in Dänemark ein neues Heim zu finden.» Mir schwebte ein unklares, aber hoffnungsvolles Bild von einem friedlichen, einfachen Land vor. Die Art, wie die Augen der Kinder aufleuchteten, gab mir das Gefühl, ihnen gegenüber im Wort zu stehen und sie nicht enttäuschen zu dürfen.

Innerhalb weniger Wochen waren die Kinder in verschiedene Länder zerstreut, aber später sammelte ein Lehrer, der das Exil mit uns teilen wollte, zehn von ihnen aus Wien, aus der Schweiz und aus Paris und bestieg in Dünkirchen ein kleines Schiff und fuhr nach Dänemark.

In der Zwischenzeit hatten wir an der Nordküste von Sjaelland ein winziges strohgedecktes Bauernhaus hergerichtet. Wochenlang hatten wir intensiv daran gearbeitet, ein Sommerhäuschen so umzuwandeln, daß es eine Schule aufnehmen konnte. Nicht ein einziges Teil unserer Schulmöbel und der notwendigen Haushaltsdinge war bis dahin angekommen. Jeden Monat überwiesen wagemutige Freunde aus Deutschland mit Hilfe ihrer Pässe je 10 Mark an uns. Wir waren noch nicht fertig, als die Kinder ankamen; alles war nur provisorisch und mußte noch verbessert werden, aber entgegen unseren Befürchtungen erleichterte es gerade dieser Umstand den Kindern, sich in der friedlichen Atmosphäre unserer Gemeinschaft auf den Geist der Dinge einzulassen. Was ihr Interesse am meisten fesselte, waren unsere Improvisationen, die Eingewöhnung ins Landleben, die primitiven, quietschenden Klappbetten, die Dusche, die aus einem Eimer bestand, der von der Decke herabhing, der Eßtisch im Hof, wo wir unsere Mahlzeiten unter freiem Himmel einnahmen, die dicken dänischen Holzschuhe, in denen sie die Treppen hinauf- und herunterklapperten – und der neue Wind, den die drei Lehrer mitbrachten, die gekommen waren, um das Leben mit ihnen zu teilen.

Der Mathematiker, der früher nur die älteren Schüler unterrichtet hatte, stand nun am Waschtrog oder hängte die Bettlaken auf; ich bereitete unser Essen in den halb durchgebrannten Pfannen zu, die wir dort gefunden hatten; unsere junge Kollegin, die in unserer ehemaligen Schule die Vorschullehrerin gewesen war, konnte man nun fegen, Staub wischen, schneidern, umgraben und pflanzen sehen.

Wir baten die Kinder offen um Geduld, wenn irgend etwas schiefging. Wir erklärten ihnen alle Schwierigkeiten, soweit sie sie begreifen konnten, zum Beispiel, daß wir aus Deutschland schlechte Nachrichten erhalten hatten und nicht in der Stimmung waren, mit ihnen schwimmen zu gehen.

Sie fragten bald, ob sie die Milch vom Bauern nebenan holen sollten. Wir brachten ihnen die ersten notwendigen Wörter auf dänisch bei. Sie gingen mit mir einkaufen. Der erste Putz- und Waschtag wurde organisiert; einige von ihnen bereiteten das Essen zu, und für jeden gab es ein Stück Schokolade. Sie hatten ihr erstes Gespräch mit dem Postboten, der natürlich ihr erster Freund wurde. Sie sahen den Bauern beim Pflügen zu. Sie lernten mit Fahrrädern, dem nationalen Fortbewegungsmittel in Dänemark, umzugehen.

Dann kam der Abend, an dem wir merkten, daß sie sich wirklich zu Hause fühlten. Während wir drei Lehrer beim Licht einer Öllampe im kleinen Wohnzimmer saßen, konnten wir sie oben in ihren Betten reden hören. Nun begannen sie, das zu tun, was am Anfang unmöglich gewesen wäre – sich gegenseitig zuzuhören, wenn einer erzählte, wie er mit seinen Eltern über die Grenze geflohen war, ein anderer vom Kinderheim in der Schweiz berichtete, wo es sehr viel zu essen und jeden Tag sechs Rappen Taschengeld gab, und ein dritter von seiner Großmutter in Budapest erzählte, die ihn wie ein Baby behandelt hatte. Sie führten ihre Unterhaltung jeden Abend mit der gleichen Heiterkeit, und sie kamen auf die glückliche Idee, ihre Unterhaltung mit einem Lied zu beenden, als Übergang vom Reden zum Schlafen.

Weiter konnten sie am Anfang mit ihrer Gesprächsbereitschaft nicht gehen, wie sich zeigte, als wir erfolglos versuchten, sie näher mit dänischen Kindern und Familien zusammenzubringen. Offensichtlich hatten wir zuviel von ihnen erwartet. Trotz des guten Kuchens nahmen sie Einladungen nur ungern an. Dies erklärte sich dadurch, daß sie es nicht ertragen konnten, gutgemeinte Fragen – wie etwa, woher sie kämen und wie es ihnen ergangen sei – beantworten zu müssen. Sie waren keine Berichterstatter. Ihnen mögen auch Äußerungen eines zweifellosen Mitleids mit den «armen elternlosen Kindern» zu Ohren gekommen sein, die sie verletzten. Offensichtlich hatten die Eindrücke der letzten Monate in ihnen die Sehnsucht nach einer familiären Atmosphäre geweckt, die sie nicht gestört haben wollten. So war, obwohl sie Dänisch mit Leichtigkeit lernten, ihre Umgangssprache immer noch Deutsch.

Ihre Haltung hatte nichts Nationalistisches an sich. Im Gegenteil, sie waren gegenüber dem neuen Land und dem dänischen Volk offen, wurden jedoch durch eine gewisse Scheu von engerem Kontakt zurückgehalten, was inmitten so vieler neuer Eindrücke nur zu verständlich war. Ein kleiner Vorfall ist mir in Erinnerung geblieben. Ein dänischer Vater brachte ihnen Bücher und eugSpielz, das seinen Kindern gehörte, und verließ uns mit den Worten: «Ich will Sie nicht weiter stören.» Ein Junge, dessen Vater in einem Nazi-Gefängnis war, kam zu mir gelaufen und rief voller Freude: «Wie freundlich die Leute hier sind!» Oder ein anderes Erlebnis: Der erste große Herbststurm tobte um das Haus, und angsterfüllt hörten die Kinder, wie die Türen schlugen und der Wind heulte. Da schlugen wir vor: «Wie wär's, wenn wir runter ans Meer gingen? Wer möchte mitkommen?» Sie standen am Strand und sahen dem schönen Schauspiel der donnernden Wellen zu. Lachend liefen sie vor dem hereinbrandenden Wasser davon und kamen mit glühenden Wangen heim, froh, wieder unter dem freundlichen, schützenden Dach zu sein.

So begannen sie, offen und mutig in der *Gegenwart* zu leben. Sechsmal mußten wir in den nächsten paar Jahren für unsere Schule einen neuen Platz finden. Wenn es möglich war, die neuen Lebensbedingungen einfach zu gestalten, so daß die Natur, die Räume und der Alltag sie als Freunde empfingen, und wenn wir für die Vorbereitungen ihre Mitarbeit gewinnen konnten, dann kamen die Kinder leichter darüber hinweg, daß man sie ihrem alten Zuhause entrissen hatte, und stellten sich ohne Furcht und Scheu auf das neue um.

Dort, wo die Lebensbedingungen nicht einfach genug waren, zum Beispiel als wir uns einer Siedlung arbeitsloser Bergleute anschlossen, oder dort, wo Fremde für sie in bester Absicht ein Heim bereithielten, waren sie verkrampft und stumm. Dann ging die Eingewöhnung der Kinder nur langsam und ohne den Unternehmungsgeist und die Energie vor sich, die sie zwar in einer weniger festgelegten Umgebung gezeigt hatten. Als wir zum letztenmal umzogen, beschlossen wir, eine Pioniergruppe mit einem Lehrer vorauszuschicken, um alles vorzubereiten und unsere Ankunft zu erwarten.

Laßt uns bereit sein, im verwüsteten Europa die Lebensumstände der Armut als Hebel zu benutzen, um die kooperativen Kräfte der Jugend zu wecken!

## Unabhängigkeit von der Tradition

Auf den ersten Blick scheint es, als ob die eben beschriebene Erfahrung, bei der jede Veränderung soweit wie möglich mit Hilfe vertrauter Dinge vermittelt wurde, der Absicht widerspräche, sich von der Tradition loszureißen. Freiheit von Tradition heißt nicht, die Vergangenheit zu begraben, sondern die erzwungene Trennung von Lebensumständen, die den Kindern teuer waren, so zu behandeln, daß die Wunden heilten und daß neues lebendiges Wachstum wieder möglich war. Dazu mußten wir herausfinden, was die Kinder vermißten, diese Defizite aufgreifen und Mittel und Wege finden, dafür Ersatz zu bieten. Die Beispiele oben betreffen Bindungen und die Zerstörung von Bindungen, die im Leben vieler Kinder vorkommen. Die Lage der Flüchtlingskinder wird jedoch durch ihre besonderen Umstände noch komplizierter. Sich von Traditionen zu lösen ist für sie nicht Teil eines erzieherischen Planes oder das Ergebnis eines zelvereinten Unglücks; es ist die Folge der «Entwurzeltheit» ihres Lebens. Um dem entgegenzuwirken, bedarf es besonderer Fürsorge.

In ihrem Alter – zuerst waren alle unter zwölf – bestand ihre Hauptbindung zu den Eltern. Wir bemerkten kein wirkliches Heimweh. Aber die Fotografien der Eltern neben den Betten, die Gespräche über die Geburtstage von Vater und Mutter, die bald auch alle anderen Kinder kannten; das Interesse für ihre zwei oder drei Vornamen, die man ihnen in Erinnerung an Verwandte und Freunde der Familie gegeben hatte – all diese kleinen Umstände zeigten, daß sie noch in ihren Familien verwurzelt waren. Unter diesen Umständen zeigen Kinder nicht ihre Gefühle, und man muß von kleinen Vorfällen auf die Richtung der tieferen Ströme ihres Lebens schließen.

Der normale enge Kontakt zu ihren Familien war versperrt; wir konnten nicht für häufige Ferienbesuche sorgen. Manche Eltern konnten wir überhaupt nicht erreichen, da sie im Gefängnis waren oder in Untergrundbewegungen arbeiteten. Andere befanden sich in Ungarn, Frankreich und den Vereinigten Staaten. Unsere Mittel waren sehr begrenzt. Trotz all dieser Einschränkungen gelang es uns, die gewohnten herzlichen Beziehungen, die den Kindern fehlten, zu ersetzen. Nach vielen Beratungen wurde beschlossen, alle zwei Jahre eine Ferienreise für alle diejenigen zu arrangieren, bei denen das möglich war, und den Kindern, die ihre Verwandten nicht besuchen konnten, zu erlauben, Freunde in Paris oder London zu besuchen. Die Kinder beschafften sich das Reisegeld selbst, indem sie Handgefertigtes verkauften, kleine Vorstellungen gaben usw. Auch von Freunden erhielten sie Geld. Die Kinder beschlossen, ohne erwachsene Begleitpersonen zu reisen, wobei das älteste Kind damals gerade zwölf war. Sie reisten in kleinen Gruppen und hatten Briefe an Zugschaffner und Schiffskapitäne dabei, und es wurde dafür gesorgt, daß sie an der Grenze und am Ankunftshafen von einem Elternteil oder einem Freund abgeholt wurden.

Die Überwindung all dieser Schwierigkeiten stärkte natürlich das Selbstvertrauen der Kinder, vergrößerte noch ihre Freude und half ihnen über die lange Wartezeit hinweg. Das Glück und die Wärme, die sie während der Zeit, die sie mit ihren Eltern verbrachten, ansammelten, hielten lange vor. Es ist bewegend, die Lebensenergie zu erleben, die es den Kindern möglich macht, in einer kurzen Zeit des Glücks einen Vorrat anzuhäufen, der lange vorhält. Der Erfolg dieser Besuche läßt sich zum Teil darauf zurückführen, daß die Kinder die harten Anstrengungen miterlebten, die ihre Eltern auf sich nahmen, um im Exil eine neue Existenz aufzubauen. Die Kinder spürten während dieser Wochen den Beginn einer Kameradschaft zwischen ihnen und ihren Eltern, die anders war als die alte Beziehung zwischen Beschützer und Beschütztem. Sie reisten mit dem Eindruck ab, daß jeder in seinem eigenen Bereich versuchte, die Gegenwart und die Zukunft zu meistern. Heute verdienen viele der Kinder ihren Lebensunterhalt selbst, und einige von ihnen erleben sogar die Befriedigung, ihren Eltern finanzielle Hilfe anbieten zu können.

Als die Schule in England 1940 wegen der allgemeinen Internierung geschlossen wurde, hatten wir keine Zeit, eine neue Hoffnung an die Stelle der plötzlichen Auflösung unserer Gemeinschaft zu setzen. Deshalb litten viele Kinder an einem Gefühl der Einsamkeit; sie wurden verschlossener und neigten eher dazu, ihre eigene Situation zu kritisieren und mit der anderer Leute zu vergleichen; die Auswirkungen dieses Schlags sind immer noch spürbar.

Ein letztes Beispiel davon, wie wir versuchten, neue Chancen auf positive Weise zu nutzen und dadurch den Auswirkungen bestimmter frühzeitiger Entbehrungen entgegenzuwirken. Die Arbeit unserer Schule basierte auf der Vorstellung, daß es jedem Kind ermöglicht werden sollte, seine Interessen und Fähigkeiten zu entwickeln, ohne daß die finanzielle Lage seiner Eltern eine Rolle spielte. Im Exil mußten die Kinder erkennen, daß wir nicht die Mittel besaßen, um ihnen eine gründliche Berufsausbildung zukommen zu lassen, und, was noch wichtiger war, wir mußten ihnen helfen, die Ausbildung zum Tischler, Koch, Land- oder Fabrikarbeiter als etwas zu begreifen, was sie gleichzeitig für ihre eigene Entwicklung taten. Andererseits mußten sie auch verstehen, daß die Hingabe an geistige Arbeit und die Achtung vor ihr nicht allein Sache der Schule, sondern allgemeine Aufgaben sind, die man auch in Zukunft fortführen muß.

Dänemark, das erste Land, in dem wir Zuflucht gefunden hatten, hatte uns ein großartiges Beispiel gegeben. Nachdem es 1864 durch Preußen eine schwere Niederlage erlitten hatte und eines Drittels seines Territoriums und wichtiger Einnahmen beraubt worden war, benutzte es die Zusammenarbeit der ganzen Nation einschließlich ihrer Jugend für das Werk des wirtschaftlichen und kulturellen Wiederaufbaus. Vierzehnjährige dänische Jungen gingen auf Bauernhöfe oder in die Werkstätten und wurden wirtschaftlich unabhängig. Mit 18 Jahren standen ihnen die Türen der Volkshochschulen offen, wo sie in Wohngemeinschaften lebten und in sechs Monaten eine intellektuelle und seelische Bildung erhielten, die sie in die Probleme des Kampfes ihres Landes und in das kulturelle Erbe der Menschheit einführte.

Wir versuchten in kleinerem Rahmen das gleiche. Die meisten unserer Kinder begannen – nicht immer unter günstigen Umständen – mit 14 eine Lehre. Aber da sie begriffen, was auf dem Spiel stand, da sie den Wert der Handarbeit achteten und da sie darüber hinaus Lernende in der Welt des Wahren und Schönen bleiben wollten, wirkte sich die Notwendigkeit, sich früh im Leben zu bewähren, positiv auf sie aus. Ich denke da zum Beispiel an den ehemals verwöhnten Sohn eines Rechtsanwalts. Er fing als Landarbeiter an und wurde dann Lkw-Fahrer – «für's erste», wie er sagt, denn er vertraut darauf, daß er eines Tages einen anderen Weg einschlagen kann, wenn er will. Ob Junge oder Mädchen, es gibt kaum jemanden, der nicht außer der momentanen Arbeit auch noch andere Aufgaben in Angriff zu nehmen gedenkt; manche bemühen sich sehr, ihre Berufsausbildung abzuschließen oder sich für die Zeit nach dem Krieg auf eine andere Ausbildung vorzubereiten. Andere wiederum denken nicht an einen Wechsel, sondern unternehmen ihre ersten Versuche, sich an den gesellschaftlichen und politischen Bewegungen unserer Zeit zu beteiligen. Den Kindern ist bewußt, daß ihre Pläne und ihr Ehrgeiz, mit alten Traditionen zu brechen, und die Bemühungen fortschrittlicher Menschen parallel verlaufen. Es ermutigt sie, daß sie durch ihre eigenen Bemühungen am «Lauf der Zeit» teilhaben können. Sie hoffen, eines Tages am Wiederaufbau der Schule mitzuwirken und sie zu einem Ort zu machen, wohin sie zurückkehren und wo sie lernen können.


## Gemeinschaftsleben

Daß dieser dritte Aspekt der Erziehung zum Vertrauen in sich selbst und die anderen bei uns so stark ausgeprägt war, ist der gemeinschaftlich geleisteten Arbeit zu verdanken. Der Gemeinschaftsgeist erfordert, daß man jedem sein Teil Arbeit läßt, daß nicht einige die wichtigen Aufgaben erledigen und andere den Nutzen davon haben. Der Waschtag wurde bald zu einem unterrichtsfreien Tag, an dem jede/r entsprechend ihrer oder seiner Fähigkeiten die notwendigsten praktischen Arbeiten machte, wie zum Beispiel Flicken, Waschen, Gartenarbeit. An diesen Tagen lernte der Lehrer die vielen Charakterseiten eines Kindes kennen. Dadurch, daß alle fleißig bei der Arbeit waren, entstand eine fröhliche Atmosphäre. Viele Erlebnisse wurden berichtet, die Lehrer mußten Geschichten aus ihrem eigenen Leben beisteuern und sich auch an ernsteren Diskussionen beteiligen.

Das Vertrauen wächst zwischen Kindern und Erwachsenen freier und leichter, wenn sie zusammen praktisch tätig sind, als durch formalen Unterricht. Die Kinder erleben den Lehrer als *normale* Person und fühlen sich mit ihm eher gleichgestellt; sie entdecken neue Fähigkeiten an sich, die in der Regel nur bei Erwachsenen bemerkt und gewürdigt werden.

Natürlich zeigten sich auch Schwächen, sobald der Zauber des Neuen verflogen war. Es schien, als ob die Kinder der Regelmäßigkeit und der Pflicht, eine Aufgabe zu Ende zu führen, überdrüssig wurden. So kam der Tag, an dem sie den Vorschlag machten, alle praktischen Pflichten der freien Initiative zu überlassen, und noch die «kluge» Andeutung hinzufügten, daß guter Wille nun endlich eine Chance hätte, sich zu zeigen. Mit einer gewissen Beunruhigung überließen wir die Schule der Anarchie, die nach ein paar heroischen Tagen einsetzte. Den Kindern mißfiel dieser Zustand bald, aber sie waren unter keinen Umständen bereit, wieder völlig zur alten Ordnung zurückzukehren; es wurde deutlich, daß sie an ihr etwas als widerwärtig empfunden hatten, das uns nicht aufgefallen war. So kamen sie wieder mit einem neuen Vorschlag an, und zwar, daß die Kinder einen Kinderrat einrichten sollten, der volle Kontrolle über ihre Freizeit und einen Teil der täglichen Arbeit hätte. Sie wählten einen Führer, dem sie alle vertrauten. Alles, Arbeit und Spiel, wurde offen vor unseren Augen getan, und lange Zeit entwickelte der «Indianerstamm», wie sie es nannten, Schwung und hielt sie alle zusammen – bis der Häuptling Machtgelüste entwickelte, worauf die Gruppe mit einem Generalstreik antwortete. Da sie nun den Glauben an die Tüchtigkeit und die Vertrauenswürdigkeit ihrer gewählten Führer verloren hatten, wurde der Rat langsam aufgelöst. Viele Wege führen nach Rom. In der Erziehung muß man die Kinder diesen Wegen selbst dann folgen lassen, wenn sie *Umwege* sind. Die Kinder schätzen den Meisterlehrer *Erfahrung* mindestens genauso sehr wie die Erwachsenen.

Ein Wort über die Stunden, in denen sich die Kinder, frei von Gemeinschaftsaufgaben, ausruhten und aufnahmebereit waren. Eine war die Schweigestunde, die sich aber besser mit dem dänischen Ausdruck «Stille Time» beschreiben läßt. Es war keine für Meditation bestimmte Stunde. Jeder tat, was ihm gefiel – zeichnen, lesen, schreiben, malen, aus dem Fenster schauen. Man konnte sich frei bewegen, um etwas zu holen, wenn man auf Zehenspitzen ging und die Türen geräuschlos zumachte. Niemand sprach. Das Haus war still. Die Kinder baten immer wieder um die «Stille Time» – sie liebten sie geradezu.

Dann gab es noch die «Kapelle». An unserer Schule gab es keinen Religionsunterricht und keine «Gebete». Die Eltern vieler Kinder hatten jegliche Art von Kirchenzugehörigkeit verworfen. Die Kinder wußten, daß sie nicht getauft waren, und sie prahlten mit ihrem «Freidenkertum» oft in einer Weise, die alles andere als anziehend war. Sie waren zu jung, als daß man mit ihnen hätte diskutieren können. Ihre Vorurteile hatten tiefe emotionale Wurzeln, die man schrittweise ausgraben mußte. Was sie brauchten, war eine Zeit der Stille, in der man ihnen einen Sinn für Staunen und Ehrfurcht nahebringen konnte, ohne daß das etwas Kirchliches an sich gehabt hätte – Stunden, in denen sich ihre Herzen frei auf die Welt der großen aufklärerischen Ideen einlassen konnten.

Wir versammelten uns an zwei Abenden in der Woche, die Kinder auf dem Fußboden, manche mit Handarbeiten beschäftigt, manche lagen erwartungsvoll auf dem Rücken. Wir fingen immer mit Musik an und hörten auch mit Musik auf, und meistens las ein Erwachsener etwas vor. Wir hatten jemanden, der ausgezeichnet vorlesen konnte, der die Kunst beherrschte, seine Zuhörer mit ein paar einleitenden Worten einzustimmen, und der so gekonnt vorlas, daß jeder verzaubert war.

Wir lasen Nils Holgersson, Taschkent, Homer, später Musa Dagh, Dickens und viele andere. Vom Verstand her begriffen die Kinder sicherlich nicht alles. Aber wir wissen nicht, was die Kinderseele alles aufnehmen kann, wenn sie aufnahmebegierig ist. Man kann die Tatsache nicht wegdiskutieren, daß jedesmal, wenn der Vorschlag kam, die «Kapelle» einzustellen, die Kinder heftig protestierten. Diese Abende gingen nie in Routine unter. Sie waren die Sammelpunkte unseres Lebens – eine Erinnerung, die man nicht mehr vergessen kann.

Die «Kapelle» beschloß auch die zwei oder drei Prüfungstage. Ein Teil unserer Prüfungen fand in Form von Berichten oder Darbietungen vor der ganzen Schule, also vor Lehrern und Kindern, statt. Die Kinder wählten ihre Gebiete selbst, wie zum Beispiel Rechnen, Schreiben, Lesen, eine Ausstellung ihrer historischen Zeichnungen, ein mathematisches Problem, eine Konversation auf Esperanto, Aufsätze usw. Die Lehrer wurden von den Kindern ebenfalls geprüft. Ich erinnere mich, wie sie einmal einige Zweige von kahlen Bäumen hereinbrachten und die Lehrer baten, sie ihnen zu benennen. Es wurde komischerweise deutlich, daß die zum Teil akademisch gebildeten Lehrer auf diesem Gebiet weit weniger Bescheid wußten als die Kinder. Diese Tage wurden durch die «Kapelle zum Ende des Trimesters» gekrönt. Nach einem Festessen bei Kerzenschein folgten ein lockerer Bericht über das Examen und Verbesserungsvorschläge. Dann zeigte jeder, was er konnte. Einer führte Tricks mit einer Schnur vor; ein Trio spielte auf der Mundharmonika; ein Mädchen tanzte. Ein talentierter Bursche zeichnete vor unseren entzückten Augen mit leuchtend bunter Kreide einen Hafen. Zwei Lehrer sangen ein Duett. Ich warf vier Bälle in die Luft. Jeder von uns überraschte die anderen mit spontanen Einfällen aus seiner Fülle von Hobbys. Inmitten der ganzen Einfachheit unseres Lebens und der Anstrengung der Prüfungstage war dieses Geben und Nehmen eine «kreative Pause».

## Selbstsicherheit und Selbstvertrauen[1]

Alles, was ich bis jetzt beschrieben habe, läuft auf ein Training zur Selbstsicherheit hinaus. Die Selbstsicherheit ist das eigentliche, tragende Prinzip, das dafür sorgt, daß man seiner Einstellung zum Leben vertraut. Das Vertrauen in die eigene Person – in die Quellen, die in einem selbst liegen – ist die aktive, unveräußerliche Kraft, die unsere Umgebung und unsere Beziehungen formt. Sie kennzeichnet die Jugend und erzeugt jene harmonische Verbindung von Ernsthaftigkeit und Fröhlichkeit, die Leonard Nelson, Mitbegründer unserer Schule, als das natürliche Temperament nicht verzogener Kinder bezeichnet hat.

Diese Selbstsicherheit ist bedroht, wenn Kinder entwurzelt werden, denn die Anforderungen, die bei der Auseinandersetzung mit ihren neuen Lebensumständen an sie gestellt werden, übersteigen nur zu oft ihre Fähigkeiten. Der

Zweck unserer ersten drei Arten des Helfens – Einfachheit, Unabhängigkeit von Tradition, Gemeinschaftsleben – ist es, ihre Umgebung so zu ordnen, daß Fremdheit und Furcht verschwinden. Aber eine bloße Anpassung (Beschwichtigung) genügt nicht; der Heilungsprozeß beginnt erst, wenn der Unternehmungsgeist der Kinder zum Vorschein kommt, wenn ihr Mut erwacht und sie Dinge selbst in die Hand nehmen. Diesen Unternehmungsgeist zu fördern, ihm etwas zu geben, mit dem er sich beschäftigen kann, und ihn auszubilden, heißt, den Kindern einen Schatz zu geben, der – während sie heranreifen – ihr Selbstvertrauen und ihre Freude an der Freiheit vergrößern wird.

Pestalozzi unternahm den ersten entscheidenden Schritt dahin, das Kind mit Selbstsicherheit auszustatten, als er die Lehrer seiner Zeit aufforderte, die Sinne der Kinder auszubilden; diese ersten Verstandesorgane, mit deren Hilfe sie die Welt um sich herum begreifen. Sein Zureden hat sich als berechtigt erwiesen, und heute sind Kindergärten für viele Kinder treffliche Arbeitsräume.

Die Aufgabe ist schwieriger, wenn sich das ältere Kind schwereren Problemen gegenübersieht; wenn es das zu erfassen beginnt, was im Strom der Erscheinungen Bestand hat, wenn die Probleme der Anpassung, der Übereinstimmung mit dem Gesetz und den wahren Werten auf es einstürmen und es seinen eigenen Weg finden muß. Kann es sich da auf seine eigene Weise hindurcharbeiten, oder sind wir auf Lehrbücher und Unterricht angewiesen, um es auf den rechten Weg zu bringen?

Aus mehr als einem Grund plädiere ich nicht für irgendeinen radikalen Verzicht auf die orthodoxeren Methoden, aber ich würde gern auf einen Weg hinweisen, den ich viele Jahre lang ausprobiert habe, der, anstatt eine mehr oder weniger passive Übernahme von Wissen und Urteilen zu fördern, junge Leute dafür frei macht, Dinge selbst zu untersuchen.

Ich meine die «sokratische Methode», die wir benutzten, oder besser gesagt, zu deren Gebrauch wir die Kinder anregten. Der begrenzte Raum, der mir zur Verfügung steht, erlaubt mir nicht, im einzelnen aufzuzeigen, wie die Tätigkeit der Schüler durch sokratische Diskussionen angeregt und zur Entfaltung gebracht wurde. Mit einer Gruppe elfjähriger Kinder gelang es uns, die Theorie der Brüche so zu behandeln, daß jeder Schritt von den Kindern ausging und alle Lösungen von ihnen selbst gefunden wurden. Während dieser Unterrichtsstunden unterließ es der Lehrer, auch nur ein einziges mathematisches Urteil zu fällen.

Derartige Diskussionen haben ihre Höhen und Tiefen. Die größte Gefahr seitens unserer Lehrer bestand in der Tendenz, die Grenzen der Methode zu überschreiten. Fasziniert von der Idee, die Schüler durch ihre eigene intellektuelle Tätigkeit zu ihren Schlußfolgerungen kommen zu lassen, kann ein Lehrer leicht die dabei auftretende starke geistige Beanspruchung unterschätzen. Auch entzieht diese Methode, wenn sie einseitig angewandt wird, den Schülern den Anreiz und die Anregung, die sie von Unterrichtsstunden und Vorträgen des Lehrers bekommen.

Man ist versucht zu fragen: «Was für eine Rolle spielt der Lehrer im Rahmen der sokratischen Methode, wenn er sich jeglichen Urteils enthalten muß?» Sein Wert liegt in der Aufmerksamkeit, mit der er den Bemühungen seiner Schüler folgt. Sein waches Wissen zeigt sich durch die Art, in der er zuhört, die Art, in der er irgendwelchen Ärger beschwichtigt, den Humor, mit dem er Fehlschläge übergeht, seine Hilfestellung zu Beginn, wenn er die Methode mit Fragen und Bemerkungen einführt, den sicheren Zugriff, mit dem er eine falsche Schlußfolgerung durch Fragen und Nachhaken erschüttert. Das alles erzeugt die richtige Atmosphäre, in der die Schüler spüren, daß sie *selbständig denken,* aber dabei nicht *alleingelassen werden.*

Es gibt nichts, was ich mehr bedauere, als während der Luftangriffe auf England die Protokolle unserer Diskussionen verloren zu haben, in denen die Jungen und Mädchen versuchten, ihre persönlichen Konflikte – hier unterschieden von intellektuellen Problemen – mit Hilfe der sokratischen Methode zu lösen. Dies geschah natürlich erst in einer späten Phase unseres Schullebens, als die Kinder reifer waren und einander sehr gut kannten. Zu einer solchen Diskussion waren nur diejenigen zugelassen, die unmittelbar an dem zu besprechenden Vorfall beteiligt waren, sowie eine Lehrperson, die dazu besonders eingeladen wurde. Sie wandten die oft praktizierte Methode an, ein bestimmtes Problem dadurch zu lösen, daß sie erst einmal feststellten, was tatsächlich vorgefallen war. Sobald der Sachverhalt dargelegt worden war, deckte vielleicht eines der Kinder lachend den Schwachpunkt im Verhalten seines Freundes auf und fügte hinzu: Was sollte das Ganze eigentlich? Eine Frage dieser Art leitete dann eine allgemeine Diskussion über die Bedeutung dieses speziellen Vorfalls ein. Das Gespräch würde so lange hin- und hergehen, bis die Frage der Schuld oder Unschuld für alle geklärt wäre. Dann blieb nur noch, den «Angeklagten» zu fragen, ob er noch etwas zu ergänzen hätte. Der Gruppe ging es nicht im entferntesten darum, den Schuldigen zu bestrafen, sondern wenn möglich das Geschehene wiedergutzumachen. Als praktisch veranlagte Menschen waren sie sogar noch mehr daran interessiert, eine Wiederholung solcher Vorfälle zu verhindern. Eine solche Diskussion wurde fast nie ohne konkrete Verbesserungsvorschläge beendet. Die Offenheit dieser Diskussionen lag an der Vertrautheit der Teilnehmer untereinander, eine Vertrautheit, die man wohl kaum auf Schulversammlungen allgemeinerer Natur finden wird, weil diese oft zu einer Art Tribunal mit Richtern und Angeklagten werden und zu einer Routineangelegenheit herabsinken. In einem so kleinen Kreis konnte es passieren, daß ein Junge, nachdem er schon den Tatbestand eines Falles zugegeben hatte, nach einigem Zögern mit irgendeinem verborgenen Beweggrund herausrückte, der ein neues Licht auf die ganze Sache warf. Seinen Worten folgte ein kurzes Schweigen, alle Gesichter wendeten sich ihm langsam zu, man stellte vorsichtige Fragen. Das alles ließ eine großherzige Bereitschaft erkennen, ein erstes Urteil zu revidieren. Wenn junge Leute einmal eine so direkte Beziehung zwischen den Menschen erlebt haben, gehen sie mit einem tieferen Sinn für Gerechtigkeit und Fairness daraus hervor und sind weniger schnell bereit, andere zu verurteilen. Erwachsene, denen die Gunst zuteil wird, dies mitzuerleben, werden daran erinnert, daß ein weiser alter Dichter einmal die Welt der Jugend mit einer Muschel verglichen hat, die die Erwachsenen oftmals in Stücke brechen, wenn sie versuchen, sie zu öffnen.

Dieses Beispiel soll meinen Bericht über unseren Versuch, in den Kindern das Selbstvertrauen wieder zu wecken, beschließen. Unser Versuch erhebt keinen Anspruch darauf, umfassend zu sein. Unsere Arbeit wurde von den Sorgen und Ängsten der Erwachsenen überschattet. Die Zukunft lag wie eine dunkle, undurchdringliche Wand vor uns. Viele vielversprechende Entwicklungen wurden unterbrochen. Als schließlich die Schule geschlossen wurde, mußte vieles, das begonnen worden war, unvollendet bleiben. Diejenigen, die sich anschließend um unsere Kinder kümmerten, waren mit unseren Ideen meist nicht vertraut und wußten den Hang der Kinder zur Selbständigkeit nicht zu schätzen – der sicherlich manchmal recht plump zum Ausdruck kam. Es war eine Pionieraufgabe gewesen, und die Arbeit trug selbstverständlich im Guten wie im Schlechten diesen Stempel.

Die meisten unserer Kinder wuchsen an Stärke und Lebenskraft, aber die wichtigere Frage ist doch: Können die Grundsätze, nach denen wir experimentiert haben – Einfachheit, Unabhängigkeit von Traditionen, Gemeinschaftsleben, Selbstsicherheit – der Jugend des befreiten Europas einigermaßen von Nutzen sein?

Der pädagogische Wiederaufbau wird sich vor einem Hintergrund von politischer, wirtschaftlicher und kultureller Befreiung abspielen. Die gerade wiedergewonnene Unabhängigkeit, die zu einem ungeheuren Preis erkauft wurde; die Achtung der Welt, die durch die Widerstandsbewegungen errungen wurde; die Hilfsbereitschaft seitens derjenigen, die noch in der Lage sind, etwas zu geben; die Wiedervereinigung von Familien und Freunden – all diese Erfahrungen mögen wohl eine ganze Nation mit Freude und Stolz erfüllen, und das wird sicherlich eine heilsame Wirkung auf die Zukunft der Jugend ausüben. Aber dies alles sollte uns nicht die dunklen Schatten vergessen lassen, unter denen diese Jugend seit Jahren lebt. Diese Kinder, die sowohl körperlich als auch geistig verkümmern, werden von bitteren Erinnerungen gequält. Sie haben hassen und verachten gelernt; sie müssen ihre Zukunft in einem Land aufbauen, das zwar befreit, aber schrecklich erschöpft ist. Diese Jugend ist ernst; sie ist nicht fröhlich. Die gigantische Arbeit, die Wunden der Kinder in Europa zu heilen, wird aus Tausenden von kleinen Aufgaben bestehen. Wenn es uns gelungen ist, einem Lager oder einer Schule irgendwo in Europa dadurch etwas zu helfen, daß wir ihnen, einfach so, von unseren im Exil gewonnenen Erfahrungen erzählt haben, so hat dieser Bericht seinen Zweck erfüllt.

(Veröffentlicht unter dem Titel: Education for Confidence – A School in Exile, in: Children's Communities – Experiments in Democratic Living, herausgegeben von der New Education Fellowship, London 1944, S. 20–28. Aus dem Englischen übersetzt von Jürgen P. Krause)

1 Der englische Begriff «self-reliance» bedeutet sowohl «Selbstsicherheit» als
  auch «Selbstvertrauen». Im folgenden habe ich ihn der Einfachheit halber mit
  «Selbstsicherheit» übersetzt.
  Die Hervorhebungen entsprechen dem Original.
  Weggelassen wurde lediglich eine Fußnote mit Angaben zur Person der Ver-
  fasserin.

# Am Zionismus orientiert:
## das Internat Kristinehov/Västraby in Schweden

Schweden war an sich – wie andere europäische Länder auch – kein Einwanderungsland, sondern für viele Emigranten bis 1944/45 lediglich
Durchgangsstation, zumal sie sich dort bald vor dem deutschen Faschismus nicht mehr sicher fühlen durften. Das Ehepaar Yael und Ludwig
Posener jedoch, das im schwedischen Schonen sein Internat Kristinehov –
so nach dem ursprünglich vorgesehenen Platz benannt, obwohl dann in
Västraby gelegen – um 1934 errichtete, hatte von vornherein die «Trans-
migration», das heißt die Durchreise und gezielt die Einwanderung nach
Palästina im Sinn. Es stand der zionistischen Organisation Hechaluz nahe
und wurde durch Beihilfen der jüdischen Gemeinde unterstützt, deren
Umfang verschieden eingeschätzt wird. Zumindest vor der Reichskristallnacht scheint die Bereitschaft der in Schweden ansässigen Juden, ih-
resgleichen im Lande aufzunehmen, aus Furcht vor dadurch sich möglicherweise verstärkendem Antisemitismus nicht allzu groß gewesen zu
sein. Das Ehepaar Posener ging 1937 selbst nach Palästina und übergab
die «akademische» Schulleitung Dr. Ernest M. Wolf, während die «christliche» Frau eines jüdischen Lehrers, Berthold Levi, für die Verwaltung
zuständig war.
  Nach dem Urteil ehemaliger Schüler, die bis 1941 die Schule besuchten, soll Kristinehov vor der Kristallnacht eher ein reguläres Landerziehungsheim gewesen und erst danach bewußt auf die Einwanderung nach
Palästina ausgerichtet worden sein. Die Schule war außerdem ein Zentrum für die sprachliche und intellektuelle Ausbildung von Chaluzim,
jungen Zionisten, die bei schwedischen Bauern in der Umgebung die
Landwirtschaft erlernten. Nach Wolf führte Dr. Manfred Moritz, später
Philosophieprofessor an der Universität Lund, die Schule 1940/41 weiter. Sie siedelte nach Osby über und existierte noch bis Kriegsende als
Kinderheim.
  Die Schule hatte sich mehr und mehr zum «Wartesaal» entwickelt.
Schubweise kamen und gingen die Kinder, einzelne auch in andere Län-
der als Palästina. Manche blieben in Schweden, ebenso einige der Lehrer

Szenenfoto aus dem «Sommernachtstraum»

denen die Einwanderung nach Palästina, für sie die Kinder erzogen, selbst nicht gelang. 1938 gab es einen letzten großen Zuwachs an Kindern: danach wurden sie und ihre Eltern immer seltener aus Deutschland herausgelassen.

Die dadurch bedingte Fluktuation muß eine beträchtliche Diskontinuität und Unruhe in das schulische Leben gebracht haben. Dazu kam ein ebenso häufiger Wechsel von Lehrern mit unterschiedlicher Qualifikation, darunter auch solche, die eigentlich keine Lehrer von Beruf, aber trotzdem gute Pädagogen waren. Das bescheinigen jedenfalls dem «Gartenbaulehrer» und «Singgenie» Rudi Bruch die Kinder, mit denen er außerdem Theater gespielt hatte, in einem zum Abschied zusammengestellten Bildband, der eine mit Hilfe von Gisela Tuteur als «Regisseuse» offenbar glücklich bewältigte Aufführung des «Sommernachtstraums» als «Höhepunkt» eines jüdischen Festes dokumentiert. Der «Sommernachtstraum» gehört zum Repertoire vieler Schulen; daß die dazugehörige kongeniale Musik von Mendelssohn-Bartholdy im «Dritten Reich» verboten war, kann bei jüdischen Schülern und Lehrern zusätzlich für die Wahl dieses Stückes gesprochen haben.

Solche bis zuletzt zu beobachtenden Aktivitäten haben sicherlich den Zusammenhalt der hebräisch benannten Gruppen gefördert, die teilweise auch als solche nach Palästina illegal einwanderten. Entscheidender war jedoch die Orientierung am gemeinsamen Schicksal und der kollektiv zu bewältigenden Zukunft. Über die Verfolgung in Gegenwart und jüngster Vergangenheit durfte nicht gesprochen werden. Das hat schwerwie-

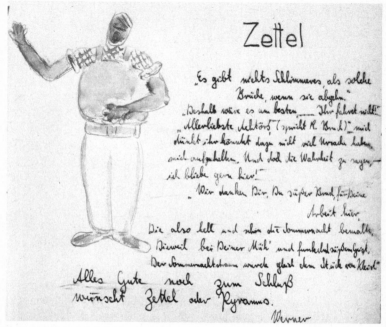

Jeder Schüler stellte sich in dem Album in seiner Rolle, mit einem Vers und einem Foto dar.

gende psychische Probleme der Kinder nicht verhindert, wenn auch vielleicht soweit überdeckt, daß sie von manchen Lehrern überhaupt nicht wahrgenommen wurden. Gegen sie machten die Schüler mitunter wiederum gemeinsam Front: mit zunächst heimlichen Treffen auf dem Dachboden, Aufstellung eigener Verhaltensregeln als Vorstufe zu einem «Schülerrat». Einige frühere Schüler von Kristinehov haben sich einen Namen gemacht, so zum Beispiel Erwin Leiser mit engagierten Filmen über Hitlers «Mein Kampf», Eichmann und Hiroshima.

Im Unterricht, der von der Volksschule bis etwa zum «Einjährigen» führen sollte, nahmen Neu-Hebräisch und jüdische Geschichte eine zentrale Stelle ein. Die Ausbildung in den für ein neues Leben in Palästina benötigten Fertigkeiten wie Schreinerei und vor allem Gartenbau diente zugleich der Selbstversorgung. Dennoch muß der Lebenszuschnitt in Kristinehov außerordentlich karg gewesen sein. Das kleine Auto, über das die Schule verfügte, wurde «Die Hoffnung» genannt ...

Kristinehov steht für eine Reihe ähnlicher Einrichtungen, in denen sich ein dominanter Einfluß der zionistischen Jugendbewegung mit reformpädagogischer Tradition verband. Es gab sie in NS-Deutschland und in verschiedenen europäischen Ländern. Sie bereiteten nicht nur, aber bevorzugt die Kinder *deutscher* Juden, die ihr Deutschtum für eine neue, jüdische Identität aufzugeben entschlossen waren, auf die «Heimkehr ins Unbekannte» vor. Diesen Entschluß zu realisieren, fiel den Kindern in der Regel leichter als ihren Eltern, die auch in Israel oftmals blieben, was sie allzu lange gewesen waren: Deutsche *und* Juden.

**Literatur**

Meissener, Helmut: Exil in Schweden. München 1974
Luft, Gerda: Heimkehr ins Unbekannte. Die Einwanderung der Juden nach Palästina 1933–39. Wuppertal 1977

# Ein Beispiel deutsch-jüdischer Symbiose: Hans Weil und die «Schule am Mittelmeer» in Recco (Italien)

Um 1930 erregte ein Buch Aufsehen in der akademischen Welt und darüber hinaus: «Die Entstehung des deutschen Bildungsprinzips» von Hans Weil. Es faszinierte sowohl durch seine sprachliche Meisterschaft wie vor allem durch den neuartigen, die geistesgeschichtliche Begrenzung der Nohlschen Pädagogik überwindenden methodischen Ansatz, der wissenssoziologische Elemente in die Analyse der Rezeption und Funktion von Bildung einführte und am historischen Beispiel auf die Jugend bedrängende aktuelle Fragestellungen eine Antwort zu geben versuchte. Seinem Verfasser trug das Buch – von Paul Tillich angeregt – die Habilitation in Pädagogik an der Frankfurter Universität ein. Gerade ein Semester – im Winter 1932/33 – war Weil noch vergönnt, als junger Privatdozent im Anschluß an seine Assistentenzeit bei Carl Mennicke seine ungewöhnlichen wissenschaftlichen und hochschuldidaktischen Fähigkeiten selbständig zu entfalten. Die Entlassungswelle des Jahres 1933 traf die als «verjudet» geltende und mit zahlreichen Repräsentanten liberaler und progressiver Positionen durchsetzte Frankfurter Universität mit besonderer Wucht, und damit auch die an ihr in Verbindung mit anderen Disziplinen wie (Sozial)Philosophie, Theologie (religiöser Sozialismus) Ökonomie und Soziologie vertretene Pädagogik. Auch Hans Weil, der die «deutsch-jüdische Symbiose» (Martin Buber) überzeugend verkörperte und der deutschen Pädagogik noch manche zukunftweisenden Impulse zu geben vermocht hätte, durfte an einer deutschen Hochschule nicht mehr tätig sein. Als zwar nicht «studierter», aber berufener Pädagoge – durch Jugendbewegung und eigene Erfahrung als Schüler zweier ʻLanderziehungsheime, der Odenwaldschule und der Dürerschule Hochwaldhausen im Vogelsberg, entscheidend geprägt – setzte er seine Vorstellungen von Erziehung und Unterricht nunmehr in der von ihm gegründeten «Schule am Mittelmeer» in die Praxis um. Sie sollte vor allem «halbjüdischen» Kindern eine Zuflucht bieten, die auf ihre problematische «Zwischenposition» Rücksicht nahm.

Im wohl faschistisch beherrschten, jedoch nicht von vornherein judenfeindlichen Exilland Italien konnte sie von 1933 bis 1938 im engen, freundlichen Kontakt mit der Bevölkerung nahezu unbehelligt existieren. Die dann unter deutschem Druck auch hier einsetzende Judenverfolgung erzwang die Schließung der Schule und 1939/40 die weitere Emigration von Hans Weil und seiner Familie auf getrennten Wegen in die USA. Ein nicht-jüdisches Mitglied des Lehrkörpers kehrte schon vorher nach Repressalien durch das deutsche Konsulat mit einigen «arischen» Kindern nach Deutschland zurück (Interview Guttfeld-Gilead, 18. 5. 1983).

Wohl gemeinsam mit seinem gleichfalls aus Frankfurt emigrierten studentischen Freund Heinz Guttfeld-Gilead formulierte Hans Weil die «Haltung», die für den Lehrkörper – der nicht durchgängig aus professionellen Pädagogen bestand und keine konfessionelle und politische Einheit darstellte – grundlegend und verbindlich sein sollte. Religiöse Toleranz, Wahrheitserforschung, eine vorrangig auf Wissen und Denken begründete «Humanität» und – wenn erforderlich – aktives Engagement für gerechtere soziale Verhältnisse werden als oberste Richtziele aufgestellt. Die Schule versteht sich ausdrücklich nicht als «private esoterische Insel», sondern hat Lehrer und Schüler jederzeit wach und bereitzuhalten, sich bei Bedarf nach ihren Fähigkeiten und objektiven Möglichkeiten einzusetzen. «Eine Insel von Flüchtenden», heißt es in einer der Thesen, «wären wir erst, wenn wir prinzipiell resignierten und nur noch ein Privatleben zu führen beabsichtigten.» Aufschlußreich und typisch für die «doppelte Loyalität» des deutschen Judentums noch im Exil, die jedoch schon nicht mehr von allen Mitgliedern des Lehrkörpers geteilt wurde, erscheinen diese beiden Passagen des Schulprogramms: «Wir alle kommen aus Deutschland und wissen, was uns dieses Land geschenkt hat: die Sprache, die wir sprechen und die wir so gelernt haben, wie wir keine andere wieder lernen werden, die eigentümliche deutsche Art der Bildung und des Wissens, die Kenntnis deutscher Landschaft und der deutschen Menschen sind von uns nicht wegzudenken. So bleibt Deutschland unser Ausgang und in diesem Sinne unsere Heimat. Vieles von dem, was jetzt in Deutschland vorgeht, ist nicht in unserem Sinne. Wir suchen für uns und späterhin auch für unsere Schüler die Gründe zu verstehen, die zu dem gegenwärtigen Deutschland geführt haben, wir achten auf die ferneren Vorgänge in Deutschland und hoffen darauf, daß

# SCHULE AM MITTELMEER

LEITUNG: DR. HANS WEIL
PRIVATDOZENT FUR PADAGOGIK

## RECCO RIVIERA LIGURE ITALIEN

Titelblatt des Schulprospekts

dieses Deutschland so fortbesteht, daß unsere Liebe zu ihm nicht abgetötet wird.

Die Juden unter uns wissen sich mit den deutschen Juden und mit Palästina verbunden und tun alles, um von sich aus das Schicksal der deutschen Juden in der Heimat, im Ausland und in Palästina zu erleichtern, ohne damit zu behaupten, daß Palästina die einzige Möglichkeit für die Weiterexistenz der Juden sei.»

Was jungen Juden – und für diese war die Schule in erster Linie gedacht – seinerzeit aber darüber hinaus und vor allem anderen nottat, wußte auch Hans Weil und hat es in der «Schule am Mittelmeer» vermittelt: eine vielseitige Ausbildung in mehreren Sprachen, allerhand manuelle und kaufmännische Fertigkeiten. Eine regelrechte Lehre bei Handwerksbetrieben im Ort, verbunden mit theoretischer Schulung, wurde zwar konzipiert, scheint aber nicht mehr im beabsichtigten Umfang verwirklicht worden zu sein. Für den Erwerb der praktischen Qualifikation über die in Haus und Garten anfallenden – allerdings geschlechtsspezifisch verteilten! – Arbeiten wurde wöchentlich ein ganzer Tag angesetzt. Materialkunde und technische Schulung bildeten zugleich neue Ansätze für den naturwissenschaftlichen Unterricht. Eine große Rolle spielte die Beobachtung als eine Methode zur Erfassung der Realität und die Wiedergabe des Beobachteten, sowohl durch Zeichnungen wie auch durch die breiten Raum einnehmende Fotografie. Bei der Werkarbeit wie bei der sportlichen Ertüchtigung, die am Meer und im Gebirge betrieben wurde, kam es nicht zuletzt auf die Übung «extrafunktionaler Tugenden» wie Ausdauer, Härte gegen sich selbst und Solidarität mit anderen an. Die Gewöhnung an sie sollte die Schüler nicht allein in die Gemeinschaft der

Schule «einfügen», sondern sie auch fähig machen, sich im späteren Leben bei der «Einfügung» in andere Länder und Verhältnisse zu bewähren. Dieser für Weil zeitlebens zentrale Begriff der «Einfügung» setzt ein Verständnis des Menschen als konstitutionell schwach, hilfsbedürftig und angewiesen auf stützende Ordnungen und pädagogischen Beistand in dialektischer Entsprechung voraus, darf also nicht als autoritäre Forderung nach blinder Unterwerfung mißverstanden werden.

Das damit eher gemeinte «moralische Konditionstraining» wurde unterstützt durch Inhalt und Stil der «*Sonntagsansprachen*», wie sie unter verschiedenen Bezeichnungen – «Kapelle», «Morgensprache» oder «Andacht» – in allen Landerziehungsheimen und daher auch den ihnen verwandten «Schulen im Exil» üblich sind. Ihre Ausgestaltung übernahm Hans Weil meist selber, mitunter im Zwiegespräch mit anderen Mitarbeitern; besuchsweise fand sich dazu auch der emigrierte Schriftsteller Franz Wolfskehl ein. Sie knüpften an alltägliche Begebenheiten, schlichte Redewendungen oder ein bemerkenswertes Datum an und mündeten in grundsätzliche Lebenslehren, denen jede Penetranz fehlte. Oft verbanden sie sich mit ausgewählter Musik, von Mozart beispielsweise, den Hans Weil sehr liebte, zu der nur als Ganzes zu würdigenden komplexen Einheit von Kunst, Wissenschaft und praktischer Philosophie, die der «Schule am Mittelmeer» ihr Gepräge gab.

Ihre Unterbringung in drei stilvollen Gebäuden auf einem ausgedehnten, acht Morgen großen Parkgelände in Recco, einem «der schönsten und stillsten Orte der Riviera Ligure, zwischen Genua und Rapallo», wie der Schulprospekt verheißt, war erst nach langem beschwerlichen Suchen gelungen. Davon gibt Hans Weil in einer Sonntagsansprache vom 31. 1. 1937 den Kindern eine lebendige Vorstellung:

Hans Weil
**Wie die Schule am Mittelmeer zustande kam**

Genua ist der Punkt, an dem man das Mittelmeer von Deutschland aus am schönsten erreicht. Dieses war der Gedanke … als wir uns in Florenz entschlossen hatten, eine Schule aufzumachen und auf der Landkarte herumguckten, wo es wohl am günstigsten wäre. Daß das nicht nahe an Genua sein durfte, hatten wir auch schon überlegt, denn Genua ist Großstadt und die Preise dort zu hoch; wo also? An die ligurische Seite der Küste war auch schon gedacht worden, aber keiner von uns war noch je da gewesen. Also fuhr ich los mit Herrn K., einem Studenten, der schon Italienisch konnte, damals schien mir das allerhand, denn ich konnte noch keine zwanzig Worte Italienisch. Durch Frau B. hatten wir die Adresse einer sehr freundlich sein sollenden Ärztin in Rapallo, … darum fuhr ich mit Herrn K. zuerst einmal nach Rapallo. Als ich nach-

Stille Stunde in Recco

mittags um vier Uhr da ankam, setzte ich mich zunächst einmal ans Ufer ... und sah mir das Mittelmeer an, welches mich zu einigem Nachdenken anregte. Nachdem ein Espresso getrunken war, sprachen wir zunächst Frau Dr. B., sie empfahl und riet uns, und schon am nächsten Morgen suchte ich in Rapallo, dann auch in St. Margherita Häuser. Wie schrecklich es ist, an der Riviera Häuser zu suchen, das wissen nur die Einwohner; manche Häuser, von denen gesagt wird, sie seien da, sind gar nicht da, manche Häuser haben statt 80, wie uns gesagt wurde, nur 10 Räume, und zudem sind sie meistens Prachtvillen mit einem ganz kleinen Gärtchen drum herum und Preisen, die einen erschüttern ... Das Herumsuchen von Cari bis Sestri Levante bis hinter Genua war ebenso anstrengend wie entmutigend. Ich hatte schon vor, ganz Italien den Rücken zu kehren und sonstwo anzufangen. Einmal schickte uns einer aus Genua wieder bis nach Chiavari, oder vielmehr hinter Chiavari, wo die Straße nach Lavagna geht. Da war ein kleines Häuschen von ungefähr zehn bis zwölf Zimmern, fast fertig, und es war, weil es ein neues Haus war, das erste, was mich überhaupt reizte, obwohl es doch weitab vom Meer und nicht etwa schön lag.

111

Als wir von der eingehenden Besichtigung dieses Häuschens, wir haben sogar bauliche Veränderungen besprochen, zurückfuhren, hatte ich schreckliche Kopfschmerzen. Schon in St. Margherita sagte ich zu Herrn K.: ‹Am nächsten Ort steige ich aus.› Er sagte aber, daß das mit dieser Fahrkarte nicht möglich sei; daraufhin meinte ich, ‹das sei mir egal›, und so waren wir schon durch Camogli durch und stiegen an dem uns völlig unbekannten Ort *Recco* aus. Hier gingen wir bis zu einer Benzinpumpe, gegenüber dem Albergo Stazione, und fragten, ob es hier ein Haus mit 25 Zimmern zu mieten gäbe. Es könne sein, und man wies uns ... an den Palazzo Ansaldo, der bis zum heutigen Tage (30. Januar 1937) für uns noch nicht zu besichtigen war trotz mehrerer Versuche ... Wir hatten nämlich keinen Einlaßschein und sollten uns wieder zurückbegeben. Als wir zur Hälfte wieder zur Station waren, erschien plötzlich Herr S., der damals schon nach den gleichen Getränken roch wie heute, und führte uns bis fast zur Hälfte des Viadukts (jetzt habe ich gehört, daß das verboten ist) und zeigte uns das später «Villa la Palma» genannte Haus. Hier entstand schließlich im Herbst 1934 die «Schule am Mittelmeer».

Eine weitere «Sonntagsansprache» aus dem Jahre 1937 verdeutlicht, wie einfühlsam Hans Weil die ethischen Normen, auf die es ihm ankam, in Sprache und Lebenswelt der Kinder übersetzte.

Hans Weil
**Sonntagsansprache (14.3.1937)**

Ich weiß nicht, ob ihr euch noch erinnert, daß man in Deutschland immer besondere Zeiten hatte, wo bestimmte Spiele gespielt wurden. Es gab Zeiten, wo man «Klicker» oder «Murmeln» spielte, zu anderen Zeiten spielte man nur mit «Reifen», dann gab es Zeiten, da wurde «Schlittschuh gelaufen» usw. Und wenn irgendein Schüler oder Knabe dann etwas anderes gemacht hatte, also zum Beispiel zur «Klickerzeit» «Reifen» gespielt hätte, dann wäre er sicher allgemeinem Gelächter preisgegeben worden. Zu der Zeit kommt eben das, zu einer anderen Zeit das, je nachdem, was gerade modern ist. Wenn man im Juni seine Schlittschuhe irgendwo in der Schublade fand, dachte man: Ach ja, das hat es ja auch einmal gegeben! – So wie es mit den Kinderspielen ist, so ähnlich ist es auch mit den großen Leuten: Mal tragen die Damen große Hüte mit breiten Rändern, dann wieder kleine, flache Hüte mit Federn, mal macht man auf vollschlank, mal auf schlank, und wenn das dann so ist, man kann wohl sagen wie vorgeschrieben, dann kommt auch keiner darauf, mal etwas anderes zu machen. Ganz grob kann man sagen: Die Menschen sind eine große Hammelherde und laufen immer dem Leithammel nach. Und das ist meistens ganz gut so. Es gibt daher auch Menschen, die aus Berufsgründen an etwas anderes denken als gerade modern ist. Zum Beispiel die Schlittschuhfabrikanten müssen im Sommer ihre Angebote machen, die Modegeschäfte müssen im Herbst

Sonntagsansprache mit Hans Weil auf der Terrasse, die auch zu anderen
Freizeit-Beschäftigungen diente.

ihre Frühjahrskollektion ausstellen. Es muß Menschen geben, die anderes denken, an das, was die übrigen «unmodern» nennen würden, sie denken an die
Zukunft. – Auf diese Überlegung kam ich auf Grund verschiedener Gespräche
mit euch. Es ist nicht nur die Humanität, nach der mich Franz fragte, es handelt
sich darum, daß man sich in einer Situation oft die andere Situation nicht vorstellen kann; man kann sich im Sommer nicht vorstellen, daß man Schlittschuh läuft
oder gar im Winter, daß man Tennis spielt oder im Meer badet und sich am
Strand sonnt.

Am Freitagabend lasen wir einen Brief vor aus Palästina. Da kam etwas drin
vor, was auch nicht modern war. Das betraf gerade das, was mit dem Wort
«Humanität» umschrieben wurde. In einer Geschichte in einem Krieg kam es
vor, daß einer schießen wollte, worauf ein anderer rief: Warum schießt du denn,
siehst du denn nicht, daß nebenan Menschen stehen? Darin steckt ein großer
Teil von humanem, menschlichem Denken, ein Denken an Menschen vom Menschen aus. – Wir sind ja schließlich alle doch Menschen, und es ist so, mal werden die Italiener, mal die Engländer, mal die Juden sehr schlechtgemacht. Mal
sind die Italiener mit Hitler verärgert, jetzt ist er wieder der gute Freund von Italien. Auch der große Krach mit England ist vorbeigegangen, alles geht einmal
vorüber, genau wie die Kräche zwischen Schulkameraden. Gerade wir Juden,
wir sehen auf so viele Jahre von Krach in der Weltgeschichte zurück, daß wir fast
lächelnd sagen können: Pack schlägt sich, Pack verträgt sich. Was bleibt, und

113

was immer wichtig ist in der Geschichte, das ist, daß der Mensch Respekt vor anderen Menschen hat, das ist im großen und ganzen der erste Ausgang von dem, was man Humanität nennen könnte. Es gibt noch andere Formen der Humanität, auf die ich hier nicht zu sprechen kommen will.

Wie gesagt, wenn man etwas Fremdes sieht, zum Beispiel einen Chinesen, dann lächelt man erst und denkt: Nein, ist der Mann komisch. Man erkennt in Fremden zunächst nicht das Gemeinsame, was wir mit ihnen haben, sondern lachen über sie, und erst wenn wir genau hinsehen, daß in ihnen etwas Menschliches steckt, ganz egal wie sich das nun im einzelnen darstellt. Und das ist sehr wichtig, das Bleibende, nämlich das, was alle Menschen erfüllt, im Guten, im Bösen, im Interessanten, im Langweiligen, also unter der Oberfläche der Verschiedenartigkeit, die uns auffällt, steckt derselbe Mensch, der gerne gut sein möchte und manchmal zu schwach dazu ist, der zu seinen Nachbarn unangenehm ist. Gerade wir, die wir mit vielen Menschen in vielen Ländern zusammenkommen, müssen das wissen und erkennen. Was ist das, was allen Menschen gemeinsam ist und was uns in der Familie gerne leben läßt?, jeder hat seine Familie gerne, und so können wir ruhig einmal an die große Menschenfamilie denken und uns sagen, daß wir dazugehören. Man soll die Menschen niemals überschätzen und niemals unterschätzen, man soll nicht zuviel und auch nicht zuwenig von ihnen verlangen, vor allem, man soll nie etwas Falsches von ihnen verlangen. Wenn ich zum Beispiel von Konstanze verlangen würde, daß sie die italienische Grammatik genau kennt, so wäre das sehr falsch von mir, wenn ich sie aber jetzt Italienisch reden höre, so wundere ich mich, daß ich das vor drei Jahren nicht gekonnt habe. Es kommt darauf an, daß man das Richtige verlangt, dann kommt man zurecht. Man soll aber auch nicht zuwenig verlangen. Oft sieht man Menschen, die von anderen zu abschätzend denken: «Ach Gott, was ist das schon?» Ein richtiger Mensch, der muß eigentlich Luftschiffe konstruieren können, der muß Wissenschaftler sein; wer das nicht ist, der ist langweilig. Man unterschätzt damit die Menschen, wenn man richtig hinguckt, ganz egal wo es ist, dann sieht man immer, daß die Menschen ganz erstaunlich gute, feine Fähigkeiten haben und daß immer wieder sehr schöne Sachen geschaffen werden. Werke, aus denen wir das Menschliche erkennen können, denn alles was wir an Menschenwerken sehen, das gibt uns erst wieder die Freude über das, was Menschen vermögen. Nicht alle Menschen können Symphonien komponieren, aber im Schicksal der Menschen gibt es Möglichkeiten, daß wunderbare, schöne Werke geschaffen werden, über die man sich freuen kann. Gestern zum Beispiel bekam ich ein neues Palmenblatt geflochten, und wir haben es aufgehängt. (…) Das gibt es wohl nur hier in Recco, die Frauen flechten die Palmblätter auf ganz besonders schöne Weise; ein einfaches, schlichtes und doch in sich wunderschönes Kunstwerk. Sie machen das zum Preise Gottes, und wer daran Freude hat, der spürt sozusagen die Wärme, die zwischen Menschen besteht, die Sympathie, die Zuneigung. Ich kenne die Leute gar nicht, die diese Arbeit gemacht haben, ich bin ihnen aber dankbar, daß sie so etwas Schönes fertiggebracht haben, schön durch die Art, weil es für den lieben Gott gemacht ist. Alles

Schöne und Gute, was der Mensch schafft, ist für den lieben Gott und so viel schöner, als wenn man es für den Menschen macht; alles Schöne ist im Grunde zum Preise Gottes gemacht. Wenn Menschen sich befragen, was sie tun, wollen sie sich mit Gott ins Vernehmen setzen, und nur dann wird es auch richtig, und dann strahlt es wieder auf die Menschen zurück. Also bedenkt, unter der Oberfläche von allem möglichen Modernen immer, daß die Mode viel schneller wechselt als ihr glaubt. Heute ist allen *Mensch* von den meisten Regierungen auch nur zu nennen verboten worden, weil man ja heute die Totalaufrüstung macht, wo der einzelne Mensch nur noch stillzustehen hat und rechts schwenken muß, aber auch diese Mode dieser Vorbereitungen des nächsten Machtkrieges wird einmal in sich zusammenbrechen. Vor Gottes Augen sind die Jahre wie ein Tag.

Daß wir heute von Menschen sprechen, das ist dasselbe, als wenn wir im Juni unsere Schlittschuhe in der Schublade finden.

### Literatur

Feidel-Mertz, Hildegard: Pädagogen im Exil – zum Beispiel Hans Weil, in: Die Künste und Wissenschaften im Exil. Beiträge zur Woche der verbrannten Bücher 1983 in Osnabrück, Bd. I., hg. v. Edith Böhne und Wolfgang Motzkau – Valeton, Heidelberg 1983
Weil, Hans: Pioneers of To-morrow. A Call to American Youth. New York 1945
Weil, Hans: Die Entstehung des deutschen Bildungsprinzips, Bonn [2]1966
Weil, Hans: Helfendes Handeln. Ein Beitrag zur Theorie der Pädagogik, Bonn 1972

# Paul Geheebs «Schule der Menschheit» in der Schweiz – 100 Jahre zu früh?

Geheeb hat gern betont, daß er Deutschland 1934 «freiwillig» verlassen und sich sogar förmlich von der hessischen Landesregierung und der Reichsregierung in Berlin verabschiedet habe. Das steht scheinbar im Widerspruch zu den bedrohlichen Umständen, die zur Schließung der Odenwaldschule und Geheebs Emigration in die Schweiz führten. Sicherlich hätten die Nationalsozialisten es vorgezogen, wenn die renommierte Institution und der Mann, der sie gegründet hatte, im Lande geblieben wären. Aber das hätte «Paulus», wie ihn alle nannten, die mit ihm in näherer Beziehung standen, Anpassungsleistungen abverlangt, deren Verweigerung für Geheebs ganzen Lebensweg gerade bezeichnend gewesen ist – ob er nun mit Lietz und Wyneken um die einzig wahre Konzeption der Landerziehungsheime stritt oder die Eheschließung mit Edith Cassirer und schließlich die Gründung der Odenwaldschule durchsetzte. Diese eigenwillige, unbequeme Grundhaltung, die sich mit der von ihm ebenso nachdrücklich verfochtenen Toleranz gegenüber fremder Individualität nicht immer reibungslos verband, hat ihm auch den Neubeginn im Schweizer Exil mitunter erschwert. Zwar standen ihm Freunde – wie der Leiter des Kreuzlinger Lehrerseminars, Schohaus, oder Adolphe Ferrière in Genf – mit Rat und Tat zur Seite. Aber die Behörden des Landes begegneten ihm, dem ein großer, freilich nicht unumstrittener Ruf vorausging, mit nicht weniger Ressentiments als anderen Flüchtlingen aus Hitlerdeutschland. Als die Geheebs mit einigen Mitarbeitern und 25, meist ausländischen Kindern die Grenze zu überschreiten suchten, wurde eines davon, der zwölfjährige Sohn eines Mathematikers mit russischem Paß, zurückgewiesen – aus «Kommunistenfurcht», meint Geheeb. Eine für die Schweiz nicht minder typische «Angst vor kultureller Überfremdung» verhinderte die von Geheebs Schweizer Freunden befürwortete, wochenlang im Schweizer Bundesrat diskutierte Aufnahme der gesamten Odenwaldschule «mit Kind und Kegel». Statt einer selbständigen Niederlassung wurde ihm die Möglichkeit eingeräumt, als Co-Direktor einer bestehenden Schweizer Schule tätig zu sein. Eine solche Gelegenheit bot ihm das «Institut Monnier» in Versoix am Genfer See, das sich damals ebenso wie viele andere Einrichtungen der für die Schweiz charakteristischen «pädagogischen Industrie» in einer schweren Krise befand. Sein Leiter, Gunning, erwartete von Geheeb eine innere und äußere Belebung des Instituts, das vorwiegend als «Sprachenschule» mit stark französischem Einschlag konzipiert war. Geheeb setzte dagegen seine *Idee einer Schule der Menschheit*» oder «Ecole d'Humanité», der es um die Erfahrung verschiedener Kulturen als gleichrangig ging. Die größte Chance zur Verwirklichung dieser «Idee», die er im folgenden selbst darstellt und begründet, hatte sich Geheeb in der Schweiz als dem Sitz des Völkerbundes erhofft und deshalb die ihm auch angetragene Leitung der Internationalen Quäkerschule in Eerde/Holland ausgeschlagen. Man beschied ihn jedoch, er käme «100 Jahre zu früh». Mit der ihn auszeichnenden Hartnäckigkeit ließ Geheeb indessen nicht davon ab, seine Vision in immer neuen Versuchen zumindest annähernd zu realisieren. Daß und wieweit es gelang, ist nicht zuletzt Verdienst von Edith Geheeb, deren Lebensklugheit, Güte und praktischer Sinn sich in unzähligen Konfliktsituationen, bedingt durch schwierige wechselnde Kooperationsverhältnisse und die dominante Persönlichkeit von «Paulus», vor allem aber im alltäglichen Umgang mit den «Kameraden», wie schon in der Odenwaldschule die Kinder hießen, bewährten. Sie bestimmte wesentlich die Atmosphäre, in der sich die häufig schwer gestörten Kinder heimisch fühlen und wieder zu sich selbst und anderen finden konnten. Ihre Einstellung zu den Kindern und deren Problemen verdeutlicht ein Brief, den sie am 12. 6. 1943 aus Lac Noir geschrieben hat:

(«. . .) Da ist ein 16jähriger, der gut zeichnet (wenn auch oberflächlich, zu rassig, reklamemäßig). Dessen Eltern sind in Deutschland und irgendwohin verschleppt worden. Als er zu uns kam, wußte er nicht, wo er sie in Gedanken suchen sollte. Ganz allein ist er in der Schweiz, ohne Freunde, ohne Anhang. Gestern bekam er eine telegrafische Geldüberweisung von 10 Dollar von seinem älteren Bruder aus USA. Seit einem Jahr die erste Nachricht, daß dieser Bruder überhaupt noch existiert. – Da ist ein Mädel, deren Eltern auch in der Schweiz sind. Sie ist erst 15 Jahre, aber so reif und doch noch kindlich. Sie lernt bei uns als achte Sprache Italienisch! Sie ist wie die ältere Schwester von allen, auch von den älteren Jungen. Sie ist so bescheiden, daß Paulus sich ärgert, da sie immer zu allem ja sagt. Also keine Persönlichkeit. Als ich ihr das neulich sagte, erklärte sie mir: immer hab ich mich nach einer Gemeinschaft gesehnt; immer hab ich von einer Schule geträumt wie der unsrigen; da ich sie nun habe, was kann ich wollen, noch erbitten? Was gäbe es, wogegen ich hier protestieren könnte?

Da sind zwei Vettern von 13 und 15 Jahren, der Jüngere besinnlich, klug, ruhig, der Ältere praktisch, gewissenhaft. Beide haben schon 2 Jahre, während die Eltern sich anders herumschlagen mußten, einen großen Garten bebaut, und von den Erträgnissen hat eine sechsköpfige Familie gelebt, fast ausschließlich! Beide Kinder sind so froh, hier lernen zu können, und die Eltern sind liebe, unkomplizierte Leute, sie sind froh, sie bei uns zu wissen, da sie selbst in Arbeitslagern sind ... Wie schnell vernarben Wunden bei Kindern.

Trotz all dieser Verschiedenheiten und wirklicher Schwierigkeiten ist die Schule doch eine kleine Gemeinschaft, seitdem hier über 20 Kinder zusammenleben, während wir vorher eigentlich Hauslehrer für Herrschaftskinder waren. Ihr könnt Euch vorstellen, wieviel mehr mir die jetzige Arbeit liegt.»

Die Ecole d'Humanité mußte ihren Standort noch mehrfach unter abenteuerlichen Umständen, von Alwin von Keller plastisch beschrieben, wechseln: auf Versoix (April 1934 bis Dezember 1938) folgten die «Plejaden» über Vevey (Januar bis April 1939), ebenso kurzfristig Schloß Grengg am Murtensee (April bis Oktober 1939), danach das Hôtel du Lac und das Chalet Aurore der Naturfreunde in Lac Noir/Schwarzsee im Kanton Fribourg). 1946 schließlich wurde Goldern auf dem Hasliberg im Berner Oberland der Ecole zur bis heute dauernden Bleibe. Paul Geheeb starb dort 1961 in seinem 91., Edith Geheeb-Cassirer 1982 in ihrem 97. Lebensjahr. Eine Rückkehr nach Deutschland haben sie nicht mehr erwogen; sie identifizierten sich stärker mit der Ecole.

Mit der Odenwaldschule, zu deren Leitung 1946 auf Wunsch der Geheebs Minna Specht aus England von der amerikanischen Besatzungsmacht berufen wurde, bestanden Brief- und Besuchskontakte; zeitweilig war es Tradition, daß die 10. Klassen der Odenwaldschule eine Exkursion nach Goldern unternahmen und sich mit Unterschieden und Gemeinsamkeiten von Odenwaldschule und Ecole d'Humanité auseinandersetzten.

Der Austausch einzelner Schüler stellt weiterhin eine enge Verbindung zwischen beiden Schulen her.

Als die «wesentlichste Eigentümlichkeit» (Laudenberg, 1967, S. 138) der Ecole ist der «klassenlose Unterricht», das konsequent durchgehaltene *Kurssystem*, bezeichnet worden, das eine extreme Individualisierung entsprechend unterschiedlichen Begabungen, Altersstufen und Entwicklung, sowie nach heterogenen Bildungsvoraussetzungen und -zielen ermöglicht, wie sie die Exilsituation bei vielen Kindern mit sich brachte. Noch immer gibt es an der Ecole keinen für alle verbindlichen Schulabschluß. Statt dessen kann je nach Bedarf ein bestimmtes Zertifikat angestrebt werden.

Stoff- und Fächerkonzentration im epochalen Wechsel verbindet sich damit. Ausführliche Beurteilungen und Selbstkontrollen ersetzen die Notengebung. Daneben zeichnet die Ecole – wie auch schon die alte und die neue Odenwaldschule – eine sehr weitgehende Form der *Koedukation* aus. Das trug Geheeb in der Schweiz, die zwar Koedukation im öffentlichen Schulwesen, aber nicht in der Internatserziehung kannte – auch die seit 1902 existierenden wenigen Schweizer Landerziehungsheime waren nach dem Vorbild der Lietzschen Heime ausschließlich für Knaben eingerichtet worden –, ähnlich motivierte Angriffe wie seinerzeit in Deutschland ein, als er sich durch sein entschiedenes Engagement für die gemeinsame Erziehung beider Geschlechter betont von Lietz abhob. «Die kulturelle Aufgabe der Koedukation», wie sie von Geheeb mehrfach (1913, 1926, 1954) beschrieben wurde, zielt darauf ab, das gleichberechtigte Zusammenwirken von Frau und Mann durch selbstverständliches Umgehen miteinander von früh an zu leben und dadurch zu lehren. Die seinerzeit nahezu «feministisch» anmutende Position von Geheeb hat ihre Wurzeln in weit zurückreichenden engen Beziehungen zu bedeutenden Vertreterinnen des liberalen Flügels der bürgerlichen Frauenbewebung, «einst die Grundlage der Koedukation». Daß sie – ebenso wie die «freie Jugendbewegung» – im Hitler-Deutschland «plötzlich abgebrochen» wurde, macht er u. a. für den fortschreitenden Verfall von Ehe und Familie und die Pervertierung, das heißt für ihn «Sexualisierung» der Geschlechtsbeziehungen verantwortlich, denen er mit «kindlichem Glauben an die menschliche Würde der Frau und an die Heiligkeit der Familie» durch Koedukation gegenzusteuern versucht. (Geheeb, 1956, S. 2 f.)

Wie unter den Geschlechtern, sollte auch *zwischen Kindern und Erwachsenen* Gleichberechtigung gelten – was nicht ausschloß, daß Geheeb selbst, kraft seiner Ausstrahlung, manchmal «gleicher als andere» wirkte. Die «Ecole» unter Geheeb war, was man schon der Odenwaldschule in der Weimarer Republik nachgesagt hatte: eine «Schule ohne Direktor» (Edith Cassirer-Geheeb zum 90. Geburtstag, 1975, S. 28). 1931 hatte Geheeb die von Erwachsenen geleiteten Familiengruppen durch das «Warte-System» ersetzt, das die Verantwortung für die einzelnen Lebensbereiche gänzlich an die Jugendlichen delegierte; in der Schweiz gab es wieder «Familien» (OSO-Hefte Nr. 1, 1973/74). Die Enthaltsamkeit von direkter

Einflußnahme ging so weit, daß sie von neuen Schülern und vor allem jungen Mitarbeitern zuweilen als Verunsicherung empfunden wurde. In den Anfängen der Ecole scheinen die frühreifen, arbeitswütigen Flüchtlingskinder die Schule tatsächlich «regiert» und – wie es eine Schülerin aus den USA wahrnahm – nahezu terrorisiert zu haben (Henle, M.: Erziehung zur Humanität, 1960, S. 30). Andere haben den erlebten Mangel an Hierarchie, Macht und Übermacht erst voll und positiv zu würdigen gewußt, als sie in einer «normalen» Schule wieder mit diesen Kategorien konfrontiert wurden. Mathilde Vaerting nennt den «machtfreien Raum» das eigentliche Geheimnis der Geheebschen Pädagogik und ihrer Erfolge. In seiner Person zwar begründet, aber nicht an sie gebunden, erscheint er ihr als «soziologisches Prinzip» und «objektive Möglichkeit» auch anderweitig realisierbar, wenn mit der Gleichberechtigung innerhalb von Erziehung und Bildung wie bei Geheeb «in allen Machtgruppen zugleich, in der Gruppe der Lebensalter, der Geschlechter, der Klassen und Rassen und später auch der Nationen» Ernst gemacht wird (Vaerting, 1960, S. 19).

Am Beispiel des Musizierens in der gegenwärtigen «Ecole» läßt sich demonstrieren, welche gemeinsamen und wechselseitigen Lernprozesse bei Schülern und Lehrern durch das mit Vorrang gepflegte Singen, aber auch im Instrumentalunterricht zustande kommen (Schmidt, 1967, S. 135–138). Schon in den Anfängen der Ecole in Versoix hatte das morgendliche Singen regelmäßig alle vereint (s. Foto S. 120) und seine «unabsehbaren Wirkungen» über den Unterricht hinaus auf das gesamte Schulleben ausgeübt, an denen der Ecole nach wie vor besonders gelegen ist.

Was ist aus Geheebs visionärer Schau einer «Schule der Menschheit» geworden? Geheeb selbst war nur allzu gut bewußt, daß dieser großartige Entwurf noch seiner Verwirklichung bedarf und daß die Ecole d'Humanité in Goldern als ständiger Hinweis auf diese Idee zu verstehen ist (Schäfer, 1967, S. 123). Daß Kinder aller Nationen und Konfessionen die Schule bevölkern, daß in mehreren Sprachen unterrichtet wird, daß sich quasi eine amerikanische «Schule in der Schule» um Anhänger der «themenzentrierten Interaktion» von Ruth Cohn gebildet hat, reicht sicherlich nicht aus, um dem – in seiner ursprünglichen Fassung vielleicht überhaupt nicht einlösbaren – Anspruch zu genügen. Wichtiger sind da wohl die lebendigen Bezüge zur chinesischen und insbesondere indischen Kultur gewesen, die Paul und mehr noch Edith Geheeb zeitlebens pflegten. Schließlich hatte sich in Indien gleichzeitig mit der Ecole d'Humanité, aber unabhängig davon, eine Schule mit ähnlicher Zielsetzung entwickelt. Die Aufforderung, fremde Kulturen nicht mit «repressiver Toleranz» oder konsumierend wahrzunehmen, sondern sich mit ihnen lernbereit auseinanderzusetzen, hat an Aktualität nichts eingebüßt. Eine danach strebende «Schule der Menschheit» wird immer auch eine «Schule der Menschlichkeit» sein – obwohl Geheeb diesen zweiten Sinn in der französischen Bezeichnung seiner Schule nicht primär gelten lassen wollte.

# Literatur

Geheeb, Paul: Die kulturelle Aufgabe der Koedukation, in: H. Harless: Jugend im Werden – Stimmen zur Koedukation, Bremen 1956

Geheeb, Paul: Briefe an Paul Skawran über Altersstufen und Koedukation, in: Internationale Zeitschrift für Erziehung 1936

Geheeb, Paul: Psychohygiene in der Odenwaldschule und in der Ecole d'Humanité, in: Geistige Hygiene, hg. von H. Meng, Basel 1955

Schäfer, Walter: Ein Leben im Dienste der Menschen, S. 118–125;

Laudenberg, H.: Das Kurssystem, S. 138–139;

Lüthi, Armin: Ecole d'Humanité, Konzeption und Zielsetzung, S. 134f;

Schmidt, Christopher: Über den Musikunterricht in der Ecole d'Humanité, S. 135–138;

alle in: Blätter des Weltbundes für Erneuerung der Erziehung Heft 3/4, Juni/Oktober 1967

Vaerting, Mathilde: Pädagogik im machtfreien Raum, in: Zeitschrift für Staatssoziologie, 7. Jg., Heft 3/1960, S. 16–19

Schäfer, Walter: Paul Geheeb, Mensch und Erzieher, Stuttgart o. J.

Schäfer, Walter: (Hg.): Paul Geheeb, Briefe, Stuttgart, 1970

Schäfer, Walter: Die Odenwaldschule 1910–1960, Oberhambach 1960

Cassirer, E. (Hg.): Die Idee einer Schule im Spiegel der Zeit, Heidelberg 1950

Erziehung zur Humanität. Paul Geheeb zum 90. Geburtstag, Heidelberg 1960

## Paul Geheeb
### Idee und Projekt einer Schule der Menschheit

In der Odenwaldschule hat mir, vom ersten Tag ihres Bestehens an, unverrückbar und unerschütterlich als Vision vorgeschwebt, die wirtschaftliche und kulturelle Kooperation der in Brüderlichkeit miteinander verbundenen Menschheit, diesem Makrokosmos sollte der Mikrokosmos meiner Schule in ihren wesentlichen Zügen entsprechen. Aber die Odenwaldschule ist doch eine *deutsche* Schule geblieben, insofern sie hauptsächlich von deutscher Kultur erfüllt war, und nur etwa ein Fünftel der Kinder, allerdings ein beträchtlicher Teil der Mitarbeiter, aus dem Ausland, zum Teil aus sehr fernen Ländern stammten; doch zu den selbstverständlichen Grundsätzen unseres Gemeinschaftslebens gehörte, daß die Angehörigen aller Rassen und Kulturen gleichberechtigt seien, und überzeugte Demokraten waren wir ebenso im monarchistischen wie im republikanischen Deutschland. (...)

Als ich im Frühling 1934 die Odenwaldschule geschlossen, mich persönlich von der hessischen und der Reichsregierung verabschiedet hatte und freiwillig Deutschland verließ, um meine Arbeit in der Schweiz, in Versoix, nahe der Völkerbundstadt Genf fortzusetzen, war es mir selbstverständlich, keine schweizerische oder gar deutsche Schule aufzubauen, sondern den übernationalen Charakter unserer Gemeinschaft nunmehr aufs stärkste zu betonen. Im Völkerbunde freilich entgegnete man mir, daß ich mit meiner «Schule der Menschheit» hundert Jahre zu früh gekommen sei. Gewiß mag es höchst unzeitgemäß erscheinen, von einer Schule der Menschheit zu reden.

Am Ende des 18. und zu Beginn des 19. Jahrhunderts war es wohl beliebt, von Menschheit und Weltbürgertum zu sprechen; aber die Geschichte des vergangenen Jahrhunderts und unsere Gegenwart vollends scheinen zu beweisen, daß es noch gar keine Menschheit gibt, der Begriff «Menschheit» vielmehr nur ein Abstraktum ist, das in dem Kopfe eines Kant, eines Herder, eines Schiller lebte. Doch, wie Nietzsche einmal geäußert hat: «Alles Entscheidende entsteht *trotzdem*» und gerade *weil* uns die Idee einer Schule der Menschheit höchst unzeitgemäß erscheint, hat unsere Zeit wohl kaum etwas so dringend nötig wie eine Schule der Menschheit.

Wie die Betrachtung aller menschlichen, aller kulturellen Entwicklung vom *Individuum* auszugehen hat (...), ebenso ist die Menschheitsentwicklung zunächst eine Sache der Völkerindividuen der Nationen. Jeder von uns ist zunächst Schweizer oder Deutscher oder Franzose und entwickelt sich als solcher. Alle Erziehung ist national bedingt, ist abhängig von der Landschaft, dem Wirtschaftsleben, der Staatsform der betreffenden Nation. Nationale Erziehung ist eine Selbstverständlichkeit, insofern jedes Kind aus der Landschaft seiner Heimat hervorgeht und in die Kultur seines Landes hineinwächst, deren integrierenden Bestandteil – durch Geschichte und organische Verbindung – die Muttersprache bildet. Wie wir aber in unserer «pädagogischen Provinz» die Spannung zwischen Individuum und Gemeinschaft – als den beiden Brennpunkten der Ellipse aller kulturellen Entwicklung – täglich erleben, müssen wir unsere Jugend auch die auf das Verhältnis der Nation zur Menschheit erweiterte Spannung praktisch erleben lassen; das erreicht man nicht dadurch, daß irgendeine nationale Schule auch Kinder anderer Nationen und Rassen, sozusagen als Gäste, aufnimmt und in diesem Sinne als international gilt. In der Schule der Menschheit sollen möglichst alle großen Kulturen der Gegenwart, nicht nur die abendländischen – die französische, angelsächsische, deutsche, slavische –, sondern auch die des Orients, vor allem die chinesische und indische, vertreten sein in Form von Arbeitsgemeinschaften, die aus tüchtigen Vertretern der betreffenden Kultur, aus Lehrern und aus Kindern bestehen, die aus der Rasse und Nation jenes Landes herstammen. Diese Kulturgemeinschaften stehen innerhalb der Schule gleichberechtigt nebeneinander, um in fruchtbarer, gegenseitig bereichernder Auseinandersetzung aufeinander zu wirken. Im Laufe der Jahre wird es gelingen, wie es Tagore in Shantikinetan gelungen ist, vortreffliche Pädagogen aus den verschiedensten Nationen anzuziehen und jede der Kulturgemeinschaften dermaßen auszubauen, daß sie das Charakteristische ihrer nationalen Kultur bietet und werbend in ihr Verständnis einzuführen vermag. Stellen Sie sich also als Anfang eine Schule in der Form eines Landerziehungsheimes vor, das zunächst aus 5–6 derartigen Kulturgemeinschaften besteht, deren jede etwa 20 Mitglieder ihrer Nation, Lehrer und Kinder, enthält! Diese selbständig neben einander bestehenden Kulturgemeinschaften werden ihre beglükkende Synthese in dem Bewußtsein finden, die Kultur der Menschheit, ihrer Idee nach, darzustellen. Die Schwierigkeiten der sprachlichen Verständigung werden unschwer zu überwinden sein. Auf keinen Fall soll irgendeine Sprache dominieren; neben einem gründlichen Studium der Muttersprache wird das Erlernen der drei Sprachen Englisch, Französisch, Deutsch als selbstverständlich für alle vorausgesetzt. Jede der gedachten Kulturgemeinschaften bildet eine Lebensgemeinschaft für sich, auch in räumlicher Hinsicht, indem sie möglichst ein Haus für sich bewohnt. Schulgemeinden, religiöse Feiern und viele andere Gelegenheiten vereinen sämtliche nationale Lebensgemeinschaften zu einem harmonischen Ganzen. Als oberstes Organisationsprinzip der Menschheitsschule tritt natürlich nicht etwa der sprachliche Gesichtspunkt auf, sondern der Gesichtspunkt der Kulturgemeinschaft. Dieses Einteilungsprinzip wird freilich durchkreuzt durch das Bestreben, Arbeitsgemeinschaften auf gemeinsamen *Sach*gebieten aus Mitgliedern der verschiedenen Nationen zu bilden, soweit nicht unüberwindliche technische bzw. methodische Differenzen im Wege stehen. Solche Arbeitsgemeinschaften lassen sich nicht nur in den Werkstätten für Tischlerei, Buchbinderei, Weberei usw. mit Leichtigkeit einrichten, sondern auch im Unterricht vor allem der Naturwissenschaften, ja auch der allgemeinen übernationalen Kulturgeschichte. Tritt ein Kind, das aus einer der großen Kulturen herkommt, in diese Schule ein, so wird es normalerweise sich der Kulturgemeinschaft seiner Nation anschließen; andernfalls wird von Fall zu Fall zu entscheiden sein, welcher Kulturgemeinschaft es sich, je nach Veranlagung und Neigung, im Interesse seiner Bildung am zweckmäßigsten eingliedert; natürlich hängt es u. a. von sprachlichen Kenntnissen und Fertigkeiten ab, wieweit ein Kind an der Unterrichtsarbeit fremder Kulturgemeinschaften teilzunehmen vermag. Je fester ein Kind in der Kultur seiner eigenen Nation verwurzelt ist – dies zu erreichen wird die vornehmste Aufgabe jeder nationalen Kulturgemeinschaft sein –, desto kraftvoller und fruchtbarer vermag es sich mit dieser und jener fremden Kulturgemeinschaft auseinanderzusetzen ... Ich zitiere (...) jene kleine Schrift Dr. Beckers, in der er aus genialer Schau «das Problem der Bildung in der Kulturkrise der Gegenwart» skizziert und den Geist der Lebensgemeinschaft, die mir vorschwebt, mit folgenden Worten andeutet: «Nur wenn der Mensch im anderen Menschen, welcher Nation, Klasse oder Religion auch immer, das Ewige und Göttliche anerkennt, das er in sich selbst erlebt, und für das er den Respekt der Mitmenschen fordert, dann ist die seelische Voraussetzung geschaffen, auf der der Tempel einer neuen Menschheit sich erheben kann. Aus der Zusammenarbeit der Völker kann eine internationale *Organisation* entstehen, ein internationaler *Geist*, aber nur aus einer neuen Gesinnung zwischen Mensch und Mensch. Man muß den Mut aufbringen zu einer seelischen Haltung, die jedem andern das zubilligt, was man für sich selber fordert. Der Wunsch, den internationalen Gedanken zu pflegen, führt an die Basis der nationalen Erziehung überhaupt. Nur von hier aus kann, so utopisch es zunächst erscheinen mag, etwas wirklich Fruchtbares geschaffen werden. Jede nationale Erziehung muß der Überbrückung und Versöhnung der Klassenge-

Aus der Frühphase der Ecole d'Humanité in Versoix:

Gemeinsames Singen am Morgen

Unterricht im Freien (im Hintergrund rechts Geheeb und Gunning)

gensätze, wie der religiösen Toleranz dienen. Wird diese Erziehung – und sie muß es, um wirksam zu sein – vom rein Menschlichen ausgehen, so dient sie damit zugleich der Völkerversöhnung.»

Die Entwicklung meiner Ecole d'Humanité im Kanton Genf entsprach zunächst meinen Erwartungen, insofern sie nach verhältnismäßig kurzer Zeit über 60 Kinder aus 14 verschiedenen Nationen enthielt. Als aber in den folgenden Jahren der Himmel der Weltpolitik sich immer mehr bewölkte, hörte der Zustrom ausländischer Kinder allmählich auf, und die vorhandenen verließen nach und nach die Schweiz, so daß die Entwicklung meiner Schule auf einen Larvenzustand zurückgeschraubt wurde. In zahlreichen Briefen aus fernen Ländern aber baten unbekannte Menschen mich, trotz dieser furchtbaren schweren Zeit doch durchzuhalten; die Tatsache, daß irgendwo in den Schweizer Bergen noch eine solche Keimzelle völkerverbindender Menschlichkeit existiere, wirke tröstend und ermutigend auf ungezählte Tausende. In vielen Ländern ist die Zahl der Erzieher, denen die Vision einer Menschheitsschule vor Augen schwebt, im Wachsen begriffen. Je grausamer der die Völker hinschlachtende Kriegswahnsinn wütet und die Kultur zerstört, je unsicherer und schwieriger die ökonomischen Verhältnisse werden, desto weiter und stärker breitet sich die Überzeugung vom Werten der Erziehung, der Charakterbildung aus, die die Jugend in physischer und geistiger, in technischer und moralischer Beziehung für die unerhört großen Aufgaben unserer Zeit ausrüstet. Daher werden nach dem Kriege aus allen Ländern die Kinder wieder in die Schweiz strömen, um die Häuser der Menschheitsschule zu füllen; das Land, in dem hoffentlich die zweite, verbesserte Auflage des Völkerbundes erstehen wird, muß auch die erste Menschheitsschule schaffen. In jedem größeren Land sollte dann wenigstens *eine* solche kulturelle Gemeinschaft entstehen, die in Organisation und Methoden den Schulen zum Vorbild diene und die Gesinnung der Völkerversöhnung, der wirtschaftlichen und kulturellen Zusammenarbeit und des ewigen Friedens zwischen den Nationen ausstrahle. –

Als Immanuel Kant 1784 die «Idee zu einer allgemeinen Geschichte in weltbürgerlicher Absicht» und 1795 den philosophischen Entwurf «Zum ewigen Frieden» veröffentlichte, hegte er zu der vernünftigen Einsicht der politischen Machthaber das Vertrauen, daß sie niemals wieder den Ausbruch eines Krieges zulassen würden. Er hielt die Idee des ewigen Friedens für sinnvoll und vernunftgemäß, eine die Nationen verbindende allgemeine Gesetzgebung für möglich auf Grund der Ideen der Freiheit und der Föderation. Wir sind inzwischen mit G. H. Wells der Überzeugung geworden, daß die Herbeiführung des Weltfriedens im Grunde eine *pädagogische* Angelegenheit ist, wissen freilich auch, daß die Erzieher *langsamer* arbeiten als die Diplomaten und die Rüstungsindustriellen. Aber unseres schließlichen Erfolges sind wir sicher; denn uns erfüllt Schillers Glaube: «Von der Menschheit – du kannst von ihr nie groß genug denken; wie du im Busen sie trägst, prägst du in Taten sie aus.»

(Aus: OSO-Hefte Nr. 3, 1970, Oktober, S. 172ff; entnommen dem Text eines 1943 in Zürich gehaltenen Vortrags)

Alwine von Keller
**Eindrücke aus der «École d'Humanité» 1934 bis 1945**

Vielleicht hat sich Paul und Ediths Berufung, Kinder zu ihrem Lebensrecht zu verhelfen, zu ihrem eigenen Werden und zu ihrem selbständigen Wirken in einer sozialen Gemeinschaft, nie reiner erfüllt, als unter den unsäglichen Schwierigkeiten der Emigration und während des Krieges. Ohne eine geeignete, geschweige eigene, Stätte, ohne Geld, gegen Widerstände, ja gegen Anfeindungen an, arbeiteten beide mit ganzem Einsatz an der Verwirklichung der Idee.

Schon der Auszug aus der Odenwaldschule vollzog sich unter unvorhergesehenen Schwierigkeiten und anders als er geplant war (ganz abgesehen von der Gefährdung Pauls durch den Nazi-Staat). Nicht nur wir, sondern auch zahlreiche Eltern unserer Kinder waren davon überzeugt gewesen, daß wir uns der Verantwortung gegenüber den uns anvertrauten deutschen Kindern – ob «arischen» oder jüdischen Ursprungs – nicht entziehen durften, und eine Anzahl unserer Mitarbeiter planten nach dem entsetzlichen Jahr 1933, in dem wir zusehen mußten, wie der innere Gehalt unseres Werkes ausgehöhlt wurde, Deutschland mit uns zu verlassen. Wir erfuhren die erste bittere Enttäuschung, als Heinrich Sachs, als Lehrer für bildende Kunst von uns hochgeschätzt, und der Geschichtslehrer Werner Meyer glaubten, entgegen den Erfahrungen, die wir gemacht hatten, die Odenwaldschule im bisherigen Geist fortsetzen zu können; wie viele Deutsche hielten sie die Zugeständisse, die damit verbunden waren, nicht für entscheidend. So blieben nur wenige und darunter sehr schwierige Kinder, die mit Paul, Edith, Lisbet Hartig, Maria Neumann und vorerst mir selber als «helfendem Gast» nach Versoix zogen.

Wir kamen also nicht mit eingelebten Kameraden und unterrichtlich erfahrenen Mitarbeitern; und dadurch war von vornherein der Aufbau, auch für die uns Aufnehmenden, sehr erschwert. – Und nun Versoix, das bürgerlich eingerichtete, schwer verschuldete Haus mit dem «herrschaftlichen» Garten, dicht an der asphaltierten Straße Lausanne–Genève mit dem großen Autoverkehr – vor allem aber das Zusammenarbeiten mit dem Besitzer und bisherigen Direktor einer «Pension» für Knaben –, erwies sich als unhaltbar.

Umzug! Zweimaliger, dreimaliger Umzug mit Kindern und Mitarbeitern: aus Versoix in ein unheizbares Schloß (in das nicht, der Verabredung gemäß, Heizung durch die Besitzer gelegt worden war) und aus diesem in ein durch den Krieg leerstehendes Hotel, und dann, im September 1940, als die meisten zahlenden Kinder in ihre Heimatländer zurückgerufen wurden und nur die wenigen deutschen Kinder blieben, denen kein Geld mehr geschickt werden konnte, in ein Naturfreundehaus, das für die Kriegszeit gegen eine nicht allzu hohe Miete zu haben war.

Das Hotel sowie das Chalet «Aurore» waren in Lac Noir im Jura, 1050 m hoch, 1½ Stunden mit dem Postauto von Fribourg entfernt. Die Landschaft dort – ein Talschluß um den kleinen Schwarzsee, umkränzt von hohem Gebirge, das kleine Dorf mit seinen wenigen verstreuten Gehöften – sprach Paul und Edith unmittelbar an. Paul erinnerte es an die heimatliche Rhön mit den kräuterreichen Matten, von denen er rucksackvoll Gemüse und Salate heimbringen konnte, im Kriege und in dem abgelegenen Dorf eine große Hilfe.

Während des Krieges war ich mehrere Male kürzere oder längere Zeit Gast in dem winzigen Chalet d'Aurore. Wie überall war das erst, was Edith eingerichtet hatte, Pauls Zimmer, mit seinen eigenen alten Möbeln in möglichst genau derselben Anordnung wie in seinem Arbeitszimmer im Humboldthaus in der Odenwaldschule. Dies, sein Schlaf- und Wohnzimmer, war das einzig geräumige im Hause, abgesehen von dem großen Raum zu ebener Erde, nur durch drei Stufen ohne Tür von der Küche getrennt. Hier im Speisesaal spielte sich das Leben der Schule ab. An den Wänden stand die Bibliothek, vom vielen Gebrauch sehr mitgenommen, dazwischen die Schränke für Küchen- und Hauswäsche; hier unter den Bildern von Goethe und Pestalozzi wurden die Kurse abgehalten, hier wurde – oft gleichzeitig mit drei verschiedenen Kursen – geplättet und gestopft; in der Küche bemühte man sich, die großen Töpfe leise hin- und herzuschieben, um nicht zu stören. Dort spielte ein uraltes Grammophon zu den Andachten Bach. Und wie wäre eine Odenwaldschule denkbar ohne Feste! Feste mit Flüchtlingskindern aus fast allen kriegsbetroffenen Ländern, seelisch beschädigten Kindern, oft durch Schreckliches gegangen (Bergen-Belsen!), die hier wieder Lebensmut und Arbeitsfreude gewannen und den Mut, Beziehungen zu anderen Menschen zu knüpfen. Ergreifende und liebenswerte Kinder, zum Teil vom Schweizerischen Hilfswerk aus Flüchtlingslagern der Schule anvertraut. Es bleibt unvergeßlich, wenn Flüchtslingslehrer und diese zuerst so stummen Kinder zur Begleitung der Gitarre die schmerzlichen Lagerlieder und ihre früher gelernten Heimatlieder sangen. Unvergeßlich wie die jüdischen und die nichtjüdischen Kinder und Erwachsenen zusammen die christlichen und jüdischen Feste feierten.

Fast ebenso erstaunlich und bemerkenswert wie der Speisesaal war Ediths gedrängt volles Zimmer mit dem weiten Blick und der kleinen Leitertreppe für die Katze Kamala mit ihren Jungen. Hier gab Edith ihre englischen und die Malkurse; die Kinder hockten, wo sie nur eben Platz finden konnten, auf Ediths Bett, auf dem Boden, an ihrem Schreibtisch. Hier befanden sich wohlbehütet der Werkzeugkasten und sämtliche Schlüssel der Schule, wer einen Nagel brauchte, mußte ihn hier holen. Neu eintreffende Kinder wurden erst mal hier gewärmt und gefüttert, Gäste bewirtet. Alle mütterlichen Kräfte von Edith konnten hier wirken.

Was Lisbet Hartig in diesen Jahren leistete, ist bewundernswert. Ihr Zimmer, neben der Eingangstür gelegen, enthielt gerade nur das schmale Bett, einen Stuhl, den Schreibtisch mit der Maschine und die Büro- und Verkaufsschränke der Schule. Lisbet war die alleinige Buchhalterin, ihre Arbeit wurde erschwert durch die Abrechnung der zahlreichen Lebensmittel-Coupons, sie führte die Korrespondenz mit Lieferanten und Eltern. Sie war das Auskunftsbüro der Schule, zeitweise kochte sie, und sie war es, die den Hausdienst der Kinder organisierte. Denn hier war praktische Arbeit nicht in erster Linie durch pädagogische Einsicht geboten, sondern ohne die dauernde Arbeit der Kinder hätte das Haus nicht gehalten werden können. Sie mußten Holz schlagen, sollte geheizt werden, wenn das kleine Haus fast im tiefen Schnee verborgen dalag; sie mußten die Wäsche ½ Stunde ins Tal hinunter und wieder hinauf fahren, die Lebensmittel vom Postauto den Berg hinaufschleppen, Küchen- und Hausarbeit machen, flicken und stopfen. Die praktische Arbeit nahm täglich 2–3 Stunden in Anspruch.

Klingt es mühsam? Es war mühsam, aber es war das volle Leben mit Skilaufen, Schlittschuhlaufen, Schwimmen (Paulus badete bis in den Winter hinein jeden Morgen im See), Rudern, Bergsteigen und Hochtouren neben den großen Leistungen auch in der theoretischen Arbeit. Ich gedenke einer Kursschlußschulgemeinde, Ergebnis des Arbeitsschulprinzips, nach dem die Kurse geführt wurden, in der die noch vor kurzem in Lagern unbeschäftigt lebenden Kinder so individuell und erfüllt von ihren Kursen berichteten und Leistungen vorwiesen, wie ich sie selbst in unserer Odenwaldschule selten gesehen habe. Was besonders beglückte, war, daß dieselbe lebensvolle kulturelle Atmosphäre auch unter diesen primitiven Gegebenheiten alles umfing und durchdrang. Paul sprach täglich seinen Mittagsspruch und las in den Andachten die uns vertrauten, diesen Kindern aber neuen Geschichten von Tolstoj und Selma Lagerlöf. Abends in seinem Zimmer sammelte sich eine Gruppe größerer Kameraden und Mitarbeiter; in einem Winter las er mit ihnen Silones «Brot und Wein» und auch sonst das, was ihm aus zeitgenössischer Literatur für diese aufnahmebereiten Kinder wichtig schien.

Lisbet schreibt in ihren schönen persönlichen Erinnerungen für Paulus' Mappe:

«Die Schularbeit im engeren Sinne war auf den Vormittag beschränkt; jedes Kind hatte drei einstündige Kurse. Paulus unterrichtete Biologie meistens im Freien; dazu bedurfte er keiner Vorbereitung; doch er sah die Zeit kommen, in der unsere Jüngsten, darunter mein Sohn Wolfgang, Mathematik und Physik beginnen sollten; so entlieh er Bücher aus der Universitätsbibliothek Fribourg und bereitete sich vor: als er Student gewesen sei, habe es noch nicht einmal Telefon gegeben – also welche Fülle von Material sei von ihm durchzusehen ...

Kinder, die jahrelang in Frankreich gelebt hatten, französischer, belgischer, deutscher, polnischer Herkunft, waren so verlangend, versäumte Schul- und Lehrjahre nachzuholen. Die Mitarbeiter gaben, was sie konnten. Nachdem die Schule bis auf sieben Kinder zusammengeschmolzen war, bevor der Flüchtlingsstrom begonnen hatte, wuchs dann die Zahl der Kinder so an, daß ein Steinhaus, 8 Minuten entfernt, hinzugemietet wurde, dann eine kleine Wohnung in der Gendarmerie, dann das Holzhaus 35 Minuten entfernt die Landstraße hinunter, und schließlich noch das Chalet Alpina. Hier wohnten einige Mädchen. Die großen Jungens, 6–8 an der Zahl, wohnten im entfernten Holzhaus und legten morgens und abends bei jedem Wetter, sommers und winters, die lange Landstraße zurück, mit Schlitten, auf Skiern, zu Fuß unter dem Sternenhimmel.

Wirtschaftliche Not hatte die Kinderzahl der Ecole d'Humanité auf ein Minimum herabgedrückt. Menschliche Not der in die Schweiz strömenden Flüchtlingsfamilien machte ihre Existenz wieder notwendig und bediente sich ihrer Möglichkeiten. *Alle* Kinder paßten in die Schule: große und kleine, Knaben und Mädchen, Brüder und Schwestern, von deutscher und anderer Sprache, schwierige und begabte und unbegabte (falls es solche gibt). Vieles war in den jungen Seelen verstört, erschüttert, vielleicht für immer zerstört. Die Gesetze, die dies menschliche Leben zu sichern scheinen, hatten für sie nicht gegolten. In das arbeits- und problemreiche Leben der Schulgemeinschaft hineingestellt, die ihre Eigengesetzlichkeit zu haben schien, und die sie doch mit ihrer Persönlichkeit umgestalten, auf jeden Fall beeinflussen konnten, lernten sie wieder dem Leben zu glauben. Dies ist ein abstrakter Ausdruck für einen Prozeß von Monaten und Jahren, der seinen Anfang nahm, wenn der Neuankömmling, von einem Kameraden am Autobus abgeholt, den Weg zum Chalet mit leichtem Gepäck hinaufstieg, und, in Ediths Zimmer erlabt und erquickt, fühlte, daß hier Menschen gewillt waren, ihm eine Heimat zu geben, in der er sein Leben neu beginnen konnte.»
(Aus: E. Cassirer [Hg.]: Die Idee einer Schule im Spiegel der Zeit, Heidelberg 1950, S. 106–110)


Martin Wagenschein
**Paul Geheeb in der École d'Humanité**
**Zu seinem 80. Geburtstag (10. Oktober 1950)**

Der Autobus fährt uns vom Brüning aus zum 1100 Meter hohen, weit zerstreuten Dorf Goldern. Wir kommen ohne genaue Anmeldung, aber Paulus (wie er in seiner Schule und bei seinen Freunden heißt) hat uns zufällig erspäht und kommt uns entgegen, nicht anders wie er uns aus dem Jahr 1933 in Erinnerung ist: mit wehendem weißen Bart, hellem Anzug, kurzen Kniehosen, nackten braunen Waden, Sandalen, kommt er gelaufen und nimmt die Koffer mit so überzeugender Jugendlichkeit, daß ein Protest gar nicht in Frage kommt. Es ist Sonntag abend, alle sind gerade dabei, zur «Andacht» zu gehen. Der bunte Strom der sommerlich gekleideten Gestalten, unter denen viele sind, von denen niemand sagen könnte, ob sie zu den «Lehrern» oder zu den «Schülern» zu zählen wären – sie heißen nach wie vor «Mitarbeiter» oder «Kameraden» – der Strom nimmt uns auf (Gäste sind nichts Ungewöhnliches), und wir sind ohne weiteres wieder zu Hause. Es ist nicht die große Aula der Odenwaldschule von früher, die Schar ist kleiner, sie sitzen um einen großen Tisch herum: Mädchen, Jungen, Kleine, Große, Erwachsene, und hören die Erzählung von Tolstoi: «Wieviel Erde braucht der Mensch?». Wir kennen sie genau, denn wir haben sie oft gehört, von derselben halblauten, behutsamen, unpathetischen Stimme. Nicht jedes Wort erinnern wir, aber einzelne Sätze leuchten wie brennend auf; wie wenn ein neuer Wind eine alte, fast vergessene Glut entfachte.

Wie ich ihm nach sechzehnjähriger Pause gegenübersitze und wieder seinen einzigartigen Blick sehe (die Iris ist grau umkränzt: so bekommt der Blick etwas Rauhreifhaftes, das die buschigen, noch dunklen Augenbrauen verstärken, der langwehende Bart ist ganz weiß geworden), diesen unvergeßlichen Blick, in dem Güte und Distanz, Vertrauen und Forderung, Schalk und Ernst sich mischen – ein wahrhaft pädagogischer Blick –, da ist mir gegenwärtig, wie mir vor nun fünfundzwanzig Jahren zumute war, als ich ihn zum erstenmal in seiner Odenwaldschule aufsuchte: Endlich einmal kein «Vorgesetzter», kein Schablonenprediger; einer, der dich in deiner Unvollkommenheit und Unfertigkeit ganz ernst nimmt und der das gibt, was du vor allem brauchst: die Freiheit, du selbst zu werden.

Im Fenster steht jetzt nicht mehr wie damals, für ihn fünfundzwanzig Jahre, für mich neun Jahre lang, das harmonische Hambachtal vor der meeresgleichen Rheinebene. Es ist ausgefüllt von dem Kristallklotz der Wetterhörner, der jenseits des Meiringer Tales prangt und droht und in seinem furchtbaren Ernst die Sommerlieblichkeit der Alpwiesen genauso ergänzt, wie sich uns überhaupt der Blick auf die Welt vervollkommnet hat. Paul Geheeb hat sich in den fünfzehn Jahren, seit er Deutschland, seine Schule und den Odenwald aufgab, so wenig verändert wie dieser Berg. Und diese – bleibt man in rein biologischer Betrachtung stehen, kaum begreifliche – Jugendlichkeit hat er sich bewahrt nach einer Zeit schweren Kämpfens. Es ist der vierte Ort, den er sich in der Schweiz für seine Schule erringen mußte: Versoix, Murten, Schwarzsee und nun Goldern.

Am meisten fällt uns in den ersten Tagen auf: die Kinder sind glücklich hier. Den zehn kleinen Gestalten des Kindergartens zuzusehen, ist eine tägliche Freude; wie sie, einer Vogelschar vergleichbar, durch den Garten treiben, Blumen gießen und betrachten, von den Blumen zum Baden, vom Baden zur Schaukel gelockt. Sie sind ein wesentliches Element der Erziehungsgemeinschaft. Nach außen ist es vielleicht nicht unnötig zu erwähnen, hier ist es in keiner Weise auffällig oder beabsichtigt oder der Rede wert, wenn etwa Paulus so einer kleinen verwehten Gestalt, wie sie, einen Teller in jeder Hand und ein Stück Brot im Mund, vor der Küchentüre steht, diese Türe im Vorbeigehen öffnet, nicht im geringsten weniger chevaleresk als einer Erwachsenen, und das kleine Wesen dann «hanke!» sagt und hineingeht. Es kommt nicht vor, was wir in unseren öffentlichen Schulen so schmerzlich immer wieder sehen, daß «Schülergespräche» abbrechen, wenn ein «Lehrer» nahekommt, daß die Augen an ihm vorbeigehen, wenn er einen Schüler anspricht, oder daß die Kinder dabei «Haltung annehmen». Mancher neu eingetroffene Lehrer autoritärer Herkunft mag sich hier so fühlen, als würde er von den Kindern wie Luft behandelt, wie die Luft dieser Berge.

Es gibt keinen einzigen «Dienstboten» in dieser Schule. – Wieder sind es die Kleinen, die vier- bis siebenjährigen, die ihre Arbeit auf die liebenswürdigste Weise tun. Morgens, während die Betten gemacht und die Stuben gefegt werden, während man das Poltern der Besen auf den Treppenstufen hört, nähert sich ihre Horde mit zartem Getöse. Von Stockwerk zu Stockwerk tönt ihr vorankündender Ruf: Papier-Körbe! Bis es dann zaghaft klopft, eine kleine ostpreußische Baronesse im Türspalt erscheint und leise fragt: «Hast du Papier??» Schüttelt man den Kopf, stäubt sie erleichtert davon, ist er voll, so umarmt sie ihn entschlossen, sagt auch noch «Danke!» und schleppt ihn in den Keller, auf ihrem Wege von den stufenstürmenden Großen schonend umgangen. – Nach dem Essen beginnt eine in ihrer Zusammensetzung immer wechselnde, doch immer muntere Gruppe von jung und alt das Geschirr zu spülen. – Am Nachmittag sieht man ein Kindergrüppchen in der Sonne sitzen und Bohnen abzupfen. Ein Mitarbeiter geht vorbei, ein Holländer, er erklärt in seiner niederländischen Aussprache, wie dort die Bohnen heißen, die Erbsen und das andere Gemüse. Eine Siebenjährige sieht gläubig zu ihm auf, während ihre Hände weiterarbeiten, eine Fünfjährige kann die Aufmerksamkeitsteilung noch nicht aufbringen: sie schält erst mit Stirnfalte weiter und entschließt sich dann fürs Zuhören. Die helle heitere Einigkeit fällt mir auf, niemand arbeitet unlustig, die Kleinen langsam, die Großen schnell.

Eine holländische Helferin hat Volkstänze englischer Herkunft einstudiert, Geige, Flöte und Klavier machen die Musik dazu. Wir finden Jungen und Mädchen zwischen zwölf und achtzehn Jahren, Helferinnen, die junge deutschrussische Zeichenlehrerin und den holländischen Mathematiklehrer, der nicht zuletzt ein Flötenspieler und Bergsteiger ist, in buntester und lebendigster Bewegung. Dazu kommt, froh begrüßt, noch der dreißigjährige schweizerische Koch. Was auffällt, ist die unbefangene Heiterkeit aller, die Gelöstheit der Bewegungen, viele tänzerisch Begabte, und, ein Zeichen, wie gut Jungen und Mädchen hier miteinander umgehen: die großen Mädchen tanzen mit den kleinen zwölfjährigen Jungen nicht minder zugeneigt wie mit den gleichaltrigen: Der Tanz lebt nicht aus privater Erotik, sondern aus dem Zusammenklang aller. Musikabend. Im Saal sitzt sich die Schule in zwei etwa gleich großen Gruppen gegenüber, Singende und Hörende. Der junge Lehrer, ein Schweizer, hat mit feinfühligem Ernst und der hellen heiteren Gewalt des geborenen Pädagogen einen Monat lang geübt. Die singende Gruppe ist eine ungewöhnlich gelöste und in Milde disziplinierte, schöne Gestalt. Hier «Teile» zu unterscheiden, Lehrer – Schüler, Jungen – Mädchen, kommt keinem in den Sinn; die natürliche und sommerliche Kleidung vereinigt sie ebenso wie die gelöste Eintracht ihrer offenen, zum Dirigenten aufgerichteten Gesichter. Auf unserer, der Zuhörerseite, sitzen in der ersten Reihe die Kleinen, der Kindergarten, sehr aufmerksam. Sie schaukeln zwar mit den Beinen oder ziehen sie auf den Sitz, aber das stört keinen. Mitten unter ihnen Paulus; er redet in der Pause eindringlich (und englisch) mit einem dieser Kleinen, der gerade mit dem Flugzeug aus Kairo gekommen ist und sich hier schon so still und vergnügt bewegt, als wäre er zu Hause. – Sie singen Schubert und Schütz. Dazwischen tritt eine Gruppe von Flötenden und Geigenden in den Raum zwischen den beiden Gruppen der Schule. Als der junge Lehrer sagt, es sei nun aus, bleibt man noch eine Weile sitzen, die gemeinschaftsbildende Macht der Musik hält uns zusammen. Zu klatschen kommt keinem in den Sinn. Man ist natürlich und dankbar.

«Theoretische Konferenz». Hier kommen nicht nur die Lehrer und Helfer zusammen wie in der praktischen Konferenz, hier ist auch der «Kameradenrat» anwesend, eine Gruppe von etwa zwölf der – weniger nach dem Alter als nach dem Grad ihres Einstehens für die Gemeinschaft – reifsten Kameraden. Auch hier ist also die Grenze zwischen Lehrern und Schülern fließend, man sitzt in Paulus' Zimmer bunt durcheinander, und, konnte man in der praktischen Konferenz die Mitarbeiterinnen nähen sehen, heute sind einige ältere Jungen strümpfestopfend beschäftigt. Während in der praktischen Konferenz die Mitarbeiter unter sich sind und die konkreten erzieherischen Aufgaben erwägen, die das einzelne Kind ihnen, den Erwachsenen stellt, werden hier allgemein pädagogische Fragen besprochen. Daß dabei die «Gegenstände» der Pädagogik anwesend sind, mag wohl nur aus der Perspektive der Gewohnheit befremden. In einer Gemeinschaft, die sich selbst erzieht, sind die Kinder nicht Gegenstände, sondern Teilnehmer und Mit-Handelnde. Und da die Erziehung den Menschen zu sich selber und zur Gemeinschaft führen will, so ist es nur natürlich, auch die älteren Kinder mit einzubeziehen, wenn man etwa Kerschensteiner oder Goethes «Pädagogische Provinz» liest, wie es hier in den letzten Wochen geschah.

In der «Schulgemeinde» sitzen alle, die ganze große Familie, durcheinander, um einen Riesentisch herum versammelt. – Auch die kleinen Kindergartengestalten sind dabei. Daß sie von der Verhandlung manchmal nichts begreifen, schadet gar nichts. Zum mindesten spüren sie, daß Gemeinsames geschieht und daß sie dazugehören. Auch können sie das gemeinsame Eingangslied verstehen, das, von dem jungen geigenden Lehrer geführt, alle zusammenschließt: Der Wächter auf dem Turme saß / Und rief mit heller Stimme / Ist noch einer da, der im Schlummer leit / Er steh nur auf, es ist nun Zeit / Der Tag hat sich gezeiget. Drum hebt das Tagwerk fröhlich an / Ihr Leute allerorten / Beginnt es mit Fröhlichkeit / Und seid zu gutem Tun bereit / Bis daß der Tag sich neiget.

Am Ende der vierwöchigen Arbeitsperiode nehmen wir an einer besonderen, der «Kurs-Schluß-Schulgemeinde» teil. Wir kennen diesen Brauch aus der alten Odenwaldschule. «Klassen» gibt es auch hier nicht. Was ein «Kurs» getan hat und ob er gelungen ist, geht die ganze Schule an. Hier sind nicht nur die «Lehrer», sondern auch die «Schüler» «pädagogisch interessiert», ohne daß sie das Wort Pädagogik zu kennen brauchen. Für den an öffentliche Schulen gewohnten Leser ist es nicht unwichtig zu sagen, daß auch hier, wie immer, Alte und Junge, Eltern und Gäste zwanglos durcheinandersitzen, und daß auch Paulus nur einer der Zuhörer ist.

Vorn steht ein Tisch mit Stühlen, an dem sich die gerade berichtende Arbeitsgruppe vollständig oder in Vertretern versammeln soll. Im Nebenraum kann man eine Ausstellung sichtbarer und greifbarer Ergebnisse sehen: Hefte, geographische Zeichnungen und Reliefs, keramische Arbeiten, Aquarelle. Eines davon berührt mich stark: Ein Dreizehnjähriger aus der französischen Schweiz hat das Motiv von seiner Hilfsarbeit bei den Bauern mitgebracht. Da hat er stundenlang in der Luke der Scheune über der Leiter gehockt und hat die

Heubündel in Empfang genommen. So blickt man denn von der Luke die steile Leiter hinab auf die Wiese, die von einem Waldrand geborgen und eingerahmt ist, und auf dieser Wiese sieht man einen Bauern zur Scheune steigen unter dem Riesenheubündel gebückt, das er über sich trägt und das einen schweren Schatten auf das Grün wirft. Der Mensch in seiner Arbeit, einsam, klein, fast überwältigt von Last und Sonne, aber kraftvoll steigend, tragend, vorsorgend.

Drei junge Mitarbeiter, der schweizerische Elementarlehrer, eine schweizerische Helferin und der holländische Mathematiker, spielen einige Sätze von Corelli für zwei Flöten und Geige, dann beginnt der Bericht. Er dauert zwei Stunden. Man paßt auf wie im Theater.

Als erster zeigt der Elementarlehrer, wie er die ganz Kleinen Möglichkeits-Sätze formen und üben läßt. Er hat ein großes Fenster an die Tafel gemalt, an dem eine Scheibe zerbrochen ist. Ein großes schwarzes Fragezeichen, so sieht das Loch die Kleinen an, die vorn sitzen und nun sagen, «was sein könnte»: vielleicht hat einer beim Kehren den Besen zu tief gefaßt? «Es könnte auch sein, daß» ein Junge einen Wutanfall gekriegt hat? oder daß der Wind ... Aber warum ist die Scheibe noch nicht ausgebessert: «es könnte sein, daß» die Frau des Schreiners es ihm nicht weitergesagt hat? oder daß er keine Lust hat? – Was uns so gefällt, ist die völlige Unbefangenheit der Kinder und des Lehrers und die große und warme Teilnahme aller.

Aus einem der Deutsch-Kurse für Ausländer zeigt ein kleiner Amerikaner, daß er schon ein indisches Märchen, das lustig und nachdenklich ist, deutsch frei erzählen kann.

Ein Literatur-Kurs für Fortgeschrittene verliest kurze Arbeiten über impressionistische Kunst, über Gerhart Hauptmann und Thomas Mann.

Wie stark die Schule mit dem ganzen Europa kommuniziert, zeigt besonders eindringlich ein Kurs für Anfänger in der russischen Sprache. Leiter: ein in Moskau geborener Balte. Teilnehmer: der sechzehnjährige Sohn eines im Tessin lebenden Weißrussen, der an eine Rückkehr glaubt, eine vierzehnjährige estnische Jüdin aus Palästina, die sich für den Kommunismus interessiert, wie auch die achtzehnjährige Tochter eines französischen Fabrikanten und ein Siebzehnjähriger aus der deutschen Ostzone, der seine dort begonnenen russischen Sprachkenntnisse fortführen will.

Auch der Kurs, den ich leiten durfte, berichtet. Wir hatten einige Wochen täglich 60 Minuten lang ein paar mathematische und physikalische Fragen durchdacht: ob es eine letzte Primzahl gibt[1], ob die Quadratwurzel aus 2 ein Bruch sein kann, warum das Wasser im Herbst bergauf fließt, und warum der Mond um die Erde läuft. Und da hier nicht nur der Stoff, sondern auch die Methode die Sache aller ist, und wir um «sokratische Methode» bemüht waren, so führen heute drei Kameraden aus der Gruppe die bekannte Szene aus Platons Dialog «Menon» auf, in welcher Sokrates den Sklaven das mathematische Wissen in sich auffinden läßt.

1 «Ein mathematisches Unterrichtsgespräch», diese Zeitschrift 1949, Heft 10, Seite 721.

Paulus würde, glaube ich, nicht leben können, wenn er nicht gelegentlich aus dem Ring seiner Pflichten einen Tag ausbräche und auf die Berge ginge. Fast zwei Wochen hat er es an seinem Schreibtisch aushalten müssen. Heute, sofort nach der Kurs-Schluß-Schulgemeinde, nimmt er uns und eine junge Französin mit auf die Arnis-Alp. Da ein gemeinsamer Spaziergang schon gezeigt hatte, daß wir dem um fast dreißig Jahre älteren nicht zu folgen vermögen, hat er sorgfältig einen Weg gewählt, der «fast immer abwärts führt». Wenn das auch eine schalkhafte Übertreibung ist, wenn man von 1100 schließlich auf 1600 Meter kommen soll, so gelingt es dadurch, daß wir in ein Erdbeerparadies geraten, wo er ständig den Weg verläßt und uns umkreist, Beeren sammelnd und Beeren an uns verfütternd, dabei mit Selbstverständlichkeit im Rucksack den Proviant für viere tragend. Man wehrt sich schon gar nicht dagegen, denn seine Überlegenheit ist so überzeugend, daß man unwillkürlich meint, es sei dem Mensch natürlich, daß seine Kräfte mit den Jahren wachsen (wie es Tolstoi erzählt in der Geschichte vom «eigroßen Korn»). Wenn er, wie ein altersloser, kraftvoller Berggeist, um uns herumklettert, sieht und wittert er aufmerksam Kräuter und Schmetterlinge. Er wird nicht müde, uns seine Lieblingsblumen zu zeigen, die er alle mit ihren lateinischen Namen nennt; eine Notwendigkeit, wie er erklärt, in einem so übernationalen Kreis. Da ist der gelbe Fingerhut (Digitalis ambigua), der Adlerfarn, die große Sterndolde (Astrantia major), die aufrechte blasse, bewimperte Campanula barbata, die große Kornblume (Centaurea montana). Viele gibt es auch in seiner heimatlichen Rhön, und er zeigt uns auch die Moose, die sein Vater, der bekannte Moosforscher und Apotheker in Geisa, dort sammelte und dessen Moosgärten ihm aus der Kindheit vor Augen stehen. Auf der Arnis-Alp suchte er alljährlich die Raupen des Wolfsmilchschwärmers, eine «durchaus humane Handlung», wie er lächelnd versichert, «denn sie überwintern gefahrlos bei mir, ich freue mich am Ausschlupfen der Falter und lasse sie dann in den Frühling fliegen». Nachdem er fünf Raupen aufgespürt (wir sehen keine) und uns alle von einem schwarzbärtigen Alp-Bauern, dem er komplementär gegenübersteht, mit Milch hat sättigen lassen, steigen wir wieder ab. Eine sehr drohende Gewitterwolke streift er nur flüchtig mit dem Auge, und während wir in einen zeitweise heftigen Strichregen kommen, sehe ich auf seinem hellen Rock keine Tropfen. Es will uns kaum verwundern, als bliebe er unberührt von ihnen, kugelfest.

Auf dieser Wanderung wurde es wieder offenbar, wie sehr dieser Mensch, der in Goethe lebt und dessen Handschrift jeder Graphologe in die Zeit Wilhelm von Humboldts verlegt (mit Recht), zugleich ein Elementarwesen ist. Als ein Gast der Schule, ein bekannter Paläontologe (und ehemals einer der ersten Schüler der alten Odenwaldschule vom Jahre 1912), einen Vortrag für uns über den von ihm in Java entdeckten Urmenschen Homo meganthropus hielt und dabei erwähnte, daß Linné zuerst nur den Homo sapiens und den Homo troglodytes (den Höhlenmenschen) unterschied, flüsterte mir Paulus lächelnd ins Ohr: «Und zu welchen würdest du mich rechnen?»

Daß er ohne Brille liest und ins Nahe und Weite sieht, daß er gut hört, daß er zum Erstaunen des Bergführers Hochtouren macht, ohne den Kopf gegen die Sonne zu schützen, dies zeigt, wie ein Mensch, der von einer Idee getragen ist und dem es gelingt, sie zu verwirklichen, nicht im üblichen Sinne altert.

Daß ihm die Verwirklichung gelang, das verdanken wir in einem hohen Grade seiner Frau Edith. Nicht nur stand sie als Gefährtin seines Lebens und seines Werkes in geistiger Kameradschaft unablässig und unveränderlich zu ihm, sie bahnte auch im praktischen Bereich seine Wege und stützte sie ab. Neben der Bewältigung des wirtschaftlichen Apparates ist sie den ganzen Tag warmherzig und schwesterlich bereit für die kleinen und großen Ratlosen, die von früh bis spät zu ihr kommen.

Ihre Adreßbücher enthalten Hunderte von Namen aus allen Kontinenten, denn es gibt heute einen internationalen Kreis früherer Schüler und Mitarbeiter Paul und Edith Geheebs um Paulus' symbolstarke Gestalt.

In der Glückwunschadresse, die er 1931 an den befreundeten Tagore zu dessen siebzigstem Geburtstag richtete, hat er ausgesprochen, was er an ihm als Erzieher verehrt, und wir dürfen annehmen, es sei das gleiche, was er selber erstrebt, der sich seinen «dankbaren Schüler» nennt:

«Dem tapferen Kämpfer für die Befreiung der Erziehung von der Pädagogik, ... dem in Santiniketan das einzigartige Glück gelang, denen, die dort heranwachsen, eine ganz glückliche Kindheit und Jugend zu sichern, sie religiös in völliger Natürlichkeit und Unbefangenheit, durch keinerlei Dogmatismus gestört zu Gottes Kindern entwickeln zu lassen, geschützt vor jeder äußeren oder inneren Vergewaltigung durch Erwachsene».

(Aus: Bildung und Erziehung, Heft 9/1950, S. 641–47)


# Kurt Hahns Erziehung zu Selbstentfaltung und sozialem Dienst in Schottland, Wales und anderswo

Kaum ein Landerziehungsheim hat mehr kritische Aufmerksamkeit auf sich gezogen als Salem, dessen Leitung Kurt Hahn 1933 niederzulegen gezwungen war. Um so notwendiger ist es, durch Legendenbildung und Mißverständnisse zum Kern der Hahnschen Zielvorstellungen durchzudringen, die oft vorschnell lediglich als Abenteuer-, Erlebnis- oder gar «Pfadfinder»-Pädagogik abqualifiziert wird. Damit ist indessen nur ein – freilich zentrales – methodisches Element benannt, auf das Hahns Erziehungskonzeption jedoch nicht reduziert werden kann.

Einem seiner ältesten englischen Mitarbeiter, Henry Brereton, ist aufgefallen, «daß Hahn es zurückweist, Gründer von Salem genannt zu werden, dessen Gründung er Prinz Max von Baden zuschreibt, während er sich aber durchaus als Gründer Gordonstouns bezeichnen läßt», wenngleich genaugenommen auch diese seine erste «Schule im Exil» von einem Kuratorium gegründet wurde, dessen Angestellter Kurt Hahn war (Röhrs, 1966, S. 192). Daß Hahn den Neubeginn im Exil, zu dem ihn seine Freunde sehr ermutigen mußten, mehr als seine eigene Sache empfand, mag durch die Rückkehr nach Morayshire als den Ort verstärkt worden sein, den er schon während seiner Studienzeit in Oxford häufig zur Erholung aufgesucht hatte. Außerdem gehörte die in den «Public schools» praktizierte Charakterbildung mittels körperlicher Ertüchtigung neben den Ideen von Plato, Fichte, Goethes «Wilhelm Meister», Hermann Lietz und nicht zuletzt der frühen deutschen Jugendbewegung zu den wesentlichen pädagogischen Anregungen, aus denen Salem sein – stets ausdrücklich als nicht originell deklariertes! – Konzept entwickelte. Die Zisterzienser, in deren uralten schloßartigen Klostergebäuden die Schule Salem sich 1920 etablierte, fügten dem ihre Tradition der manuellen Arbeit und vor allem des «Dienstes am Nächsten» hinzu, die seinerzeit insbesondere Max von Baden am Herzen lag. Hahn hatte sich Ende der zwanziger Jahre vergeblich bemüht, nicht nur seine Alt-Salemer, sondern darüber hinaus möglichst alle ehemaligen Schüler von Landerziehungsheimen zu einem solchen «sozialen Dienst» – sei es in Betrieben, sei es in der Wohlfahrtspflege (zum Beispiel in Zusammenarbeit mit Siegmund-Schultzes Sozialer Arbeitsgemeinschaft Berlin-Ost) – durchgängig zu verpflichten. Erst in Gordonstoun und den Gründungen, die sich anschlossen, gelang es Hahn jedoch, dieses Programm in einer ihn befriedigenden Weise zu realisieren. Kritisch vergleichend, hat Hahn einmal festgestellt, daß Gordonstoun mit dem Aufbau von Gemeinschaftsdiensten eben darin erfolgreich war, woran es Salem seinerzeit noch entscheidend mangelte, während umgekehrt Salem in der ausgewogenen Entfaltung individueller Fähigkeiten Besseres leistete als Gordonstoun. Hahn ging es in seiner Pädagogik stets darum, den Ansprüchen sowohl der Gemeinschaft wie des kindlichen Individuums gleichermaßen gerecht zu werden. Er spricht oft davon, daß es darauf ankomme, im Kind rechtzeitig die in ihm schlummernden großen «giftlosen» Leidenschaften für eine Sache oder Aufgabe zu wecken. Das soll einen weniger problematischen Verlauf der Pubertät gewährleisten und schließlich – nach Bewährung in schwieriger Lage, die auch im Akzeptieren eines Mißerfolgs bestehen kann – jenes eigentümliche «Leuchten in den Augen» bewirken, von dem Hahn meinte, daß man an ihm seine Schüler erkennt. Diese grundlegende Auffassung hat er – wie in dem hier zum erstenmal in deutscher Übersetzung vorliegenden, kurz nach seiner Emigration veröffentlichten Text «Das praktische Kind und der Bücherwurm» – dem englischen Publikum am Salemer «Modell» und seinen «Regeln» oder «Gesetzen» noch in mancher Variante, die sich jeweils geschickt dem Verständnis seines Zuhörerkreises anpaßte, zu vermitteln gesucht. Aber er beschränkte sich nicht darauf, in Vorträgen im Rundfunk, vor Schulleitern, Eltern oder Organisationsvertretern über Salem zu informieren und für Gordonstoun und seine anderen Schulpläne zu werben. Es drängte ihn ebenso, zu politischen Fragen offen durch Beiträge in den Massenmedien und eine Reihe «Laienpredigten» in der Kathedrale von Liverpool Stellung zu beziehen, zur Friedenssicherung etwa, wobei er sich nicht scheute, vom offiziellen Tageskurs der britischen Politik abzuweichen – ob es sich um die Einschätzung der Russen als Bündnispartner oder um Strategien gegenüber den vom Nationalsozialismus befreiten Deutschen handelte. Nach seiner 1938 erfolgten Einbürgerung in Großbritannien konnte er sich das leisten, ohne – wie zeitweilig seine Mitarbeiter nach Kriegsausbruch – als «feindlicher Ausländer» interniert zu werden. Mit diesem, von wenig Erfolg und positiver Resonanz gekrönten Auftreten in der Öffentlichkeit verwirklichte Hahn einen Teil seiner eigenen Bedürfnisse und kam zudem der Forderung nach, die er in der Emigration dringlicher noch an sich und andere gerichtet hat; der Forderung nach dem «Dienst an der Gemeinschaft».

Gordonstoun fing damals als eine «schwer einzuordnende Schule» an (Brereton, in: Röhrs, 1966). Es hatte einerseits Züge der traditionellen englischen «Public schools» – wie die Pflege der Mannschaftsspiele oder auch gewisser Formalismen in der schulischen Hierarchie, kritisierte andererseits aber die zeitgenössischen «Public schools» allein schon durch die Einführung partnerschaftlicher Gepflogenheiten im Umgang zwischen Lehrern und Schülern, in Verbindung mit einer Erziehung zu Vertrauen und Selbstverantwortung, womit Gordonstoun sich den ähnlich organisierten «Progressive schools» wie überhaupt der Reformbewegung der «New Education Fellowship» annäherte. Zugleich war Gordonstoun auf diese Weise zwanglos in das nationale *schottische* Bildungssystem integriert. Es unterschied sich vom englischen insofern, als fortschrittliche Pädagogen in ihm und nicht abgesondert in privaten Schulen ihre Vorstellungen zu verwirklichen suchten und «Klassengegensätze» darin – wie generell in Schottland – auch im Schulwesen eine geringere Rolle spielten. Diese «Zwischenposition» hat Hahn und Gordonstoun sowohl bei den Traditionalisten wie bei den Progressiven immer wieder suspekt gemacht. Trotzdem erhielt Hahn 1934 und in den folgenden Jahren auch von vielen Seiten und vor allem durch einen breitgestreuten Kreis von Förderern aus dem öffentlichen Leben nachdrückliche ideelle, allerdings weniger finanzielle Unterstützung.

Der zur Verfügung gestellte, schön gelegene und architektonisch reizvolle, aber stark vernachlässigte Landsitz Gordonstoun beherbergte zunächst nur eine kleine, sehr gemischte Gruppe von Lehrern und Schülern, unter den letzteren der heutigen Leiter von Salem, J. Winthrop Young. Ein ziemlich hoher Prozentsatz kam aus Salem und seinen Juniorenschulen, dazu gehörten neun deutsche Jungen ganz oder teilweise jüdischer Herkunft, zwei Spanier, ein Österreicher und ein Peruaner. Am Ende des

Kurt Hahn mit dem charakteristischen Tropenhelm, gemalt von Erich Meissner. Im Hintergrund Gordonstoun, links der «Round Square»

ersten Jahres waren es 45 Schüler. Der Lehrkörper bestand sowohl aus geflüchteten Deutschen (neben Dr. Roland Richter und seiner Mutter, einer Sprachlehrerin, bald auch Dr. Erich Meissner) wie aus Briten. Die Zusammensetzung von Schüler- und Lehrerschaft, die auch in den folgenden Jahren noch einen beträchtlichen Anteil von Emigranten aufwies, bewirkte ebenso wie die Hahnschen Prinzipien den übernationalen Charakter der Schule, der in einer seiner Baulichkeiten, dem kreisförmigen «Round Square»[1], der auf dem Porträt Hahns (S. 137) im Hintergrund zu sehen ist, symbolischen Ausdruck findet.

Es zeugt für die Fruchtbarkeit und Aktualität von Hahns erst im Exil konsequent in die Tat umgesetzten Leitgedanken eines organisierten Einsatzes jugendlicher Energien zu Hilfs- und Rettungsdiensten, daß die von ihm entwickelten Modelle sich bis in die Gegenwart ständig vervielfältigten und weltweit verbreiteten. In Gordonstoun hatte die Nähe des Meeres die Einrichtung einer freiwilligen «Küstenwacht» durch die Jungen nahegelegt. Eine ebenso wichtige Funktion erfüllte in Gordonstoun (wie auch in Salem) außerdem die Übernahme der Feuerwehr für die umliegenden Gemeinden. Als 1936 die englische Öffentlichkeit besorgt die körperlichen Schwächen der Jugend diskutierte, setzte sich Hahn für in Kursen zu absolvierende sportliche Trainingsprogramme[2] ein, die mit Leistungsabzeichen (1936 Moray Badge, 1940 County Badge) beschlossen werden sollten. Aus ihnen und einer Gordonstoun angeschlossenen Tages-Seeschule entwickelten sich die auf etwa vier Wochen beschränkten «Kurzschulen», deren erste 1941 in Aberdovey in Wales entstand. Gordonstoun mußte während des Krieges nach Wales übersiedeln unter krisenhaften Begleitumständen, die Hahn in einer Rede vor den Eltern im nachhinein ungeschminkt geschildert hat (Hahn, 1958, S. 44 f.). In ihr zeigt sich Hahn von seiner härtesten Seite, wenn er die von ihm durchgesetzte totale Unterwerfung der Jugendlichen mit der drohenden Gefährdung der Schule in ihrem Bestand rechtfertigt. Zugleich ereignete sich in diesem Zusammenhang die hier in Wort und Bild wiedergegebene Episode, die für den Gordonstoun leitenden Geist der Unabhängigkeit im Denken und Handeln symbolischen Charakter haben sollte. Die von Hahn durchgängig vertretene Rigorosität im moralischen Anspruch läßt nicht von ungefähr an den Göttinger Philosophen Nelson denken; auch Hahn hat bei ihm vor dem Ersten Weltkrieg studiert. Im Zusammenhang mit der kriegsbedingten Evakuierung der Schule von Gordonstoun nach Wales, war zuvor noch in verschiedenen Orten mit Angeboten experimentiert worden, deren Adressaten erstmals jene für die späteren Kurzschulen angestrebte «soziale Breite» repräsentierten. Ob sie als «Pre-Service-Training» und Härteübung für den Kriegsfall durch die Zeitumstände gefördert wurde, ist strittig, wenn es auch nahezuliegen scheint. Als die Voraussetzungen für eine zusätzliche seemännische Ausbildung geschaffen waren, ersetzte man den ursprünglichen Namen «Short Term School» (oder «Kurzschule») durch den der Seemannssprache entnommenen Begriff «Outward Bound», in dem sich die pädagogische Zielsetzung ausdrückt: «... die jungen Menschen wie ein zu großer Ausfahrt gerüstetes Schiff auf ihre Fahrt ins Leben vorzubereiten» (Schwarz, 1968, S. 55). See und Meer dienen indessen nur als Erziehungsmedien, die sich auch gegen die Berge austauschen lassen. Je nach Gegebenheiten des Landes und der Landschaft, in deren Rahmen die Kurzschulen existieren, haben sich gewisse Schwerpunkte herausgebildet. In Großbritannien liegt zum Beispiel der Akzent auf dem «Abenteuer», in Deutschland auf dem Rettungsgedanken (Weissenhaus, Baad) und in Nigeria u. a. auf der

Beseitigung von Rassenschranken. Das «Lernen durch Erfahrung» mittels einer auf abenteuerlichen Expeditionen basierenden Erziehung hat inzwischen wie vereinzelt in Asien, Afrika und Australien auch mehrfach in den USA geographisch und historisch bedingte, originelle Ausprägungen gefunden (Miner, Boldt, 1981). Sie knüpfen hier an die Pioniertraditionen an und stellen besonders strenge Anforderungen. Es fragt sich, ob die Vorbereitung auf das Retten und Helfen in Ausnahmesituationen, deren Ausbleiben die Motivation lähmen kann, nicht ergänzt werden müßte durch die Ausbildung für naheliegendere, alltägliche Arten der Rettung aus sozialer Not in Gestalt der Alten-, Familien- und Landhilfe. (Röhrs, 1980, S. 151).

Nach seinem Rücktritt von der Leitung Gordonstouns und der Heimkehr nach Hermannsberg bei Salem initiierte Hahn in Zusammenarbeit mit dem ehemaligen Leiter des NATO Defence College in Paris die Gründung von «Atlantic Colleges», die auf eine gemeinsame, der Völkerverständigung dienende Erziehung von Oberstufen-Schülern aus verschiedenen Ländern abzielt und sowohl die in der Ausbildung von Erwachsenen durch NATO-Institutionen wie in Hahns Schulmodellen insbesondere mit den Rettungsdiensten gemachten Erfahrungen zugrunde legt. Anfang der sechziger Jahre wurde die erste und bislang einzige Einrichtung dieser Art in St. Donat's Castle an der Südküste von Wales als private Stiftung, unterstützt von der englischen und deutschen Regierung, gegründet. Interessant ist die angestrebte «Konvertierbarkeit» des schulischen Abschlusses, die auf dem Wege der Vereinbarung mit den jeweiligen Ländern, in denen die Schüler studieren wollen, hergestellt werden soll (Hoare, in: Röhrs, 1966, S. 235 ff.).

**Anmerkungen**

1 In jüngster Zeit ist unter seinem Namen eine Vereinigung späterer Schulgründungen in der Nachfolge Hahns ins Leben gerufen worden.

2 Die Kurzzeit-Pädagogik basiert auf den gleichen Elementen wie die schulischen Programme:
   a) dem individuellen einstündigen Verbessern der Kondition an vier Vormittagen in der Woche («Break»),
   b) dem längerfristigen «Projekt», einer selbstgewählten Aufgabe, der die Samstage vorbehalten sind,
   c) der «Expedition», für die und bei der gewisse «skills», Fertigkeiten, erworben werden,
   d) der «Dienst» an der Gemeinschaft, der ebenfalls eine entsprechende Ausbildung erfordert.

**Literatur**

Arnold-Brown, Adam: Unfolding Character. The impact of Gordonstoun, London 1962

Brereton, Henry L.: Gordonstoun, Aberdeen 1982
Hahn, Kurt: Erziehung zur Verantwortung, Stuttgart 1958
Heckstall-Smith, Hugh: Doubtful Schoolmaster, London 1962
Kippen, Werner: Die Schule Schloß Salem, Düsseldorf 1967
Miner, Joshua L., Boldt, Joe: Outward Bound, USA. Learning through Experience in Adventure-Based Education, New York 1981
Richter, Gustav, Münch, Helmut: Kurzschule und Charakterbildung, München 1960
Röhrs, Hermann (Hg.): Bildung als Wagnis und Bewährung. Eine Darstellung des Lebenswerkes von Kurt Hahn, Heidelberg 1966
Röhrs, Hermann: Die Reformpädagogik, Hannover 1980, (darin: Die pädagogische Provinz im Geiste Kurt Hahns, S. 146–155)
Schwarz, Karl: Die Kurzschulen Kurt Hahns, Düsseldorf 1968
Skidelsky, Robert: Schulen von gestern für morgen. «Fortschrittliche Erziehung» in englischen Privatschulen, Gordonstoun, Summerhill, Abbotsholme. Reinbek 1969 (vergriffen)

## Kurt Hahn
### Das praktisch veranlagte Kind und der Bücherwurm

Einmal war ich auf einer Konferenz von Lehrern, bei der einzelne Fälle diskutiert wurden. Die Versammlung wurde von Dr. Carl Reinhardt geleitet, der in meinem Land neben Kerschensteiner der größte Pädagoge war. Ein Lehrer ließ die Bemerkung fallen: «Ich glaube nicht, daß aus diesem Jungen etwas wird.» Dr. Reinhardt sagte zu ihm: «Dann haben Sie kein Recht, ihn zu erziehen.» Was er meinte, war, daß alle Jungen oder Mädchen, die unserer Fürsorge anvertraut sind, ein «Selbst»[1] haben, das es wert ist, verwirklicht zu werden, und das dazu fähig ist, einem Zweck zu dienen, der über ihr persönliches Glück hinausgeht. «Werde zu dem, was du bist!» war das Motto seines Lebenswerkes.

Nun, was seid ihr alle: Bücherwürmer und praktisch veranlagte Kinder, Gangster und Faulpelze, Kämpfer und versöhnlich Gestimmte, Forscher und Träumer, Baumeister und Spaßvögel? Müssen wir euch alle tolerieren und aufziehen, bis jeder von euch sein vielschichtiges und gegensätzliches «Selbst» entwickelt und zum Ausdruck gebracht hat?

Ich werde versuchen, auf diese Fragen drei Antworten zu geben, wie sie etwa von drei verschiedenen Denkschulen gegeben würden. Sie werden deren Lehren nicht durch Lehrstühle vertreten finden, aber sie bilden doch die, wenn auch häufig unbewußte Grundlage, für die methodische Vorgehensweise der Eltern und Lehrer. Diese Systeme können ganz verschiedene Bezeichnungen tragen – Sie können nur zu dem dahinterliegenden beherrschenden Prinzip gelangen, wenn Sie bis zu seinem Ursprung vordringen, einer praktischen Entscheidung dieses oder jenes Elternteils oder Lehrers, und wenn Sie dabei so hartnäckig wie Sokrates nach dem Warum fragen.

Ich werde die drei Auffassungen von der Erziehung die ionische, die spartanische und die platonische Auffassung nennen. Dies sind praktische, aber vielleicht irreführende Verkürzungen. (Wenn ich von der ionischen Auffassung spreche, denke ich daran, daß die Ionier im 5. Jahrhundert v. Chr. im Ruf standen, verweichlicht und genußsüchtig zu sein.) Die erste glaubt, daß man den einzelnen ohne Rücksicht auf die Gemeinschaft aufziehen und ihm seinen Willen lassen sollte. Dies ist die ionische Auffassung. Der zweiten zufolge kann und soll der einzelne zum Wohle des Staates vernachlässigt werden. Dies ist die spartanische Auffassung. Die dritte, die platonische Auffassung, vertritt die Ansicht, daß jede Nation eine nachlässige Hüterin ihrer eigenen Interessen ist, wenn sie nicht alles in ihrer Macht stehende tut, um den einzelnen Bürger seine Kräfte entdecken zu lassen. Des weiteren ist sie der Meinung, daß der einzelne von seinem eigenen Standpunkt aus verkrüppelt, wenn er (oder sie) nicht durch die Erziehung dazu befähigt wird, der Gemeinschaft zu dienen.

Um die ionische Antwort zu illustrieren, werde ich über einen Kindergarten in New York sprechen, aber kann ich mich vor dem Verdacht schützen, gehässige nationale Unterschiede zu machen? Diese wären in der Tat höchst ungerecht; jedes Land beherbergt den ionischen, den spartanischen und den platonischen Typ des Lehrers. Nun zu diesem Versuchskindergarten in New York. Er ist für Kinder von einem halben bis zu etwa zwei Jahren. Alle möglichen Arten von gesunden Nahrungsmitteln sind auf einem verlockenden Büffet aufgehäuft.[2] Der Geschmack eines jeden Kindes wird sorgfältig beobachtet, und die Kinder dürfen herumkrabbeln und zu ihrer Freude essen, was sie mögen und wann es ihnen paßt. Sie werden nie dazu gezwungen oder ermuntert, etwas zu essen, was sie nicht mögen. Lassen Sie uns nun diese Methoden in das Reich der geistigen Nahrung übertragen. Nach dem Lesen und Schreiben gemeistert sind, sind wir aufgefordert, sorgfältig die Neigungen des Kindes zu studieren und sie als eine unfehlbare Offenbarung seines wahren Ichs anzusehen. Ihr Bücherwurm muß alle Bücher bekommen, die er haben will; Ihr praktisch veranlagtes Kind das ganze Werkzeug; das eine ein Minimum an Büchern, der andere kein Werkzeug. Ein Junge, der nach diesem Muster erzogen worden war, kam mit 15 Jahren zu mir; er war gebildet und dürstete nach Wissen. Seine Altersgenossen redeten ihm ein, daß man eine Kuh melkt, indem man das Horn wie ein Kurbel dreht. Er versuchte es. Ich habe auch Jungen gehabt, denen schwindelig wurde und die «das kalte Grausen packte», wenn man sie aufforderte, sich Dinge vorzustellen, die sie nicht sehen, riechen oder berühren konnten. Wie es in der alten Ballade heißt: «Ich schickte ihn zur Schule, aber er wollte nicht lernen; ich gab ihm Bücher, aber er wollte nicht lesen.» Sie können sagen, daß beide Typen es verdienen, beschützt und geduldig ertragen zu werden, und Sie können ihnen mit Ihren Büffet-Methoden schmeicheln, so daß der Bücherwurm und der Dummkopf niemals den Stich eines Mißerfolges spüren und deshalb nie die Gelegenheit haben zu erkennen, was für Krüppel sie sind.

Der gesunde Menschenverstand und der Gemeinsinn lehnen sich gleichermaßen gegen dieses «Beschmieren der Jugend mit der Salbe der Schmeichelei» auf. Aber wir brauchen den Schmeichler nicht um der Staaten und Nationen willen anzuprangern. Wir können ihm beweisen, daß er nicht einmal dem einzelnen dient; denn wie stark sich Neigungen und Abneigungen auch immer kundtun mögen, sie offenbaren nicht notwendigerweise das wahre Selbst. Sie sind oftmals das Produkt angeborener oder erworbener körperlicher Mängel oder das Ergebnis von Zufällen oder fehlgeleiteten Aktivitäten von Eltern und Lehrern.

Ich kenne einen Jungen, dessen Anteilnahme und Beobachtungsvermögen dadurch verkümmert waren, daß man seine Kurzsichtigkeit zu spät entdeckt hatte. Als er eine Brille bekam wurde sein Interesse für seine Umgebung schlagartig größer. Ich denke an einen anderen Jungen, dem es angesichts aller Hindernisse an Spannkraft fehlte, bis seine Plattfüße geheilt wurden, und an einen dritten, der vor jedem Kräftemessen zurückscheute, bis seine Armmuskeln durch jahrelanges Seilklettern gefestigt worden waren.

Ich weiß von jungen Männern, die nie einen bleibenden Geschmack erwerben konnten – im Kindergarten durften sie Theater machen, wenn ihre Milch nur ein bißchen zu heiß war; niemand hatte etwas dagegen, wenn sie aus Eifersucht die Zähne fletschten; sobald eine Arbeit schwierig wurde, durften sie sie im Stich lassen, bis der Defätismus zu einer ekligen Geisteshaltung wurde, die ihre Neigung in Abneigung verwandelte, sobald eine beharrliche und mühsame Anstrengung verlangt wurde.

Oder lassen Sie mich von dem Fall eines jungen Mannes berichten, der schon früh als Junge seinen Geschichtslehrer als Helden verehrte, und für den der Naturwissenschaftslehrer Staatsfeind Nr. 1 war. Anschließend studierte er Geschichte, er wurde durch ein schweres Bronchialleiden gerettet, das ihn aufs Land trieb. Er wurde einer der führenden Viehzüchter auf dem europäischen Festland und schrieb das Standardwerk über Bodenlockerung.

Ich denke an zwei Fälle, in denen Salem versagt hat; wir wurden in einem Fall von den Neigungen des Jungen getäuscht, im anderen von seinen offensichtlichen Abneigungen. Wir hatten einen wilden und unruhigen Jungen bei uns, bei dem die Abenteuerlust ständig wuchs, bis sie die Stärke einer Sucht annahm. Wir konnten ihn uns nur als Luftwaffenoffizier, Kapitän oder waghalsigen Forscher vorstellen, bis dann bei ihm mit 18 Jahren eine unerwartete Periode erzwungener und anhaltender Einsamkeit ein seltenes und wunderbares Talent für die Bildhauerei zum Vorschein brachte, zu spät, um es zur *grande passion* zu entwickeln, zu der die Vorhersehung es bestimmt hatte. Er ist nun dabei, Luftwaffenoffizier zu werden, und ist durch den Reiz des Dramatischen, das in der Frühzeit von Salem unser Gemeinschaftsleben zu sehr beherrschte, von seinem wahren Ich abgelenkt worden. Sie können seine Christusstatue in der Caledecott Community, jener vorzüglichen Schule in Kent, sehen.

Der zweite Junge entwickelte einen Widerwillen gegen die Musik, als er in der stürmischen Phase seiner frühen Jugend genötigt wurde, Lieder von Schubert zu bewundern, die von musikalischen Damen allzu ausgelassen vorgetragen wurden. Infolgedessen täuschte er vor, unmusikalisch zu sein, während er sich die ganze Zeit danach sehnte, zu spielen und zu singen, und es nun aber zu spät fand, um es noch zu lernen.

Vielleicht erinnern sich einige von Ihnen noch an den Rhodes-Stipendiaten, den wir 1911 als sonntäglichen Hochspringer und Baseballspieler in den Parks kannten, der sonst recht faul war, aber einen goldenen Sinn für Humor besaß. Er wurde im Mittleren Westen ein mittelmäßiger Rechtsanwalt, bis er durch den Weltkrieg Küstenwächter an der amerikanischen Ostküste wurde, wo er viel Gelegenheit hatte, die Sterne zu betrachten. Er ist nun einer der zwei oder drei größten Astronomen der Welt.

Als letztes will ich mich an jeden meiner Zuhörer wenden. Kennen Sie unter ihren Bekannten vielversprechende Männer und Frauen, deren Aussichten nie in Erfüllung gehen werden, weil sie in ihrer Kindheit zu viel an Ängstlichkeit und Bedenken erworben haben? Und ich bin sicher, Sie werden es für möglich halten, daß noch in viel mehr Leuten vielversprechende Ansätze schlummern, die dazu verdammt sind, nie auch nur entdeckt zu werden.

Lassen Sie uns nun innehalten und über diese zahlreichen Fälle zu Gericht sitzen. Manche dieser Kinder haben zu sich selbst gefunden,[3] aber nur durch Zufall und das trotz ihrer Erzieher; oder sie haben es nicht geschafft, und dann wegen ihrer Erzieher, die sich – mit den besten Absichten – in bezug auf ihr wahres Ich von den frühen Äußerungen dieser oder jener Neigung oder Abneigung irreführen ließen.

Nun die spartanische Antwort. Ihr spartanischer Schulleiter wird Sie durch seine Tages- oder Internatsschule führen und Ihnen in nicht unbeträchtlicher Zahl zwei siegreiche und strahlende Jungentypen zeigen: den des Gelehrten und den des Athleten. Sie ragen aus der Masse ihrer ziemlich tintenverschmierten und krummen Altersgenossen heraus, die, von ihrem Aussehen und ihren Gebärden her zu urteilen, ihre Existenzberechtigung (noch; Zusatz d. Übers.) nicht entdeckt zu haben scheinen.

Nun wollen wir uns mit unserem spartanischen Schulleiter auseinandersetzen. «Was tun Sie für die große Masse?» Er wird antworten: «Ich bin an ihr nicht besonders interessiert; sehen Sie, dies hier ist eine nationale Einrichtung, und ich kümmere mich mehr um die Bedürfnisse meines Landes als um die des einzelnen. Ich habe zwei Filter, den der Examen und den der Spiele. Wer durch beide durchkommt, hat der nicht das Zeug zu einem wirklichen Menschenführer? Werden wir nicht gerade ihm und seinem Land gerecht, wenn wir ihn auswählen?»

Unsere Antwort ist: «Was durch Ihre Filter durchkommt, ist gut, aber was nicht durchkommt, mag besser sein, aber es vielleicht niemals erfahren, ebensowenig wie Sie es je erfahren werden.» Nehmen Sie den Fall eines hartnäckigen Träumers, der erst ziemlich spät lernt, seinen Geist von einem Fach, das er meistern muß, auf ein anderes umzustellen, das er für seine Allgemeine Aufnahmeprüfung oder die Prüfung für ein frühzeitiges Stipendium ebenso gut meistern muß. Er ist außerdem ein Spätentwickler, und wenn Sie ihn antreiben würden, würden Sie ihn verletzen, aber da ist die Altersgrenze, und Sie müssen ihn antreiben.

Oder nehmen Sie den Fall des praktisch veranlagten Jungen, dessen Leidenschaft für alles, was er sehen, befühlen, auseinandernehmen und zusammenbauen kann, ihn Bücher aller Art verabscheuen läßt, bis er vielleicht eines Tages herausfindet, daß sich selbst seine Leidenschaft ohne Bücher nicht aufrecht erhalten läßt, und dann wird er lernen, sie zu meistern, aber erst wenn er zu alt ist, um in seiner Schule noch Auszeichnungen zu erringen.

Jetzt wird unser spartanischer Schulleiter sagen: «Wir tun viel für Jungen und Mädchen, die etwas Ungewöhnliches machen wollen – schauen Sie sich die Zahl der Hobbys an, die wir zulassen oder sogar fördern. Wir haben einen Filmclub, wir halten Kaninchen, wir sammeln Schmetterlinge, wir geben eine Schulzeitung heraus, wir haben einen Wander- und Eisenbahnclub; sie können in ihrer Freizeit allein in der Kapelle sitzen und sie können Flugzeuge bauen.» Meine Erwiderung ist: «Wieviel Zeit und Nervenstärke bleibt den Kindern für ihre Hobbys?» Und ich frage weiter: «Nehmen diese Hobbys in Ihrem Gemeinschaftsleben einen bedeutenden und würdigen Platz ein? Schließt das Wort ‹Hobby› dies nicht in Wirklichkeit aus?» Ihr Baumeister und Ihr Forscher, Ihr Schauspieler und Musiker, Ihr Maler und alle übrigen müssen eine öffentliche Zustimmung spüren, damit sie merken, daß sie nicht nur das Recht haben zu existieren, sondern daß in ihrer Existenz ein Zweck liegt, und diese Zustimmung ist wie ein guter Rückenwind, der einem müden Läufer über Zeiten des mangelnden Selbstvertrauens und der Erschöpfung hinweghilft.

Ich erinnere mich, wie mir ein Junge einmal erzählte, daß er, als er noch klein war, abends immer ziemlich lange wach lag und davon träumte, wie eines Tages seine dankbaren Patienten kommen und ihm Blumen bringen würden. Ich bin überzeugt, daß manch ein stolzer und einsamer Ulan, manch einer, der das gemeine Volk verachtet, manch ein Skeptiker und Zyniker sich gerade nach solchen Blumen sehnt. Wir können deshalb nicht zulassen, daß sich unser spartanischer Schulleiter mit der Vielzahl der Hobbys tröstet, die er erlaubt. Damit durch diese vielen und verschiedenen Interessen die Lebenskraft und das Selbstvertrauen unserer Kinder geschützt und erhalten werden können, müssen wir verlangen, daß die Jungen spüren, daß es für das Ziel der Schule genauso wichtig ist, für sie zu bauen, zu organisieren und sparsam zu sein, wie für sie ein Balliol-Stipendium zu gewinnen oder bei Lord's[4] zu spielen.

Wenn unser Schulleiter wirklich ehrlich ist – und im allgemeinen ist er es – wird folgendes seine Erwiderung sein: «Unter uns gesagt, sind diese sonderbaren Geschöpfe, diese ganzen komischen Käuze es wirklich wert, daß Sie und ich uns soviel Mühe machen?»

Jetzt starten wir unseren Hauptangriff. Nehmen Sie den Fall dreier junger Burschen: Nr. 1 verliert fast die Nerven, wenn er Verwundete sieht. Nr. 2 bittet darum, von der Teilnahme an seinem ersten Gefecht befreit zu werden. Nr. 3 versuchte zweimal, Selbstmord zu begehen. Haben Sie in Ihrer Schule Platz für diesen Jungentyp? Die Antwort ist nein. Und dann sagen wir: «Ihre Schule ist für ihre Nation keine Schatzkammer.» Nr. 1 war Hindenburg. Nr. 2 war Friedrich der Große. Nr. 3 war Lord Clive. Erst als die Pistole zweimal versagt hatte, spürte Clive, daß Gott ihn dazu bestimmt hatte, auf dieser Welt etwas zu vollbringen.

Es ist unsere Aufgabe, dem Kind dieses Gefühl des Glaubens an seine oder ihre Bestimmung zu vermitteln, und es vor allem den leicht verletzbaren Jungen zu vermitteln, von denen viele durch eine Erziehung, die sie gleichzeitig abhärtet und schont, zu guten Staatsbürgern gemacht werden können. Die Schule ist dadurch in der Lage, dies zu tun, daß sie die *grande passion*, die in jedem verborgen ist, erkennt und stillt. Der spartanische und der ionische Schulleiter durchkreuzen beide ihre eigene Absicht – der eine schadet seinem wertvollen Individuum; der andere dient seinem Gott, dem Staat, sehr schlecht.

Ich komme nun zu dem, was ich die platonische Schule der Erziehung nenne. Wenn ich Salem, die Schule, in der ich gearbeitet habe, als Illustration verwende, so, um ein konkretes Beispiel zu geben. Nichts in Salem war neu. Wir ahmten nach und schrieben von vielen Quellen ab: von Plato, von Dr. Arnold aus Rugby; von Eton, von Abbotsholme, von Hermann Lietz, von Fichte und aus «Wilhelm Meister». Es ist wahr, wir hatten die Inspiration des Gründers, Prinz Max von Baden. Aber wir hielten nicht viel von Originalität in der Erziehung oder von Experimenten an Menschen. Auch stimme ich nicht mit jenem Herrn vom europäischen Festland überein, der sich weigerte, geimpft zu werden, weil Jenner ein Engländer war. Außerdem muß ich gestehen, daß Salem in einigen wichtigen Punkten, die im heutigen Salem und in einigen anderen deutschen Schulen besser gehandhabt werden, hinter seinen Bestrebungen zurückblieb, und ich könnte alte und neue englische Schulen nennen, die dort erfolgreich sind, wo wir in der Vergangenheit versagt haben. Nachdem ich somit den Gebrauch des Wortes «Salem» näher bestimmt habe, werde ich Ihnen sieben Salem-Regeln vorstellen, die sowohl der Gemeinschaft als auch dem einzelnen Kind gerecht werden sollen.

Die erste Regel: Stecken Sie sie alle in vernünftige Kleider, durch die ihre Glieder nicht verborgen werden! Ich halte die frühviktorianische Schultracht nicht nur für häßlich, sondern für geradezu verunstaltend, weil sie nicht jenen Stolz auf die körperliche Fitness erzeugt, der für ihre Erhaltung notwendig ist.

Die zweite Regel: Festigen Sie die körperliche Fitness eines jeden Kindes, das in Ihrer Obhut ist! Sie können praktisch allen Jungen Laufen, Springen und Werfen beibringen. Die Jungen sollten es das ganze Jahr über vier- oder fünfmal in der Woche tun. In 90 Prozent der Fälle werden Sie ihnen auf diese Weise helfen, flexibel und entschlußfreudig zu werden und fähig, ihre verborgenen Reserven zu erschließen. Viele von ihnen mögen ihr Training zuerst nicht; am Ende mögen es jedoch fast alle. Ich würde ebensowenig daran denken, sie zu fragen, ob sie trainieren wollen, wie ich daran denken würde, sie zu fragen, ob sie in der Stimmung sind, ihre Zähne zu putzen. Der Leiter einer großen Schule sagte neulich: «Dem Ausdruck der eigenen Persönlichkeit muß die Selbstdisziplin vorausgehen.» Ich denke, er hat recht. Selbstdisziplin ist in der Tat die Voraussetzung für den Ausdruck der eigenen Persönlichkeit.

Die dritte Regel: Beschränken Sie die Spiele auf zwei Tage in der Woche; machen Sie sie an diesen zwei Tagen obligatorisch, und verbieten Sie sie an allen anderen Tagen, werktags wie sonntags!

Die vierte Regel: Lassen Sie die Spiele eine wichtige aber keine vorherrschende Rolle spielen! Entthronen Sie sie, indem Sie die Schulfarben nur für bewiesenen Verantwortungssinn verleihen, so daß es vorkommen *kann*, daß der Starathlet bei einem Wettspiel mitmacht, ohne die Schulfarben zu tragen.

Die fünfte Regel: Geben Sie den Kindern Gelegenheit, sich selbst zu entdecken! Jeder Junge und jedes Mädchen hat eine *grande passion*, oftmals verborgen und bis ans Lebensende unerkannt. Der Erzieher kann nicht darauf hoffen und darf nicht versuchen, sie mit psychoanalytischen Methoden herauszufinden. Auch sind die Neigungen eines Kindes nicht notwendigerweise eine zuverlässige Richtschnur. Die *grande passion* kann und wird dadurch enthüllt werden, daß das Kind mit einer Anzahl verschiedener Aktivitäten in näheren Kontakt kommt. Wenn ein Kind zu sich selbst gefunden hat, werden Sie einen Freudenschrei hören oder von irgendeiner anderen Äußerung ursprünglichen Glücks gepackt werden. Aber diese Aktivitäten dürfen nicht noch zu einem erschöpfenden Unterrichts- und Spielprogramm als Überbau hinzukommen. Sie haben keine Chance, das Kind zu fesseln und seine große Leidenschaft ans Licht zu bringen, wenn sie nicht einen wesentlichen und würdigen Teil des Gemeinschaftslebens bilden. Wenn die gesunde Leidenschaft einmal entdeckt ist, entwickelt sie sich zum «Schutzengel» der Jünglingsjahre, während der unentdeckte und unbeschützte Junge seine Lebenskraft zwischen elf und fünfzehn selten ungebrochen und unverfälscht bewahrt. Wir genieren uns nicht zu sagen: Oft ist der geistige Altersunterschied zwischen einem Jungen von fünfzehn und einem Jungen von elf größer als zwischen einem Mann von fünfzig und einem Jungen von fünfzehn.

Die sechste Regel: Lassen Sie die Kinder Triumphe und Niederlagen erleben! Nachdem Sie durch die Entdeckung und Bewahrung ihrer Stärke den Tank ihrer Lebenskraft wieder gefüllt haben, aber nicht vorher, sollten Sie ihre Schwächen in Angriff nehmen. Es ist möglich, den Neigungen und Talenten eines Kindes zu folgen und sorgfältig Vorkehrungen für eine ununterbrochene Erfolgsserie zu treffen. Sie mögen ihn oder sie dadurch glücklich machen – was ich bezweifle – aber Sie schwächen ihn mit Sicherheit für den Lebenskampf. Es ist unsere Aufgabe, die Kinder in Unternehmungen zu stürzen, bei denen sie wahrscheinlich versagen, und wir dürfen dieses Versagen nicht vertuschen, wir sollten sie vielmehr lehren, Mißerfolge zu überwinden. «Dem, der überwindet, werde ich vom Baum des Lebens zu essen geben.»[5] Also muß ihr Bücherwurm in die Werkstatt geschickt werden, und Ihr praktisch veranlagtes Kind muß sein logisches Denkvermögen trainieren lassen. Sie können die Intelligenz trainieren wie einen Muskel. Der Erfolg im Bereich der eigenen Schwächen ist oft eine ebenso große Quelle der Befriedigung wie der Triumph im Bereich der eigenen Talente.

Die siebte Regel: Folgen Sie dem Beispiel der Quäker und der Klöster, und sorgen Sie für Zeiten der Stille! Nur so kann man ein Kind in die Lage versetzen, den Ertrag seiner vielfältigen Erfahrungen zu ernten.

Ich weiß, daß man mir, nach dem, was ich gesagt habe, die Frage stellen wird: «Wie kann eine Tagesschule jemals hoffen, das fesselnde Gemeinschaftsleben aufzubauen, das Sie fordern?» Meine Antwort ist: «Die Tagesschule kann in genau der gleichen Weise wie die Internatsschule eine Trainerin des Charakters und eine Entdeckerin der *grandes passions* sein, aber nur unter den folgenden Bedingungen:

Die Lehrer müssen den Achtstundentag einführen – auch an Samstagen – aber sie sollten nicht mehr als höchstens sechzehn Schulstunden pro Woche unterrichten. Der Rest ihrer Zeit und Energie sollte dazu dienen, praktische, künstlerische und wissenschaftliche Aktivitäten der Schüler anzuregen und in Gang zu halten. An Samstagnachmittagen könnte man sich Ausflügen, Laienspielen und anderen gemeinsamen Unternehmungen widmen. Es ist natürlich notwendig, daß ihre vorangegangene Ausbildung sie für solche Verpflichtungen qualifiziert.

Die höhere Schule sollte in Parkanlagen oder am Stadtrand liegen, so daß das offene Land zugänglich ist. Das amerikanische Beispiel hat gezeigt, daß das Transportproblem zu lösen ist.

Die Erfahrungen daheim könnte man bis zu einem gewissen Grade mit Hilfe des Trainingsplanes kontrollieren, der den Tagesschüler vor Rauchen und Trinken, dem Lesen unerwünschter Bücher, wahllosem Radio hören, zu häufigem Kinobesuch, zu langem Aufbleiben usw. bewahren sollte. Tatsächlich kann der Junge, der einen Trainingsplan hat, die Atmosphäre seiner Schulgemeinschaft nach Hause tragen, wie der Taucher seine Atmosphäre zum Meeresgrund hinunterträgt.

Ich glaube nicht, daß die Zeit der Internatsschulen vorbei ist, aber die Zeit kommt, da pädagogische Gemeinschaften in schönen Häusern und inmitten einer Gesundheit spendenden Umgebung ein Teil des Lebens ihrer Nachbarschaft sein müssen. Wir haben noch viel von den höheren Schulen zu lernen, aber sie werden ihrerseits vielleicht von den Methoden des Charaktertrainings Gebrauch machen, die meines Erachtens heute in vielen Internatsschulen demonstriert werden. Die moderne Jugend hat eine Weide, die sauer ist. Aber die Erziehung kann das in Ordnung bringen. Lassen Sie mich mit Platos Worten schließen:

«Wir wollen durchaus nicht, daß unsere Kinder inmitten von Bildern moralischer Verderbtheit aufwachsen wie auf einer schädlichen Weide und dort grasen und sich Tag für Tag nach und nach von manch einem schädlichen Kraut ernähren, bis sie in aller Stille in ihrer Seele eine eiternde, faulende Masse ansammeln; unsere Jugend sollte im Lande der Gesundheit wohnen, inmitten lieblicher Anblicke und Klänge; und Schönheit, der Ausfluß lieblicher Werke, wird auf die Sinne wie ein Lufthauch treffen und die Seele selbst in der Kindheit unmerklich in Harmonie mit der Schönheit der Vernunft bringen.» [6]

(Erschienen in: The Listener, 28. 11. 1934. Aus dem Englischen übersetzt von Jürgen P. Krause)

1 Hervorhebung vom Übersetzer.
2 «All possible varieties of wholesome foods are gathered together in an attractive cafeteria.» Hahn hat auf der einen Seite einen komplizierten Stil, auf der anderen ist Englisch für ihn eine Fremdsprache. Offensichtliche Germanismen (wie zum Beipsiel «may not» statt «must not») habe ich ohne besondere Anmerkung korrigiert. Dort, wo ich freier interpretieren mußte, habe ich den englischen Originaltext angemerkt.
3 «Some of these children have come into their own», eigentlich: «... haben ihren rechtmäßigen Besitz erlangt».
4 Lord's Kricketplatz in London, Hauptsitz des englischen Kricketsports.
5 Neues Testament, Offenbarungen des Johannes 2,7.
6 Hahn zitiert Plato hier zwar für seine Leser/innen recht eindringlich, aber wohl auch recht frei. Vgl. die Übersetzung von August Horneffer (Platon: Der Staat, Stuttgart 1949, 3. Buch XII/401):
«... Denn unsere Wächter sollen nicht mit Bildern verwerflicher Art großgezogen werden, sollen nicht wie Rinder, die auf einer schlechten Weide grasen, Tag für Tag ein wenig von dem vielen, was sie umgibt, in sich aufnehmen und so unvermerkt eine einzige große Krankheit in ihrer Seele aufrichten. Vielmehr müssen wir solche Künstler suchen, die Charakter haben und also auch das Schöne und das Würdige auszudrücken verstehen. Dann werden unsere Jünglinge in einem gesunden Lande wohnen und alles wird ihnen zum Segen werden, was von den schönen Werken zum Auge und zum Ohre hinweht, wie ein Lufthauch, der von guten Gefilden Gesundheit herüberträgt. Er wird sie von Kind an unvermerkt einem schönen Gedichte ähnlich machen und ihnen Liebe zu einem solchen und Harmonie mit ihm geben.»

## Eine bezeichnende Episode

Dieses Bild, das Dr. Meissner gemalt hat, hängt jetzt im Fahnenträgerzimmer in Gordonstoun, und daneben steht eine kurze gedruckte Erläuterung. In seiner Ansprache bei der Fahnenzeremonie zu Beginn des September-Trimesters 1947 bezog sich Mr. Brereton auf das Bild.

«In ein paar Minuten werde ich die Fahne in eure Obhut geben, denn der Guardian (Wächter; Anm. d. Übers.) wird sie in eurem Namen in Empfang nehmen. Was müßt ihr sicher behüten? ...

Es wäre lächerlich, wenn ich versuchen würde, die Bedeutung einer Fahne in Worte zu fassen, denn man wählt eine Fahne ja gerade deshalb, weil sie das in sich einschließt, was man nicht genau ausdrücken kann.

Ich werde nichts weiter versuchen, als euch eine Geschichte zu erzählen, die vielleicht zu eurem Verständnis beitragen kann.

Diejenigen von euch, die aus welchem Grund auch immer zum Fahnenträ-

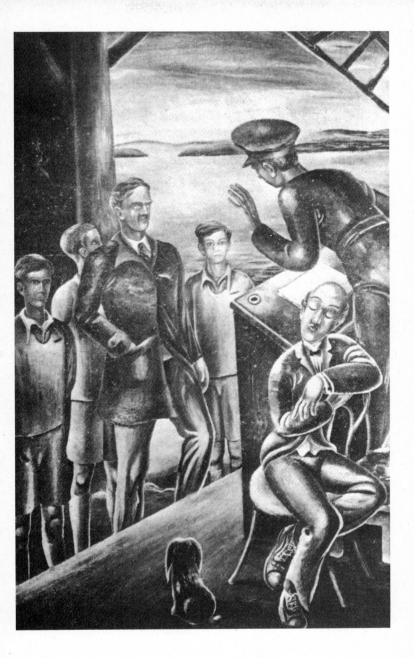

gerzimmer vordringen, werden an der Wand etwas gesehen haben, was euch zuerst als ein recht merkwürdiges Bild erscheinen mag, das unter anderem mehrere Jungen in der Gordonstoun-Uniform zeigt.[1] Ihr werdet keines der Gesichter wiedererkennen, denn es werden keine tatsächlich lebenden Personen dargestellt. Aber der dargestellte Vorfall hat sich wirklich ereignet und ist mir noch lebhaft im Gedächtnis.

Als Anfang 1940 klar wurde, daß eine Invasion dieses Landes durch die Deutschen nicht nur möglich, sondern wahrscheinlich war, appellierte der Innenminister an Freiwillige aus der Zivilbevölkerung, Ortswehren zu bilden, so daß, wann immer die Invasoren auch landeten, eine Bürgerwehr ihnen so lange Widerstand leisten könnte, bis die reguläre Armee auf dem Schlachtfeld einträfe. Dieser Truppenkörper aus «Local Defence Volunteers» oder L. D. V. wurde euch allen später als «Home Guard» geläufig. Da bekannt war, daß Gordonstoun deutsche Verbindungen hatte, und da es einen ziemlich hohen Anteil an deutschen Lehrern und deutschen Jungen gab, konzentrierten sich örtliche Verdächtigungen auf die Schule als einer möglichen Quelle von Aktivitäten der Fünften Kolonne. Vielleicht mag man Außenstehenden verzeihen, daß sie sich in einer Krisenzeit nicht die Mühe machten, den wahren Sachverhalt herauszufinden und zu erfahren, daß die führenden Deutschen in Gordonstoun den Kampf gegen die Nazis aufgenommen hatten, ehe den Menschen in diesem Land der wahre Charakter der Gefahr aufgegangen war, die sie für die europäische und britische Lebensart bildeten. Die Lehrer und Jungen in Gordonstoun waren in der Lage, die Wahrheit zu kennen. Ein Mitglied des Lehrkörpers bekam von maßgeblicher Seite einen taktvollen Hinweis, daß kein Freiwilliger von Gordonstoun angenommen werden würde, und daß sie deshalb nicht erscheinen sollten. Die zwanzig Jungen, die alt genug waren, um sich freiwillig zu melden, wurden vom Stand der Dinge unterrichtet und erhielten die Gelegenheit, sich einer Situation zu entziehen, die zweifellos demütigend sein würde. Sie entschieden einstimmig, daß es ihre Pflicht sei, auf den Aufruf des Innenministers zu reagieren und ihren Einsatz am angegebenen Ort zur festgesetzten Zeit anzubieten, obwohl sie wußten, daß man sie in aller Öffentlichkeit zurückweisen würde als Männer, denen man nicht zutrauen durfte, ihren Teil zur Verteidigung ihres Landes beizutragen.

So erschienen die Lehrer und Jungen gemeinsam in der Hopeman-Schule, und ihre Aufnahme wurde verweigert. Nicht jeder, der das Bild dieser Szene sieht, versteht, warum man ihm in unserem Fahnenträgerzimmer einen Ehrenplatz geben sollte. Wir erachten die Szene aus folgendem Grunde für wert, ehrenvoll festgehalten zu werden: Eine Gruppe von Jungen beschloß, so zu handeln, wie sie es für richtig und rechtmäßig hielten, obwohl diese Tat ihnen weder Erfolg noch Beliebtheit bringen konnte. Mit ihrer entschiedenen, wenn auch unauffälligen Handlung drückten sie ihr Vertrauen zur Schule zu einem Zeitpunkt aus, als diese alles andere als beliebt war, und dennoch ließen sie nicht zu, daß die Schule mit ihrer Loyalität zu ihrem Land kollidierte. In den schwierigen Jahren, die folgen sollten, schwankten unsere ehemaligen Schüler nie in ihrem Vertrauen zur Schule oder zu ihrem Schulleiter, der von Geburt Deutscher war, und ihnen wurde nicht die Möglichkeit versagt, ihrem Land verdienst- und manchmal ehrenvoll zu dienen, und viele, so muß ich traurig aber stolz festhalten, opferten dabei das Höchste, ihr Leben.

Wir können also sagen, daß unsere Fahne die Unabhängigkeit des Geistes verkörpert. Die Unabhängigkeit, die das Richtige aufzeigt, wenn es unmodern und unbeliebt ist, ist eines der Dinge, die ihr verteidigen müßt.»

(Aus: Gordonstoun Record, Nr. 14, 1947, S. 30f. Aus dem Englischen übersetzt von Jürgen P. Krause)

Anmerkung des Übersetzers

1 Ich habe mich bei der Übersetzung dort, wo keine Mißverständnisse möglich sind, möglichst nahe an das Original gehalten, auch wenn mir – wie in diesem Falle – zum Beispiel die Zeitenfolge als grammatikalisch falsch erschien.

# Die Internationale Quäkerschule in Eerde / Holland
# Im Geist praktischer Nächstenliebe
# und kraftvoller Toleranz

## Gründungsgeschichte und Rahmenbedingungen

Die «Gesellschaft der Freunde» – besser bekannt als die «Quäker» – wollte in Deutschland eine Schule gründen; in England waren damit schon lange gute Erfahrungen gemacht worden. Es gab dort zehn Quäkerschulen, die auch heute noch arbeiten.

Die relativ kleine deutsche Gruppe – zu der Zeit etwas über 500 Mitglieder[1] – wollte beweisen, daß die Quäker in Deutschland mehr waren als eine kleine Sekte: «Die Anschauung des Quäkertums entspricht dem religiösen Suchen unserer Zeit, und wir glauben, daß es viele Eltern gibt, die ihre Kinder so erzogen haben möchten», schreibt der Hamburger Ingenieur Hans Albrecht in seinem Bericht über ein vorbereitendes Treffen am 11. November 1931.

Von dieser Schule wurde einerseits eine zentrierende Wirkung erhofft, andererseits sollte sie über Deutschland hinaus strahlen.

Was hat es mit dem «Quäkergeist» auf sich, von dem dann so häufig in den unzähligen Besprechungen und Briefen die Rede war?

– Quäker sprechen von der «unmittelbaren Erfahrung des Göttlichen», was bedeutet, daß sie als Religion kein festgeschriebenes Dogma aner-

151

kennen und sich an keine festgelegten Regeln und Glaubensformulierungen halten.

– Sie leben eine alltagsbezogene, soziale Einsatzbereitschaft im Sinne praktischer Nächstenliebe, ungeachtet persönlicher Nachteile. Bekannt sind Kämpfe der Quäker für die Sklavenbefreiung, die Gleichberechtigung der Frau, die Gefängisreform, ihre Hilfe für politisch Verfolgte, die Beteiligung am Widerstand gegen Atomrüstung; erinnerlich ist die «Quäkerspeisung» auch in Deutschland nach beiden Weltkriegen. 1947 erhielten die Quäker den Friedensnobelpreis.

Diese praktische Nächstenliebe im biblischen Sinne bedingt tiefgehende Toleranz gegenüber Andersdenkenden – im Gespräch zum Beispiel – und strenge Anforderungen an das eigene Verhalten; Quäker verweigern konsequent jeden Militärdienst und legen keinen Eid ab.

Damit sich ihre Gedanken auswirken konnten, hatten die Quäker an eine Schule gedacht. Auch ein Standort dafür war schon erkundet worden. Nach vielen Versuchen, Angeboten und Prüfungen ergab sich als sinnvollster Standort die ehemalige Saline Leopoldshall in Anhalt, deren Verwaltungsgebäude gut erhalten und für eine Schule ideal nutzbar erschienen.

Inzwischen hatten sich aber die Verhältnisse in Deutschland geändert: Immer weitere Personenkreise wurden in ihrer Freiheit beschränkt. Der Gedanke, sich diesem Zugriff durch Ausweichen in andere Länder zu entziehen, wurde immer selbstverständlicher. Man erwog die Verlegung der Schule in ein benachbartes Land – wodurch sich die Zielsetzung prinzipiell veränderte: Es ging jetzt wieder um Hilfe für Bedrängte, das heißt die Verwirklichung von Quäker-Gedanken durch tätigen Einsatz statt durch vermittelnde Ausbreitung. Ernsthaft diskutiert wurde eine Schule in Deutschland, die sich jüdischer Kinder annehmen sollte, schon wegen der möglichen Gettoisierung nicht mehr.

Holland, ein kleines Land mit liberaler Tradition, notfalls als Durchgangsstation nach England oder Übersee, lag nahe. Jetzt, im Frühjahr 1933 hatten sich die Quäker für Kinder einzusetzen, denen «die Lebensmöglichkeiten in Deutschland abgeschnitten sind, ohne daß sie geistig die deutsche Heimat aufgeben» wollten. Auch stellungslosen Lehrkräften und aus unterschiedlichen Gründen durch den Nationalsozialismus gefährdeten Erwachsenen und Kindern mußte geholfen werden.

Insgesamt wurden 90 Angebote für Standorte geprüft, einer blieb als «ideal» übrig: *Eerde*. Ein Landgut in Holland, Provinz Overijssel, 30 km westlich der deutschen Grenze; ein Besitz des Barons van Pallandt, in dessen Familie das Wasserschloß nach wechselvoller Geschichte 1706 kam. Die Familie des Barons war sozialen und pädagogischen Ideen aufgeschlossen: Seine Frau, sein Schwager, sein Stiefvater waren an der Odenwaldschule gewesen; seine Mutter Edith (eine Engländerin) so kinderfreundlich, daß er später eine «Edith-Stiftung» gründete, die seitdem eine Montessori-Schule betreibt. Er selbst war aktiv bei den Pfadfindern von Baden-Powell, schon früh mit Quäkern in Kontakt, für den indischeuropäischen Orden «Stern im Osten» des Krishnamurti tätig, dem er das Schloß für dessen 2-jährliche Treffen zur Verfügung stellte. Auch in der Quäkerschule wirkten van Pallandt uns seine Frau als zentrale, prägende Figuren. Der Vertrag mit dem Baron wurde geschlossen.[2]

Welche Gedanken hatten die Initiatoren beschäftigt? Die äußere Form war zwangsläufig geändert, aber die Vorstellungen der Quäker von Schule und Erziehung mußten – vielleicht nun erst recht – in das Vorhaben eingehen.

Es zeigt sich bei aller Wechselhaftigkeit der Umstände eine Grundlinie von den Vorplanungen bis zum Rückblick 20 Jahre später:

– Um für alle offen zu sein, mußte diese Schule «unpolitisch» sein. Das bedeutete trotzdem eine klare Haltung auf Grund innerer Überzeugungen zu bestimmten Lebensfragen im Sinne «kraftvoller (!) Toleranz», die im praktischen Verhalten durchaus politische Konsequenzen hatte.

– Selbstverständlich sollte im Sinne der vorhandenen Quäkerschulen gearbeitet werden, aber auch in dem der «New Schools» wie Abbotsholme (Reddie) und Bedales School, und dem der deutschen Landeserziehungsheime von Lietz, von Wickersdorf und der Odenwaldschule. Dieser Bezug auf die Landerziehungsheime wird später erheblich relativiert und dann nur noch in der Erziehungshaltung gesehen.[3]

– Es geht dabei um eine Verbindung von geistiger und praktischer Arbeit mit wesentlicher Betonung des Praktischen und Erhalt des Charakters einer Höheren Schule.

– Ausbau zu einer Internationalen Schule mit entsprechendem Lehrerkollegium und Schülerkreis.

– Alles Erzieherische soll Vorrang erhalten. Die Kinder sollen Selbstverantwortung und soziale Gesinnung lernen.

– Im Sinne dieser Selbstverantwortung ist Koedukation eine der Möglichkeiten, die von Beginn an feststeht.

– Maßgebend für die bevorzugte Aufnahme halbjüdischer oder halbarischer Kinder meist christlichen, das heißt protestantischen Glaubens war, daß für sie am wenigsten gesorgt wurde, weil sie zwischen die Zuständigkeiten politischer oder jüdischer Hilfsorganisation gerieten.

Um sich besser finanziell tragen zu können, war die Eigenarbeit aller Beteiligten – das heißt auch Doppelfunktion von Lehrkräften bzw. Unterrichtshilfe von Praktikern – eine Voraussetzung. Die Schule sollte durch diese Arbeit großenteils autonom werden und nicht nur Schule sein. In den Schulferien blieben regelmäßig bis zu 50 Schüler oder andere Kinder zu Besuch, im Schnitt um 35, in einem Ferienlager. Jeweils ein «Restbestand» Schüler lebte dann mit Ferienkurs-Kindern zusammen. 1934 kam beispielsweise ein ganzer Kindergarten aus Hamburg und eine Gruppe aus Berlin.

Eine holländische Abteilung sollte die Schule weitgehend in das Gastland integrieren. Schon im ersten Jahr kamen die Kinder aus der Umgebung; am Ende der Schule – nach der deutschen Besetzung – war sie fast ausschließlich holländisch. Nach den holländischen Schulgesetzen mußte mindestens ein Lehrer mit holländischer Unterrichtserlaubnis mitarbeiten.

Im ersten Jahr wurden die Lehrer nicht bezahlt. Sie arbeiteten gegen freies Wohnen, Verpflegung und ein Taschengeld. Auch die Anfangsausstattung der Schule wurde genossenschaftlich besorgt.

Als Träger fungierte die Gesellschaft der Freunde, die eine von der Königin genehmigte Träger-Stiftung eingerichtet hatte.

Die holländischen Behörden waren entgegenkommend. Reichsschulinspektor Bolkenstein setzte sich intensiv für die Belange der Schule ein. Unter seiner Zuständigkeit war schon die Reformschule, der «Werkplaats», von Kees Boeke in Bilthoven[4] entstanden, die neue erzieherische Maßstäbe setzte. Auch sein Nachfolger van Andel hatte gute Kontakte zur Schule.

Geworben wurde für die Schule durch Mundpropaganda und Zeitungsanzeigen; die notwendige Mindestbesetzung der Schule fand sich erst im zweiten Jahr. Bei Beginn der Schularbeit Anfang April 1934[5] trafen neue Lehrer und Praktiker (Küche, Hausmutter, Haushaltung) mit ihren Kindern ein, die immer mit unterrichtet wurden. Bis zum Sommer waren es elf, einige blieben gleich aus der Ferien-Freizeit dort, im September waren es 21, zu Weihnachten dann 44. Zum Sommer 1935 wurden 66 Kinder unterrichtet, bis Ende 1936 stieg die Zahl bis 100 und darüber (25 davon waren holländische Kinder). Durch An- und Umbauten sowie zum Beispiel Hinzunahme des – bis dahin – Pallandtschen Wohnhauses (De Esch) wurden Schlafplätze in Einzel-, Zweier bis Viererzimmern geschaffen. Die Schülerzahl stieg im Sommer 1935 auf 115, 1938 (Herbst) dann 137. Im März 1939 war die größte Auslastung und maximale Größe erreicht: 150 Schüler (davon 21 Niederländer) einschließlich Mitarbeiterkindern (etwa 10 %). Die Zahlen verschoben sich drastisch durch den Kriegsausbruch. Aus den Sommerferien, die für die Kinder glücklicherweise sehr spät lagen, kehrten alle englischen Kinder nicht zurück, außerdem blieben Kinder dort, die ihre Ferien in England verbracht hatten. Mit einem Drittel weniger wurde die Arbeit im Oktober 1939 fortgesetzt und ging danach noch weiter zurück: Eltern ließen ihre Kinder zum Teil allein auswandern, dafür stieg die Zahl der holländischen Schüler. Von da an wird die Schülerzahl weniger interessant, das Leben der verbleibenden deutschen Kinder um so bemerkenswerter.


## Schulleitung und Mitarbeiter

Als fast alles zur Eröffnung der Schule bereit war – schreibt Piet Ariens Kappers, der holländische Quäker, der «wie ein Vater» später die Schule betreute, besuchte, beriet und seine Verbindungen für sie nutzte – es fehle «das Wichtigste, nämlich Leiter, Lehrkörper und Lehrplan».

Es war umstritten gewesen, ob in erster Linie gefährdete Persönlichkeiten zur Mitarbeit gewonnen werden sollten, oder ob allein die Qualifikation entscheiden sollte. Aus Verantwortung den Kindern gegenüber wurde schließlich zunächst nach erzieherischer und schulischer Befähigung der Bewerber gefragt und erst bei Gleichwertigkeit gab die größere Not den Ausschlag.

Es ist bemerkenswert, daß nicht nur in bezug auf die geplante Koedukation auch weibliche Leiter vorgestellt werden konnten und zuletzt auch eine Frau die Leitung übernahm, sondern daß in Eerde überhaupt das weibliche Element eine erhebliche Rolle spielte. Der Schulleiter sollte Quäker und pädagogisch qualifiziert sein. War er kein Quäker, konnte man annehmen, daß er prinzipiell auf Grund der Eignung schon über «Quäker-Eigenschaften» verfügte, die sich möglicherweise noch nicht artikuliert hatten. Das erwies sich als richtig, nicht nur die Schulleiterin wurde später aus Überzeugung Quäker. War der Schulleiter ein Mann, sollte ihm eine «in Ausbildung und Persönlichkeit gleichwertige Frau als Ergänzung (!) zur Seite gestellt werden, umgekehrt natürlich genauso».

Schon an der Auswahl derjenigen die man als Leiter in Betracht zog, werden inhaltliche Vorstellungen vom Schulkonzept sichtbar. Gefragt werden Pastor Wilhelm Mensching, Amalie Keller, Paul Geheeb, Elisabeth Rotten, die nach England (Oxford) emigrierte Eilisabeth Blochmann, der von deutscher Seite beteiligte Frankfurter Quäker Rudolf Schlosser wird gebeten – alle sagen am Ende ab.

Dann erinnert sich Schlosser an Katharina Petersen aus Kiel. Professorin an der Pädagogischen Akademie, nach Frankfurt / Oder ins sozialdemokratisch regierte Preußen gegangen als Regierungsschulrätin, hatte sie den nach dem «Gesetz zur Wiederherstellung des Berufsbeamtentums» vom 7. 4. 1933 fälligen neuen Eid nicht ablegen wollen und wurde vor die Wahl gestellt, zur Volksschulrektorin heruntergestuft oder entlassen zu werden. Sie entschied sich für eine mehrjährige Beurlaubung.

Die Berufung von Katharina Petersen in die Schulleitung erweist sich schnell als ein Glücksfall: Sie wird zur «prima inter pares», Bedenken «schmolzen wie Schnee in der Sonne» (schreibt Piet Kappers 1954): «Sie ist von intellektuellem Typus, ist eine ‹Persönlichkeit›, und dadurch bald Herrin der Situation. Sie nimmt Rücksicht auf Personen und Sachen, hat Menschenkenntnis und weckt sofort Achtung und Vertrauen. Ich vermute, daß ihr das mystische Element, wie Quäker es kennen, nicht fremd ist, wenn es auch nicht so bald hervortritt. Eine ruhige balancierte Natur, tatkräftig – wir können dankbar sein, daß sie sich dieser Aufgabe angenommen hat, und sie tut es mit Freuden und Entschlossenheit».

## Der Lehrplan

Was den Lehrplan betrifft, so war geklärt worden, man müsse sich von dem Verfahren der Landschulbewegung absetzen, «weil außer Letzlingen (kaum ein Vorbild so wichtig wie dieses!) die meisten anderen Landerziehungsheime etwas im Spielerischen steckengeblieben zu sein scheinen».

Katharina Petersen beim Unterricht

«Eine theoretische Festlegung des Lehrplanes würde uns bestimmt in eine viel zu große Abhängigkeit von anderen Schulen bringen und alle schöpferische Gestaltungskraft bedrohen», heißt es – obwohl man zuvor Auskünfte über Pläne, Verfassung über viele Schulen besorgt hatte – vor allem über Quäkerschulen in England.[7]

Kennzeichnend für die Ausgangspositionen sowie für Arbeitsweise und Einstellung der Leiterin von Eerde zwei Sätze: «Morgens war die erste Konferenz gewesen über die Gestaltung der praktischen Schularbeit. Wir entschieden uns für Kursarbeit im Sinne der Odenwaldschule.» Punktum.

So steht es im Tagebuch am 11. 4. 1934 – drei Wochen, nachdem Katharina Petersen eingeladen war, zusagte, aus Deutschland emigrierte und ihre Arbeit aufnahm.

Ebenso knapp wie das Konzept wird die Methode beschrieben: «Im nächsten Jahr werden wir ein Experiment machen, indem wir einige Fächer mehr daltonisiert behandeln werden, wobei ein bestimmter Inhalt den Eltern und Kindern zur Eigenarbeit zur Verfügung gestellt wird.»

Bei dem von Helen Parkhurst zuerst in Dalton / Massachusetts (USA) durchgeführten «Dalton-Plan» wird im Prinzip der Jahrgangs-Klassenverband zugunsten von relativ selbständigen Einzellernern aufgelöst. Jeder bekommt sein individuelles Programm (schon eine Vorstufe des programmierten Lernens und der Fernkurse) das er einzuhalten verspricht,

156

drei Anspruchsstufen, Wochen- und Monatsziele und Kontrollen. Arbeitsräume, Materialien und Lehrkräfte werden zur Verfügung gestellt.

Die möglichen Nachteile dieses Verfahrens an einer Regelschule – der völlig einseitig verbalisierende Umgang mit Lerngegenständen kann Kinder isolieren, verunsichern und führt im Grunde die Wissenschule wieder ein – konnten in Eerde kaum auftreten. Immer gab es Gruppenarbeiten, intensive Gespräche, Ausgleich durch die – in der Wertschätzung kaum zu übertreibende – praktische und vor allem musische Arbeit. In dieser Hinsicht waren die kulturellen Voraussetzungen der Kinder auf Grund ihrer sozialen Herkunft von einer für den «Geist von Eerde» ausschlaggebender Bedeutung. Praktisch alle Emigrantenkinder (und viele Holländer) stammten aus dem teilweise prominenten Bildungsbürgertum, ihre Familien stellten Persönlichkeiten in Wissenschaft, Kunst und Politik.

Der Dalton-Plan, im Verein mit Arbeitsschulelementen, der Art des Zusammenlebens, dem ständigen Gespräch, den Auseinandersetzungen in der Gruppe und der ausführlichen Beschäftigung mit der Arbeit und musischen Inhalten beugte so der Einseitigkeit vor.

In Berichten und Befragungen Alt-Eerder wurde dieses außer der Atmosphäre des vertrauten und verständnisvollen Zusammenlebens mit Lehrern als Bemerkenswertestes empfunden. Wie sah so ein Tag aus?

Morgens um 7.15 Uhr: Wecken, Außen-Gymnastik oder Waldlauf, grundsätzlich barfuß; die Kinder sollten abgehärtet werden; anschließend Toilette machen und anziehen.

Dann um 8.00 Uhr Frühstück, anschließend Zimmer machen.

Von 9.00 Uhr–13.00 Uhr Unterricht, vier theoretische Stunden mit einer halben Stunde Unterbrechung für Kaffee und Milch; statt Theorie zweimal wöchentlich morgens Turnstunden.

Um 13.10 Uhr Mittagessen – Stehversammlung (Gespräch, Aufgabenverteilung dreisprachig), Ruhezeit.

Ab 14.30 Uhr–16.00 Uhr praktische Arbeit, mittwochs Pfadfinderei, donnerstags Sport – meist Ballspiele auf dem Sportplatz, samstags ebenso, dann Tee mit Brot

16.30 Uhr–18.00 Uhr Hausarbeiten, meist unter Aufsicht, samstags frei.

18.00 Uhr Abendessen, danach frei für eigene Arbeiten, für Musik, Theater, Spiele, Diskussionen, Vorträge.

20.00 Uhr müssen die 10- bis 13jährigen schlafen gehen.

21.00 Uhr Bettruhe der 14jährigen, und dann um

21.30 Uhr ist auch für den Rest Schluß – wenn nichts Besonderes anliegt.

Im wesentlichen wurde dieser Plan eingehalten.

Beim Durchsehen des Veranstaltungsplanes fällt auf, daß beinah wöchentlich Vorträge, Musik- oder Bilderabende, gemeinsames Schallplattenhören, Theaterproben oder -vorführungen stattfinden; es sind ständig Gäste dort gewesen, viele von ihnen längere Zeit.

Füllen wir diesen Plan weiter mit Leben: Für die Kinder wurden individuelle Pläne ausgearbeitet. Schwerpunkte in den Hauptfächern wechselten alle Monate. Weil praktisch jederzeit Kinder aufgenommen werden mußten, war zusätzlich viel Arbeit in Privatstunden zu leisten, um solche Kinder «beizuarbeiten».

Hauptfächer waren Deutsch, Mathematik, Englisch, Geschichte, Erdkunde und Sport; Nebenfächer Holländisch (in der deutschen Abteilung), Musik, Zeichnen, Biologie. Die holländische Grundschule hat statt der normalen anderthalb Zeitstunden Hausaufgaben nachmittags noch eine Schulstunde. Die Schüler wurden in Kurse eingeteilt. («A bis D»; es gab zum Beispiel 1938 15 Klassen, davon fünf deutsche, neun holländische [sehr kleine Gruppen] und eine deutsch-englische.)

Die Einteilung zur praktischen Arbeit geschah durch die Kinder selbst. Es war Tradition geworden, sich seinen Platz selbst auszusuchen – und da die Plätze unterschiedlich waren, dauerte es manchmal länger, dranzukommen. Der spätere Leiter Hermans meinte 1939, man müsse diese Arbeit mehr lenken, um die Zukunftsaussichten der Kinder besser berücksichtigen zu können.

Zur praktischen Arbeit gehörte natürlich auch das Bettenmachen, Fegen, Tischdienst (trotz der Haushaltshilfen). Am beliebtesten war die Weberei. Da wurde später auch die Wolle der seit Januar 1936 selbstgezogenen Schafe verarbeitet, gesponnen und verwebt. Beliebt war auch sog. Kraftarbeit, Bauen neuer Wege oder Ausbessern alter, der Bau eines eigenen Schwimmbades mit Abflüssen, Wasserleitungen, Dusche (auch Mädchen nahmen daran teil). Weniger beliebt, stellen Schüler und Lehrer in den hinterlassenen Texten fest, ist der Gartenbau. Das muß besonders am Anfang schlimm gewesen sein, als alle kolonnenweise zum Jäten der Quecken zogen. Der als Besuch von Luserkes Juister Schule herübergekommene Eduard Zuckmayer (Bruder von Carl), ein Musiker, setzte diesen Vorgang spontan in einen Kanon mit Symbolcharakter um, der bei allen Kleingärtenfesten und anderen Veranstaltungen gesungen wurde:

«Kampf den Quecken, Kampf den Quecken, die so tief im Boden stecken; alle Quecken reißt die quicke Quäkerschule aus.»

Statt Zuckmayer kam dann Billy Hilsley, zuvor William Hildesheimer, ein begabter Musikpädagoge. Die von ihm arrangierten Musikabende und -feste, Opernaufführungen und Singspiele begeisterten Fachkundige zu den Bemerkungen, solch ein Musikleben sei wohl an keiner anderen Schule zu finden, aber: «Das Allerschönste war, daß neben dem Ästhetischen seines Musizierens und Lehrens auch heilende Kräfte entbunden wurden. Er fand heraus, was in den Jungen und Mädchen steckte, regte an, gab Selbstvertrauen und Zuversicht wieder, wo sie zerstört war. Nie werde ich Tjot vergessen, die völlig entmutigt bei eins eintraf. Getragen von der liebenden Fürsorge der Kinder und Erwachsenen, begann sie sich zu verändern; aber zur vollen menschlichen Entfaltung kam sie erst, als Billy ihre Stimme entdeckte und sie zu darstellerischen und musikalischen

«Kampf den Quecken!»

Leistungen brachte, die wohl keiner in dem stillen Mädchen vermutet hätte. Als die Mutter sie nach ein paar Monaten wiedersah, fiel sie mir um den Hals: Ich kenne ja mein Kind nicht mehr wieder! Oh, edle Musica, oh, lieber Lehrer Billy!»

Der musikalische Bereich steht in Eerde gleichberechtigt in seiner Wirkung neben dem praktischen und dem theoretischen. Allerdings wurde diese Wirkung nicht unmittelbar so sichtbar wie einerseits in dem Fall, wo eine ehemalige Schülerin durch ihre musikalischen Fähigkeiten Anschluß und Erfolg in ihrem neuen Lebenskreis fand, andererseits wie im Ergebnis des «Wissensteiles», der zunächst mit dem «Oxford School Certificate», später das «General Certificate of Education» (GCE), das in Eerde als einziger bekannter nicht-englischer Schule erworben werden konnte, um in Oxford zugelassen zu werden.

### Die praktische Arbeit

Von Beginn an sollte ein Gleichgewicht zwischen Praxis- und Wissensteilen hergestellt werden. Anfänglich überwog sicher die Praxis, die Umstände verlangten dies. Wenn auch von vornherein und prinzipiell: der Wert der praktischen Arbeit wurde von niemandem in Eerde in Frage gestellt. Möglichkeiten dazu hätte es genug gegeben, die Stellung der Schüler-Selbstverwaltung war stark.

Gerade der kräftezehrende Beginn und die kontinuierlich notwendige Einwirkung auf die Umwelt machten deutlich, daß das befürchtete «spielerische» Element der Landschulheimpraxis bekannter Vorbilder hier kaum auftreten würde: Man befand sich ständig im Ernstfall.

Die Schüler sahen in ihren eigenen manuellen und musischen Fähigkeiten und Fertigkeiten, ihr Arbeitsvermögen und ihre Einstellung dazu als Ergänzung oder zum Teil als (erwünschten) Ersatz für intellektuelle. Oder sie konnten beide Aspekte als unterschiedliche Erscheinungsformen einer Sache erkennen.

In den meisten Bereichen waren fähige Fachkräfte gefunden worden:

Töpfern: Thera Hermans, eine ausgebildete Kunsttöpferin, die sich mit eigenen Ausstellungen einen Namen gemacht hatte.

Bildhauerei: Titus Leeser, der anleitete und Vorträge hielt, zählt auch heute zu den bekanntesten Bildhauern in den Niederlanden.

Weben: Edith Reckendorf war darin ausgebildet und hat damit später ihre Familie zeitweise ernährt.

Schneidern: gleich mehrere Kräfte standen hier zur Verfügung, es wurden sogar eigene Stoffe aus der Weberei (die sie wiederum von der eigenen Landbauschule und Schafzucht erarbeitet hatte) nach eigenen Entwürfen verarbeitet.

Theater: eine eigens gebaute große Bühne stand für die sehr vielen Aufführungen zur Verfügung: Gestalterisch wirkte da schon Hanna Jordan als Schülerin mit, eine später weltbekannt gewordene Bühnenbildnerin, die heute in Wuppertal lebt und arbeitet.

Werkarbeit: sehr früh wurde ein holländischer Tischler engagiert, der mit Lehrern und Schülern wirkte.

Eine Fahrrad-Reparatur-Werkstatt wurde eingerichtet,

eine Buchbinder-Werkstatt nahm ihre Arbeit auf,

im Außendienst mußte gearbeitet werden, Wegebau, Wasser, Waldarbeiten, Reparaturen usw.

Der Küchen- und Haushaltsdienst wurde von Ehemaligen als wesentliche Lebenserfahrung erwähnt.

Die Gartenarbeit bezog sich nicht nur auf die Kleingärtnerbeete, die tatsächlich eher spielerisch – wenn auch mit ernsthaften Absichten – versorgt wurden und Anlaß für ein «Kleingärtner-Album» und viele Feste waren; wichtiger waren die Kultivierung des Geländes und der Anbau von Nutzpflanzen. Hier hatten drei- bis fünfmal mehr Schüler Arbeit als in den anderen Gärten.

Sie wurde betreut von einem Lehrer, der zuvor Gärtner gelernt hatte: Heinz Wild

Diese Kombinationen von Unterricht und Arbeit waren nur in einer Heimschule «der kurzen Wege» möglich und bildeten die Voraussetzung für die Entstehung einer «pädagogischen Provinz, meint Katharina Petersen später.

## Nach den Weihnachtsferien 1938.

Es ist noch kalt, und wir können noch nicht viel anden Beeten arbeiten. Doch die Tulpenspitzen gucken schon neugierig heraus. Die Sonne scheint zwar schon öfters, doch der Frühling ist noch nicht da. Anden Grachtufer blühen Schneeglöckchen.

### Die 6. Kleingärtnerversammlung 19.2.38

Herr Wild eröffnete die Versammlung. Peter Heine ist kein Kl.= leiter mehr, auch kein Kleingärtner mehr, also müssen wir einen neuen Leiter haben. Der neue Leiter ist Galu Rosenstern. Auch müssen wir einen neuen Tagebuchschrei= ber und einen Kleingärtnerbretterversorger haben. Zu diesem Amt meldeten sich Anita, Renate und Hellwig. Es wurde ausge= lost und Hellwig gut das los. Dann aus meldeten sich zum Gerätewart verschiedene. Es wurde ausgelost und Lock wurde Gerätewart. Auch brauchen wir einen Kleingärtnerplatzwart.

Barbara hat die Hauptverantwortung und Anita hilft. Auch brauchen wir Pfleger. Klaus Seckel. Mucki und Beppo melden sich dazu. Galu hält jetzt eine Rede, in der er die Geschichte der Kleingärtnerei von Erde erzählt. Herr Wild sagte noch einiges zu den Frühjahrspflanzen. Galu hatte auch noch gesagt, dass jetzt ungefähr gerade der Freundekreis und der Kl.g. Spiegel ein Jahr besteht. Wir schlossen die Kleingärtnerversammlung mit dem Kanon „Kampf den Quacken." N.B. Es wird auch eine Liste für Stiefmütterchen ausgehängt.

Aus dem Kleingärtner-Tagebuch

# Eerde im Krieg

Auf dem Kasteel waren ständig etwa 25 bis 30 Erwachsene, ungefähr je zur Hälfte Lehrpersonal und Funktionspersonal. Wie schon aufgezeigt, waren beide Gruppen wegen vieler Doppelfunktionen kaum zu trennen. Frau Petersen war im März 1938 gegangen, sie arbeitete dann in Hamburg.

Das Leben ging seinen gewohnten Gang bis dahin. Eine der offenbar beeindruckendsten Einrichtungen, die quäkergemäße «Andacht» mit ihrer anfänglichen meditativ wirkenden «Stille», bis jemand sich äußert, fand immer statt und wurde freiwillig besucht. Keinem der älteren Kinder wäre eingefallen, meint Max Warburg, nicht dazu zu kommen, und: «Ich weiß nicht, ob es an irgendeiner religiösen Schule eine Parallele dazu gibt.» Kurt Neuse war nach Katharina Petersen Schulleiter geworden, ein «Preuße» im Typ und von tiefer Religiosität. «Kurt Neuse vor allem ist es zu verdanken, daß die Schule eine Schule war und blieb; daß sie nicht von der Krankheit der meisten Landschulen angefressen wurde: von betriebsamer idyllischer Faulheit. Einer von uns mußte ganz und gar mit Leib und Seele Lehrer sein und nichts anderes; mit einer Ausschließlichkeit die Lehrer heute selten haben oder, wenn doch, sorgfältig wie ein Laster zu verbergen versuchen», schreibt Max Warburg.

Die Schülerzahl hatte sich Ende 1939 drastisch vermindert. Engländer, die teilweise deutsche Mitschüler bei sich aufgenommen hatten – kehrten aus den Sommerferien nicht zurück nach Eerde. Der 10. Mai 1940 brachte die Besetzung Hollands. Es war aber bekannt, daß in Holland Halbjuden keine Deportation drohte, zumal im langfristigen Plan der Deutschen die Niederländer eher freundlich behandelt werden sollten. Das erste Dreivierteljahr waren die Deutschen eher zurückhaltend, die holländische Verwaltung blieb bis auf wenige grundsätzliche Eingriffe autonom, die Generalkommissare agierten maßvoll – bis erste Spannungen aufbrachen, nachdem die USA und die UdSSR in den Krieg gezogen worden waren. Die holländische National-Sozialistische Bewegung (NSB)[8] wurde aktiver – bis dahin war sie weder von den Holländern noch von Hitler besonders ernst genommen worden. Im September 1941 wurde holländischen Juden der Besuch der Regelschule verboten.

Die Juden mußten das Schloß verlassen: Die Schulverantwortlichen hatten sich den Deutschen gegenüber verpflichten müssen, deutsche Anordnungen einzuhalten, um ungestört weiterarbeiten zu können. Die zu der Zeit noch in Eerde lebenden 16 jüdischen Kinder zogen mit ihren Lehrern um in ein vom Schloß räumlich getrenntes Wohnhaus, De Esch. Frau Elisabeth Schmitt wurde Hausmutter für sie. Auf diese Weise konnte noch zwei Jahre lang für die Kinder gesorgt werden, ohne beide Gruppen zu gefährden. Bis 1942 wurde in Eerde noch das Englische Examen abgenommen. Ab Juli 1942 wurden aus Holland Juden deportiert,

**Abschied von Eerde**

Wenn im Unendlichen dasselbe
sich wiederholend ewig fliesst,
das tausendfältige Gewölbe
sich kräftig ineinanderschliesst,
strömt Lebenslust aus allen Dingen,
dem grössten wie dem kleinsten Stern,
und alles Drängen, alles Ringen,
ist ew'ge Ruh in Gott, dem Herrn.

Goethe

Oft, wenn ich in der Zeit meines
Hierseins über Eerde grübelte, rief
mir eine merkwürdige Assoziation
diese grossen Worte ins Gedächtnis.

7. 9. 1937       —       29. 9. 1941

Wulf Künkel

Heute komme ich mir vor wie ein Kapitän,
der das geliebte Schiff nach dem letzten gewaltigen
Brecher sinkend verlässt. Doch ich hoffe, ich täusche mich
Wo finden wir dich wieder,    Kultur UND Naivität ?

nachdem sie über Durchgangslager (aus Ommen war es Vught) nach Westerbork ins Sammellager und von dort in den Osten deportiert wurden. Auch Ausländer wurden interniert: So Billy Hilsley als Engländer, obwohl er «Volljude» war. Er wurde nach Schoorl (Nordholland) und später weiter nach Tost (Oberschlesien) gebracht. In seinen Papieren wurde das Religionsbekenntnis «Quäker» in roter Schrift mit «Jude» übermalt.

Immer schon waren im besetzten Holland Bedrohte untergetaucht, es gab regelrechte Fluchthelfer-Ringe und -Linien. Der den Pallandts verbundene Verleger Prakke druckte beispielsweise falsche Papiere, indem er Originale verändert nachdruckte, aus nicht-arischen Großeltern arische machte. Man muß ihn heute beim Vorzeigen der Belegstücke sehen, um seine Angst damals und den nachträglichen Stolz darüber heute nachvollziehen zu können – ein Beispiel. Ein anderes: Laura, eine resolute Quäkerin, trifft Lehrer Wild mit Judenstern am Anzug, bereit zum Abtransport auf dem Bahnsteig. «Du kommt mit mir!» Sie zieht ihn in die Toilette, trennt den – zwingend vorgeschriebenen – Stern ab und versteckt den Lehrer für ein halbes Jahr in einem Verschlag in ihrer Wohnung – und lacht, als sie von seiner Angst erzählt: Sie wäre fast eher als er ins Lager gegangen, hätte man ihn erwischt. Ein anderer der Helfer war der Literat Wolfgang Frommel, ein Freund Hilsleys, der Jugendliche in abenteuerlicher Weise «verschwinden» ließ.

Viele tauchten unter, auch vier der Kinder von De Esch. Klaus Bock beging zum Schein Selbstmord im nahen Fluß, die Behörde in Ommen bestätigte das. Er ist heute Professor in Oxford. Clemens Brühl versteckte sich bei Bauern, zwei andere gingen nach Amsterdam zu ihren Familien – und kamen zusammen um. In De Esch waren zuletzt noch zwölf jüdische Kinder. In der Diskussion damals, die sich in ihrer Härte bis heute auswirkt und an der die Lehrer und Schüler beteiligt waren, ergaben sich für sie zwei Möglichkeiten:

Ausharren bzw. ins Lager gehen: die Quäker waren bisher gut behandelt worden und hatten Zusicherungen der Deutschen, Christen würden nicht deportiert, die Kinder sollten durch eine etwaige Flucht die anderen nicht gefährden; oder – fliehen und untertauchen: es gab genug Beispiele für gelungene Flucht und für die Brutalität der deutschen Dienststellen.

Frau Schmitt veranlaßte die zwölf in De Esch verbliebenen Kinder in guter Absicht und überlegt zum Gang ins Lager. Sie schickten noch Karten von unterwegs, sogar noch aus Westerbork. Die Mehrheit wurde in Auschwitz umgebracht, einige in Theresienstadt von einem betrunkenen SS-Mann, nur einen Tag vor der Befreiung.[9] Klaus Seckel, einer der «Zwölf», hat die letzte Zeit in Eerde in einem Tagebuch beschrieben, das von dem Lehrer Heinz Wild, dem auch die Sicherung zahlreicher Dokumente zur Schulgeschichte zu danken ist, in den fünfziger Jahren auszugsweise veröffentlicht wurde – als ein Gegenstück zum Tagebuch der Anne Frank.

Das Ende ist kurz berichtet: Die Deutschen interessierten sich ab 1943

164

im Zug, 10. 4. 43.

Lieber Herr Hermanns,

wir möchten die Gelegenheit nicht vorübergehen
lassen um Ihnen noch unsere herzlichsten Grüsse zu
senden. Wir sind grade von Zwolle abgefahren, wo wir
jast nach am Bahnhof getroffen haben. Das letzte Stück
der Reise.      Ihre Ursula. Das allerletzte Stück
Viele herzliche grüsse und [illegible]

Hartelyke Groeten K. Metz
+ herzliche Grüsse Ernst Rudolf
Viele grüsse.
Klaus S

Postkaspus [illegible]

herzliche Grüsse u [illegible]
Dank für alle Güte. Es geht
alles gut, reservierte coupés [illegible]
Alles Gute,      Walter [illegible]
Auch ich danke Ihnen
herzlichst viele Grüße
Ihr Ernst B
Herzliche Grüsse
Ihr Hermann J.

Afzender:
Adres:

Den Heer
W. Hermanns
Quakerschool Eerde
Ommen (O)

Letzte Nachricht von der Deportation

für das Schloß. Im Oktober wurde ein Werkkamp auf Eerde beschlagnahmt, am 15. November 1943 kam der Befehl, das Schloß zu räumen. Ausgebombte Schuljugend (HJ) aus Osnabrück zog ins Schloß, aus dem nichts mitgenommen werden durfte. In De Esch ging der Unterricht mit den verbliebenen Lehrkräften[10] und 20 holländischen Kindern weiter. Im September 1944 zogen die Deutschen wegen der erwarteten alliierten Invasion ab. Nachdem diese sich verzögerte, wurden noch V1- und V2-Stellungen bei Eerde gebaut.

Nach Kriegsende diente das Schloß kurz als Unterkunft für ehemalige politische Gefangene. Dann zog ein Kindergarten dort ein, Leiterin Frau Prakke, die Frau des Verlegers; Helferin jene Laura, und einer der Helfer: Heinz Wild.

Ein halbes Jahr später begann die zweite Phase der Schule in Eerde – als Quäkerschule bestand sie dort noch bis 1951. Bei der folgenden Abspaltung blieben die Quäker auf Grund ihrer Verträge bis 1959 in Eerde und zogen dann um nach Beverweerd.

Das fühlt sich deshalb heute – mit einigem Recht und mit einigen der ehemaligen Eerder Lehrkräfte (zum Beispiel Hilsley) – als rechtmäßiger Erbe Alt-Eerdes.

Der andere Zweig mit dem vormaligen Schulleiter Hermans zog aus Eerde aus nach d'Ulenpas-Hoogkeppel und hatte einen Zweig in Rheederoort, kam aber 1959 wieder zurück nach Eerde: Der neue Schulleiter und ehemalige Lehrer hatte eine Pallandt-Tochter geheiratet. Deshalb fühlen auch sie sich – mit einigem Recht und mit einigen der ehemaligen Eerder Lehrkräfte – als rechtmäßige Erben Alt-Eerdes. International sind beide geblieben.

Nur «Quäkerschule» nennt sich keine von beiden mehr.

### Anmerkungen

1 Im Vergleich dazu: In den USA hatte diese um die Mitte des 17. Jahrhunderts entstandene religiöse Gemeinschaft über 100000 Mitglieder, ein Viertel davon im Ursprungsland England.

2 Das Land selbst umfaßt 3 Hektar, zwei Gräben, zwei Flüsse. Das gesamte Besitztum hat 1200 ha. Im Schloß selbst etwa 110 Schlafplätze, dazu später Nebengebäude, ein Bauernhof und andere Vorwerke. Der Notar des Barons verlangte 3000 Gulden Miete als Ziel, zunächst angefangen mit der Hälfte im ersten Jahr – ein Betrag, der so hoch ist wie alle Gehälter zusammen, die später gezahlt werden müssen. Das einzunehmende Schulgeld sollte im ersten Jahr für die Kinder in 12 Raten zu je 60 Gulden gezahlt werden.

3 Später heißt es, man habe Hinweise auf die Landerziehungsheime absichtlich unterlassen, da man es ausdrücklich ablehnte, mit einem bestimmten Schultyp verglichen zu werden.

4 Sein Sohn Daniel nahm 1939 an der Eerde angeschlossenen Landbauschule teil.

5 Ein genauer Termin wäre ungenauer: Ein Lehrer, der auch Gärtner war, Heinz Wild, war schon einen Monat zuvor eingetroffen, um im Garten zu arbeiten.

Die ersten beiden Schüler, aus Berlin, trafen zwei Tage vor der Schulleitung ein, ein anderer Lehrer verhandelte bereits seit Wochen mit. Man einigte sich auf den 5. April als «Schulgeburtstag».

6 Als fast alles zur Eröffnung der Schule bereit war, gut zwei Wochen vor der Eröffnung der Schule, stellt eine der drei Hauptbeteiligten, Bertha Bracey, Quäkerin aus England, den ganzen Schulplan überhaupt zur Disposition.

7 Dazu gehören auch die Bunce Court School und die Stoatley Rough School.

8 Die NSB war die größte unter mehreren in den Niederlanden bestehenden faschistischen Gruppierungen. Sie entwickelte sich zu einer großen, gut organisierten Partei, die 1935 bereits 8 % der Stimmen bei den Provinzwahlen erhielt.

9 So berichtet von einem, der in Theresienstadt dabei war und heute in Israel lebt.

10 Einer war der als «halbarisch» rehabilitierte Heinz Wild.

**Literatur**

Röhrs, Hermann: Die Montessori- und Dalton-Plan-Schulen in Holland als Beispiele der Reformpädagogik des Auslandes, in: Schule und Bildung im internationalen Gespräch, Frankfurt/M. 1966, S. 45–66

Hermsdorf, Klaus, Fetting, Hugo, Schlenstedt, Sylvia: Exil in den Niederlanden und Spanien, Frankfurt/M. 1981

Brinkmann, Günter: Tradition und Fortschritt im niederländischen Bildungswesen, Weinheim 1975

Ders.: Die Schulengemeinschaften in den Niederlanden. Weinheim 1971

# Pitt Krüger, La Coûme und das Prinzip der «Ausgeglichenheit»

*Reformpädagogische Rahmenbedingungen in Frankreich*

Die Reformpädagogik hatte in Frankreich zu Anfang des 20. Jahrhunderts weniger breite Resonanz gefunden als etwa in Deutschland. Zu nennen wären hier vor allem das 1898 von Demolins nach englischem Vorbild gegründete Landerziehungsheim Ecole des Roches und die von ihm abgeleitete Pédagogie rocheuse, die zu weiteren Schulgründungen führte, worunter La Ruche als Landerziehungsheim nach Grundsätzen der Produktionsschule auf genossenschaftlicher Basis herausragte und in seiner sozialen Ausrichtung Ähnlichkeiten mit dem Lietzschen Landwaisenheim Veckenstedt aufwies; außerdem die als Selbsthilfemaßnahme der Volksschule entstandenen genossenschaftlichen Coopératives scolaires von B. Profit und die nach einem Schulkonflikt 1934 von Célestin Freinet eingerichtete Schule in Vence bei Cannes, die sich um die schuleigene Druckerei zentrierte.

Vor allem die Volksschullehrergewerkschaft SNI engagierte sich für Schulreformen im Sinne von Einheitsschule, um die in Frankreich überkommene extreme Trennung zwischen den beiden als klassenspezifische Systeme nebeneinander existierenden Säulen eines niederen und höheren Schulwesens aufzuheben.

Da das französische Volksschulwesen von der ansonsten für Frankreich typischen Zentralisation der Verwaltung ausgenommen war, also regionale Besonderheiten eher berücksichtigen und damit zugleich mehr Spielraum für Innovationen bieten konnte als das starre und elitäre höhere Schulwesen, waren die Chancen für die Realisierung von Schulversuchen im Volksschulbereich größer als im Sekundarbereich. So konnte Pitt Krügers Versuch des Gemeinschaftslebens in der Tradition der Ecoles Nouvelles gelingen, während Fritz Karsens Versuch einer privaten internationalen Tages-Sekundarschule scheiterte.

Fritz Karsen war nach dem gewaltsamen Ende der von ihm begründeten Karl-Marx-Schule in Berlin (s. o.) über die Schweiz nach Frankreich geflüchtet. In Paris-Surênes gründete er Anfang 1934 mit den ebenfalls emigrierten Berliner Kollegen Karl Linke und Walter Damus die Ecole Nouvelle de Boulogne. Die angezielten pädagogischen Vorstellungen ließen sich jedoch kaum verwirklichen. Die starre Stoffgebundenheit der französischen Lehrpläne, Befürchtungen der Elternschaft über den Schulerfolg ihrer Kinder und eine hohe Fluktuation der Schüler veranlaßten Fritz Karsen nach zwei Jahren, die Arbeit aufzugeben und ein Angebot der kolumbianischen Regierung als Erziehungsberater anzunehmen.[1] Walter Damus leitete nach Karsens Abreise die Schule noch ein Jahr lang weiter, bevor er sie endgültig schloß und als Lehrer an die Pestalozzischule nach Buenos Aires ging. (s. S. 184 ff.)

*Pitt Krüger*

Im Süden Frankreichs in den östlichen Pyrenäen liegt, nicht weit von Prades in einem Seitental versteckt, das kleine Anwesen La Coûme. Blickt man von der Vorderseite des Hauses talabwärts, so bietet sich einem ein unvergeßlicher Ausblick auf das alles überragende Massiv des 2784 m hohen Mont Canigou. Nur einige Kilometer über die Berge sind es bis zur Grenze nach Spanien.

Diese abgeschiedene, sichere Lage war für Pitt Krüger 1933 mit ein Grund, sich hier niederzulassen, fern vom Deutschen Reich, in dem die Nazis die Macht übernommen hatten, andersdenkende Menschen verfolgten und die geistige und militärische Aufrüstung vorantrieben, die bald zum Zweiten Weltkrieg führte.

Pitt Krüger war *Pazifist und Kriegsgegner*. Den militärischen Drill im Unterricht eines nationalsozialistischen Kollegen in Potsdam hatte er schon im Jahre 1931 in einem Artikel der «Potsdamer Volkszeitung» angeprangert: «Turnspiel oder Kasernendrill».

Pitt Krüger trat für *Völkerverständigung* ein. 1930 hatte er sich in Berlin

Pitt Krüger und Hermann Schnorbach beim Kartenstudium

den Quäkern angeschlossen, die sich für die deutsch-französische Verständigung und die Abrüstung engagierten. Die Nazis hingegen verfolgten ihn mit dem Schimpfwort «Franzosen-Krüger». Sie beschuldigten ihn, «kein Geheimnis aus seiner Sympathie für Frankreich zu machen, während die deutsche Nation nach dem Krieg vor Schmerz schrie und Neger deutsche Mädchen vergewaltigten»[2]. Krüger heiratete eine Französin, die als Französischlehrerin am Landerziehungsheim Letzlingen unterrichtete.

Pitt Krüger war *Reformpädagoge*. Seit dem 16. Lebensjahr war er in der Jugendbewegung aktiv. Seine Lehrer auf dem Lehrerseminar in Brühl bei Köln waren «ausgezeichnete Arbeitsschulfachleute». Nach dem Seminar unterrichtete Krüger ein Jahr lang als Lehrer im Landschulheim Rupprichterroth bei Köln und zwei Jahre lang an einer Privatschule in Potsdam, die nach «ganz modernen Methoden» unterrichte. In diesen Jahren intensivierten sich seine Beziehungen zur Reformpädagogik und zur Landerziehungsheimbewegung. Insbesondere Paul Geheeb, Minna Specht, Utz (Breitenbrunn am Ammersee) und Uffrecht (Letzlingen) zählt Krüger zu seinen Vorbildern.

Pitt Krüger war *Antifaschist*, politisch engagiert in der SPD, vor allem in der Kulturarbeit für die Sozialistische Arbeiterjugend (SAJ). Er führte Poesiekurse durch, übte einen Gesangverein ein und spielte kleinere Theaterstücke. Für die Arbeiterjugendlichen aus den Berliner Vorstädten war er in Fragen der Sexualaufklärung, worüber die Jugendlichen mit ihren Eltern nicht zu sprechen wagten, ein vertrauenswürdiger Berater. Bei der Arbeitsgemeinschaft sozialdemokratischer Lehrer und Lehrerinnen (AsL) im Bezirk Brandenburg war er Schriftführer. Daher konnte es

169

nicht ausbleiben, daß Pitt Krüger, 1928 in Potsdam in den öffentlichen Schuldienst eingestellt, am 16. März 1933 als einer der ersten in Brandenburg wieder entlassen wurde. Mitten aus dem Unterricht holten ihn Gestapoleute heraus.

Die *Emigration* nach Frankreich wurde durch zwei Ereignisse begünstigt. Die englischen Quäker hatten ihm angetragen, in den Pyrenäen ein Hilfswerk für deutsche Flüchtlinge aufzubauen. Und in Potsdam erfuhr er von einem Polizisten, dessen Sohn Krüger früher unterrichtet hatte, daß er polizeilich gesucht würde. Dieser Polizist verhalf ihm außerdem noch zu einem gültigen Paß.

Im Oktober 1933 emigrierte Pitt Krüger, zunächst ohne seine Familie, die einen Monat später folgte, über die Schweiz nach Perpignan in Südfrankreich. Im November hatte er den verlassenen Bauernhof La Coûme gekauft. Die Hilfsbereitschaft der einheimischen Bauern stärkte die ehemaligen Großstädter bei ihrer nicht leichten Arbeit, junge Flüchtlinge auf landwirtschaftliche Tätigkeiten umzuschulen. Nach diesem Umschulungsvorhaben, das Pitt Krüger als aus materiellen und psychologischen Gründen gescheitert beschreibt, übernahmen Pitt Krüger und seine Frau den Hof in Eigenverantwortung und errichteten in ihr eine Jugendherberge.

Die Jugendherbergsbewegung war in Frankreich damals erst im Aufbau. Sie wurde von den fortschrittlichen Lehrern und der französischen Volksschullehrergewerkschaft SNI unterstützt. Pitt Krüger verstand sein Haus als internationale Jugendbegegnungsstätte. Schwerpunkt der Gespräche und Diskussionen unter den Besuchern war das Thema Deutschland und Nationalsozialismus. Krüger setzte damit von Frankreich aus seine Bemühungen um die deutsch-französische Verständigung fort.

Im Januar 1939 begann der Exodus der republikanischen Spanier nach Südfrankreich, nachdem in Spanien General Franco im Bürgerkrieg gesiegt hatte. Wieder übernahm Pitt Krüger im Auftrag der Quäker Aufgaben der Flüchtlingshilfe. Er beherbergte vom Bürgerkrieg physisch und psychisch geschädigte spanische Kinder, verpflegte sie, kleidete sie und begann sie zu unterrichten. Für Pitt Krüger selbst liegt hier die Geburt seines heute noch existierenden Kinderheimes.

In den Kriegsjahren stellte Krüger sein Anwesen der französischen Résistance als Stützpunkt zur Verfügung. Dank ihm gelang es der Widerstandsbewegung, eine größere Anzahl von Personen vor der deutschen Wehrmacht und Gestapo über die Grenze nach Spanien in Sicherheit zu bringen. Krüger wurde nicht nur von der Résistance, sondern auch von der einheimischen Bevölkerung geschützt. Erst durch Verrat des francistischen spanischen Dorfpfarrers wurde er im Juni 1944 von der Gestapo verhaftet. Nach über vierjähriger Odyssee kehrte er im August 1948 wieder nach La Coûme zurück.

Inzwischen hatte seine Frau mit einer Gruppe von vier Lehrern auf der Grundlage ihrer erlernten und praktizierten pädagogischen Prinzipien aus der früheren Gemeinschaft eine richtige Schule mit Internat aufgebaut, die in dieser Form bis heute besteht.

*Zielsetzung der Schule*
*Ziel* der Schule ist es, den Kindern zu helfen, sich in allen Bereichen harmonisch zu entwickeln, sei es körperlich, intellektuell, künstlerisch, moralisch, geistig oder sozial.

Als *Mittel*, dies zu erreichen, werden die praktische Arbeit und das Leben in der Gemeinschaft angesehen. Sie sind aus den jahrelangen Erfahrungen in La Coûme mit Kindern und Jugendlichen abgeleitet worden.

*Das Leben in der Gemeinschaft* erleichtert und fördert die soziale Entwicklung des einzelnen. Zuerst einmal werden soziale Ungleichheiten aufgehoben, wenn alle gleich leben. Jeder hat seinen Platz und seine Rolle innerhalb der Gemeinschaft, die je nach Alter und Fähigkeiten in verschiedene Arbeitsgruppen, Spielgruppen, Werkgruppen usw. aufgeteilt ist. Das Kind wird hier mit den andern gemeinschaftlich sein soziales Empfinden entwickeln können, einen Geist der Freundschaft und Solidarität, des gemeinsamen Anstrengens, des gegenseitigen Beistehens erleben, aber auch die Verpflichtung erfahren, seine Arbeit an seinem Platz in der Gruppe zu erfüllen, was die persönliche Verantwortung sich selbst und der Gruppe gegenüber entwickelt.

Die Erwachsenen nehmen am Leben und an der Arbeit der Gemeinschaft vollen Anteil. Sie sind selbst Teil der Gemeinschaft. Sie sollen darüber hinaus Vorbild sein im Hinblick auf die Werte, die sie auch von den Kindern respektiert sehen wollen. Als pädagogisch sinnvoll hat sich eine Höchstzahl von 50 Kindern herausgestellt. Bei diesem Verhältnis kennt jeder jeden. Jeder Erzieher kann jedes Kind in seiner Arbeit und seiner Entwicklung wahrnehmen. Die Gruppe der Erwachsenen (l'équipe) lebt und arbeitet in sich selbst auch gemeinschaftlich, sie trägt gemeinsam die Verantwortung, vermeidet weitgehend Privateigentum an Büchern, Instrumenten, Geräten, Dingen usw. und bezieht kein individuelles Arbeitsentgelt, sondern zahlt in einen gemeinsamen Fonds ein, aus dem alle notwendigen Ausgaben für jeden bestritten werden.

Die *praktische Arbeit*, insbesondere die Gemeinschaftsarbeit, soll sowohl Freude am Werk wie auch Erfolg durch Anstrengung erstreben. Sie soll die grundlegenden Werte des Individuums freisetzen, um ihm zu helfen, sich harmonisch zu entwickeln. Die vielfältigen Arbeitsmöglichkeiten in La Coûme bieten jedem Kind Chancen zur Weckung und Bestätigung seiner Persönlichkeit.

Inhaltlich umfaßt praktisches Arbeiten die Erledigung der alltäglichen Aufgaben wie Unterhaltung des Hauses, Versorgung mit Nahrung, Reinigungstätigkeiten usw., die Teilnahme an kulturellen Aktivitäten auf sportlichem, künstlerischem und wissenschaftlichem Gebiet und dem Gebiet aktiver Freizeitgestaltung, sowie die schulische Arbeit.

LES AUBERGES de JEUNESSE de FRANCE

· MAS DE LA COÛME · ⌐ MOSSET (Pyr.-Or.)

La Coûme 1936

*Erledigung alltäglicher Aufgaben*

Grundsatz in La Coûme war von Anfang an, das Haus aus eigener Kraft, mit eigenen Händen aufzubauen, Lebensmittel, Möbel usw. in Selbsthilfe zu produzieren, auf bezahltes Dienstpersonal gänzlich zu verzichten. Die entlegene Lage und die politische Situation bedingten einander. Beabsichtigt war jedoch auch, inmitten der Natur zu einem natürlichen Leben zu finden. Die Sorge um den Lebensunterhalt war eine existenzielle Notwendigkeit. Sie verlangte von jedem einzelnen Verantwortung gegenüber sich selber und gegenüber dem Ganzen. Daher bieten diese Aufgaben ebenso wie andere Aufgaben eine Gelegenheit zu sozialem Lernen, zur Charakterbildung, zur Persönlichkeitsstärkung und zum Respektieren manueller Arbeit. Pitt Krüger hat die Alltagsarbeit mit ihrem pädagogischen Wert für seine Schule bis heute beibehalten.

*Teilnahme an kulturellen Aktivitäten*

Besondere Aufmerksamkeit wird einem vielfältigen, qualifizierten Angebot an kulturellen Aktivitäten gewidmet. Sport, Spiel, Schwimmen, Wandern und Skilaufen werden praktiziert, «meisterhaft», wie Pitt Krüger schreibt. Musizieren, Tanzen, Singen, Theater spielen, literarische Montagen erstellen, Zeichnen und kunsthandwerkliche Betätigung werden auf künstlerischem Gebiet – zum Teil mit außergewöhnlichem Erfolg – ausgeübt. Auf wissenschaftlicher Ebene bewegen sich die Beschäftigung mit Astronomie, wofür Eltern eine technische Ausrüstung stifteten, und mit Naturwissenschaften, wie die Erfassung, Bestimmung und Zeichnung der gesamten Pflanzenwelt des Tales, in dem La Coûme liegt.

Die Möglichkeiten zur Freizeitgestaltung wechseln. Sie reichen von Gartenpflege, die über die zur Nahrungsversorgung notwendiger Gartenarbeit hinausreicht, über Filmen und Fotografieren bis zur Tauchausbildung, zum Bau von Geräten zur Nutzung der Sonnenenergie und zu Sprachaufenthalten im Ausland.

*Schulische Arbeit*
Bei der Vorbereitung der Kinder auf ihr zukünftiges Leben ist die Schule zwar wesentlich, aber die schulischen Ergebnisse werden nicht unabhängig vom Rest gesehen. Sie stellen Ergebnisse eines einheitlichen Ganzen dar, einer möglichst umfassenden Bildung aus geistiger, künstlerischer, manueller und physischer Entwicklung.

Die schulische Arbeit findet in kleinen Gruppen statt und überläßt dem Kind seinen eigenen Lernrhythmus, in dem es das aufnimmt, was es entsprechend seinen Fähigkeiten lernen kann. Inhaltlich respektiert La Coûme den Lehrplan der Nationalen Erziehung in Frankreich. Die Kinder studieren den Lehrstoff im vorgesehenen Schuljahr und können als Externe an den zentralen Abschlußprüfungen teilnehmen. Die Teilnahme am Fernunterricht ist in La Coûme weit verbreitet und bietet viele Vorteile. Allerdings bedeutet es auch, daß die Kinder den öffentlichen Leistungsstandards noch mehr unterworfen sind und durch 14tägige schriftliche Schularbeiten ihre Leistungsnachweise erbringen müssen.

Durchgängiges *pädagogisches Prinzip* ist die *Ausgeglichenheit* (équilibre). Sie bezieht sich allumfassend auf die Zusammensetzung der Schülerschaft nach Alter, Geschlecht, sozialer und geographischer Herkunft, auf das Verhältnis von körperlicher zu geistiger Arbeit, auf die zeitliche und inhaltliche Verteilung der Arbeit am Tag, in der Woche, im Jahr, auf die Zusammenstellung der Speisen (Ausgewogenheit zwischen pflanzlicher und tierischer Nahrung) usw. Jede einseitige Spezialisierung wird vermieden.

Sowohl die Erkenntnis, daß jede Sache nur vergängliche Bedeutung hat, wie auch die Organisation des praktischen Lebens zeugen von einem ständigen Bemühen um Ausgeglichenheit. Dieses Bemühen wird von der ganzen Gemeinschaft erlebt, durchdringt jeden, vermeidet Nervosität und Spannungen des Stadtlebens und schafft so ein günstiges Klima für die harmonische Entwicklung der Kinder.

Ein wichtiger Faktor für die Ausgeglichenheit der Kinder ist die vernünftige Aufteilung der Zeit, sowohl während des Tages wie auch der Woche und des Jahres. Grundlegend für diese Ausgeglichenheit ist der Wechsel von Momenten der Aktivität, Arbeit und Anspannung und solchen der Entspannung und Ruhe.

Tagesablauf:
Nach dem Aufstehen (6.30 Uhr), der Toilette, dem Aufräumen, der ersten Bewegung und dem Frühstück (7.30 Uhr) beginnt um 8 Uhr der Unterricht in den Fächern, die die größte Konzentration und Kontinuität

La Coûme heute

erfordern: Mathematik, Physik, Französisch, moderne Sprachen, Latein.

Anschließend, um 10.30 Uhr, ist eine Viertelstunde Pause, in der ein zweites, kleines Frühstück eingenommen wird.

Von 10.45 bis 13 Uhr finden Intensivkurse in einem bestimmten Fach statt: Geschichte, Geographie, Biologie, Literatur.

Das Mittagessen ist lang und friedlich. Alle sitzen an einem Tisch, Kinder und Erwachsene, ohne feste Sitzordnung. Dies wird als Mittel benutzt, um Kinder kennenzulernen, um Gedanken auszutauschen und um interessante Themen zu besprechen. Da jeder Kleinigkeit Wert beigemessen wird, und es zur Sensibilisierung beiträgt, schenkt man dem Benehmen am Tisch, ästhetischen Details wie Tischdecke, hübsches Gedeck oder Blumenstrauß große Aufmerksamkeit.

Nach dem Mittagessen findet die Mittagspause mit freier Beschäftigung im Freien statt.

Von 15 bis 17 Uhr gibt es je nach Tag, Saison, Alter und Interesse außerschulische Aktivitäten.

Von 17.30 bis 18.30 Uhr wird je nach Tag Chorgesang, Tanz, Sport oder Spiel geübt.

Nach Waschen und Abendessen geht der Tag mit einer ruhigen, persönlichen Lesestunde zu Ende (21 Uhr), die jüngeren Kinder schlafen schon früher.

Der Wochenplan folgt einem ähnlich ausgeglichenen Rhythmus. Unterricht, das heißt geistige Arbeit, findet sechsmal vormittags statt. Verpflichtende körperliche Arbeit – weil jeder lernen muß, für sich und für die Gemeinschaft zu sorgen – ist dreimal nachmittags (Gartenarbeit, Waschen, Kleidung ausbessern, Lebensmittelversorgung, Haus unterhalten/ Gymnastik, Sport). Für kreative Arbeit sind ebenfalls drei Nachmittage vorgesehen (Buchbinden, Fotografieren, Zeichnen, Basteln, Marionettenspiel, Theaterspiel, Herstellung von Kostümen und Raumschmuck, Tanz, redaktionelle Arbeit für eine Zeitung usw.).

Am Sonntagmorgen ist für alle eine Stunde zum gemeinsamen Anhören von klassischer Musik angesetzt (l'heure d'unité). Am Nachmittag findet abwechelnd ein großes Geländespiel, eine Tageswanderung oder ein freier Nachmittag zur persönlichen Verfügung statt. Der Sonntagabend schließt mit einer Kaminstunde.

Auch der Jahresplan folgt einem regelmäßigen Rhythmus. Er beginnt immer mit einer Aktivität, die den Zusammenhalt der Gruppe festigt: Arbeit in der Weinlese oder Studienfahrt. Das erste Drittel mit intensiver Arbeit wird mit dem Weihnachtsfest, das von allen vorbereitet wird, abgeschlossen. Nach den Neujahrsferien finden zwei Monate lang die sogenannten Schneeklassen statt, in denen sich Sport und Unterricht abwechseln. Danach bereiten alle das Elternfest an Ostern oder Pfingsten vor. Das dritte Drittel dient der intensiven Vorbereitung auf die Examen und den zahlreichen Außenarbeiten am Haus.

Weitere pädagogische Orientierungspunkte für die Schule sind die Zusammenarbeit mit den Eltern, die Laizität der Schule, die Öffnung gegenüber der Gesellschaft und der Versuchsschulanspruch.

Zwischen Eltern und Erziehern muß ein Vertrauensverhältnis gegeben sein. Die Eltern sollen die Ziele und Methoden der Erziehung von La Coûme akzeptieren und ihrerseits – zum Beispiel in den Ferien – mit den Kindern praktizieren. Wenn es diese Übereinstimmung nicht gibt, würde die Gemeinschaft darunter leiden. Die Kinder empfänden sich nach jedem Aufenthalt im Familienleben desorientiert im Gruppenleben wieder ein.

In La Coûme wird keinerlei Einfluß auf die Kinder in religiöser Hinsicht ausgeübt. Das Prinzip der Weltlichkeit (laicité) bedeutet Anerkennung der verschiedenen Glaubensbekenntnisse und Meinungen. Die Verschiedenheit wird zugleich als Reichtum empfunden. Nicht zufällig vertraute der Dalai Lama La Coûme 20 tibetanische Kinder an.

Die geographische Isolation von La Coûme könnte die Gemeinschaft dazu verleiten, ein auf sich selbst bezogenes Leben zu führen, nur auf die alltäglichen Aufgaben und die Schule gerichtet, ohne für das soziale Leben offen zu sein. Pitt Krüger ist sich dessen stets bewußt gewesen. Doch die Ursprünge wie die Geschichte von La Coûme zeigen, daß stets eine außergewöhnliche Öffnung nach außen bestanden hat: von englischen Quäkern angeregt, als internationale Jugendherberge geschätzt, in einem weitreichenden Netz von persönlichen Beziehungen eingebunden. Aus diesen Gründen legte Pitt Krüger Wert darauf, den internationalen Charakter der Gemeinschaft zu erhalten. Heute zeugen die multinationale Herkunft der Kinder (zum Beispiel 1964 aus 12 Nationen), die Anwesenheit englischer, deutscher, spanischer Sprachlehrer, regelmäßige Auslandsaufenthalte, internationale Französischkurse, Ferienkolonien und Workcamps vom Willen zur verstärkten Öffnung nach außen.

Alle zwei Jahre unternehmen die älteren Schüler eine längere Studienreise ins Ausland. Das dazu benötigte Geld verdienen sie durch Mitarbeit in der Weinlese bei den Corbière-Weinbauern. Über die Studienreise führen die Schüler Tagebuch. Nachher stellen sie daraus ein Lese- und Geographiebuch für ihre Mitschüler zusammen.

Die Verbundenheit mit der Region und mit den Menschen dort wird seit Anbeginn betont. Sie trug ihre Früchte. Ohne den Beistand der Bevölkerung hätte La Coûme in den dreißiger Jahren nicht existieren können, ohne die Solidarität der Einheimischen hätte La Coûme in den Kriegsjahren nicht überleben können. Aus Interesse an den Problemen der Region werden geeignete Personen aus der Gegend in die Schule eingeladen, um den Kindern Informationen über das regionale Leben zu geben. Die häufige Anwesenheit solcher Gäste am gemeinsamen Tisch bietet den Kindern wie den Erwachsenen bereichernde Erfahrungen.

Als Schule und Kinderheim blieb La Coûme für pädagogische Innovationen auf allen Gebieten offen. Regelmäßig treffen sich hier französische Lehrerkollegen und Lehrerstudenten aus Perpignan zu Informations- und Fortbildungsveranstaltungen (Journée d'information pédagogique). Seit den dreißiger Jahren bestehen gute Beziehungen zur französischen Volksschullehrergewerkschaft SNI, die ihr damals finanziell und materiell sehr geholfen hat.

Die Sozialstruktur der Schülerschaft und die Finanzierung der Schule werden in Krügers Brief angesprochen. Die Schüler stammen aus den verschiedensten sozialen Schichten: wenige werden von den französischen Sozialbehörden vermittelt, einige stammen aus der näheren Umgebung, ehemalige Schüler schicken ihre Kinder wieder dorthin und Kinder von prominenten Künstlern und Musikern besuchen die Schule. Auch einige Freistellen bietet die Schule an. Für Kinder, die Opfer von politischen Konflikten (deutsche Flüchtlingskinder, jüdische, spanische, algerische, tibetanische Kinder) oder von sozialen Umständen waren (Analphabeten, Heimkinder, kranke Kinder), war und ist La Coûme eine Chance.

Rechtlich gesehen ist La Coûme sowohl Internat (als Privatunternehmen) als auch staatlich anerkannte Schule (bis zur Reifeprüfung). Außer Pitt Krüger und seiner Frau arbeiten dort als Erzieher und Lehrer noch fünf weitere Personen, von denen zwei der französische Staat bezahlt, weil sie als Lehrer tätig sind.

Um den Fortbestand der Schule und der sie tragenden Erziehungsvorstellungen sicherzustellen, ist die Trägerschaft 1972 von den Gründungspersönlichkeiten auf eine gemeinnützige Stiftung übergegangen.

Pitt Krüger war neben anderen französischen Kollegen an der Gründung der Internationalen Föderation der Kindergemeinschaften und Pestalozzidörfer (FICE) beteiligt.

## Anmerkungen

1 Vgl. Festschrift für Fritz Karsen. Hg. v. G. Radde, Berlin 1966, S. 46 f.
2 Le Catalan de Potsdam: Karl Pitt Krüger. Par J.-B. Joly, in: Exilés en France, Paris 1982, S. 234.

## Literatur

Charte Morale. Fondation Kruger, La Coûme.
Exilés en France. Souvenirs d'antifascistes allemands émigrés (1933–1945), Paris 1982
Jörg, Hans: Célestin Freinet. Die moderne französische Schule, Paderborn 1965
Schneider, Christian: Die neue Erziehung und das Schulwesen in Frankreich, Heidelberg 1963
Röhrs, Hermann: Die Reformpädagogik als internationale Bewegung. 1. Ursprung und Verlauf in Europa, Hannover u. a. 1980

Das Landerziehungsheim La Coûme wird hier durch einen Brief seines Gründers vorgestellt:

Pitt Krüger
**Brief an eine Quäker-Freundin**

9. 7. 1979

Liebe Freundin!
Auf Deine Fragen will ich gern antworten, aber es würde ein Buch. Meine Frau ist schon seit Jahren dabei es zu schreiben, vor allem unsere pädagogischen Erfahrungen – aber wir haben so wenig Zeit. Ich versuche es im Telegrammstil in Stichworten. Erst einige persönliche Angaben – ohne die das ganze Werden und Geschehen unverständlich wären.

Bin 1904 in Köln-Ehrenfeld geboren, Eltern sehr einfache Arbeiter – auf dem Gelände, wo jetzt das Nachbarschaftsheim steht, habe ich meine Freizeit verbracht! – 1920–24 Lehrerseminar Brühl – letzter Jahrgang übrigens, vor der Päd. Hochschule – 1925 Lehrer in einer Privatschule in Ruppichterroth – Ende 1926 dann nach Berlin (Potsdam) – auch in einer Privatschule – konnte aber 1928 endlich in den öffentlichen Schuldienst übernommen werden.

In den Seminarjahren (20–24 + 25) aktiv in der Jugendbewegung. Später in Berlin auch in der politischen Jugendorganisation Soz.-dem. Arbeiterjugend – Soz.-dem. Lehrerverein. Mein Hauptgebiet Kulturarbeit – Pazifismus – Völker-

177

verständigung usw. Habe dort meine Frau kennengelernt (eine Französin). Dein Brief kam am Tag unserer goldenen Hochzeit an!

In diesen Jahren habe ich auch den Pfarrer Sonnenschein und seine Studentenarbeit und den Quäker Corder Catchpool kennen und schätzen gelernt. Aus dem wenigen bis jetzt Gesagten geht schon hervor, daß ich den Genossen Goebbels', die damals schon anfingen (30–31) sich unangenehm bemerkbar zu machen, ein Dorn im Auge war. In unserem Lehrerkollegium (16 Lehrer) waren die Rauf- und Saufbolde (das gab es auch) Nazis – da ich mit meiner Meinung nicht zurückhielt, auch nicht öffentlich – war ich im März 1933 der erste Lehrer (festangestellt) der in Brandenburg aus der Schule «gejagt» wurde. Mit meiner Frau und einem 2jährigen Mädchen haben wir dann 13 Wochen in den Wäldern um Berlin gezeltet, wir mußten sicherheitshalber sehr oft den Standort wechseln. Als das Wetter zu schlecht und die politische Lage zu unsicher wurden, hat mich Corder Catchpool mit den engl. Quäkerinnen Edit Pye + Hilda Clark in Verbindung gebracht, die damals, Herbst 33, ein Hilfswerk für die deutschen Flüchtlinge organisieren wollten. Der Gedanke war, die Jüngeren aus den Städten (Paris + Lyon etc.) auf dem Lande umzuschulen und dann in der Landwirtschaft unterzubringen. Die franz. Regierung hätte dazu die Aufenthaltsgenehmigungen (wichtig!) erteilt. In Frankreich machte sich die Krisis nach 1929 erst richtig bemerkbar. Die engl. Quäker haben mich also beauftragt, hier im Süden zw. Perpignan und der span. Grenze ein geeignetes Grundstück ausfindig zu machen. Warum gerade hier? Weil viele Güter in den Bergen verlassen waren, also billig – und weil hier eine Gruppe von sehr hilfsbereiten Menschen (u. a. eine Verwandte von Alfons Paquet) vorhanden war.

Wir fanden eine Farm im Gebirge 800–1100 m – 75 ha Mischwald + Maquis – 3 ha Wiesen + Ackerland – seit 18 Jahren verlassen. Das Wohnhaus – 3 Kammern u. Küche u. winziger Eßraum – Stall + Scheune unter einem Dach – halbverfallen – wir haben zu 5 Männern 6 Monate gebraucht, um das Haus bewohnbar und die Ställe benutzbar zu machen + das Dach zu reparieren. (Das haben wir in 20 Jahren 4× tun müssen; 1933 wie oben, 1940 Erdrutsch nach Regen und Erdbeben – 20 m der hinteren Mauern eingedrückt + halbes Dach eingestürzt. 1945 abgebrannt – 1951 in der Weihnachtsnacht ist das Dach des Wohnhauses abgesackt.) Freunde aus England und Amerika haben uns Geld zum Ankauf von 4 Kühen + 15 Ziegen gestiftet. Wir erzeugten das Notwendigste zum Leben – hatten aber nichts zu verkaufen (außer einigen Litern Milch), um etwas Bargeld zu haben. Aus 2 Gründen ist dieses Experiment gescheitert: 1. materiell: man hatte uns *nicht* gesagt, daß alle diese Grundstücke wegen Wassermangel aufgegeben worden waren. Wir liegen auf dem gleichen Breitengrad wie Rom – und wenn es hier bei glühender Sonne 4–5 Monate nicht regnet, fällt alles zu Staub. Der große, fast 1000jährige Bewässerungsgraben läuft gerade an der unteren Grenze des Grundstücks vorbei! Heute ist es etwas besser, da man inzwischen ein neues Berieselungssystem erfunden hat – das uns erlaubt, außer 5–6 Tonnen Kartoffeln fast all unser Gemüse zu produzieren. Aber ich greife vor. Unser Umerziehungsversuch ist auch psychologisch gescheitert. Die vielen, vielen jungen Menschen, die in den Jahren 33−36 hier waren, waren weder willens noch geeignet für Landarbeit. Es waren viel Intellektuelle, Büromenschen darunter, oder hochqualifizierte Spezialarbeiter, die ganz offen sagten: «Lieber auf einem großen Boulevard in der Stadt hungern, als sich hier in der schönen Natur satt essen!» Viele sind nur 4−6 Monate geblieben, ein einziger 2 Jahre. Keine Elektrizität, also kein Radio, das Dorf 260 Einwohner 2 km − die Kleinstadt 17 km − Perpignan 60 km entfernt. Das Leben war hart, sehr hart − aber auch sehr interessant − durch unsere Verbindungen mit den englischen Freunden hatten wir schon im ersten Sommer 1934 eine Gruppe junger Freunde den Sommer über hier, die uns bei der Feldarbeit, beim Wegebau usw. halfen. Darunter waren die interessantesten Menschen (z. B. der letzte engl. Finanzminister Denis Healey, der übrigens von Zeit zu Zeit vorbeikommt). Diese Tradition der Work-Camps im Sommer − nur durch den Krieg unterbrochen − ist seit 20 Jahren wieder aufgelebt. Augenblicklich sind 25 junge Menschen der Quäker-Schule Saffron-Walden bei uns oben. Mit der Zeit haben sie einen Sportplatz, ein Schwimmbassin 8×25 m ausgehoben (im Granitfelsen!), Brücken über den Bach gelegt, Stützmauern errichtet u. a. m.

1936 waren die Mittel der Hilfsaktion für deutsche Flüchtlinge erschöpft − wir haben dann die Coûme in eigene Regie übernommen und daraus eine internat. Jugendherberge gemacht. Die erste in Frankreich südlich der Loire. Z. B. am Mobilmachungstage 3. Sept. 39 waren wir 13−15 Erwachsene aus 9 verschiedenen Nationen. Der Landrat aus Prades hatte mich aufgefordert, diese Menschen so schnell wie möglich heimzuschicken − 2 Engländer sind über Portugal, eine Irländerin sogar über die Türkei heimgekehrt. Wir haben ein kurzes Schweigen gemeinsam gehabt − wir haben die 9. Synphonie von Beethoven gehört (Platten) und dann habe ich nur gesagt: «Freunde − von jetzt ab sollen wir Feinde sein.» Wir haben uns unsrer Tränen nicht geschämt. Mehrere von ihnen sind heute noch in Verbindung mit uns.

Gleichzeitig aber war bei uns der schmerzvolle Exodus der Spanier nach dem Ende des Zivilkrieges. Unser Departement hatte 280 000 Einwohner im Sommer 1939 − im September waren etwa 300 000 Flüchtlinge hier, mehr als Einwohner. Ein fast unlösbares Problem der Lebensmittelbeschaffung, Hygiene ...

Im Sept. waren unsere eingangs erwähnten englischen Freundinnen wieder hier, diesmal für die Spanier. Und da wir in den vergangenen 6 Jahren eine Menge guter Beziehungen hatten, gelang es uns innerhalb von 6 Wochen in Perpignan ein Hilfswerk erst für Mütter mit Kleinkindern, werdende Mütter aufzubauen und etwas später etwas für die größeren Kinder zu tun. (Hier habe ich unterbrochen und bei 36° im Schatten etwas Kühlung am Bach gesucht.)

10. 7. Wir haben also unsere primitive Jugendherberge: 12 Eisenfeldbetten und Strohmatratzen auf dem Heuboden für 12 span. Flüchtlingskinder, die wir aus den schrecklich verlausten Auffanglagern herausgeholt haben, in ein «Kinderheim» verwandelt. Die Kinder waren verwahrlost, verhungert − Analphabeten − kleine wilde Tiere nach dem Schrecken des 3jährigen Bürgerkrieges und

der Flucht, die oft Monate gedauert hat, zwischen 3 und 14 Jahren, zur Hälfte Knaben. Sie mußten erst mal notdürftig gekleidet werden und vor allem von Ungeziefer und Hautkrankheiten befreit werden (das hat 2 Jahre gedauert!).

Für meine Frau und mich galt es nun mit den primitivsten Mitteln das zu beweisen, was wir in den Berliner Jahren, in denen wir das Glück hatten, die bedeutendsten Pädagogen Deutschlands – Geheeb, Minna Specht, Utz und Uffrecht von den Lietzschen Landschulheimen sowie Frau Montessori nicht nur kennenzulernen, sondern auch in den Ferien und meine Frau 2 Jahre mitzuarbeiten – gelernt hatten, anzuwenden. (Welch ein Bandwurmsatz!) In dieser «heroischen» Zeit – in den Jahren 40–44 – haben wir das Wesentliche unserer heute noch geltenden Prinzipien ausgearbeitet, d. h. alles was wir selber tun können, in kleinen Arbeitsgruppen auszuführen. Und das kann sehr weit gehen, wenn man nur Geduld hat. Wir haben bis heute noch kein bezahltes Personal – außer einem Gärtner – denn bei meinem Alter (75) und den Kriegsfolgen kann ich leider keine praktische Arbeit mehr tun. Küche – Wäsche – Instandhaltung des Hauses – (jetzt Elektro-, Sanitätsanlagen – außer Neuanlagen) Tischlerei – Buchbinden usw. Wir haben uns schon aus Geldmangel einen großen Teil der Möbel: Regale für Bücher, Geschirr, Wäsche und Kleider, Bänke, Tische, selbst gebastelt. Das machte allen, auch den Mädchen, Spaß. Gemüse putzen, Geschirrwaschen, das auch – weil man viel dabei sang – aber das Wichtigste, Feld- und Gartenarbeit, da haben anfangs einige erklärt, sie seien nicht zum «Arbeiten» gekommen. Wir sind dann einfach mit den wenigen Freiwilligen losgezogen – und nach einigen Stunden – selten nach 1–2 Tagen – kamen auch die Nörgler uns ein wenig zu helfen. Ganz Widerspenstige wurden «geheilt», indem die anderen erklärten: «Schön, hier hast Du Kartoffeln, Gemüse u. Salat, was dazu gehört und mach Dir Dein Essen, Deine Wäsche selbst.» Er (sie) hat auch nicht mit uns spielen oder spazierengehen können, er (sie) war einfach von der Gemeinschaft ausgeschlossen. Das hat immer geholfen. Wenn das Wesentliche im Haus u. Garten geschaffen war, oder schlechtes Wetter, dann war Unterricht. Alle wollten lesen und schreiben lernen. Das Material dazu, Papier, Hefte, Schreib- und Zeichenmaterial ist uns von der Lehrerschaft großzügig in Mengen geschenkt worden. In Frankreich ist in den Volksschulen das Schulmaterial gratis von den Gemeinden zur Verfügung gestellt. Am Ende jeden Schuljahres schickten uns Lehrer ihre Restbestände. (Man darf nicht vergessen, daß die Volksfront- und die Jugendherbergsbewegung in den 30er Jahren ja zum Wesentlichen von Lehrerseminaristen, Studenten, Arbeitern geführt worden sind.) Hinzu kommt, daß man mir als «Kollegen» helfen wollte. Die gleiche Solidarität haben diese jungen Menschen, vor allem Arbeiter, während des ganzen Krieges auf dem Gebiet der Kleiderbeschaffung für die Kinder getan. Nach 6 Monaten haben wir unsere Spaniergruppe durch etwa 8 franz. Flüchtlinge aus dem Norden Frankreichs erweitern können. Als finanzielle Hilfe bekamen wir von den Quäkern oder ähnlichen Hilfswerken etwa 2,50–3,– M. Barhilfe pro Tag und Kind. Das bezahlte eben das Brot, die Milch und manchmal Fleisch. Erst haben meine Frau und ich allein, mit Hilfe unserer 10–12jährigen Töchter die Arbeit gemacht. Nach zwei Jahren wurde uns das noch zuviel und junge Menschen halfen uns, für Monate oder 1–2 Jahre, und da ist ein zweites, heute noch bestehendes Prinzip entwickelt, verwirklicht worden – unter uns gibt es kein Gehalt – wenn jemand etwas braucht, Kleidung z. B. so wird es aus dem Fond gekauft. Unsere große Bibliothek und Diskothek (nach 30 Jahren) gehören allen. In dieser Kriegs- und Notzeit waren eben der Gemeinschaftssinn, das Solidaritätsgefühl besonders gut entwickelt. Dieses Leben wurde plötzlich durch meine Verhaftung durch Miliz und Gestapo, sagen wir, schockiert, durcheinandergebracht – aber da haben die Kinder und Jugendlichen (13–17 Jahre) eine fast unglaubliche Selbständigkeit bewiesen. Der spanische Dorfpfarrer, leidenschaftlicher Francist, hatte mich an die Gestapo verkauft. Die Verhaftung war am 1. Juni 1944 (eine Woche vor der Invasion der Normandie). Bin von Gefängnis über Lager Ende August in Berlin gelandet, von den Russen nach Heilung einer Verletzung, Bombe, nach 30 Monaten nach Leningrad geschafft worden. Weihnachten 1947 wieder in Köln bei meinem noch lebenden Vater gelandet, 80 % arbeitsunfähig, auf Krücke, zwei Beinverletzungen, Gewicht 96 Pf. in einer abgeschabten Russenuniform. Ein groteskes Bild, Anfang 1948 im Russenmantel von Behörde zu Behörde humpelnd, um Lebensmittelkarten und Bekleidung bettelnd – Lebensmittel ja – aber keine Bekleidung – mein armer Vater zweimal ausgebombt, hatte nur das Allernötigste; erfuhr nach 14 Tagen die Existenz einer «Quäkerbotschaft» in Marienburg, wo ich einige bekannte Quäker aus den 30er Jahren wiedersah (die mich natürlich erstmal einkleideten).

Der franz. Schreiber und Quäker der franz. Gruppe Henri van Etten, hatte damals (47/48) ein Hilfswerk für gefährdete Jungens, 14–18jährige in Gau Algesheim bei Bingen gegründet, er hatte mich gebeten, ihm in der Zeit bis zur Erhaltung der Einreisepapiere zu helfen. Ich war ja immer noch deutscher Staatsangehöriger – dazu Rußlandheimkehrer; da hat es sehr energischer Nachhilfe bedurft, mir die nötigen Papiere zu beschaffen. Im August 48 war es soweit, ich wurde von meiner Frau in Paris erwartet. Erfuhr dann zum ersten Mal, daß das Haus 3 Jahre vorher niedergebrannt war, aber inzwischen vom Internationalen Zivildienst in 18monatiger Arbeit, sogar um ein Elektrizitätswerk vermehrt, aufgebaut worden war. Aber mit welchen Schwierigkeiten der Materialbeschaffung!

Auch war das Gemeinschaftsleben total verändert, bei Beibehaltung der Grundprinzipien war eine richtige Schule entstanden, meine Frau von einem Team von vier jungen Lehrern umgeben (zwei sind heute noch bei uns) 30 Schüler, 6–16/17 Jahre, von der ersten Grundschulklasse bis Abitur. Die franz. Kinder aus der Kriegszeit waren inzwischen heimgekehrt oder in der Familie aufgenommen; von den spanischen waren noch zwei da, und die anderen neuen?

Es waren, wie heute noch, zwei Problemkinder: gesundheitliche, Asthma u. a., Schulprobleme bei normaler Intelligenz, keine Lernlust, keine Konzentration, 50 % mit Familienproblemen, geschiedene Ehen, Vater oder Mutter im Gefängnis, Kinder von Bordellinsassen, leicht oder sogar sehr debile Kinder – aber nie mehr als zwei; da wir sehen wollten, wie weit sie sich in einer normalen

Umgebung entwickeln konnten. Immer, wie heute noch, mehrere Adoptivkinder, die meist in den Entwicklungsjahren erst die erbliche Belastung zeigen, oft geradezu dramatische Situationen. Und dann Schüler, deren Eltern aus der Kolonialzeit Frankreichs, in den ehemaligen Besitzungen, Geschäfte haben oder noch Beamte sind (Djibouti, Tahiti usw.) und die dort keine Möglichkeit zu einer korrekten Schulausbildung haben. (Schwarze aus Kenia und Zaïre, zwei Japanerinnen, sogar der Dalai Lama in New-Delhi hatte von Coûme gehört, und uns 1962 20 Kinder, Tibeter, anvertraut.)

Mittlerweile ist die Schülerzahl auf 45 gestiegen, mehr können und wollen wir nicht aufnehmen, weil der Kontakt zwischen jedem von uns Erwachsenen und jedem einzelnen Kind oder Jugendlichen verlorengeht und mithin der wesentliche Einfluß. Verwaltungsmäßig sind wir seit 30 Jahren eine öffentliche Schule – allen Gesetzen und Vorschriften (leider) unterworfen – der Staat zahlt drei Lehrerstellen – diese Beträge gehen automatisch in die Gemeinschaftskasse. Wir zahlen Steuern und vor allem Sozial- und Versicherungsabgaben, die enormen Hunger haben, wie überall. Inzwischen sind 3 mehr oder weniger große Häuser, Garage usw. gebaut worden, wovon 4 Wohnzwecken, Unterricht und Aufenthalt dienen. Seit 1952 sind wir ans Elektro- und seit 1 Jahr ans Wassernetz angeschlossen. Warmwasser- und Kühlanlage, die schon des Klimas wegen notwendig sind, verschlingen heute viel Geld. Wir haben in einem Haus schon Sonnenheizung, die mit der Zeit überall angewandt werden soll. Klassenräume werden mit Holz geheizt. Ja, und die Finanzierung? Eine etwas komplizierte Angelegenheit. Ab 1946/47 haben natürlich alle Hilfswerke aus der Kriegszeit aufgehört. Um weiterbestehen zu können, hätten wir uns von irgendeinem staatlichen Organismus übenehmen lassen können, Familiensozialhilfe, u. ä. – alle Finanzsorgen wären behoben gewesen, aber wir hätten unsere Freiheit und Initiative verloren. 20 Jahre haben wir um diese Freiheit gekämpft und sie uns bis jetzt erhalten können, das war nicht leicht und hat Opfer gekostet. Also, gesetzlich ist das Internat ein Privatunternehmen und seit 7 Jahren eine Stiftung (gemeinnützige). Wir, meine Frau und ich, haben das Recht zu wohnen und unterhalten zu werden; es würde zu weit führen, die Gründe zu erklären. Der Vorstand besteht aus von uns ausgewählten Freunden, die die Gewißheit geben, daß die Arbeit im Geiste der Gründer weitergeführt wird. Um allen Ausgaben gerecht werden zu können, waren wir gezwungen, von den Eltern einen Beitrag zu verlangen, je nach den Verhältnissen, der höchste ist 350,– M., selbst für franz. Verhältnisse wenig. In diesem Betrag ist *alles* enthalten: Pension, Schule, Schulmaterial, Versicherung usw. Manche Eltern oder Erziehungsberechtigte zahlen nicht mal die Hälfte, von den 45 Kindern sind 6–8 Freistellen. Uns interessiert das Problem des Jugendlichen – und ob die Eltern mit uns arbeiten wollen; das ist für uns sehr wichtig.

Seit 23 Jahren verbringen wir 2 Monate, 15. Januar bis 15. März, im Hochgebirge 1600 m in zwei Hüttenbaracken, die wir z. T. selbst aufgebaut haben in unserer Schneeklasse – vor 4 Jahren war die franz. Nationallanglauf-Meisterin eine unserer Schülerinnen. Alle zwei Jahre machen wir eine Studienreise, 1 Monat, Zelt- und Rucksack – dreimal Griechenland, dreimal Italien (Studium der Vulkane Ätna, Stromboli und Vesuv), Jugoslawien, Tschechei, Holland, Marokko. Das Geld dafür müssen die Jungens und Mädchen selbst in dem Zwischenjahr durch drei Wochen Arbeit in der Weinlese verdienen.

Theater und Musik sind neben Zeichnen sehr wichtige Gebiete. Oft haben wir in Perpignan im Stadttheater gespielt und drei- bis vierstimmig bei Jugendveranstaltungen gesungen. Auf dem Gebiet der Musik sind wir ein wenig «erblich belastet». Wir haben zwei Enkel in Frankfurt (19 u. 16) die als Quartett- und Solospieler schon Konzerte in Hamburg und Italien geben. Zu unseren persönlichen Freunden gehören(-ten) Pablo Casals, Wilhem Kempff, K. Engel, Menhuin und Markowitch, die (außer Casals) uns ihre Kinder als Schüler anvertraut hatten. Markowitch hat uns einen schönen Blüthnerflügel in Dresden bauen lassen, ein Schweizer Freund hat uns ein Cembalo geschenkt, es fehlte uns ein zweites Klavier zum Üben für unsere recht zahlreichen Anfänger. Der spanische Guitarrist N. Yepes, dessen Kinder 5 Jahre hier waren, hat uns eine herrliche spanische Guitarre und eine Barocklaute gelassen. Und mit der Zeit haben sich auch eine Menge Blockflöten eingefunden. So können wir unsere Feste vor Weihnachten, Advent, Elternfest immer mit schöner Musik einleiten. Übrigens haben wir jeden Sonntag eine Stunde der Einheit – früher hieß es: Morgenansprache, in der wir alle schweigend im Kreise sitzen und klassische Musik hören – allerdings Platte oder Band, um nicht abgelenkt zu werden (außer wenn einer der oben genannten Künstler uns etwas bieten will). Zum Abschluß dieser Stunde wird nur einfach ein Satz, ein Gedanke eines Dichters oder Denkers zitiert, der den Größeren in der Woche zum Leitfaden dienen soll.

Liebe Freundin, ich muß wirklich aufhören, es bliebe noch soviel zu erzählen oder zu erklären. Ich bedaure es so sehr, daß ich nicht mehr ohne Begleitung reisen kann, ich hätte gern noch einmal Köln und die wenigen Kölner Freunde wiedersehen mögen. Und Fotos und Dias gezeigt und erzählt. Viele Leute sagen mir: «Du hast aber Glück gehabt! Die Nazis haben Dich 33 nicht erwischt, Du bist ihnen von der Vichyregierung nicht ausgeliefert worden, Du bist lebend aus der Gefangenschaft und Rußland heimgekehrt – Du hast etwas schaffen können und noch anderes im Sinne» – ich habe immer nur eine Antwort: der Herrgott hat seine Hand über mich gehalten – ich weiß nicht, warum – aber ich will mit dem Pfund, das er mir in die Wiege gelegt hat – wuchern.

Mit freundlichen Grüßen, auch an die Freunde

Pitt Krüger

# Die Pestalozzi-Schule in
# Buenos Aires (Argentinien):
# ein «Dolch im Fett des Faschismus»

Nur eine der Schulen im Exil wurde als «ausgesprochene Kampfschule gegen das Gedankengut des neuen Deutschland» (laut Schreiben der deutschen Gesandtschaft an das Auswärtige Amt vom 15.5.1934) gegründet und von dessen Repräsentanten auch so, wie von den Gründern erhofft, nämlich als empfindlich treffender, «hübscher Dolch im Fett des Faschismus»[1], wahrgenommen: die Pestalozzi-Schule in Buenos Aires. Die politischen Machtverhältnisse im Argentinien der dreißiger Jahre schienen eine solche Gründung nicht gerade zu begünstigen, erforderten sie aber aufs dringendste. Das NS-Regime betrieb in Argentinien ebenso wie in ganz Lateinamerika nicht zuletzt über das Schulwesen eine offensive Kulturpolitik. Dabei konnte es sich schon unter dem anfänglich noch formaldemokratisch verfaßten System und zeitweiligen Ansätzen zu einer Volksfront-Regierung auf mit dem NS sympathisierende oppositionelle Offizierskreise, die schließlich über einen Putsch zur Macht kamen, und auf Teile des Auslandsdeutschtums stützen. Ein militanter Antikommunismus in Verbindung mit zunehmenden antisemitischen Strömungen und anwachsendem, gegen die USA und Großbritannien gerichtetem Nationalismus protegierte die Achsenmächte bei offiziell behaupteter «Neutralität» inoffiziell als Bundesgenossen und ließ Argentinien zur Propaganda- und Spionagezentrale für Südamerika werden. Für politische wie rassische Emigranten aus Deutschland (Boris/Hiedl, Kießling, Seelisch, Spitta) schuf dies eine keineswegs einladende Atmosphäre.[2]

Dem steht eine überraschend hohe Zahl von Emigranten nach Argentinien gegenüber: es nahm pro Kopf der Bevölkerung doppelt so viele auf wie die USA. Ursprünglich war Argentinien sogar durch seine Verfassung gehalten, die europäische Einwanderung zu fördern, wobei freilich an kapitalkräftige Anwärter oder landwirtschaftliche Kolonisten, nicht aber an Vertreter kaufmännischer oder akademischer Berufe gedacht war, die unter den Flüchtlingen aus Hitlerdeutschland überwogen.

Dennoch brauchten die Einwanderer – ein nicht zu unterschätzender Vorzug! – in Argentinien keine Arbeitserlaubnis. Die bei Kriegsausbruch sich verschärfenden Einwanderungsbestimmungen ließen weiterhin die «Familienzusammenführung» zu. Und außerdem kann unterstellt werden, daß die vielfach in Lateinamerika übliche Korruption der Behörden eine gewissermaßen humanitäre Rolle bei manchem illegalen oder halblegalen Einwanderungsfall gespielt hat (Spitta, 1978, S. 41).

Daß die Pestalozzi-Schule unter diesen problematischen Voraussetzungen überhaupt eine tragfähige ökonomische Ausgangsbasis hatte – im

Unterschied zu einer gleichnamigen und gleiche Ziele verfolgenden Gründung in Montevideo (Uruguay), die sich nur unter Schwierigkeiten von 1935 bis 1940 hielt (Kießling, 1969, S. 118) –, verdankt sie dem ideellen und finanziellen Engagement, das ein Schweizer – Dr. Ernesto Alemann – quasi stellvertretend für sämtliche an «wahrer» deutscher Kultur, Bildung und Erziehung interessierten Kreise unter beträchtlichem persönlichem Risiko bewies. Nicht allein die Schulgründung, sondern sein langjähriger publizistischer Kampf gegen den Faschismus über das «Argentinische Tageblatt», dessen Herausgeber er war, trug ihm 1938 die Aberkennung des an der Universität Heidelberg erworbenen Doktorgrades durch den Rektor Ernst Krieck ein, dem darauf wiederum Alemann durch die Weltpresse mitteilte, «daß er mit dem gleichen Recht ihm und seinen Kollegen das Recht auf den akademischen Grad abspricht» (Kießling, 1969, S. 83). Alemann holte an die Pestalozzi-Schule, als deren Träger die zu diesem Zweck 1934 gegründete Pestalozzi-Gesellschaft fungierte, eine Reihe bewährter Antifaschisten, die politisch allesamt im linken Spektrum der Arbeiterbewegung angesiedelt waren: Zuerst Hans Carl und Martin Fenske[3], dann Walter Damus, Dr. Alfred Dang, Heinrich Grönewald, den «menschlichen Gebrauchsgraphiker» Carl Meffert = Clément Moreau, der von 1935–1937 als Zeichenlehrer an der Pestalozzi-Schule arbeitete und für sie auch eindrucksvolle, großformatige Wanddekorationen schuf, den ehemaligen SPD-Reichstagsabgeordneten Dr. August Siemsen (zuletzt SAPD), den Werklehrer Max Sulzberger und Max Tepp. Als Leiter der Pestalozzi-Schule berief Alemann mit Alfred Dang einen Mann, der sich den Nazis u. a. durch einen spektakulären Zwischenfall zutiefst verhaßt und den Lateinamerikanern damit allerdings um so mehr empfohlen hatte; er brachte als Journalist eine, die Lateinamerikaner als «Idioten» disqualifizierende Bemerkung des deutschen NS-Vertreters Dr. Ley bei der Internationalen Arbeitskonferenz in Genf in die Öffentlichkeit, was für ihn als ersten in Südamerika die «Ausbürgerung» nach sich zog. Er interpretierte sie als «Ehre» und Aufnahme in den Orden «Pour le mérite des Dritten Reiches». Die Nationalsozialisten erwogen, die Maßnahme auf den gesamten Schulvorstand auszudehnen. Die Pestalozzi-Gesellschaft nahm «mit tiefster Entrüstung» von diesem «Racheakt» Kenntnis und wies die Behauptung, die Pestalozzi-Schule mache kämpferische Propaganda gegen das nationalsozialistische Deutschland, als verleumderisch zurück. Sie unterstrich vielmehr, daß es sich um eine «Schule strengster politischer und religiöser Neutralität» handle, um einen «gerade vor allem ‹Bekämpfen› und aller ‹Propaganda› freien, pädagogisch hochwertigen Unterricht und eine Erziehung zur Friedensliebe und Völkerverständigung» (Erklärung der Pestalozzi-Gesellschaft vom 8. 11. 1934). Die Betonung solcher Grundsätze mochte dem eher unpolitischen Standpunkt vieler in der Pestalozzi-Gesellschaft vereinigter Eltern – meist gutsituiertes jüdisches Bürgertum – durchaus entsprechen, der sich von dem der Lehrerschaft allerdings deutlich unterschied. In der Folgezeit führte diese Differenz zu Konflikten und Abschwächungen der Zielsetzung. Unter den gegebenen Umständen hatte die Erklärung den Charakter einer politischen Kampfansage. Dennoch wurde ein Lehrer nach dem andern ausgebürgert, wenn er es nicht – wie Grönewald – schon vor seiner Emigration nach Argentinien gewesen war. Das offiziell deklarierte Programm der den Gesetzen des Landes unterworfenen Schule, die eine «argentinische Schule auf deutscher Kulturgrundlage» sein wollte, deckt sich jedenfalls nicht voll mit der von den einzelnen Lehrern in eigener Verantwortlichkeit großenteils weitaus fortschrittlicher und mutiger gestalteten pädagogischen Praxis. Sie entsprach in etwa der «weltlicher» progressiver Tagesschulen in der Weimarer Republik, aus denen die Lehrer kamen, wie zum Beispiel Damus aus der Karl-Marx-Schule in Berlin (Kießling, 1969, S. 89).

Sie strebten dementsprechend einen engen Kontakt und Austausch mit der Elternschaft über unterrichtliche und erzieherische Fragen an, führten in den oberen Klassen beispielsweise einen «Hygiene-Kurs» zu der in Buenos Aires «so wichtigen Kinderaufklärung» und Sonderkurse in moderner Kindergymnastik ein, die aber von den Eltern lange als «Luxus» angesehen wurden. Auch «Werken» – die Grundlage jeder Arbeitsschule, zu der man sich programmatisch bekannte! – lief über Jahre hinweg aus Raum- und Finanznot nur als wahlfreier Sonderkurs, nicht als obligatorisches Unterrichtsfach. Eine gewisse Einführung in die Arbeitswelt boten häufige Betriebs- und Werkstattbesuche. Der Kindergarten, auf dessen Fortschrittlichkeit man stolz verwies, weil er die Kleinen zu früher Selbständigkeit und «weg von der Mutter» erzog, bekam erst mit dem Neubau 1937 die ihm gemäße räumliche Ausstattung. Daß die üblichen Zeugnisse durch erklärende Charakteristiken ersetzt wurden, akzeptierten die Eltern, zumal die Schüler bei den Jahresprüfungen nach dem argentinischen Schulsystem stets hervorragend abschnitten. Die Eltern prägten sogar den Slogan: «Pestalozzi-Schule heißt mehr und besser lernen!» Das wurde erreicht nicht zuletzt durch eine «unvergleichlich höhere Stundenzahl» als im einheimischen staatlichen Schulwesen. Da die Pestalozzi-Schule ihren siebenklassigen Aufbau und ihren Lehrplan von vornherein auf die argentinischen Gegebenheiten abgestimmt hatte und ständig revidierte, brauchte sie sich nicht tiefgreifend umzustellen, als die Regierung Argentiniens 1937 die gleichgeschalteten deutschen Auslands-Schulen einer strengen Kontrolle und der Forderung nach vier Stunden spanischem Unterricht täglich unterwarf.[4] Von ihnen hatte sich die Pestalozzi-Schule schon im Vorwort zum ersten Lehrplan 1935 prononciert abgehoben durch die gegen jeglichen Chauvinismus gerichtete Umwertung der Fächer Deutsch, Geschichte und Geographie.

Die Pestalozzi-Schule ist eine argentinische Schule auf deutscher Kulturgrundlage. Die deutsche Kultur ist nicht in Deutschland allein entstanden, sondern im stärksten Austausch mit sämtlichen abendländischen Kulturen.

Im fünften Schuljahre wird der Schüler nach dem hiesigen deutschen Schulsystem am stärksten mit Deutschland bekannt gemacht, weil das Deutsche Reich das ganze Jahr hindurch das einzige Stoffgebiet des deutschen Gesamtunterrichts ist. Dadurch wird den Schülern ohne Rücksicht auf ihre Staatsangehörigkeit planmäßig der Gedanke eingepflanzt, daß das Deutsche Reich ihre «eigentliche» Heimat, ihr «Vaterland» und sie Vorkämpfer für die politischen und wirtschaftlichen Interessen des Deutschen Reiches seien. Die Überschätzung Deutschlands und Geringachtung anderer Völker sind die nachteiligen Folgen. Um diese Einseitigkeit zu überwinden, wird in der Pestalozzi-Schule im 5. Schuljahre Deutschland im Gesamtbild ganz Europas behandelt, und zwar nicht nur in Erdkunde, sondern auch in Geschichte und allen Stoffen des Gesamtunterrichts.

Ziel unseres Geschichtsunterrichts ist das Verständnis der Schüler für die großen Probleme der Menschheit in der Gegenwart. Daher kann dieser Unterricht sich nicht erschöpfen in der bloßen Aneinanderreihung äußerer Ereignisse und der zeitweiligen «Erklärung» aus den Leistungen und dem Versagen einzelner Persönlichkeiten. Es gibt vielmehr den Schülern die Kenntnis von den Bewegungskräften des geschichtlichen Ablaufs sowie den Ursachen ihres Erfolges oder Mißerfolges und zeigt damit die Abhängigkeit der Einzelpersönlichkeiten von ihren geschichtlichen Bedingungen. Diese Zusammenhänge zu kennen, ist entscheidend für das Weltbild der Schüler, während ihnen Jahreszahlenreihen, Schlachtennamen und Dynastenstammbäume gar nichts sagen können. So wird die Geschichte ihres mystischen Charakters entkleidet und den Schülern eine gesunde Grundlage zur selbständigen Beurteilung der Ereignisse in der Gegenwart gegeben. (...)

Während in den ersten fünf Schuljahren Deutsch im Zusammenhang mit anderen Fächern (Gesamtunterricht) unterrichtet wird, ist es im 6. und 7. Schuljahr selbständiges Lehrfach. In bewußter Überschreitung der zusammenhanglos ausgewählten Stoffe für den Unterricht in Deutsch an allen anderen deutschen Schulen führt unser Lehrplan die deutsche Literaturgeschichte als Leitfaden der Stoffdarstellung ein. Inhaltlich lernen die Schüler dabei in großen Zügen die deutsche Literatur in ihrer Entwicklung, die wichtigsten Werke sowie die Dichterpersönlichkeiten in ihren geschichtlichen Bedingungen kennen. Dieser stark interessierende und fesselnde Stoff führt die Schüler zu einer ungleich größeren eigenen Arbeit beim Lesen außerhalb der Schule und bietet reiche Möglichkeiten für schöpferische mündliche und schriftliche Darstellungen.

Die Pestalozzi-Schule stellt alle Stoffe des deutschen Kulturgutes ohne nationalistische Beziehung zum heutigen Deutschen Reiche dar. Wir sind überzeugt, daß das Fehlen dieser nationalen Bindung eine starke Vertiefung und Verinnerlichung der Liebe zum geistigen Deutschland und Hochachtung vor seinem Austausch mit anderen Völkern bei den Schülern hervorruft. Damit wird auch die deutsche Literaturgeschichte zu einem weiteren Mittel der Völkerverständigung.

(Aus: Vorwort zum Lehrplan von 1935)

# Heinrich Grönewald
## Ich finde, daß ...

Manchmal liegen Beschwerdebriefe auf dem Tisch, kleine Zettel, die recht wenig Schulmäßiges an sich haben. Sie beginnen «Ich finde, daß ...» und sind respektlos schlecht geschrieben. Auch auf die Orthographie haben die Herrschaften nicht geachtet, aber um so mehr scheinen sie mit dem Herzen dabei gewesen zu sein, als sie ihrer Empörung Ausdruck gaben.

Da ist zum Beispiel – wie alle andern mit vollem Namen unterschrieben – Ruths «Beklagebrief»:

An Herrn G.! Ich finde es gar nicht richtig, daß Sie immer die Jungen nehmen und wir Mädels immer zurücktreten müssen. Meine Meinung ist, daß bei jeder Arbeit immer ein Junge und ein Mädel zusammenarbeiten müssen und nicht nur die Jungen. Und obzwar ich mich immer meldete, war ich noch kein Mal an der Reihe. Eigentlich haben wir Mädel doch dasselbe Recht wie die Jungen. Und wir möchten auch gern dran kommen, sonst verlieren wir die Lust.

Die Ruth ist noch nicht ganz 10 Jahre alt und glaubt offenbar, das genüge vollauf, um eine Meinung zu haben und die Maßnahmen des Lehrers zu kritisieren.

Hör mal zu, Ruth. Als wir 18 Jahre alt waren (ein paar Monate später bescheinigte man uns schwarz auf weiß, mit Siegel und Unterschrift, daß wir die geistige und sittliche Reife erworben hätten), erzählte uns der Geschichtslehrer einmal vom Weltkrieg und seinen Ursachen. Wilhelm war ein Friedensfürst, sagte er. Und das neidische England hat das ahnungslose Deutschland überfallen. Wir hatten damals gerade bei Emil Ludwig etwas anderes über den Kaiser und den Friedenswillen der deutschen Machthaber gelesen. Aber wir wagten nicht, zu sagen: ich finde, Herr Oberlehrer, daß Sie unrecht haben. Wir fragten nur höflich und ergebenst an, wieso wohl Ludwig zu einer anderen Meinung kommen möge.

Du ahnst nicht, liebe Ruth, was das für einen Krach gab. Lausbuben hat man uns gescholten, und die Betragensnote sollte herabgesetzt werden wegen unverschämten Benehmens ... In der Schule durften wir nur gehorchen und glauben. Und niemals eine andere Meinung haben als der Lehrer. Du aber bist noch nicht ganz 10 Jahre alt. Wie kannst du in der Schule etwas zu sagen haben wollen, außer wenn du gefragt wirst?

Immerhin ist Ruths Brief noch zahm. Alfreds Fall ist schon ernster. Der schreibt:

Pestalozzi-Schule, Buenos Aires. Ich finde, daß Theo keine Strafe verdient hat. Theo hörte, wie Lily zur Marlis sagte: nee. Da hat Theo ihr einen kleinen Schubs gegeben und gesagt: Man sagt nicht nee, man sagt nein. Und wegen dem braucht Lily nicht zu petzen. Und gespuckt hat er auch nicht. Er hat nur schsch gemacht.

Der Alfred will also einen guten Freund retten, erklärt meine disziplinarische Maßnahme für unberechtigt und erwartet – denn warum sonst schriebe er diesen Brief? –, daß ich sie aufhebe. Wir zitterten einst vor unserem Lehrer, dessen Rohrstock unwiderrufliche Urteile sprach. Alfred hat das Fürchten verlernt. Er meint, der Lehrer sei ein Mensch, und wenn er irrt, müsse man ihm das sagen.

Daß aber auch der kleine Georg, der erst vor ein paar Monaten geduckt und verschlossen aus Berlin zu uns kam, unter die Rebellen gegangen ist, wundert mich denn doch sehr. Mehr als drei Jahre lang ist er der Segnungen der neudeutschen Kasernenschule teilhaftig geworden und hat sicher als einziger Jude in der ganzen Schule es nicht leicht gehabt. Aber trotzdem haben ihn die Nazis nicht unterkriegen können:

Ich finde, Sie nehmen nur Ihre Lieblinge dran. Wenn Sie mich nicht an die Reihe nehmen, strenge ich von jetzt ab meinen Kopf überhaupt nicht mehr an. Ich glaube, Sie nehmen mich wohl nicht ran, weil ich es schon kann.

Ob der Georg wohl auch seinem SA-Lehrer einen solchen Brief zu schreiben gewagt hätte? Drüben ist er sicher froh gewesen, wenn er nicht an die Reihe kam, denn je mehr er in der Versenkung verschwand, je größer war die Chance, nicht zum Gespött der andern zu werden. Dort hat er sich gar nicht vorgedrängt und ist fein still und «artig» gewesen.

Dem Lehrer an der Pestalozzi-Schule schreibt er gleich Beschwerdebriefe und droht mit Sanktionen (hundert gegen eins ist zwar zu wetten, daß er sie noch schlechter durchführen wird als der Völkerbund).

Wenn nun schon zehnjährige, werden wohlmeinende, aber besorgte Eltern sagen, ihren Lehrern Beschwerdebriefe schreiben, wenn die Kinder das Fürchten verlernt haben und mit Respektspersonen auf so vertraulichem Fuße verkehren – ist das nicht auch Schuld der Lehrer selbst?

Sicher ist sie das. Und die Lehrer denken auch gar nicht daran, sich zu beklagen. Wenn Ruth, Alfred und Georg offenen Visiers gegen das Unrecht zu Felde ziehen, das ihnen selbst oder dem Freunde angetan wurde (und mag es auch nur vermeintliches Unrecht sein), so denken wir nicht, daß das ein Majestätsverbrechen sei. Um so besser, wenn die Kinder die Angst des Sklaven vor dem Herrn Lehrer verloren haben. Um so besser, wenn sie uns mit Vertrauen entgegenkommen, anstatt scheuen Augs zu dem aufzusehen, der auf dem Katheder thront und in letzter Instanz segnet und verdammt.

Was uns alle in der Pestalozzi-Gesellschaft eint, ist die Ablehnung des Faschismus und die Liebe zur Freiheit, dieser Freiheit, von der Ignazio Silone in «Brot und Wein» sagt: «Sie ist nicht etwas, das man geschenkt bekommt. Man kann in einem Diktaturland leben und doch frei sein; es genügt, gegen die Diktatur zu kämpfen. Wer mit dem eigenen Kopfe denkt, ist ein freier Mensch. Wer für das kämpft, was er für gerecht hält, ist ein freier Mensch. Hingegen kann man im freisten Lande der Welt leben und doch nicht frei sein. Wenn man im Innern faul, stumpf, servil, willenlos ist, obwohl jede Gewalttätigkeit fehlt, ist man ein Sklave.»

Wer es aber haßt, Sklave zu sein, wer die Freiheit will, muß den Mut haben, sie auch seinen Kindern zuzugestehen, damit sie früh schon sich in ihrem Gebrauche üben. Wer für die Republik ist, muß auch dafür sein, daß wir die Schule umbauen zur Kinderrepublik, in der mehr und mehr der von außen herangetragene Zwang des Lehrers zurücktritt, um Platz zu machen – nicht der Anarchie und dem hemmungslosen Ausleben aller Triebe, sondern den natürlichen Gesetzen, die die kindliche Gemeinschaft sich selbst diktiert.

In einer Kinderrepublik aber brauchen wir Jungen und Mädel, die schon mit 10 Jahren sagen können: Ich finde, daß ... die den Mut zur Kritik und zur eigenen Meinung, das heißt zur Freiheit haben.

### Ein Schüler äußert sich

Pestalozzi-Schule

Wenn nicht über dem Toreingang in großen Buchstaben geschrieben stände, daß hier eine Schule ist, würde niemand dieses Gebäude für eine Schule halten. Und ebensowenig wie das Äußere ist die ganze Erziehung streng schulmäßig. Man kann den Direktor mit den kleineren Schülern spielen sehen, und so haben die Kinder nicht das Gefühl, zur Schule zu gehen, sondern in ein Haus, in dem sie sich unter Aufsicht eines Lehrers über Erdkunde und Tiere unterhalten, und das Rechnen macht Spaß, weil nicht erfundene, unnatürliche Aufgaben gegeben werden, sondern weil sie aus der Wirklichkeit genommen sind. Doch nimmt dieses alles keine übertriebenen Formen an, und die Kinder merken, welche Distanz sie zu den Lehrern halten müssen. In den oberen Klassen, in denen die Lehrer teilweise nur spanisch sprechen können, werden hierdurch die deutschen Schüler zu angestrengtem Nachdenken erzogen, während die Argentinier Deutsch lernen. Die Schule ist gegründet worden, weil es in Buenos Aires nur deutsche Schulen gibt, die von der Gesandtschaft abhängig, also nationalsozialistisch-antisemitisch eingestellt sind, und weil sie die jüdischen und nicht-nationalsozialistischen Kinder aufnehmen soll. So sind nur Gleichgesinnte auf der Schule, und es herrscht ein kameradschaftlicher Ton unter allen.

Jochen Gompertz, 7. Klasse

(Aus: Festschrift der Pestalozzi-Schule, Buenos Aires 1936)

Die von Heinrich Grönewald kommentierten «Beschwerdebriefe» der Kinder und eine weitere Schüleräußerung, die der Festschrift zum Frühlingsfest 1936 entnommen wurden, veranschaulichen die liberale schulische Atmosphäre. Der von Grönewald erwähnte Schriftsteller Emil Ludwig hatte ebenso wie Stefan Zweig 1936 die Schule besucht und ein Grußwort an die Schüler der Pestalozzi-Schule auf Schallplatte gesprochen; beide sind in der Festschrift abgedruckt. Die Frühlingsfeste wie der Erlös aus dem Schallplattenverkauf verfolgten, abgesehen vom Lustgewinn, den Zweck, Gelder für die Errichtung eines eigenen Schulgebäudes zusammenzubringen, das die rasch auf einige hundert angewachsene Schülerzahl zu fassen vermochte. Für den Besuch der Feste warben auch einfallsreich und lustig von Meffert/Moreau gemeinsam mit den Kindern gestaltete Handzettel.

Meffert/Moreau verstärkte und modifizierte mit seinen Zeichnungen auch die Aussagen einer von August Siemsen zusammengestellten Gedichtsammlung, die nicht nur für den Gebrauch der 5. bis 7. Klassen an der Pestalozzi-Schule, sondern überhaupt für Schulen mit deutscher Unterrichtssprache außerhalb Deutschlands und sogar für Erwachsene bestimmt sein sollte. Sie enthielt «in konzentrierter Form ein Stück unzerstörbarer und unverlierbarer deutscher Dichtung und deutscher Kultur» (Vorwort von A. Siemsen, S. 6), wozu klassische, von Meffert/Moreau neuartig interpretierte Texte, aber auch Verse von Arbeiterdichtern, Brecht oder Tucholsky, gehörten, die «an der sozialen Frage in ihrer zentralen Bedeutung und am Krieg in seiner zerstörenden Furchtbarkeit» nicht vorbeigingen und das «veraltete Heldenideal des körperlich Starken, mit dessen Hilfe heutige Jugend zum mißbrauchten Werkzeug gemacht werden soll, durch das Heldenideal einer aus der Barbarei hinausgeschrittenen oder hinausschreitenden Menschheit» ersetzten. Die Illustration des Goetheschen «Prometheus» mit der Figur des um die Zukunft kämpfenden Arbeiters macht diese Absicht überdeutlich (Deutsche Gedichte von Goethe bis Brecht, Buenos Aires o. J., S. 80f.). Es verwundert nicht, daß es über diese Gedichtsammlung – wie sich Meffert/Moreau erinnert – wieder einmal zum Konflikt mit Alemann und den Eltern kam, denen die ganze – sozialistische – Richtung nicht paßte. Von kaum geringerer, innovatorischer Bedeutung war eine Lesefibel für Schulanfänger, die Martin Fenske erarbeitet hatte: «Wer lesen kann, hat Freude dran», in der Emigrantenkinder an Themen argentinischen Milieus ihre eigenen Sprache erlernten. Die Pestalozzi-Schule hielt den Unterricht in Spanisch und Deutsch, wobei der Nachmittag dem Deutschunterricht vorbehalten blieb.

Den größten Eindruck hinterließ offenbar der von August Siemsen erteilte Unterricht in Literatur, Philosophie und vor allem – am historischen Materialismus orientiert – Geschichte, obwohl er die Kinder gelegentlich wohl überforderte. Wenn man einem seiner früheren Schüler glauben darf, verfuhr Siemsen ziemlich «unpädagogisch», indem er von vornherein auf korrekte Zeichensetzung und Rechtschreibung keinen Wert legte und erklärte, «wer kein Interesse an seinem Vortrag hätte, der müsse nicht aufmerken und könne sich inzwischen beschäftigen, wie er wolle; nur stören möge man ihn nicht». Ihm lag mehr an der Vermittlung von bestimmten Einsichten, auf die es ihm ankam, und an einer Gestaltung seines Unterrichts, die schließlich auch die zunächst Interesselosen «auf den Geschmack» und zu selbständigem Arbeiten brachte (Kießling, 1969, S. 88).

Lehrer der Pestalozzi-Schule – August Siemsen, Heinrich Grönewald, Hans Carl und Walter Damus – bildeten darüber hinaus den «harten Kern» einer die undogmatische, an keine Partei gebundene Linke und «Das *Andere Deutschland*» repräsentierenden politischen Gruppierung, zu deren Gründung sie 1937 aufriefen. «Das Andere Deutschland» – so

# Kampf um die Zukunft

### Prometheus

**JOH. WOLFGANG GOETHE**

*Bedecke deinen Himmel, Zeus,*
*mit Wolkendunst,*
*und übe dem Knaben gleich,*
*der Disteln köpft,*
*an Eichen dich und Bergeshöhn!*
*Musst mir meine Erde doch lassen stehn,*
*und meine Hütte, die du nicht gebaut,*
*und meinen Herd,*
*um dessen Glut*
*du mich beneidest.*

hieß nicht nur die Organisation, sondern auch ein unter Überwindung erheblicher finanzieller und sonstiger Schwierigkeiten zunächst hektografiert, schließlich zweimal monatlich gedruckt herausgebrachtes Publikationsorgan (Maas, 1978, S. 31 ff.), das von 1938–1949 erschien. Die meisten und wichtigsten Beiträge verfaßte August Siemsen, der als Herausgeber verantwortlich zeichnete, selbst; sein Sohn Piet redigierte den Jugendteil «Heute und Morgen» bis 1943, das heißt, solange die von ihm geleitete Jugendgruppe des «Anderen Deutschland» bestand. Was sich im Laufe der Jahre zum bedeutendsten Potential eines «grundsätzlichen und kompromißlosen Kampfes *gegen* den Faschismus und *für* eine sozialistische Neuordnung» nicht nur in Südamerika entwickelte, hatte zuerst als Hilfskomitee für politische Flüchtlinge gedient und diese caritative Funktion auch nach 1945 wieder übernommen, als «Das Andere Deutschland» ein Deutschland-Hilfswerk für befreite KZ-Opfer, die durch Paketsendungen vor dem nun drohenden Verhungern bewahrt wurden, ins Leben rief. Solidarische Hilfe leistete «Das Andere Deutschland» kollektiv den Saar-Flüchtlingen und den Spanien-Kämpfern, den Opfern von Lidice und den Emigranten in den französischen Internierungslagern, aber auch in vielen unterschiedlich gelagerten Einzelfällen. Dazu gehörten neben den Frischeingewanderten alteingesessene Gesinnungsfreunde, die wegen ihrer aufrechten antifaschistischen Haltung in Südamerika verfolgt und wirtschaftlich geschädigt wurden. Rechtsberatung, Arbeitsbeschaffung, ärztliche Behandlung waren dabei manchmal noch wichtiger als die finanzielle Unterstützung. Besonders am Herzen lag der Gruppe, den «Kindern hinter Gittern» in den französischen Internierungslagern zu einer Zusatzernährung zu verhelfen. Es gelang ihr, die Kinder der Pestalozzi-Schule zu einer bewegenden Hilfsaktion für die Kinder im Lager Rivesaltes zu motivieren, die sich in einer kleinen hier auszugsweise wiedergegebenen Schrift dokumentiert findet.


**Kinder hinter Stacheldraht**

Kinder im totalen Krieg, das heißt hungernde und frierende Kinder, das heißt Kinder auf der Flucht, das heißt verwaiste und verlassene, das heißt von Bomben zerrissene Kinder. Die Kinder teilen das allgemeine Schicksal, an dem sie unschuldig sind.

Das ist unausdenkbar furchtbar. Aber zum Bild unserer Zeit gehört darüber hinaus, daß es Kinder gibt, die hinter Stacheldrähten hungern und frieren müssen. Um diese Kinder geht es in diesen Blättern. Der Unterzeichnete hat Kindern der Pestalozzi-Schule vom Schicksal dieser ihrer Altersgenossen in Frankreich erzählt. Die Kinder der Pestalozzi-Schule sind zu einem großen Teil auch aus ihrer Heimat vertrieben. Aber sie leben in einem Lande, das bisher vom Krieg

# KINDER *hinter* GITTERN

und von faschistischer Gewalttat und Grausamkeit verschont ist, sie brauchen nicht zu hungern und zu frieren, sie können lernen und spielen, Eltern sorgen für sie, sie dürfen Kinder sein.

Das Schicksal ihrer Kameraden hinter den Stacheldrähten der Vichy-Regierung ging ihnen zu Herzen. Sie beschlossen aus sich heraus, ihnen zu helfen. Da gab es Kinder, die, auf kleine Freuden verzichtend, ihr Taschengeld oder ihre Sparpfennige beisteuerten. Da haben ein paar Mädels ein kleines Theaterstück verfaßt und vor Freunden und Bekannten aufgeführt, um den Erlös für die Kinder in Frankreich zu geben. Da haben zwei Jungens ihre Reise von Europa nach

Buenos Aires geschildert, selbst das Geschriebene vervielfältigt und ihr Büchlein an Schulgefährten und Bekannte verkauft.

Auch Kinder in Uruguay haben geholfen. Sie waren im Ferienheim der stets hilfs- und opferbereiten Frau Annemarie Rübens in Colonia Valdense. Bei seiner Geburtstagsfeier bat ein Junge, ihm nichts zu schenken und statt dessen das Geld in die Sammelbüchse für «Das Andere Deutschland» zu tun, zum Besten der Kinder. Vor der Abreise des Unterzeichneten wurde eine Sammlung veranstaltet. Hedwig Schlichter studierte mit den Kindern Aufführungen von Kästners «Anton und Pünktchen» und von der Rüpelszene aus Shakespeares «Sommernachtstraum» ein. Die letztere wurde bei Vollmond und Lampionschein unter den schönen Bäumen der Quinta von den ganz der Sache und dem Spiel hingegebenen kleinen Schauspielern entzückend aufgeführt.

In der Pestalozzi-Schule endlich haben Kinder eine ganze Feier zustande gebracht: Musik und Tanz, ein selbstverfaßtes Theaterstück und ein anderes in Versen. Reicher Beifall und 130 Pesos lohnten die Anstrengungen.

So kamen einige hundert Pesos zusammen. Und nun wird mancher denken: Was ist das für Hunderte von Kindern? Er möge den Brief aus der Schweiz und die Kinderbriefe lesen, die wir hier abdrucken. Da findet er die Antwort. Und dann wird der Frager, soweit er dazu in der Lage ist, uns hoffentlich helfen, weiterhin den Kindern hinterm Stacheldraht das Gefühl zu geben, daß sie nicht verlassen sind.

Geldspenden können auf unserem Büro, bei unseren Vertrauensleuten oder auf das Konto Juan Carl, Branco Holandés, eingezahlt werden.

Dr. August Siemsen

## Ein Brief vom Schweizer Hilfswerk

Gartenhofstraße 7, Zürich 4,<br>5. November 1941

Liebe Schüler und Schülerinnen,

im Namen unserer Hilfsaktion für Emigranten in Südfrankreich möchte ich Euch unseren herzlichsten Dank aussprechen für das Geld, das Ihr erworben habt, um damit Kindern in einem Lager in Frankreich etwas zum Essen zu schicken. Daß Ihr durch eigene Anstrengung dieses Geld erworben habt, erhöht den Wert der Gabe. Für uns ist es eine große Freude zu denken, daß damit den Kindern geholfen wird, deren Schicksal uns so sehr am Herzen liegt. Wir haben das Geld hier beim schweizerischen Arbeiterhilfswerk einbezahlt. Dieses besitzt in Frankreich noch einen Vorrat von Lebensmitteln und hat sich bereit erklärt, besonders gute Sachen auszuwählen, um sie den Kindern im Lager Rivesaltes im Osten von Südfrankreich zu schicken. Vor allem wurde eine Süßigkeit geschickt, die aus Sesamöl, Schokolade und anderen nahrhaften Dingen besteht und so nahrhaft ist, daß ein kleines Stückchen von 30 gr. schon den Hunger stillt. Was das für die Kinder bedeutet, könnt Ihr Euch vorstellen. Als vor einiger Zeit eine Frau bei mir war, die in Frankreich für die Emigranten arbeitet, sagte sie, daß die Kinder in Rivesaltes nichts bekämen als eine Suppe und die in Frankreich vorgeschriebene Ration Brot von 265 gr. im Tag. Das Brot ist schlecht. Die Suppe, von der sie mir berichtete, enthält einiges, das für die Gesundheit wertvoll wäre, wie Lauch und Tomaten; aber sie wäre fast ohne Fett und so schlecht zubereitet, daß die Kinder, nachdem sie sie jeden Tag genossen hatten, plötzlich sie nicht mehr ertrugen. Nun bekommen sie durch die Quäker einmal im Tag Reisbrei, solange der Reisvorrat anhält. Sie sind glücklich darüber; aber einmal im Tag Reisbrei genügt noch nicht für Kinder, die wachsen sollten, besonders jetzt, wo es kalt ist. Rivesaltes liegt in einer Gegend, die man die französische Wüste Sahara nennt. Es ist dort im Sommer unerträglich heiß und im Winter ganz besonders kalt. Wenn nun diese Kinder das Riesenpaket von Euch erhalten – ich schätze, daß es etwa 40 kg wiegen wird – wird ihnen das eine große Hilfe sein. Ihr schreibt, daß Ihr Euch bewußt seid, wie wenig weit es reiche; ich möchte Euch aber aus Erfahrung sagen, daß den Hungernden oft ein kleines Päckchen eine merkwürdige Hilfe bedeutet. Ich glaube, dies kommt davon, daß der Kampf des Körpers gegen den Hunger weitgehend durch den Geist des Menschen unterstützt wird. Wenn jemand Lebensmut und Zuversicht hat, kann er viel mehr aushalten, als wenn er verzweifelt. Ob jemand diesen Mut hat, hängt weitgehend davon ab, ob er sich verlassen fühlt, oder ob er weiß, daß andere Menschen mit Liebe an ihn denken. Wenn diese Kinder nun erfahren, daß Kinder in einem fernen Lande, das sie vielleicht in der Geographiestunde noch gar nicht besprochen haben, an sie denken und sich für sie bemühen, so wird ihnen das wohl tun und ihnen helfen, tapfer zu sein. Die Kinder werden Euch selber schreiben, aber die Post geht in Frankreich etwas langsam und so müßt Ihr vielleicht noch ein Weilchen warten. Euer Brief hat sie zwar schon erreicht, wie mir die Fürsorgerin von Rivesaltes schreibt, aber noch nicht das Paket. Sie wollen den Dankbrief erst schreiben, wenn sie die gute Ankunft des Paketes melden können. Daß es gut ankommen wird, könnt Ihr sicher sein.

Nehmt nochmal unseren herzlichsten Dank. Ich weiß nicht, ob Ihr kleine oder große Schüler seid, ich weiß überhaupt nicht viel von Euch, als daß Ihr Menschen seid, die vom Leid der andern gehört haben und bereit sind, zu der Linderung dieses Leides Euren Teil beizutragen.

Mit herzlichen Grüßen und guten Wünschen

Christine Ragaz

## Briefe eines Kindes aus dem Lager Rivesaltes

An die Kinder der Pestalozzi-Schule, Buenos Aires.
Liebe Freunde!
Ich hoffe, Ihr werdet nicht böse sein, wenn ich Euch «liebe Freunde» nenne. Aber schließlich habt Ihr mir, d. h. uns allen, den Kindern des Camp de Rivesaltes, Ilot B eine so große Freude mit Eurem schönen Geschenk erwiesen, daß wir uns Euch sehr verbunden fühlen. Ihr könnt es Euch gar nicht vorstellen, wie ange-

nehm wir überrascht waren, als uns gestern vormittag (Samstag), den 15. Nov. 41, ein schönes großes Stück Früchtebrot von Frl. Grauer gereicht wurde. Wir erfuhren dann, daß wir diese Gabe Euch, liebe Freunde, zu verdanken haben und bekamen dann Eure Lb. Zeilen vorgelesen. Ich möchte Euch nun für Eure Gabe und Eure lb. Zeilen meinen herzl. Dank aussprechen. Ihr habt uns eine große Freude damit bereitet. – Nun will ich Euch, wenn es Euch interessiert, ein wenig vom hiesigen Camp-Leben berichten. Ich glaube nicht, daß Ihr Euch das so recht vorstellen könnte. Es ist ein Flüchtlingslager; es ist in mehrere Ilots (wörtlich «Inselchen»), das sind Abteilungen, von denen jede einen Buchstaben des Alphabetes trägt, eingeteilt. Jedes Ilot ist in viele Baracken eingeteilt, in welchen die Internierten wohnen. Ferner gibt es Schulbaracken, Krankenbaracken (infirmeries), Kindergartenbaracken, Eßräume für die Kinder (réfectoires), Schreiner-, Schlosser-, Schuhmacher- und Friseurbaracken; und das Beste zuletzt: es gibt auch zwei Secours Suisse-Baracken. Da die Lebensmittelrationen sehr, sehr knapp sind und die meisten Kinder unterernährt, ist uns die Essenszulage, die wir von der Schweizer Kinderhilfe erhalten, sehr angenehm. Meistens gibt es Reis oder Milch. Es gibt auch oft Zulage, wie z. B. das von dem von Euch gestifteten Geld gekaufte Früchtebrot, oder Obst, Marmelade usw. Die Leiterinnen der Secours Suisse sind Schwester Ruth, Frl. Grauer und Schwester Agnes. – Nun habe ich aber genug geschrieben und will schließen. Seid herzlichst gegrüßt von Eurem nochmals vielmals dankenden Freund

Ernst Einstein

(Aus: August Siemsen (Hg.): Kinder hinter Gittern. Buenos Aires 1942?)

1949 stellte die Zeitschrift «Das Andere Deutschland» wegen finanzieller Schwierigkeiten ihr Erscheinen ein. An der Pestalozzi-Schule, um deren Ausbau zur vollen höheren Schule Alfred Dang sich bemüht hatte, gab es Differenzen mit neuen konservativen Mitgliedern im Vorstand der Pestalozzi-Gesellschaft, die befürchteten, die bisher praktizierte liberale Erziehung könnte bei einem Wechsel der Kinder nach Deutschland für diese von Nachteil sein. Dang legte 1951 die Schulleitung nieder und nahm eine ihn interessierende Tätigkeit in der Industrie an, kehrte aber 1954 noch einmal für zwei Jahre bis zu seinem Tod (1956) als Direktor an die Schule zurück. Grönewald, der Leiter einer anderen deutschen Schule in Buenos Aires geworden war, starb 1958 mit 48 Jahren bei einem Deutschlandaufenthalt, der sein Recht auf Wiedergutmachung sichern sollte. Als August Siemsen, durch Krankheit arbeitsunfähig und existenzlos geworden, nach Deutschland zurückkam, übertrafen seine Eindrücke «alle bösen Erwartungen. Die Restauration ist perfekt, die Amerikanisierung sehr weit fortgeschritten», schreibt er am 15. 10. 1952 an seinen Freund Walter Hammer. Auch Siemsen muß um seine Ansprüche auf Wiedergutmachung kämpfen, was ihn ebenso verbittert wie die Aussichtslosigkeit, für seine «keine abgestempelte Parteimeinung» vertretenden Arbeiten, durch die er über das Treiben der in Südamerika siegreichen Nazis informieren möchte, Abnehmer zu finden: «Man lebt lieber in Unkenntnis über das, was in der Welt vorgeht. Wie in vielem, hat auch in dieser Autarkie Hitler gesiegt.» August Siemsen starb 1958 bei seinem Sohn Pieter in Ost-Berlin, wohin auch der Lehrer Erich Bunke[5] zurückging.

## Anmerkungen

1 So schätzt Schulleiter Alfred Dang in einem Brief an Rinner (Sopade-Vorstand) vom 6.3.1937 selbst die Schule ein, die «jetzt auf das 400. Kind zu» marschiert. Das Interesse des Sopade-Vorstandes an der Schule entsprach offenbar nicht ganz den Erwartungen Dangs, wie aus der weiteren Korrespondenz hervorgeht.

2 Bessere Voraussetzungen bot zeitweilig Mexiko, wo u. a. Otto Rühle kurzfristig als pädagogischer Berater der Regierung tätig war und 1938 sein Buch über «Die Arbeitsschule» veröffentlichen konnte. Eine ähnliche Funktion übte Fritz Karsen von 1936 bis 1938 in Kolumbien aus, für dessen gesamtes Erziehungswesen er Pläne erarbeitete.

3 Hans Carl war zuvor bereits – als erste wie Martin Frenske schon vor 1933 emigrierte Lehrer – an der unter schweizerischem Einfluß stehenden, noch länger nicht gleichgeschalteten deutschen Cangallo-Schule tätig gewesen, an die Martin Fenske später ging; er traf dort mit dem ebenfalls kommunistischen Lehrer-Emigranten Erich Bunke zusammen. Von ihr kam 1938 auch Max Tepp an die Pestalozzi-Schule, der nach Dang die Schulleitung übernahm (Interview Hans Lehmann).

4 Daß die Pestalozzi-Schule in jenen Jahren bei den argentinischen Behörden in hohem Ansehen stand, dürfte den Haß auf sie bei ihren faschistischen Gegnern noch verstärkt haben. Er äußerte sich in zerstörerischen Akten an schulischen Einrichtungen und in Überfällen auf Schüler der Pestalozzi-Schule durch die Auslands-HJ. In den Jahresberichten wiederholt sich der Hinweis, daß absichtlich keine Namenslisten von Schülern veröffentlicht werden, um sie vor Repressalien zu bewahren. Gefährdet waren wohl vor allem die Emigrantenkinder, deren Anteil im Berichtsjahr 1935/36 allein an dem ohnehin hohen Prozentsatz (37%) derer, die vom Schulgeld ganz oder teilweise befreit waren, 87,4% ausmacht (Jahresbericht 1936).

5 Bunkes Tochter Tamara fiel als Mitkämpferin von Che Guevara im bolivianischen Befreiungskampf; beide waren in Buenos Aires aufgewachsen, wo Che Guevara eine Zeitlang von Meffert/Moreau als Hauslehrer unterrichtet wurde.

## Literatur

Boris, Dieter/Hiedl, Peter: Argentinien. Geschichte und politische Gegenwart, Köln 1978
Kießling, Wolfgang: Exil in Lateinamerika, Frankfurt a. M. 1981
Maas, Lieselotte: Deutsche Exilpresse in Lateinamerika, Frankfurt a. M. 1978
Ausstellungskatalog Carl Meffert/Clement Moreau. Grafik für den Mitmenschen, Berlin 1978
Mittenzwei, Werner: Carl Meffert/Clement Moreau, Berlin (DDR) 1977
Seelisch, Winfried: Das Andere Deutschland, Berlin 1969 (Examensarbeit)
Spitta, Arnold: Paul Zech im südamerikanischen Exil, Berlin 1978 (Skizze der politischen Entwicklung Südamerikas von 1930 bis 1946)

# Hans Maeders Kampf für die Menschenrechte: die Stockbridge School in Massachusetts (USA)

Eine Collage von Günter Nabel

Der junge Erzieher Hans Maeder hatte seine Ausbildung noch nicht abgeschlossen, als er 1933 Deutschland verlassen mußte. Seine Vorstellungen von Erziehung waren geprägt durch die positiven Erfahrungen als Schüler der Lichtwarkschule in Hamburg und aktives Mitglied der bürgerlichen, später der sozialistischen Jugendbewegung mit der Forderung das «Leben nach eigener Bestimmung, vor eigener Verantwortung in innerer Wahrhaftigkeit zu gestalten.»[1] Auf dem zehnjährigen Exilweg über Dänemark, Schweiz, Kenia, Philippinen, Hawaii in die USA hat er seine politische Heimat im ISK – Internationalen Sozialistischen Kampfbund – gesehen.

Sein Sendungsbewußtsein, sein strahlender Charme und seine Fähigkeit, auf Menschen zuzugehen, sie für sich zu begeistern, halfen ihm immer wieder, auch mit mißlichen Situationen fertig zu werden. Er brachte sich mit vielseitigen Tätigkeiten über die Runden, suchte aber auch stets pädagogische Aufgaben, indem er etwa Kinder afrikanischer Plantagenarbeiter unterrichtete, an Hochschulen in Asien lehrte, als Sozialarbeiter in Brooklyn (New York) arbeitete, bis er als Lehrer an der Windsor Mountain School des über die Schweiz in die USA emigrierten Landerziehungsheim-Gründers Max Bondy[2] arbeiten konnte. Die anschließende Tätigkeit als Lehrer und zeitweiliger Leiter der Walden School in New York kann als Vorspiel zur eigenen Schulgründung angesehen werden. Im Herbst 1949 gründete Hans Maeder nahe dem kleinen Ort Stockbridge in Massachusetts die Stockbridge School. Diese Schule war das erste rassisch vollintegrierte Internat in den USA, lange bevor Gerichtsurteile und Bürgerrechtsbewegung die schulische Rassentrennung ins Bewußtsein der amerikanischen Öffentlichkeit rückten.

Es war eine Internatsschule für Jungen und Mädchen von der 9.–12. Klasse (High School). Lange Zeit hatte Stockbridge School 100–120 Schüler, davon ca. ein Drittel Mädchen und ca. 10 % Ausländer. Etwa ein Viertel der Schüler waren Farbige verschiedenster Herkunft. Die Gesamtzahl der Stipendien lag meist bei 20–25 % der Schülerzahl. Vielfach wird der sehr hohe Anteil jüdischer Schüler erwähnt, er dürfte real bei 30 % gelegen haben.

Der Unterricht wurde im Kurs-System mit Pflicht- und Wahlkursen erteilt, wobei zum Erreichen des Schulabschlusses – High School-Diplom – eine bestimmte Punktzahl erreicht werden mußte. Viele Gebiete wurden durch Projektunterricht erschlossen, die Projekte weiteten sich im Laufe der Jahre immer weiter bis zu mehrmonatigen Studienreisen – Schule auf

Rädern – nach Europa aus. Basis des Unterrichts war das von Alexander Perkins entworfene integrierte Curriculum.

Während farbige Amerikaner durch Stipendien ohne Schwierigkeiten als Schüler gewonnen werden konnten, war es wesentlich schwieriger, geeignete farbige Lehrer zu finden. Der lange gehegte Plan, in Zusammenarbeit mit der Staatsuniversität von Massachusetts in Amherst ein Lehrerseminar für schwarze Lehramtskandidaten der Schule anzugliedern, scheiterte schließlich, vielleicht nicht zuletzt am neu erwachten schwarzen Rassenbewußtsein. Das Lehrerkollegium war insgesamt von Amerikanern europäischer Herkunft und Europäern dominiert.

In der Tradition der freien Schulgemeinde wurden alle Fragen des Internatslebens diskutiert und entschieden. Schüler und Erwachsene waren gleich stimmberechtigt, der Direktor hatte ein Vetorecht, von dem er nur ganz selten in 25 Jahren Gebrauch machte.

Die Schüler waren zu allen Zeiten politisch sehr engagiert, in den frühen fünfziger Jahren organisierten sie eine Lebensmittel-Spenden-Aktion, um die Hungersnot in Indien zu lindern, später gab es eine CARE-Aktion für deutsche Kinder. Die amerikanische Interventionspolitik in Mittelamerika wurde kritisch verfolgt, die Bürgerrechtsbewegung von Martin Luther King aktiv unterstützt. Demonstrationen gegen den Krieg in Vietnam waren lange Zeit fast ein Teil der wöchentlichen Routine. Etwas hilflos stand man dann Ende der sechziger Jahre vor der Situation, als sich im Zuge der Black Panther-Bewegung einige schwarze Schüler innerhalb der Schule in bewußten Gegensatz zur Schulidee stellten. Das Rauschgiftproblem der siebziger Jahre war auch hier nicht zufriedenstellend zu lösen.

Stockbridge School praktizierte von Anbeginn Koedukation als Selbstverständlichkeit in einer Umwelt, die noch viele Jahre lang diese gemeinsame Erziehung von Jungen und Mädchen schlichtweg für unmoralisch hielt.

Die Schule war der Erziehung zur Verständigung in der Welt und dem Weltverständnis gewidmet. Man war angetreten, um zu beweisen, daß Schüler und Lehrer aller Hautfarben, Konfession, Nationalität, Geschlecht und sozialer Herkunft miteinander leben, arbeiten und dabei viel voneinander lernen könnten.

Dabei muß betont werden, daß diese Erziehung weit entfernt von der amerikanischen «Schmelztiegel»-Ideologie war, die Erziehung zur und in Gleichberechtigung beruhte auf der Basis kultureller und historisch/nationaler Identität des einzelnen. Die Schüler sollten lernen, selbstbestimmend und eigenverantwortlich am Leben der Schulgemeinde, der Nachbargemeinschaft und der Weltgemeinschaft teilzunehmen. Die Charta der Vereinten Nationen galt als Leitgedanke.

Der reformpädagogische Grundsatz produktiver Arbeit als Beitrag zur Selbstversorgung der Schule war ausgeprägt, die Methoden der Wissensvermittlung veränderten sich im Laufe der Jahre, aber es wurde immer

Wert auf traditionelle akademische Ausbildung gelegt, auch deshalb, weil die meisten Eltern im Grunde eine klassische Ausbildung wünschten.

Stockbridge School war eine Weiterentwicklung der Freien Schulgemeinde unter amerikanischen Bedingungen. Mit amerikanischem Gründeroptimismus wurden Pioniergeist und Abenteuerlust zur Veränderung gesellschaftlicher Bedingungen mobilisiert. Man wollte bewußt Alternativen, ein neues Menschsein, bieten.

Stockbridge School besteht seit Herbst 1976 nicht mehr. Dieses Schicksal teilt es mit vielen Internaten in Neu-England. Die Schülerzahlen gingen in allen Privatschulen rapide zurück, der elitäre Ruf privater Internate faszinierte nicht mehr, die allgemeine wirtschaftliche Lage verschlechterte sich, die Zahl derer, die bereit und fähig waren, die hohen Kosten für ein Internat aufzubringen, gingen damit genauso stark zurück, wie die Spenden für Stipendienfonds.

Wichtiger ist aber die Tatsache, daß Hans Maeder sich im Frühjahr 1971 aus der Schule zurückzog. Er wollte beweisen, daß die Idee der Schule unabhängig von seiner Person war. Die treibende Kraft hinter der Schule entfiel damit. Die Schule, die er geschaffen hatte, war sein Leben. Er sammelte Geld für Stipendien und besondere Projekte. Hans Maeder und seine Vorstellungen von der Erziehung Jugendlicher zog engagierte Eltern und Lehrer an, seine Kontakte in alle Welt brachten immer wieder neue Schüler aus Übersee in die Schule. Hans Maeder war die Schule.

Eine bemerkenswerte Leistung bleibt danach zu berichten, 1973 wurde Richard Nurse, ehemaliger Schüler und später Lehrer zum Direktor der Stockbridge School ernannt. Er war bisher der einzige Neger, der ein privates gemischtrassiges Internat in den USA geleitet hat. Nach drei Jahren mußte auch er – hauptsächlich aus persönlichen Gründen – aufgeben.

Hans Maeder hat viele starke und unabhängige Lehrerpersönlichkeiten angezogen, die sich ganz in die Schule einbrachten. Oft kämpften sie mit ihm und stießen sich an seiner Dominanz. Aber sie brauchten ihn, er mußte da sein. Nachfolger wurden von außen an die Schule geholt, sie scheiterten. Als Hans Maeder 1976 an die Schule zurückgebeten wurde, war es zu spät, die Schule war wirtschaftlich am Ende, er hat sie kurzerhand geschlossen.

## Biographie

Hans Karl Maeder wurde am 29. Dezember 1909 als drittes Kind einer Kaufmannsfamilie in Hamburg geboren. Seine Mutter starb, als er drei Jahre alt war. Die Mitgliedschaft in der bündischen Jugend «Altwandervogel» brachte ihn bald in Konflikt mit dem autoritären deutschnationalen Vater. Er beugte sich noch einmal dessen Willen, als er nach der 10. Klasse eine Kaufmannslehre begann. Der Bruch war vollzogen, als er dann an die Lichtwarkschule ging, um Abitur zu machen. Vater und Bruder schlossen sich den Nationalsozialisten an. Die reformpädagogische Umgebung hat ihn außerordentlich geprägt und in Einklang mit den Vorstellungen seiner Freunde in der Jugendgruppe gebracht. Er arbeitete nebenbei für seinen Lebensunterhalt als Erziehungshelfer in einem Heim der Sozialbehörde. Unter dem Einfluß des Psychologen und Sozialpädagogen Curt Bondy (1894–1972) begann er 1931 am Sozialpädagogischen Institut der Universität Hamburg zu studieren, 1932 erhielt er ein Stipendium für einen einjährigen Aufenthalt in Dänemark zum Vergleich deutscher und dänischer Fürsorgeerziehung.

Als er im Mai 1933 nach Hamburg zurückkehrte, hatten sich die politischen Verhältnisse geändert. Er war arbeitslos durch seine politische Haltung, er wurde von der Universität exmatrikuliert und schloß sich einer sozialistischen Widerstandsgruppe an. Am 6. Juni 1933 bekam er einen Hinweis, daß er verhaftet werden sollte. Er fuhr daraufhin mit dem Fahrrad nach Lübeck und verließ Deutschland an Bord eines dänischen Fischkutters.

Dank des vorherigen Aufenthalts dort fand er sofort Unterschlupf in einer Heimschule in Undeløse bei Kopenhagen, wo man ihn auch ohne Arbeitserlaubnis beschäftigte. Der Besuch und Abschluß des Lehrerseminars in Kopenhagen ließ wieder mehr Zeit für politische Arbeit mit dem Matteotti-Kommitee[3] und dem Publizisten Walter Hammer, der von Dänemark aus gegen den Faschismus in Deutschland kämpfte.

Im Herbst 1937 wurde Hans Maeder nach mancherlei politischen Aktivitäten aus Dänemark ausgewiesen und ging über Frankreich in die Schweiz. Hier teilte man ihm sofort mit, daß er bis zum 1. Januar 1938 das Land wieder zu verlassen habe. Zeit genug einen Kurs am C. G. Jung-Institut in Zürich zu absolvieren. Aus dänischen Kreisen in Genf bekam er den Tip, nach Kenia zu gehen und dort für die Kinder der dänischen Gemeinde eine Schule zu errichten. In Kenia angekommen nahm er auch gleich Kontakte mit den empfohlenen Dänen auf, mußte aber feststellen, daß deren Kinder in Dänemark waren und dort die Schule besuchten. Er fand Arbeit in der Autowerkstatt eines Deutschen in Nairobi, der ihn nach einigen Tagen aus politischen Gründen wieder entließ. Eine Däne bot ihm einen Posten als Aufseher in einer Kaffeeplantage oberhalb von Kitale an. Er war der einzige Weiße weit und breit. Aus seiner Not, Suaheli zur Verständigung lernen zu müssen, entwickelte er ein System gegenseitigen Lernens mit den Kindern der Plantagenarbeiter und versuchte, ihnen Schreiben und Lesen beizubringen. Als der Besitzer der Farm davon erfuhr, wurde Hans Maeder sofort gekündigt. Allerdings hatte er in diesen Monaten etwas Geld verdient und gespart, kaufte sich davon ein Auto und ernährte sich von nun ab damit, Touristen zu Safaris in den Busch zu fahren.

Nach einem Zeitungsartikel im «East African Standart» über das System der Ausbeutung auf den Kaffeeplantagen und seine Erfahrungen war auch Kenia für Hans Maeder kein gastlicher Ort mehr. Sein Einwan-

Hans Maeder

derungsantrag nach Südafrika wurde abgelehnt, er wußte nicht wohin.
Durch Zufall traf er einen deutschen Schiffsoffizier, der ihm von Manila
erzählte und seine Empfehlung dieses exotischen Ortes in den Worten
zusammenfaßte: «Das Geld liegt auf der Straße, die amerikanische
Flagge weht, da sollten Sie hingehen.» Ein zweiter Zufall half Hans Maeder durch diese eigentlich verschlossene Hintertür ein Visum für die USA
zu bekommen: Der amerikanische Konsul in Nairobi war vorher in Hamburg, seine Tochter eine Klassenkameradin von Hans Maeder an der

Lichtwarkschule gewesen, das schaffte Vertrauen auch ohne Bürgen für ein auf Manila beschränktes US-Visum.

Nach einer abenteuerlichen Reise von Mombasa über Sumatra, Singapur, Hongkong nach Manila hatte Hans Maeder schnell neue Kontakte geknüpft und schrieb bald Artikel für den «Philippine Herald» über die Verhältnisse in Deutschland, gab Deutschunterricht für Ärzte an einem Krankenhaus, bald auch an der Far Eastern University und bekam einen Job im Vertrieb der englischen Ausgabe einer chinesischen Zeitung.

«Das Geld liegt auf der Straße» hatte der Schiffsoffizier gesagt, Hans Maeder hob es auf, indem er Vertreter für Büromaschinen wurde. Schon als Kind hatte ihn eine Frankiermaschine im Büro seines Vaters fasziniert, jetzt verkaufte er solche Maschinen mit großem Erfolg. Als der Krieg ausbrach, begann er Artikel für das «Manila Daily Bulletin» zu schreiben, eine regelmäßige wöchentliche Kolumne. Mit der deutschen Kolonie hatte er schon bisher keinen Kontakt gehabt, seine kritischen Analysen brachte nun auch die deutschen Emigranten gegen ihn auf, bald hatte er nur noch amerikanische Freunde.

Seine Einschätzung der Kriegslage ließ es ihm ratsam erscheinen, sich von den Philippinen abzusetzen, nach Amerika zu gehen. Er bekam eine Einladung, an der Universität von Hawaii zu unterrichten und mit Hilfe der amerikanischen Freunde erhielt er schließlich auch ein Visum für Hawaii.

Wenige Tage ehe sein Visum für Hawaii ablief, begann der Krieg im Pazifik durch den japanischen Überfall auf Pearl Harbour, am 8. Dezember 1941 wurde er als feindlicher Ausländer interniert. Aus dieser Gefangenschaft befreite ihn schließlich ein alter Freund aus Manila-Zeiten, der inzwischen in Washington arbeitete, am 19. Februar 1943 wurde er nach New York entlassen.

Auf fast allen Stationen seines Exils hatte er zuerst im CVJM – Christlicher Verein Junger Männer – Unterschlupf gefunden, so ging er auch in New York zum CVJM, fand Unterkunft und bekam einen Job als Sozialarbeiter in der offenen Jugendarbeit in Brooklyn.

Sehr schnell knüpfte Hans Maeder nun Kontakte zu den alten Bekannten aus der Jugendbewegung, von denen viele in New York und an der Ostküste lebten, so zu Curt Bondy und seinem Bruder Max. Max und Gertrud Bondy zogen gerade mit ihrer Privatschule von Vermont nach Massachusetts um und boten Hans Maeder an, in ihrer neuen Windsor Mountain School in Lenox zu unterrichten. Dieses Schuljahr 1944 hat sich ihm tief als Negativerlebnis eingeprägt, er war entsetzt darüber, daß zwei jüdische Erzieher, die aus rassischen Gründen Deutschland verlassen mußten, in den USA strikt darauf achteten, höchstens zwei oder drei jüdische Schüler aufzunehmen und bei der Frage nach der Integration farbiger Schüler fast in Ohnmacht fielen. Er erkannte das Aufnahme-Quoten-System der Privatschulen in Neu-England. Mit Beginn des Schuljahres 1945 ging Hans Maeder an die Walden School in New York, eine progres-

sive, kooperative private Tagesschule mit überwiegend jüdischen Schülern
von zwei Jahren bis zum College-Alter. Er fühlte sich wohl an der Schule
und in New York. Bei einem Elternsprechtag lernte er die Mutter seines
Schülers David Gordon kennen und verliebte sich auf der Stelle in sie. Ruth
Gordon war eine sehr temperamentvolle, lebenslustige, elegante junge
Frau, die völlig in der verrückten Theater- und Musikwelt New Yorks
aufging und für die Music Corporation of America als Theater-Agentin
arbeitete. Am 29. Mai 1947 heirateten sie. Inzwischen gab es Schwierigkeiten an der Walden School. Die Direktorin Alice Keliher wollte sich auf ihre
Professur an der New York University zurückziehen und das Kollegium
konnte sich auf keinen Nachfolger einigen, vor allem nicht auf die empfoh-
lene Nachfolgerin. Da wurde Hans Maeder vorgeschlagen, alle wußten,
daß er eine eigene Schule eröffnen wollte und man einigte sich darauf, ihn
für ein Jahr zum Direktor zu wählen und inzwischen einen neuen Direktor
zu suchen. Am Abend tagte der Schulaufsichtsrat, bestätigte die Wahl des
Kollegiums und am nächsten Tag wurde Hans Maeder zum Direktor der
Walden School ernannt, es war der 29. Mai 1947, der Tag seiner Hochzeit
mit Ruth.

In den Sommermonaten fuhren die Maeders kreuz und quer durch Neu-
England, um ein passendes Gelände für Hans' Schule zu finden. Denn es
war immer seine Schule, obwohl es ohne Ruth und ihre gesellschaftlichen
Fähigkeiten die Schule wohl nie in dieser Form gegeben hätte. Sie hatte
keinen Zugang zu Kindern, liebte das Leben in der Großstadt, hat immer
die Verbindung nach New York gehalten. Der blonde, blauäugige, jugend-
bewegte, unverzagte deutsche Hans und die quirlige, ängstliche, jüdische
Ruth mit der rauchigen tiefen Stimme aus dem New Yorker Künstler-
Milieu haben einander fabelhaft ergänzt. Die ersten Jahre müssen furchtbar für sie gewesen sein. Sie behielt ihren Job in New York und kam zum
Wochenende in die Schule, während er den Pioniergeist beschwor.


## Landschaft

Stockbride School liegt auf halber Höhe am Südhang der West-Stock-
bridge Mountains oberhalb eines Sees in den Berkshires, einem Gebirgs-
zug im Westen von Massachusetts, 200 km nördlich von New York und
genausoweit westlich von Boston. Berkshire County ist landschaftlich außerordentlich reizvoll und klimatisch angenehm – mild im Sommer,
schneereich im Winter. Etwa 3 km von der Schule entfernt liegt Tangle-
wood, die Sommerresidenz des Boston Symphony Orchesters. Hier finden
alljährlich in den Sommermonaten Musikfestspiele statt, die mit Work-
shops für junge Dirigenten und Komponisten verbunden sind. Vom Jungs-
haus blickt man über Wiesen und Felder auf ein Kloster. Die Gegend wird
bewohnt von wohlhabenden konservativen Bürgern und bevölkert von
den Schülern bekannter Privatschulen und Colleges.

Die ursprünglichen Gebäude der Stockbridge School waren ein ver-
zweigtes viktorianisches Herrenhaus mit 35 Zimmern und die größte
Scheune Neu-Englands, ein Bilderbuchhaus aus Kalkquadern und Ei-
chengebälk mit Giebeln und dicken Türmen. Das weitläufige und ver-
winkelte Haupthaus aus hellem, rohbehauenem Kalkstein und weißge-
strichenem Holz mit Erkern, Veranden, großzügigen Treppen und vielen großen Fenstern und die riesige Scheune mit Pferdeställen, Platz für
Kutschen, einer Reithalle und vielen Nebenräumen hatten Hans Maeder sofort begeistert, als er im Herbst 1947 die Gegend nach passender
Unterkunft für seine geplante Schule durchkämmte. Seine Freunde waren entsetzt. Die Gebäude standen seit 15 Jahren leer und waren völlig
heruntergekommen. Zum Grundstück gehörten 1100 Morgen Wiesen
und Wald.

Mit seinen gesamten Ersparnissen von $ 500 leistete Hans Maeder die
Anzahlung auf den Kaufpreis von $ 60000. Mit kaufmännischem Ge-
schick trieb er den Erwerb voran, indem er sofort Teile weiterveräußerte.
Die restlichen $ 12000 lieh er sich von Freunden, damit war der Kauf des
Geländes am 1. Juli 1948 getätigt.

Das Haupthaus beherbergte zuerst die Aufenthaltsräume, Klassenzim-
mer, Bibliothek, Speisezimmer und Küche, in der Scheune waren Turnhalle, Labors und die Wohnräume der Schüler und Lehrer untergebracht.
1955 brannte die Scheune bis auf die Fundamente ab. Nach den Plänen des
New Yorker Architekten Martin Lowenfish entstanden nacheinander im
weiten Bogen rund um den Sportplatz Häuser für die Schüler, Schulgebäude, Turnhalle und Aula mit Bühne, Mensa mit Konferenzräumen, eine
Sternwarte, außerdem einzelne Wohnhäuser für Lehrer und ihre Familien.

Quellwasser aus den umliegenden Bergen wurde zu einem Reservoir
geleitet und von hier aus die Schulgebäude mit Wasser versorgt. Diese
Wasserversorgung intakt zu halten, hat immer zu den wesentlichen Auf-
gaben der Selbstversorgung gehört. Die alten Holzfäller-Pfade in die
Berge durch den wuchernden, verwilderten Wald mußten dazu instand
gehalten werden, mit Unterstützung eines Försters wurden auch Teile des
Geländes abgeholzt und wieder aufgeforstet, später entstand eine Ski-
Abfahrt. Ein deutscher Schüler schrieb 1959:

«Sobald man das Gelände betritt, trifft man auf ein Symbol der Stockbridge
School: In der Mitte zwischen allen Häusern, flachen ein- und zweistöckigen
Gebäuden aus großen grauen Betonsteinen und weiß gestrichenem Holz rund
um das Fußballfeld erbaut, flattert neben dem Sternenbanner die blau-weiße
Flagge der Vereinten Nationen. An einer der Pausenhallenwände prangt in großen weißen Lettern: «ALL MEN ARE BORN FREE AND EQUAL IN DIGNITY
AND RIGHTS» und die Bilder in den Häusern sind meist Plakate der Luftfahrt-
gesellschaften, deren verlockende Szenerien zum Besuch fremder Länder ein-
laden, oder Plakate der großen europäischen Galerien. All dies weist schon,
bevor man ein menschliches Wesen getroffen hat, auf die Idee Stockbridges

hin, die Idee der Vereinten Nationen und der Gleichheit und Brüderlichkeit aller Völker, aufgebaut auf gegenseitigem Verständnis und Respekt.» (Marienauer Chronik, Nr. 13, 1960, S. 48 ff.)

## Schüler und Lehrer

Eine Schule, deren erklärtes Ziel es ist, zur Verständigung in der Welt und Weltverständnis zu erziehen und die angetreten war, um zu beweisen, das junge Menschen aller Rassen und Klassen auf der Basis kultureller Identität des einzelnen miteinander in Gleichberechtigung leben können, hatte naturgemäß unter den wirtschaftlichen Bedingungen einer privaten Internatsschule Schwierigkeiten, durch die Zusammensetzung der Schülerschaft die Voraussetzungen für dieses Ziel zu schaffen. Die Schule begann am 22. September 1949 mit 16 Schülern und sechs Lehrern bzw. Erziehern. Drei Schüler kamen von außerhalb der USA, ein Junge aus Thailand, ein südamerikanischer Indianer aus Kolumbien und ein deutschstämmiges Mädchen aus Mexiko. Ein Mädchen und ein Junge waren amerikanische Neger. Die Schule wuchs schnell, 1950 waren es bereits 30 Schüler, ab 1960 schwankte die Schülerzahl zwischen 100 und 130, immer waren rund ein Drittel davon Mädchen. Diese Schülerzahl wurde von 35 bis 45 Mitarbeitern betreut. Von Anfang an hat es Stipendien gegeben, das Geld kam überwiegend aus dem Gewinn der Sommer-Camps, die während der Ferienmonate in den Internatsgebäuden stattfanden.

Am 25. Januar 1955 brannte die Scheune, in der sich die Klassenräume befanden und die Jungs sowie einige Lehrerfamilien wohnten, innerhalb von einer Stunde bis auf die Fundamente ab. Damit schien das Schicksal der Schule besiegelt. Hans Maeder bat alle Eltern zu einer Versammlung nach New York und man beschloß einen gemeinnützigen Verein als Schulträger zu gründen. Die Maeders brachten das verbliebene Gebäude und den größten Teil des Geländes ein, die Eltern begannen Spenden für den Bau neuer Häuser zu sammeln. Aus dem Privatunternehmen wurde eine Stiftung. Hans und Ruth Maeder verzichteten von da an auf ein Drittel ihres Gehaltes zu Gunsten des Stipendienfonds, außerdem war Hans Maeder unermüdlich im Eintreiben von Spenden für den Fonds. Dadurch war es möglich, ca. 20–25 % der Schüler Freiplätze zur Verfügung zu stellen.

Im langjährigen Durchschnitt waren ca. 10 % der Schüler Ausländer verschiedenster Herkunft aus allen Kontinenten. Einige davon waren deutschstämmige Emigrantenkinder von Hans Maeders alten Freunden, andere waren Diplomatenkinder, deren Eltern bei der UNO in New York beschäftigt waren, wieder andere kamen aus Entwicklungsländern mit Hilfe des Stipendienfonds beim Social Service Center der UNO. Neun Schüler kamen aus Deutschland, drei davon als Austauschschüler des Landerziehungsheims Marienau. Insgesamt erhielten etwa die Hälfte der

Die Eingangshalle von Stockbridge

ausländischen Schüler Freiplätze. Wesentlich schwieriger ist die Frage nach der Anzahl farbiger amerikanischer Schüler zu beantworten. Gerade weil das von den meisten Schulen praktizierte Quotensystem – soundsoviel Prozent Neger und Juden – so vehement als unfair und undemokratisch abgelehnt wurde, führte man natürlich auch keine Unterlagen darüber, welche Rasse oder Religionsgemeinschaft ein Schüler angehörte. Durch Befragung ehemaliger Schüler über die Zusammensetzung ihres Jahrgangs kommt man zur Zahl von ca. 15–20 % farbiger amerikanischer Schüler, etwa die Hälfte davon erhielten Stipendien. Der schon erwähnte deutsche Schüler G. schrieb dazu:

«Wie kann man besser Vorurteile ausrotten als durch Zusammenleben in einer Gemeinschaft, in der jeder auf den anderen angewiesen ist? Natürlich sind der Neger von nebenan und der Chinese, der mit ihm im Zimmer wohnt, in vielem sehr verschieden, aber gerade dadurch versucht einer den anderen zu verstehen. Achtung und Toleranz, Respekt für den Mitschüler wie Verständnis der Eigenarten eines anderen Volkes wachsen schnell hier. Zwanglos erzählt jeder aus seiner Heimat, neue Länder werden entdeckt, neue Welten eröffnen sich, und der Gesichtskreis eines jeden erweitert sich gewaltig. Neben dem Verständnis für die Besonderheiten und Eigenheiten anderer Rassen stellt sich auch nach kurzer Zeit der Respekt für fremde Religionen ein, und wie anders kann man die Sinnlosigkeit eines Krieges besser demonstrieren als durch die Freundschaft zweier Schüler aus feindlichen Staaten und durch die offene Diskussion aller Probleme von der Sicht beider Seiten aus?» (Marienauer Chronik, Nr. 13, 1960, S. 48 ff.)

Die Aufnahmekriterien waren unter diesen Voraussetzungen nicht auf besondere intellektuelle Fähigkeiten oder psychologische Tests ausgerichtet, sondern vom Wunsch geprägt, eine möglichst verschiedenartige Schülerschaft zusammenzubringen. Dabei muß man aber auch sehen, daß die Mehrheit der Schüler aus wohlhabenden amerikanischen Familien der oberen Mittelklasse stammte. Die meisten waren Großstadtkinder.

Das weitverbreitete Vorurteil, Internate würden in erster Linie von milieugeschädigten Kindern bevölkert, teilten auch viele Schüler von Stockbridge. Ein ehemaliger Schüler, der in Stockbridge zum erstenmal ein «Zuhause» fand, formuliert das so:

«Man muß sich darüber klar sein, daß Stockbridge keine übliche ‹Presse› war, hierher kamen keine Kinder, die nach Harvard sollten, obwohl eine erstaunlich große Zahl von uns dort landeten. 90 % der Schüler in Stockbridge waren da, weil ihre Eltern sie irgendwo abladen wollten. Entweder die Kinder hatten Probleme oder ihre Eltern hatten welche, oder die Eltern wollten sie ganz einfach los sein. Ich stamme aus einer Schauspielerfamilie und als mein Vater sich in der Nähe ein Haus kaufte, war die Schule genau der richtige Ort, um meinen Bruder und mich abzuladen. Für viele von uns war es ein Zuhause, und für mich zum Beispiel war es das erste Zuhause überhaupt. Ich hatte mich vorher nirgends zu Hause gefühlt. Das bedeutete natürlich auch, daß familiäre Probleme und Probleme der Ablösung vom Elternhaus auf die Schule übertragen wurden. Hans und die anderen Erzieher mußten sich mit diesen Problemen herumschlagen. Wir erwarteten weit mehr, als nur eine Schulumgebung. Hans war in dieser Hinsicht unwahrscheinlich erfolgreich, und ich glaube, das ist ein großes Kompliment für ihn.» (Nach: James Cass: The School that was, unveröffentl. Ms.)

Hans Maeder weist diese Einschätzung der Zusammensetzung seiner Schülerschaft zurück, und bei kritischer Betrachtung der Jahrgänge dürfen ähnliche prozentuale Verhältnisse angesetzt werden, wie sie in der Statistik der deutschen Landerziehungsheime (Reichwein, 1964) angegeben werden: 10 % Halb- und Vollwaisen, 15 % Einzelkinder, 20 % Kinder aus getrennten oder geschiedenen Ehen.

Vielfach wird der hohe Anteil jüdischer Kinder erwähnt; vor allem die deutschen Schüler weisen darauf hin, weil sie hier unmittelbar mit einem für sie unbekannten Problem konfrontiert waren: D. schrieb 1958 an seine Mutter:

«In Stockbridge School sind wenigstens die Hälfte der Schüler Juden. Nachdem wir nun in der letzten Woche über die Negerprobleme gesprochen hatten, sagte Herr Maeder heute bei Mitte des Meetings: ‹Ich weiß, daß in einer Gemeinschaft wie der unsrigen, wo viel verschiedene Menschenrassen und Religionen zusammenleben, Probleme auftreten. Ich weiß von einigen von euch, daß sie Rassenvorurteile gegen D. haben.› Und dann ging die Diskussion los. Und ich muß sagen, ich habe erst heute bemerkt, wie viele Kinder (Juden) von den Eltern lernen, daß Deutschland schlecht ist.

Und ich muß sagen, daß ich diese Eltern verstehen kann. Es gehört eine große Weisheit dazu, um nach dem, was man über Deutschland in den letzten Jahren in Bildern gesehen, in Zeitungen gelesen und im Radio gehört hat, ohne jemals dagewesen zu sein, zu erkennen, daß wir nicht alle Verbrecher sind.

Mr. Maeder ließ weiter diskutieren. Schließlich pickte er sich die Worte von den drei entscheidenden Sprechern aus und legte sie uns vor: ‹Rassenhaß ist ein einfaches Nichtkennen der Rasse, also ein Vorurteil. Wir müssen die Rassen kennenlernen, um sie respektieren zu lernen.› Das waren ungefähr seine Worte. Und das ist wohl auch der Grund, weshalb er diese Schule in dieser Form gegründet hat. Wir werden wohl noch öfter über diese Punkte diskutieren.

Übrigens brauchst Du keine Angst zu haben, daß ich hier gelyncht werden würde. Sie haben alle gesagt: ‹Well, D. is a very nice fellow, and I am very good friend with him, but other Germans are ‹Nazis›» (Marienauer Chronik, Nr. 11, 1958, S. 57 ff.).

60 % der Lehrer und Erzieher waren US-Amerikaner, einige Asiaten, der Rest Europäer. Insgesamt dominierten die durch Erziehung oder

Herkunft europäisch beeinflußten Lehrer, einige von ihnen jüdische Emigranten aus Deutschland.

Lehrer und Erzieher leben in einem Internat sehr eng miteinander zusammen, eben nicht nur als Lehrer, sondern auch als Vertraute und Freunde. Daraus ergab sich in Stockbridge anknüpfend an Tradition der Jugendbewegung und der freien Schulgemeinde die als «natürlich» bezeichnete Konsequenz, daß die Erwachsenen geduzt und mit Vornamen angeredet wurden. G. schreibt an seine Mitschüler im deutschen Landerziehungsheim:

«Wenn ich in Deutschland erzählen würde, daß viele Schüler hier die Erwachsenen mit Umarmung und Kuß begrüßen, und sich natürlich alles nur beim Vornamen anredet, so weckt das in den meisten Fällen bestimmt die Vorstellung von ‹auf-die-Schulter-klopfenden-GI's› voll plumper Vertraulichkeit. Aber das Gegenteil ist der Fall: trotz familiärer Vertraulichkeit und Herzlichkeit herrscht doch ein beachtenswerter Respekt der Schüler vor den Erwachsenen, nicht weil sie Lehrer sind nach dem Motto: ‹schließlich will ich ja in Latein keine 5 haben›, sondern ein natürlicher Respekt für Berta und Bill als Persönlichkeiten.

Auf der anderen Seite ist der gleiche Respekt der Erwachsenen für den Schüler als Individuum eine Selbstverständlichkeit, was wir Mitteleuropäer sehr schwer verstehen können; wir denken unwillkürlich an Geschmacklosigkeiten und krasse Auswüchse, aber das sind Dinge, die man in Stockbridge nicht findet. Diese offene Atmosphäre schafft natürlich ganz andere Arbeitsbedingungen, und ich muß gestehen, nie ist mir die Fragwürdigkeit unserer Marienauer Hierarchie klarer geworden als gestern abend, als ich mich plötzlich mit Ruth Maeder, einigen Lehrern, der Köchin und einigen anderen Schülern in der Küche befand, um einmütig das Geschirr abzuwaschen, das wir gerade benutzt hatten.» (Marienauer Chronik, Nr. 13, 1960, S. 48 ff.)

**Internatsleben**

Der Tagesablauf ähnelt sich in allen Landerziehungsheimen, Austauschschüler D. beschreibt einige Besonderheiten:

«Ich will einen kurzen Überblick über den Tagesverlauf und über die Woche geben. Wir stehen um 6.15 Uhr auf und haben bis 7.00 Uhr Zeit, unsere Zimmer zu reinigen. Um 7.00 Uhr ist Frühstück. Nach dem Frühstück haben wir Morgenmusik und danach die Workjobs. Jeder Schüler hat ein Workjob, das heißt, er ist verpflichtet, irgendeinen Platz oder Raum der Schule zu säubern. Die Mädchen übernehmen das Haupthaus und die Jungen das Schulhaus und das Jungenhaus. Ich beschreibe dies so ausführlich, um zu zeigen, daß es auch ohne Hausmädchen geht. Am Vormittag haben wir vier Stunden Unterricht. Nach der zweiten Stunde ist eine große Pause, in der Raucherlaubnis für die beiden oberen Klassen besteht. Leider ist es in den USA schon soweit gekommen, daß man das Rauchen nicht mehr untersagen kann. Man kann es nur noch einschränken wie in Stockbridge School, wo die beiden oberen Klassen dreimal am Tag Gelegenheit haben zu rauchen.

Nach dem Mittagessen ist eine ‹Rest-Period›, doch wird auf deren Einhaltung nicht so streng geachtet wie bei unserer Ruhestunde. Um 14.30 Uhr hat die gesamte Schule Gymnastik und anschließend Sport, Fußballtraining oder Basketball. Um 16.00 Uhr sind dann die Activities. Hier müssen wir uns unseren ‹Musischen Nachmittag› auf die ganze Woche verteilt vorstellen. Jeden Nachmittag kann man unter einigen Arbeitsgemeinschaften eine aussuchen. Es sind etwa dieselben wie in Marienau: Theater, Physik, Chor oder Fotografie.

Um 18.30 Uhr ist Abendbrot, zu dem wir übrigens immer im Anzug erscheinen müssen. Danach haben wir dann entweder Arbeitsstunde oder einmal die Woche Schulchor und Kunstgeschichte.

Am Mittwoch unternehmen wir einen Ausflug mit dem Schulbus nach der nächsten Kleinstadt, wo wir die Leihbücherei besuchen. Am Sonnabend fahren wir mit dem Bus in die nächste größere Stadt, wo wir ins Kino gehen oder uns nötige und unnötige Dinge kaufen können.» (Marienauer Chronik, Nr. 11, 1958, S. 57 ff.)

Der Grundsatz produktiver Arbeit zur Selbstversorgung wurde sehr ernst genommen, die Schüler sollten Verantwortung für die Umwelt, in der sie lebten, übernehmen. Praktische Arbeit schuf Identifikationsmöglichkeiten und trug natürlich auch zur wirtschaftlichen Entlastung der Schule bei.

Während der erwähnten Morgenmusik saßen Schüler und Lehrer auf Treppenstufen, Fensterbänken, Sofas oder Stühlen in der großen Halle des Haupthauses in stiller Kontemplation, hingen ihren Gedanken nach oder hörten der von Schallplatten abgespielten Musik zu. In der großen Pause war natürlich nicht nur Gelegenheit, eine Zigarette zu rauchen, sondern es gab auch eine kleinen Imbiß, Milch und Saft, Cräcker oder Kekse für die Schüler, während sich die Lehrer bei Kaffee zu einer Kurzkonferenz trafen.

Alle Arbeitsgemeinschaften und Sport wurden als Teil des Curriculum angesehen, es wurde erwartet, daß jeder teilnahm.

Am Abend gab es keine festen Zeiten, zu denen alle Schüler im Bett sein mußten, allerdings hatte jeder ab 22.00 Uhr in seinem Haus zu sein, ab 23.00 Uhr sollte Ruhe herrschen.

Innerhalb der Schule fanden keine religiösen Veranstaltungen statt, wer am Sonntag zur Kirche gehen wollte oder am Sabbat in den Tempel, wurde mit schuleigenen Transportmitteln hingebracht und abgeholt.

# Koedukation

In den ersten Jahren der Schule wohnten alle Beteiligten im großen Haupthaus, Jungen in einem Flügel, Mädchen im anderen, überall dazwischen Lehrer mit ihren Familien. Später entstanden dann getrennte Wohnhäuser für Jungen und für Mädchen. Die Zahl der Mädchen lag in allen Jahren nahezu konstant bei einem Drittel der Schülerschaft. Stockbridge School war nicht das erste Koedukationsinternat in Neu-England, auch in der nur wenige Kilometer entfernten Windsor-Mountain School von Max Bondy gab es Jungen und Mädchen, und in anderen liberalen Internaten der Gegend ebenfalls, aber Koedukation war in den Privatschulen hier noch immer die Ausnahme. Und doch wurde die gemeinsame Erziehung von Jungen und Mädchen in Stockbridge School als Selbstverständlichkeit behandelt. Während Internationalität und Rassenintegration programmatisch betont und propagandistisch herausgestellt wurden, war Koedukation ein Thema, das von außen in Frage gestellt wurde, innerhalb der Schule herrschte Konsens und eine offene Atmosphäre zwischen den Geschlechtern, die der Autor auch in anderen Schulen nie gefunden hat. Die Anfechtungen kamen von außen. 1972 ließ sich ein Mitglied des Stiftungsrates – Pädagogikprofessor und mit seinen Studenten oft beobachtender Gast in Stockbridge – in einer Schulversammlung über den schlechten Ruf der Schule aus. Da war von 20 Schülern die Rede, die innerhalb weniger Tage die Schule hätten verlassen müssen und von 12 schwangeren Mädchen in einem Trimester.

Eine Lehrerin, seit 15 Jahren an der Schule und für die Mädchen verantwortlich, und ebenfalls Mitglied des Stiftungsrates setzte dem entgegen:

«‹Die zwölf schwangeren Mädchen› sind als Gerücht beeindruckend, aber beunruhigend. Man sollte die Quelle solcher Gerüchte herauszufinden versuchen. Ich möchte wetten, daß es in einer Zeit des uneingeschränkten Gebrauchs der Antibabypille praktisch unmöglich ist, eine solch große Zahl von Schülerinnen zu schwängern. Aber das führt zu ganz anderen Überlegungen. Wo stehen wir als verantwortliche Erzieher? Verantwortlich nicht nur für die akademische, sondern auch für die physische und psychische Erziehung unserer Mädchen in einer Zeit, da der Gebrauch der Pille von Medizinern so in Frage gestellt wird und die Meinungen darüber, ob sexuelle Beziehungen für die Altersgruppe mit der wir zu tun haben, überhaupt wünschenswert und gesund sind, so auseinandergehen. Das scheinen mir Fragen zu sein, die in jedem Internat mit großem Interesse diskutiert werden sollten, um dann Möglichkeiten der Durchführung so ermittelter Erziehungsziele zu erarbeiten.

Zurück zu den Fakten: Im zweiten Trimester wurden zwei Jungen und zwei Mädchen aufgefordert die Schule zu verlassen, weil sie trotz ständiger Verwarnung und mehrfachen Erwischtwerdens darauf bestanden, nachts gemeinsam in den Zimmern der Mädchen zu schlafen» (Briefwechsel Karen Jakobsen – Nathaniel French).

In den 25 Jahren, die Stockbridge School bestanden hat, sind sechs Mädchen während der Schulzeit schwanger geworden. Alle haben sehr bald nach Beginn der Schwangerschaft die Schule verlassen und entweder den Schulabschluß durch regelmäßigen Kontakt und schriftliche Arbeiten als externe Schüler erreicht, oder sind nach der Geburt des Kindes an die Schule zurückgekehrt. Die jeweiligen Väter der Kinder wurden trotz der Demissionsdrohung, die immer bestand, dann doch nicht – wie an vielen anderen Schulen üblich – der Schule verwiesen, sondern konnten die Schule zu Ende führen. Die gesellschaftlichen Rahmenbedingungen werden durch die Tatsache deutlich, daß alle sechs Mädchen die Kinder sofort nach der Geburt zur Adoption freigaben.

## Unterricht

Gerold Becker hat darauf hingewiesen, wie relativ unwichtig Fragen der Unterrichtsorganisation und -methodik den bekannten Gründern deutscher Landerziehungsheime mit Ausnahme der Odenwaldschule erschienen, «welche Wichtigkeit dem Zusammenleben von Lehrern und Schülern, der ländlichen Lage, der spartanischen Lebensweise zugemessen werden, wie in der Liste der angestrebten Erziehungsziele allgemeine Charaktereigenschaften dominieren» (Schäfer u. a., 1971, S. 97). Hans Maeder hat nie eine geschlossene pädagogische Theorie formuliert, seine Erziehungsidee kann man nur aus der Schule, die er geschaffen hat, ableiten. Er wollte eine Gruppe möglichst verschiedenartiger Menschen zusammenbringen, sie sollten von einander lernen. Daß Schüler auch Englisch, Mathematik oder Fremdsprachen lernen müssen, wurde als gegeben hingenommen, Geschichte erschien dabei noch als wichtigstes Fach. Die Methode war den Lehrern überlassen, die dafür engagiert wurden. Es ist der Verdienst von Alexander Perkins – zwanzig Jahre lang intellektueller Gegenpart von Hans Maeder in der Stockbridge School – ein Curriculum entworfen, formuliert und in die Praxis umgesetzt zu haben, mit dem die Erziehungsziele der Stockbridge School in Schulunterricht umgesetzt wurden: Das integrierte Curriculum (Perkins, 1963): Der Unterrichtsstoff wurde in vier Jahren (9.–12. Klasse) vermittelt, dabei sollte akademisches Lernen mit sozialem Lernen verknüpft werden. Kernunterricht wurde in den fünf Fachbereichen Mathematik, Naturwissenschaften, Sozialwissenschaften, Englisch und Fremdsprachen mit je fünf Wochenstunden erteilt. Durch eine tägliche Kurzkonferenz sollte eine möglichst intensive Koordination erreicht werden, die im besten Fall zur Integration aller Fächer eines Jahrgangs führte.

Daneben konnte der Schüler Wahlfächer und Arbeitsgemeinschaften verschiedenster Art belegen. (Siehe Tabelle S. 215)

| Klasse | Mathematik | Naturwissenschaften | Geschichte und Gemeinschaftskunde | Englisch | Sprachen | Feld-Studien |
|---|---|---|---|---|---|---|
| 9 | Elementare Algebra Mathematik Geschichte | Wissenschafts-geschichte Entwicklung des Bilds der Erde elementare Chemie/Physik, Biologie | Altertum im Nahen Osten Griechenland + Rom Polis, Kunst im Altertum | Bibel Homer Virgil | Franz. I Spanisch I Deutsch I Latein I | Das Dorf; Landschaft; Naturgeschichte Sozialgeschichte des Dorfes Vergleich mit Polis Fahrt nach Riviere Du Loupe, Kanada |
| Horizontale Integration | | | | | | |
| 10 | Algebra II | Geschichte der Wissenschaft im Mittelalter Erdkunde Geographie/Geologie Metallurgie, Chemie Physik, Biologie | Mittelalter Entstehung der Städte Nationalismus | Mittelalterl. Literatur Entstehung nationaler Literatur Elisabethan. Drama | Franz. II Spanisch II Deutsch II Latein II | Stadt und Umland Quebec, Kanada |
| Horizontale Integration | | | | | | |
| 11 | Algebra III | Chem. Physik Bio III Vorbereitung auf Europa-Studien-Fahrt | 16.–19. Jahrhundert Europa insbes. Kultur in England und Frankreich | Englische u. Französische Literatur des 16.–19. Jahrh. | Franz. III Spanisch III Deutsch III Latein III | Studienfahrt nach Europa. Mit ständigen Aufenthalten in einer Kleinstadt. Erkundung der Umgebung |
| Horizontale Integration | | | | | | |
| 12 | Mathe Wieder-holung Differential-Integral-rechnung | Wiederholung in Bio/Chemie/Physik Leistungskurse Bio/Chemie/Physik Wissenschaft in der modernen Welt | Amerikanische Geschichte und Weltgeschichte des 20. Jahrhunderts | Zeitgenössische Literatur | Franz. IV Spanisch IV Deutsch IV | Place/Work/Folk-Studie eine Stadt in New-England Symposium |

Dorf | Stadt | Europa | Symposium

Auf Lehrbücher wurde weitgehend verzichtet, großer Wert auf die Erarbeitung an Hand von Dokumenten oder Originaltexten gelegt, der Umgang mit einer Bibliothek systematisch eingeübt. Das Unterrichtsgespräch war am Ideal der Sokratischen Methode orientiert. Jeder Schüler führte ein umfassendes Arbeitstagebuch. Der deutsche Schüler D. schrieb dazu:

«Ich habe etwas noch nicht erwähnt, das Schreckgespenst der meisten Schüler, und das ist das ‹Notebook›. Die Schüler müssen bis auf Mathematik in jedem Fach Protokoll führen und ein Buch dazu einrichten. Dieses macht natürlich viel Arbeit, zumal die wenigsten Schüler ihre Notebooks regelmäßig führen, und wenn eine Durchsicht angekündigt wird, Tag und Nacht arbeiten, um das Versäumte nachzuholen. Dazu kommen noch die üblichen Schularbeiten, die ein erhebliches Maß annehmen. So wird hier meiner Meinung nach für weniger Lernen mehr Arbeit verrichtet. Wenn wir in Deutschland für alle unsere Fächer soviel arbeiten würden, wie unsere amerikanischen Leidensgefährten es tun oder besser tun müssen, würden wir nie mit der Arbeit fertig werden» (Marienauer Chronik, Nr. 11, 1958, S. 57 ff.).

Im Tagesablauf war ein Minimum von täglich eineinhalb Stunden selbständiger Arbeit vorgesehen, die aber niemals ausreichten. Schüler mit schlechteren Zensuren als befriedigend wurden dazu in kleinen Arbeitsgruppen unter der Aufsicht eines Lehrers zusammengefaßt, die übrigen arbeiteten in der Bibliothek oder in ihren Zimmern.

Die Betonung der schulischen Leistungen bestand aus Text und Ziffern A–F. Zusätzlich wurden als Tribut an die Colleges und ihre Aufnahmebedingungen elektronisch ausgewertete Tests nach dem Antwort-Wahl-Verfahren durchgeführt.

## Feld-Studien – Schule auf Rädern

Das akademisch Gelernte sollte in der Realität überprüft werden, erfahrbar sein. In umfassenden Feldstudien wurde der Lebensraum Stadt als komplexe menschliche Schöpfung zum Demonstrationsobjekt aller Lernerfahrungen. Während Hans Maeder seine persönlichen Erfahrungen aus Studienreisen als Schüler der Lichtwarkschule als Ausgangspunkt dieser «Schule auf Rädern» nennt, hat Alexander Perkins für die Feldstudien in der Stockbridge School über 10 Jahre vor der Gründung der Tvind-Schule in Dänemark theoretische Überlegungen publiziert: In Anlehnung an den schottischen Städteplaner Patrick Geddes entwickelte er einen Lehrplan zur Erforschung der menschlichen Lebensbedingungen im industriellen Zeitalter – die Arbeit-Mensch-Landschaft Methode. Beginnend mit dem Dorf in der 9. Klasse über die Stadt in der 10. Klasse zur Großstadt in der 11. Klasse werden die Lebenszusammenhänge untersucht. Die Stadt wird dabei wie ein organisches Wesen mit Anatomie und Physiologie betrachtet.

| Landschaft | Arbeit | Menschen |
|---|---|---|
| Landschaft<br>Geologie<br>Biologie<br>Metereologie<br>Studium der<br>Umweltbedingungen | Arbeit<br>und ihr Einfluß auf die<br>Landschaft | Menschen<br>und ihr Einfluß auf die<br>Landschaft |
| Landschaftseinfluß<br>auf Arbeit | Arbeit<br>Industrie und Handwerk<br>Landwirtschaft<br>Handel<br>Berufe<br>Überblick der<br>Arbeitsbedingungen | Menschen<br>und ihr Einfluß auf die<br>Arbeit |
| Landschaft als<br>prägendes Element<br>für die Menschen | Einfluß der Arbeits-<br>bedingungen auf die<br>Menschen | Geschichte<br>Volkstum<br>Regierungsform<br>Politische Organisation<br>Religion<br>Kunst und Literatur |

Die folgende Übersicht verdeutlicht das Raster, nachdem die Feldstudien durchgeführt wurden.

Ausgehend von der Landschaft werden die Umweltbedingungen unter geographischen, geologischen, biologischen und meteorologischen Gesichtspunkten betrachtet, und wenn möglich im wörtlichen Sinn «erfaßt», indem Mineralien gesammelt, Herbarien angelegt, alte und neue Karten verglichen, Skizzen gezeichnet werden.

Unter dem Stichwort «Arbeit» werden die ökonomischen Bedingungen erfaßt, Landwirtschaft, Handwerk, Handel und Industrie sowie berufliche Schwerpunkte dargestellt.

Geschichte, Religion, Kunst, Volkstum und politische Organisation werden unter der Überschrift «Menschen» behandelt.

Nach dieser ersten Betrachtung werden die gegenseitigen Einflüsse und Abhängigkeiten von Landschaft, Arbeit und Menschen untersucht, die Entwicklung bestimmter bodenständiger Industrien als Folge geologischer Vorkommen, kulturelle Besonderheiten als Folge spezifischer Arbeiten usw.

Als nächster Schritt werden soziologische und historische Momente einbezogen, etwa die Blüte der französischen Porzellanindustrie in Sèvres unter dem Aspekt: höfisches Leben in Versailles, als Absatzmarkt für exquisite Ware, hochwertige Kaolinvorkommen an einem Ort zwischen Paris und Versailles, Manufakturbedingungen im 18. Jahrhundert.

Andersherum betrachtet der Schüler die Veränderungen der Landschaft durch Arbeit, Landwirtschaft und Industrie, die Entstehung von Müllkippen und Stauseen, begradigten Flußläufen und Wäldern von Leitungsmasten.

Der Einfluß der Arbeit auf den Menschen kann an folgenden Beispielen gezeigt werden: Gewerkschaften, Kartelle, Sozialversicherungen, betriebliche Mitbestimmung, Folgen von Schichtarbeit, Lebensbedingungen von Industriearbeitern und Bauern, Sitten und Bräuche von Cowboys oder Fischern, die Entstehung von Negro-Spirituals. Hier kann man auch die menschlichen Fluchten aus der Alltagswelt aufführen, Hobbies oder Lotto.

Umgekehrt wird der Einfluß des Menschen auf die Arbeitsbedingungen betrachtet: lassen sich bessere Lebensbedingungen und höhere berufliche Qualifikationen auf gewerkschaftliche Forderungen zurückführen? Wie verändert die Sozialversicherung Arbeitsbedingungen?

Mit der letzten Kombination der drei Begriffe wird die Frage nach der Kultur und der Lebensqualität in den Brennpunkt gestellt. Museen, Theater, Kunst, Kirchen, Parks, urbanes Leben oder Nekropolis mit Slums und Müllkippen, Monokultur als Folge menschlicher Einwirkung auf die Landschaft.

Der Einfluß der Umwelt auf den Menschen soll zum Abschluß vom Schüler als persönliche Erfahrung dargestellt werden. Sie sollen sich vorstellen, an diesem Ort zu leben und darstellen, was das für sie bedeuten würde.

Mit diesem anspruchsvollen Programm wurden regelmäßig Studienreisen unternommen. Aus dem integrierten Curriculum ergab sich für die 9. Klasse eine Fahrt in eine Kleinstadt Neu-Englands oder Kanadas. In der 10. Klasse lag der Schwerpunkt des Unterrichts im Mittelalter und der Renaissance, die Feld-Studien fanden in Quebec statt, einer Stadt im Ausland, wo eine fremde Sprache gesprochen wird und das tägliche Leben mit Kultur und Katholizismus verbunden ist, wie man es in den USA nicht finden kann. Bis 1960 fuhr die 11. Klasse in ein industrielles Zentrum der USA wie Pittsburgh oder Cleveland. 1961 kann als Höhepunkt der «Schule auf Rädern» angesehen werden. In diesem Jahr hielten sich 26 Schüler mit drei Lehrern aus Stockbridge für vier Monate in Frankreich auf. Weitere drei Lehrer wurden in Frankreich engagiert. Es folgte die Gründung einer Dependance in der Schweiz in Corcelles sur Chavornay, nördlich von Lausanne, die im folgenden Jahr einer 11. Klasse für mehrere Monate als Basis diente. Diese Stockbridge School in der Schweiz hat aus vielerlei Gründen nur ein Jahr existiert. Ebenfalls von kurzer Dauer war die Schulverbindung mit dem deutschen Landerziehungsheim Marienau, das fünf Schüler aus Stockbridge für je ein Jahr besuchten, während vier Marienauer Schüler in Stockbridge waren.

Mehrfach besuchtes Ziel für die Schule auf Rädern war in den folgenden Jahren Puerto Rico im spanischen Kulturkreis der Karibik. Berlin wurde von zwei Gruppen besucht, eine Gruppe bereiste mehrere Wochen lang den europäischen Teil der Sowjetunion. Am Ende aller Studienreisen mußten die Schüler ein umfangreiches Tagebuch vorlegen, das für die Benotung in verschiedenen Fächern herangezogen wurde. Besonders gelungene Kapitel, Photos, Zeichnungen oder Gedichte sind in allen Jahrbüchern zu finden. Diese Jahrbücher – Symposium genannt – wurden von der jeweiligen Abschlußklasse in eigener Verantwortung zusammengestellt und herausgebracht.

## Schulversammlung

An jedem Mittwochabend trafen sich alle Mitglieder der Schulgemeinde – Schüler, Lehrer, Sekretärinnen und Köchin – zur Schulversammlung um alle Fragen, die das Zusammenleben in der Gemeinschaft betrafen, zu diskutieren. Kein Thema wurde ausgeschlossen; die Fischsuppe zum Mittagessen des vergangenen Tages wurde genauso diskutiert wie Vorurteile, ungerecht empfundene Behandlung eines Lehrers oder Schülers, oder unverständliche pädagogische Maßnahmen. Hans Maeder war überzeugt, daß diese direkte Demokratie bestimmter Formen bedurfte. In dreiwöchigem Wechsel wurde ein Schüler zum Diskussionsleiter gewählt, Verfahrensfragen wurden nach parlamentarischen Regeln geklärt. Bei Abstimmungen hatten alle Anwesenden gleiches Stimmrecht, der Direktor der Schule ein Vetorecht. Hans Maeder sprach selten in diesen Versammlungen, außer wenn er direkt gefragt wurde. Einmal jährlich stellte er das Budget der Schule vor. Die Schulversammlungen waren das Forum für verschiedene Arbeitsgemeinschaften, deren bedeutendste in der Schule in allen Jahren das Menschenrechtskomitee war. G. schrieb darüber:

«Wohl am besten kann man die Idee Stockbridges und den großen Unterschied der Verhältnisse hier zu denen in Deutschland an der Arbeit des ‹Human Rights Committee's› sehen. Dieses Kommitee ist eine der aktivsten Arbeitsgemeinschaften in Stockbridge, eine Art politischer Arbeitsgemeinschaft und Diskussionsgruppe. Hier habe ich zum erstenmal gemerkt, daß ich mich in einer wirklichen Demokratie befinde. Das Human Rights Committee begnügt sich nämlich nicht nur mit politischen Stammtischdiskussionen, sondern greift selbst im Rahmen seiner Möglichkeiten ins Geschehen ein. Das heißt, Publikationen verfassen, Aufmerksamkeit der übrigen Schüler wecken, Hinweise auf Zeitungsartikel oder politische Vorgänge geben und z. B. im letzten Jahr eine Petition an den Präsidenten der USA einreichen, die Atomwaffenversuche einzustellen. So sehr dies für uns nach politischen Kindergarten aussieht, so ernst wird es hier genommen, aus dem Wissen heraus, daß ein amerikanischer Politiker weit mehr darauf zu achten hat, inwieweit das Volk hinter ihm steht; Petitionen und ‹offene Briefe› sind dabei das Barometer der öffentlichen Meinung und sehr genau zu beachten. Das Bewußtsein des Staatsbürgers von morgen wird bereits in seiner Jugend geweckt, echte Demokratie wird zur Selbstverständlichkeit.» (Marienauer Chronik, Nr. 13, 1960, S. 48 ff.)

In den frühen fünfziger Jahren organisierte diese Arbeitsgemeinschaft mit großem publizistischem Aufwand eine Lebensmittelspende für Indien, man schrieb Artikel für Zeitungen, knüpfte Kontakte zum indischen Konsulat in New York, wandte sich an mehr als 1400 andere Schulen um Unterstützung und diskutierte mit großem Ernst in der Schulversammlung die Frage, ob diese Aktion wirklich indischen Kindern helfen, oder nur der Selbstbestätigung einiger amerikanischer Schüler dienen würde. Die amerikanische Interventionspolitik in Mittelamerika wurde zu allen Zeiten kritisch verfolgt, die Diskussionen in der Schulversammlung gewannen an Vielseitigkeit der Betrachtung dadurch, daß gerade die Schüler aus diesen Ländern fast in allen Jahren Kinder von Großgrundbesitzern waren. Später organisierte man die Teilnahme an einem Marsch der Bürgerrechtsbewegungen mit Martin Luther King, und eigene Demonstrationen gegen den Krieg in Vietnam.

## Musik

Wer je in Stockbridge war, wird einen Aspekt des täglichen Lebens in der bisherigen Betrachtung vermissen: Musik. Sie war allgegenwärtig. Bei einem Gang durch das Schulgebäude traf man fast auf jeder Veranda des verwinkelten Haupthauses, in den Aufenthaltsräumen oder im Park einzelne Schüler oder Gruppen mit ihren Gitarren, man sang Folksongs, spielte Flöte mit erfrischender Natürlichkeit, komponierte eigene Lieder. Eines der Lieder, das im kleinen Kreis am Kaminfeuer des Jungshauses entstanden ist, wurde später weithin als Kultsong bekannt: «Alices Restaurant» von Arlo Guthrie, mit dem er seiner Lehrerin Alice ein Denkmal setzte.

Die musikalischen Klassiker wurden in den Zimmern der Schüler über Kopfhörer der Stereoanlagen gehört, in der von Schülern betriebenen Kantine gab es meist Rockmusik zu hören, unter den aktiven Musikern hatte Modern Jazz viele Anhänger. Zwei Musiker haben viele Jahre lang den Musikunterricht geprägt, ein Pianist, später ein Komponist, der auch eigene Kompositionen mit Chor und Orchester der Schule zur Uraufführung brachte.

## Charisma oder Schulidee?

Hans Maeder war immer von der Universalität seiner Schule überzeugt, träumte von vielen Schulen dieser Art in aller Welt. Er wollte beweisen, daß die Idee der Schule unabhängig von seiner Person war und zog sich 1971 vollständig zurück, um seinem Nachfolger eine bessere Chance zu geben, sich als Direktor zu etablieren. Auch die Wahl des Nachfolgers überließ er völlig dem Stiftungsrat. Man holte einen Mann von außen, der bisher noch nie Kontakt mit der Schule gehabt hatte und scheiterte kläglich. Dazu kamen allgemeine Probleme, die für alle Internate der Gegend eine Rolle spielten, die wirtschaftliche Rezession und das Drogenproblem. Innerhalb kurzer Zeit war die Schule pädagogisch und finanziell in Bedrängnis.

In den ersten 15 Jahren haben neben Hans Maeder einige Lehrer die Schule ganz wesentlich geprägt:

Berta Rantz, eine intellektuelle, alleinstehende Jüdin. Sie war als Kind russischer Emigranten in Philadelphia aufgewachsen, hatte in den zwanziger Jahren einige Zeit in der Sowjetunion gelebt und war viel in Europa gereist. Als Leiterin der High-School-Abteilung an der Walden School war sie vehement gegen die Wahl Hans Maeders zum Direktor eingetreten, ein Jahr nach der Gründung von Stockbridge School folgte sie ihm als Englischlehrerin, wurde seine Stellvertreterin und blieb bis zu ihrer Pensionierung 1966 an der Schule.

Alexander Perkins, ein konzeptioneller Denker aus England, der in Italien und Frankreich studiert hatte, auch deutsch sprach und auf Grund solcher Kenntnisse im Zweiten Weltkrieg Offizier des Britischen Geheimdienstes war. Er kam 1950 nach Stockbridge und verließ die Schule 1964 aus familiären Gründen.

Karen Jakobsen, Dänin aus Kopenhagen und als Kind durch familiäre Kontakte zum dänischen Widerstand gegen die deutsche Besatzung stark geprägt, war 1954 nach Stockbridge gekommen und verließ die Schule 1972. Sie hatte immer mit Organisationstalent und Einfühlungsvermögen die Vorstellungen von Hans Maeder in handfeste Praxis umgesetzt.

Eine andere Gruppe war inzwischen nachgewachsen: Ehemalige Schüler, die als Lehrer nach Stockbridge zurückkehrten. Einer von ihnen, Richard Nurse, wurde dann schließlich zum Direktor der Schule berufen, allerdings erst, als die wirtschaftlichen Verhältnisse bereits so schlecht waren, daß auch er nur für kurze Zeit Erfolg haben konnte. Dr. Benjamin Barber, Schüler der Jahre 1952–1956, später Professor an der renommierten Rutger's Universität, war viele Jahre Vizepräsident des Stiftungsrates der Stockbridge School bis zu ihrem Ende und hat in dieser Eigenschaft die nachfolgenden Direktoren miteingestellt. Er grämt sich nicht über das Verschwinden der Schule und meint:

«Als Politikwissenschaftler mit der Geschichte von Institutionen beschäftigt, glaube ich, daß Schulen mit besonderem Sendungsbewußtsein – und das war Stockbridge – eine natürliche Lebenserwartung haben. Ich glaube, daß sie schon per Definition nicht beständig sein, nicht institutionalisiert werden können. Wenn die Ideen, auf denen sie beruhen, kritischer Natur sind, wenn sie die Entwicklung der Gesellschaft vorantreiben, wie es Stockbridge tat, dann haben sie ein natürliches Ende. Wenn eine Bewegung mit besonderem Sendungsbewußtsein versucht, ihren Lebenszyklus zu verlängern, verliert sie ihre Vitalität – ihre Kreativität – und ihren Daseinszweck. Stockbridge School hat die amerikanische Erziehung 20 Jahre lang erfolgreich herausgefordert, bis die gesellschaftliche Entwicklung nachzog. Der Einfluß der Schule im Sekundarbereich steht in keinem Verhältnis zu ihrer Größe. Dann war ihre Aufgabe erfüllt. Das ist letztlich die Geschichte von Stockbridge. In dieser Zeit war sie von Bedeutung. Ihr Anspruch an die amerikanische Erziehung, es besser zu machen, war wahnsinnig wichtig. In den siebziger Jahren wurde das nicht mehr gebraucht. Die Gesellschaft hatte die Ideen vereinnahmt. Hans hat recht gehabt, die Ereignisse haben seine Vorstellung bestätigt» (Nach: James Cass: The School that was, unveröffentl. Ms.).

## Anmerkungen

1 Meißnerformel: Programmatische Grundlage der deutschen Jugendbewegung vom Treffen auf dem Hohen Meißner, Oktober 1913.
2 Max Bondy, 11.05.1892–13.04.1951, gründete folgende Landerziehungsheime: Schulgemeinde Sinntalhof/Bad Brückenau Rhön mit seinem früheren Schüler Martin Luserke; Schulgemeinde Bad Gandersheim/Harz; Niederdeutsches Landerziehungsheim Marienau; Windsor Mountain School, Windsor/Vermont; Windsor Mountain School (USA), Lenox/Mass.
3 Giocomo Matteotti, 1885–1924, war Generalsekretär der Sozialistischen Partei Italiens. Als erbitterter Gegner des Faschismus hielt er am 30.05.1924 eine aufsehenerregende Rede im Parlament und wurde bald danach ermordet.
Nach ihm wurde der Solidaritäts-Fond des Internationalen Gewerkschaftsbunds IGB benannt.

## Literatur

Coleman, James S.: High School Achievment, New York 1982
Geddes, Patrick: Cities in Evolution, London 1915
Walter Hammer Kreis: Junge Menschen. Monatshefte für Politik, Kunst, Literatur und Leben aus dem Geiste der jungen Generation der zwanziger Jahre. Ein Auswahlband (Nachdr. der Ausg. 1926–27), Frankfurt/M. 1981
Perkins, Alexander R.: The Stockbridge School. An Essay in Education for World Democracy, Stockbridge 1963
Reichwein, Roland: Landerziehungsheime untersuchen sich selbst, in: Neue Sammlung 1965, S. 405 ff.
Schäfer/Edelstein/Becker: Probleme der Schule im gesellschaftlichen Wandel, Frankfurt/M. 1971

»Man muß die Menschen so belehren . . .

... als ob man sie nicht belehrte, und unbekannte Dinge vortragen, als seien sie nur vergessen», meinte der englische Dichter Alexander Pope.

Sicherlich erinnern Sie sich an die beliebteste und effektivste Art zu sparen?

# 5
# Wo sind sie geblieben?
# Pläne und Perspektiven nach 1945

Welches kreative und progressive Potential die 1933 aus Deutschland verdrängte Pädagogik umfaßt hat, wird – obwohl diese Dokumentation es
erst partiell erschließt – deutlich geworden sein. Es stellt sich die Frage,
ob es im Nachkriegsdeutschland in dem Maße wirksam wurde, wie es sich
viele emigrierte Lehrer und Erzieher selbst vorgestellt hatten. Im Anschluß an das noch Ende der dreißiger Jahre in Frankreich vom «gewerkschaftlich orientierten» Verband deutscher Lehreremigranten, dem auch
Kinderärzte, Sozialpädagogen und -arbeiter angehörten, erarbeitete «Sozialistische Schul- und Erziehungsprogramm» waren in Großbritannien,
in den USA und Schweden von einzelnen und Gruppen unterschiedlicher
politischer Richtung eine Reihe von «Erziehungspolitischen Vorstellungen» (Link, 1968) entwickelt worden. Sie bestehen allesamt, wenn auch
nicht gleichermaßen radikal, auf dem Zusammenhang von Erziehung und
Politik, sehen die völlige Neuordnung des Erziehungs- und Bildungswesens abhängig von der Voraussetzung gesellschaftlicher und politischer
Veränderungen und zugleich als einen entscheidenden Beitrag dazu. Dabei greifen die Emigranten einmal auf ihre Erfahrungen in der Weimarer
Republik zurück und erinnern u. a. daran, daß § 148 der Weimarer Verfassung als damals erste und einzige in der Welt den Schulen auferlegte,
sowohl im Geiste der deutschen Kultur wie der internationalen Verständigung und Toleranz zu arbeiten (W. Sollmann: Educational Reconstruction in Germany 1944, S. 6), wenn auch zugestanden werden muß, daß die
Einlösung dieser Verfassungsnorm seinerzeit nicht hinreichend effektiv
gelang. Sie wurde aber, wie sich gezeigt hat, um so mehr zur bindenden
Verpflichtung für die Pädagogen und «Schulen im Exil». Das macht vielleicht auch verständlich, was sonst nicht leicht zu verstehen wäre: daß
gerade diejenigen, die als politisch oder rassisch Verfolgte am meisten
unter Nazi-Deutschland zu leiden hatten, sich frühzeitig und unentwegt

für eine Strategie gegenüber den besiegten Deutschen einsetzten, die ihnen eine faire Chance ließ. Kurt Bergel, den es mit seiner Frau an die ungewöhnliche Bildungsstätte für Hochbegabte Deep Springs in der Kalifornischen Wüste verschlug, wo er erstmals in den USA einen der deutschen Reformpädagogik ähnlichen Geist wiederfand, mahnte schon 1942 die Amerikaner, daß es auf eine Erziehung der jungen Generation ankäme, die ihnen die Ursachen der Naziherrschaft erklärt und sie vorbereitet, nicht nur den Krieg, sondern vor allem den Frieden zu gewinnen: durch das Studium fremder Sprachen und Kulturen, durch die Diskussion der Entwürfe für eine zukünftige Welt und der sie leitenden Grundsätze, der Atlantik-Charta und der Statements des International Labor Office (Education for reconstruction, in: School and Society, 11. April 1942, Vol. 55, No. 1424, S. 417 f.). Daß die westlichen Besatzungsmächte ihre Politik schließlich von einer als «Umerziehung» verstandenen «Re-education» auf «Reconstruction» – was als Wiederaufbau, aber auch als Wiederherstellung früherer Verhältnisse interpretiert werden kann! – umstellten, war sicherlich «vor allem den unermüdlichen Bemühungen der deutschen Emigranten in England und Amerika zu verdanken» (Weniger, 1959/60). Zu ihnen gehörten freilich auch professorale Befürworter des humanistischen Gymnasiums in den USA wie andererseits die deutsch-englische Gruppierung German Educational Reconstruction. Sie machte sich die von Minna Specht erarbeiteten, auch vom ISK und Gewerkschaftlern 1944/45 unterstützten konzeptionelle Vorschläge zum fälligen Gesellschafts- und Gesinnungswandel zu eigen und trieb darüber hinaus in den Nachkriegsjahren durch Informations- und Austauschprogramme aktiv die Verständigung zwischen deutschen und englischen Pädagogen voran. In ähnlicher Weise haben sich in die USA emigrierte jüdische Lehrer und Hochschullehrer als Vermittler und «Brückenbauer» betätigt.

Trotzdem darf der Einfluß von Emigranten auf die Besatzungspolitik nicht überschätzt werden. Von den nicht allzu zahlreichen, die sich bereitfanden, als ihre «Agenten» zu fungieren und zunächst wegen ihrer Kenntnis der Sprache und des Landes auch als unentbehrlich galten, machten sich verschiedentlich gerade diejenigen unbeliebt und wurden deshalb sehr bald abberufen, deren «deutschfreundliche» oder auch allzu «linke» Haltung mit der Besatzungspolitik nicht übereinstimmte. Der Einreise von Emigranten zu Besuchen oder gar zur Rückkehr standen zumindest bis 1949, also in den für einen echten Neubeginn entscheidenden Jahren!, in den westlichen Besatzungszonen große Schwierigkeiten entgegen. In der SBZ hingegen gab es mehr Remigranten und in der Regel weniger Dissens mit der Besatzungsmacht. Hinzu kam, daß im Westen nur in den Stadtstaaten Hamburg, Bremen, Berlin und Ländern wie Niedersachsen und Hessen auch offiziell nach einer Reihe von emigrierten Pädagogen, zum Teil von deren ehemaligen politischen Kampfgefährten, «gerufen» wurde.[1] Hans Maeder ist einem solchen Ruf, die Leitung des Hamburger Jugendamtes zu übernehmen, nicht gefolgt, weil ihm vor der vermutlich unvermeidbaren Zusammenarbeit mit ehemaligen Nazis graute. Vor allem für die Mitglieder des ISK war eine Rückkehr selbstverständlich und wurde mit aller Energie angestrebt, um die Freunde, die Zuchthaus und KZ überlebt hatten, mit den Problemen des Aufbaus nicht allein zu lassen. Sie haben vornehmlich in der Lehrerbildung (so zum Beispiel Grete Henry in Bremen, Gustav Heckmann in Hannover, auch Heinrich Rodenstein in Braunschweig), in Schulverwaltungen, in sozialpädagogischen Einrichtungen und in der Erwachsenenbildung großen Einfluß ausgeübt – weniger im öffentlichen Schuldienst. Zu diesen Ausnahmen zählte wiederum Minna Specht, unter deren Leitung von 1946–1951 sich die Odenwaldschule zu einem schulreformerisch wegweisenden «Modell» entwickelte. Ihr, der «alten Sozialistin und Gewerkschafterin», war es «völlig undenkbar», eine Schule nur für «Kinder des vermögenden Standes» zu leiten. Sie trug daher im Januar 1947 den Gewerkschaften einen großen «Neuen Plan» vor, der Odenwaldschule eine veränderte soziale Struktur, einen ihr und der Zeit entsprechend umgewandelten Lehrplan und eine breitere finanzielle Grundlage und Trägerschaft durch ein Komitee zu geben, in dem Erzieher, Wirtschaftler und insbesondere die gewerkschaftlich organisierte Arbeiterschaft die Hauptverantwortung übernehmen sollten. Minna Specht erwartete von den Gewerkschaften aber nicht allein die Finanzierung von Freistellen, sondern mehr noch «den kraftvollen, lebenserfahrenen Rückhalt, den die Erziehung einer neuen Generation braucht».

«Die Tore der Odenwaldschule sollen sich ALLEN KINDERN DES VOLKES öffnen! Wir möchten Kinder aufnehmen, unabhängig von den finanziellen Mitteln der Eltern; körperlich, geistig und sittlich gesunde Kinder, die nach einer Probezeit Aussicht bieten, in einem Heim, entweder während ihrer ganzen Schulzeit oder doch für einige Jahre, aus dem besonderen Lehr- und Erziehungsplan Nutzen zu ziehen. Wir möchten heimatlose und Waisenkinder bevorzugen, doch nicht ausschließlich, damit sie nicht in einer Waisenhausatmosphäre heranwachsen. Wir möchten den Kindern der arbeitenden Klassen die Möglichkeit öffnen, eine Bildung zu erhalten, die sie instand setzt, die bisher noch ungehobenen Kräfte ihrer sozialen Herkunft voll zu nutzen. Es bedarf sorgfältiger Erwägungen, wie die Auswahl getroffen werden soll, sicherlich in Gemeinschaft von Eltern, Lehrern und Vertretern der wirtschaftlich tätigen Schichten unseres Volkes, vor allem der Gewerkschaften, die als Beirat der Odenwaldschule zur Seite stehen sollen. Es bedarf ferner der Erwägung, ob Eltern, die den Zielen der Schule zustimmen und imstande sind, die Unkosten zu tragen, ihre Kinder schicken können, falls diese den neuen Anforderungen genügen.

Der Lehrplan soll so gestaltet werden, daß die Bildung alle guten Fähigkeiten des jungen Menschen fördert, ohne ihn mit zuviel Ballast zu beschweren, vielmehr ihn für das spätere Berufsleben tauglich zu machen und ihm ein erfülltes Leben zu ermöglichen. Sowohl geistig wie praktisch müssen die Kinder aufs Beste gebildet werden, und ihnen hier das Rüstzeug vermittelt werden, später politisch, sozial und kulturell selber mit Hand anzulegen am friedlichen Aufbau der Welt und im Kampf um die soziale Gerechtigkeit. Es soll hier versucht werden, Menschen ins Leben zu schicken, die die Vorteile einer sorgsam geleiteten Erziehung nicht nur für sich selber nutzen wollen, sondern die Werte und Fähigkeiten, die sie erwarben, für die Allgemeinheit einzusetzen.»

Der Unterrichtsplan sieht eine sechsjährige Grundschule und vierjährige Oberschule im Kern- und Kurssystem vor, die für alle bis zum 16. Lebensjahr reicht – «ein Alter, wie es von fortschrittlichen Eltern und Erziehern stets ins Auge gefaßt wurde». Eine relativ kleine Gruppe soll darüber hinaus zur Hochschulreife geführt werden, die verbreitete Bildung für alle sich dagegen mit einer beruflichen Schulung in Werkstätten für «Holz und Faser» verbinden.

Minna Specht appelliert an den Opferwillen der sozialistischen Parteien und Gewerkschaften und rechnet mit dem Wohlwollen der Besatzungsmächte bei ihrem Vorhaben, denn:

«Ein altes Landerziehungsheim, das der Idee der Humanität gewidmet war, wenn auch getragen damals von liberalen Bürgerkreisen, heute wieder erstehen zu lassen, als eine Schule des Volkes, aus eigenen Kräften, in der sich die alte Idee der Menschheitsbildung mit der realistischen, wirklich gemeinschaftsbildenden Schulung, vor allem der Kinder der arbeitenden Klasse, vereint, könnte eine Aufgabe stellen, die hilft, die Hoffnung des deutschen Volkes zu beleben und an die Stelle des Rückwärtsschauens den freien Ausblick in eine vom Frieden getragene Zukunft zu ermöglichen.»

Selbst wenn die Odenwaldschule heute tatsächlich einen repräsentativen Querschnitt durch alle sozialen Schichten aufweisen sollte, wird sie damit noch nicht dem Anspruch gerecht, der hinter diesem Plan einmal stand. Aber das ist nicht allein oder vorwiegend den Pädagogen anzulasten, die Minna Specht in der Schulleitung folgten.[2] Die gesellschaftlichen Kräfte, die in die Pflicht und Verantwortung für den pädagogischen Fortschritt genommen werden sollten, haben sich dem versagt. Das Landerziehungsheim als Beitrag zur Demokratisierung der Erziehung – dieser Gedanke erscheint, nachdem seine Entwicklung im Exil dargestellt worden ist, ebenso plausibel wie der Vorschlag, es zum «Instrument einer Erziehung zur Demokratie» zu machen, wie Max Warburg, einer der Lehrer an der Internationalen Quäkerschule in Eerde, in einem Thesenpapier zu bedenken gibt, das er bei G. E. R. (German Educational Reconstruction) in London zur Begründung seines Rückkehrwunsches nach Deutschland einreichte. Anstrengungen, mit seiner Frau, halbjüdisch wie er, aus Holland wieder nach Deutschland einzureisen, waren vergeblich gewesen. Durch den Anschluß an G. E. R. erhofften sie sich; «to reach our goal before becoming apopleptic or being blessed by the next war». In diesem wie in manchem anderen Fall behinderten Rechtslage und bürokratische Praxis die Wiedereinbürgerung (Lehmann, 1976).[3] Die Warburgs kamen schließlich durch Vermittlung von Victor Gollancz und Sir Stafford Cripps nach England. Daß Warburg und viele andere keine Gelegenheit mehr bekamen oder – bei jüdischen Emigranten nur allzu verständlich – darauf verzichteten, ihre Erfahrungen und ihre «pädagogische Phantasie» nach 1945 in die deutsche Nachkriegsentwicklung einzubringen, bleibt ein unschätzbarer Verlust. Profitiert haben davon die Länder, denen dieses Potential zugefallen ist.

Aber auch die Betroffenen selbst haben die Emigration nicht nur leidend erfahren, sondern den neuen Anfang, den sie oft mehrmals machen mußten, in vielen Fällen positiv für sich zu nutzen gewußt. Sie sind zumindest menschlich reicher und stärker geworden, auch wenn sich ihnen keine «Karriere» im üblichen Sinne eröffnete. Freilich, die ganz und gar Gescheiterten, «die im Dunkeln» sieht man – zumal aus heutiger Perspektive – in der Regel nicht. Lehrern und Erziehern scheint es jedoch besser als anderen Berufsgruppen möglich gewesen zu sein, sich ihrer Neigung und Eignung entsprechend zu betätigen; ein Pädagoge, der wirklich einer ist und sein will, findet dazu meist auch Gelegenheit.

Warburgs anschließend im Wortlaut wiedergegebene Thesen scheinen im Einklang zu stehen mit der zeitweilig von amerikanischen und britischen Politikern verfolgten Absicht, aus Deutschland künftig ein Agrarland zu machen und einen Teil seiner Industrie zu beschneiden. Sie berühren sich aber auch mit den von Hans Ebeling, einem der Jugendbewegung verbundenen Emigranten, angestellten Überlegungen zur «Re-Education». In ihnen wird zunächst einmal das Wort «Re-Education» als falsch bezeichnet: «denn es gibt in Deutschland nichts ‹re›, d. h. ‹wieder› – oder ‹zurück› zu ‹erziehen›, sondern es gilt, die Demokratie erstmalig in Deutschland zu schaffen.» und das erscheint Ebeling nur möglich durch einen «Aufbau von unten nach oben», der ebenso in der dezentralistischen «heimatlichen Selbstverwaltung», im überschaubaren landschaftlichen Raum, wie in der traditionellen Organisationsstruktur der Bündischen Jugend ansetzen kann. (Hans Ebeling: Einiges über Re-Education, 1944) Warburg führt unter ausdrücklicher Bezugnahme auf die im Exil mit den Landerziehungsheimen gemachten Erfahrungen eine Reihe von Argumenten an, die für eine Vervielfältigung des Modells im Nachkriegsdeutschland sprechen, darunter:
– daß sich mit bescheidenen materiellen Ressourcen anfangen und auskommen läßt,
– daß sie einen sozialen Mikrokosmos bilden, in dem Selbstverantwortung und Demokratie im alltäglichen Umgang miteinander gelernt werden kann,
– daß dieser «demokratische Geist» über die Schule hinaus auf die sie umgebende Gemeinde der Erwachsenen ausstrahlen kann und soll,
– daß durch das intensive Zusammensein von Kindern und Lehrern verschiedener Nationalität die sprachliche Kommunikation gefördert und – wichtiger noch – Vorurteile abgebaut werden.

# Max A. Warburg
## Das Landerziehungsheim
### Ein Mittel der Erziehung zur Demokratie

Der Schultyp der englischen «Country Boarding-school», der ein wesentliches Merkmal britischer «All-round»-Erziehung ist, wurde zu Beginn dieses Jahrhunderts in Deutschland von mehreren hervorragenden Pädagogen (wie Hermann Lietz, Gustav Wyneken, Paul Geheeb) übernommen und den deutschen Verhältnissen angepaßt. Unter dem Namen «Landerziehungsheim» befanden sich etwa zwanzig bedeutendere Schulen in einem sehr hoffnungsvollen Entwicklungsstadium, wobei jede von ihnen der gleichen Idee eine eigene Prägung gab, als 1933 diese Entwicklung durch die Nazifizierung des Schulsystems abgeschnitten wurde, ehe sie einen größeren Einfluß hatte ausüben können. Infolgedessen traten die meisten der entschlosseneren Lehrer aus dem Schuldienst aus. Manche von ihnen emigrierten und beteiligten sich im Ausland an der Gründung mehrerer Internate für deutsche Flüchtlingskinder (die meisten von ihnen Juden) und versuchten, sie mit Kindern aus den jeweiligen Ländern zusammenzubringen.

Die Errichtung einer Anzahl von Internaten wäre meines Erachtens in den Händen der alliierten Regierung ein sehr effektives Mittel der Umerziehung.

1. Wenn das Kind von der städtischen Tagesschule heimkehrt, ist es immer noch all diesen Einflüssen ausgesetzt, die Sie nun zu beseitigen suchen, während ein Internat auf dem Lande eine Gelegenheit bieten würde, das ganze Leben des Kindes nach gesunden und konsequenten Grundsätzen zu gestalten.

2. In einem Landerziehungsheim wären die Kinder den entsetzlichen hygienischen Verhältnissen und der bedrückenden Atmosphäre der verwüsteten Städte entzogen und statt dessen in einer gesunden Umgebung ohne Erinnerung an die Vergangenheit.

3. Das Internat würde zu dem Plan passen, die deutsche Landwirtschaft zu fördern und zu intensivieren und einen Teil der Industrie einzuschränken.[1] Aus einem Kind, das aus einem städtischen Milieu kommt, kann immer noch ein guter Bauer werden, wie Kingsley Fairbridge mit seinen erfolgreichen «Farmschools» in West-Australien und Kanada gezeigt hat. Acker- und Gartenarbeit könnten in einem Internat einen wesentlichen Teil der Ausbildung umfassen und manche der Schüler in ihren späteren Beruf erstmals einüben.

4. Da ein Internat nicht nur ein Unterrichtsort, sondern eine Art gesellschaftlicher Mikrokosmos mit vielen Problemen des alltäglichen Lebens ist, bietet es einzigartige Möglichkeiten, Verantwortlichkeit auszubilden. Überall in Europa sind in Schulen hoffnungsvolle Versuche mit einer Form der begrenzten Selbstregierung bei den älteren Schülern gemacht worden. Dies bedeutet Erziehung zur Demokratie.

Aber dieser demokratische Geist darf nicht an den Schultoren haltmachen; er muß stark genug sein, um sich auf den Makrokosmos des Gemeinschaftslebens der Erwachsenen auszudehnen. Allzu ängstlich hat die Schule bis jetzt der bestehenden Gesellschaftsordnung nachgegeben. In Deutschland bietet die gegenwärtige Situation eine einzigartige Gelegenheit, junge Leute bewußt zu Staatsbürgern zu formen. Zu diesem Zweck wäre das Landerziehungsheim in den Händen der Regierung ein unschätzbares Werkzeug.

5. Internate geben Kindern verschiedener Nationalität Gelegenheit, zusammenzuleben, Fremdsprachen aus der Erfahrung heraus zu erlernen und nationale Vorurteile zu überwinden. Dies ist in mehreren Landerziehungsheimen erfolgreich erprobt worden. Es kann mehr erreichen als die bloße Theorie der internationalistischen Propaganda. Obwohl es in der gegenwärtigen politischen Situation für ein solches Experiment in Deutschland noch zu früh ist, könnte es doch früher oder später diskussionsreif sein. Die Mitarbeit ausländischer Lehrer wäre höchst erwünscht, aber natürlich könnte der erste Schritt nur von Ihrer Seite kommen.

Ohne Zweifel würden vernünftige deutsche Eltern ihre Kinder gerne auf eine solche Schule schicken. Der Protest von Nazi-Eltern würde auf der anderen Seite die Notwendigkeit dieses Systems nur bestätigen. Außerdem muß es Tausende von Waisen geben, die nicht durch Verwandte an eine Stadt gebunden sind, und die natürlich als erste ein Recht auf unsere Hilfe haben.

Modellschulen dieser Art könnten auf einer bescheidenen Grundlage begonnen werden und wären nicht teuer. Nach und nach würden der angeschlossene Hof und der Garten die Lösung des Nahrungsproblems beträchtlich erleichtern. Zuverlässige deutsche Lehrer, die mit dieser Art der Erziehung Erfahrung haben, lassen sich immer noch innerhalb und außerhalb Deutschlands finden. Sie werden zumindest in den ersten Jahren bereit sein, die üblichen Vorstellungen von Gehaltsansprüchen und gesicherter Existenz fallen zu lassen.

Der Anfang sollte mit verhältnismäßig kleinen Gruppen von Kindern gemacht werden, einschließlich älterer Kinder, die lernen werden, sich für ihre Schule verantwortlich zu fühlen. Sobald ein gesunder Kern gebildet worden ist, kann die Gruppe erweitert werden. Nach und nach wird ein starker Gemeinschaftsgeist in der Lage sein, auch schwächere Elemente aufzunehmen.

Nach der Auswahl der ersten Schüler wäre an zweiter Stelle die Wahl eines passenden Ortes von großer Bedeutung. Der «genius loci» der Umgebung hat einen großen Einfluß, und es wäre nicht schwer, in Deutschland eine inspirierende Landschaft zu finden. Vieles würde von den sozialen Verhältnissen der Umgebung abhängen. Die Notwendigkeit, Wohnungen für Millionen von obdachlosen Menschen zu bauen, muß wie in England die Form einer bewußten Stadt- und Landplanung annehmen. Eine gesunde Tendenz zur Dezentralisierung könnte zu einem neuen Netz von ländlichen Siedlungen mit einem halb städtischen Zentrum führen. Wachsende Gemeinden dieser Art, die von demokratischen Pioniergruppen begonnen würden, deren ganze Bautätigkeit sich im hoffnungsvollen Zustand des Erschaffens befände, würden eine ermutigende Atmosphäre erzeugen, in der unsere Schule der geistige Kern werden könnte. Eine entscheidende Wirkung könnte man natürlich nur dann erwarten, wenn das Internat in einem ausreichend großen Umfang eingeführt würde.

Zur Vorbereitung eines Programms, das für den Anfang, sagen wir, erst einmal ein Dutzend Internate vorsieht, würde ich folgende einleitenden Schritte vorschlagen:

1. Die Bildung eines beratenden Ausschusses, bestehend aus erfahrenen Internatslehrern und -leitern aus dem Ausland (hauptsächlich aus England und Amerika) und aus Deutschland, einschließlich eines Landwirtschafts- und Wirtschaftsexperten.

2. Kontaktaufnahme mit geeigneten deutschen Lehrern innerhalb und außerhalb Deutschlands; Beschaffung von Einreisegenehmigungen nach Deutschland für die letztere Gruppe; Einrichtung einer Lehrerbildungsstätte für Landerziehungsheime.

3. Kontaktaufnahme mit Eltern und Kindern aus politisch unverdächtigen Kreisen für die Auswahl der ersten Schülergruppen.

4. Einholen von Information über die Zahl und die Situation der Waisen in Deutschland. Auswahl zukünftiger Schüler.

5. Herantreten an örtliche deutsche Stellen, vor allem in den verwüsteten Städten, für die das Kinderproblem äußerst wichtig und dringend ist. Erkundigung nach verfügbaren Geldern.

6. Suche nach und Beschlagnahmung von geeigneten Gebäuden und Grundstücken, vor allem von solchen, die schon für ähnliche Zwecke genutzt worden waren (zum Beispiel ehemalige Landerziehungsheime, Kinderlandverschickungsheime usw). Besondere Berücksichtigung der Gebiete, in denen die Entstehung neuer Siedlungen erwartet werden kann.

(Unveröffentlichtes Manuskript. Aus dem Englischen übersetzt von Jürgen P. Krause)


Anmerkung des Übersetzers

1 Warburg spielt hier auf den Morgenthau-Plan oder ähnliche Vorstellungen an.


Nun hat das Landerziehungsheim als eine fast «totale Institution» auch seine Nachteile, die – abgesehen von ökonomischen Erwägungen – dagegen sprechen, es unbegrenzt zu multiplizieren. Die in ihm allerdings optimal gegebene Chance zur sozialen und politischen Sozialisation ließe sich freilich auch auf andere Weise verbreitern: indem man Stadtrand- und Tagesheim- oder auch Kurzschulen schafft. Das war zum Beispiel Kurt Hahn und Paul Geheeb nicht erst in der Emigration, sondern schon in den zwanziger Jahren als naheliegende und – in Berliner Versuchsschulen vorbildlich praktizierte Lösung erschienen.

Wenn sie schon nicht allen zugute kommen kann, wie es unser nur partiell verändertes und deshalb notwendig unzulänglich funktionierendes Schulsystem eigentlich verlangte, sollten wenigstens diejenigen von den in den Exilschulen erprobten Organisationsformen und Erziehungsmethoden profitieren, die heute unter vergleichbaren Bedingungen im Konflikt zweier Kulturen aufwachsen müssen: die Kinder der Arbeitsemigranten und der Asylanten.

## Anmerkungen

1 Daß die Ministerpräsidenten der westdeutschen Länder 1947, angeregt durch die ehemaligen politischen Emigranten Brauer (Hamburg) und Reuter (Berlin), die Emigranten herzlich zur Rückkehr in die Heimat einluden, mußte angesichts der gleichzeitig praktizierten Besatzungspolitik und der in der Bevölkerung vorherrschenden Animosität gegenüber dem Emigranten seine Wirkung verfehlen (Lehmann, 1976, S. 164 ff.).

2 Ihr unmittelbarer Nachfolger war der Remigrant Kurt Zier, der die Odenwaldschule bis zum Ruf in sein früheres Exil Island an die von ihm dort begründete Werkkunstschule leitete; aus diesem Exilland kehrte auch Heinz Edelstein als OSO-Lehrer 1956 zurück. Auf Wunsch von Minna Specht, waren 1946 E. Astfalck, J. Nacken u. L. Wettig, 1947 T. Emmerich aus England an die OSO gekommen; in den 50er Jahren folgten E. Jouhy und Frau. Daß sich Remigranten eher an einer Privatschule als im öffentlichen Schulwesen konzentriert finden, ist kein Zufall. Ihr Lebensweg vertrug sich meist nicht mit den «Laufbahnvorschriften».

3 Viele Emigranten empfanden es als Zumutung, ihre deutsche Staatsbürgerschaft überhaupt erneut und teilweise unter unnötigem bürokratischen Aufwand beantragen zu müssen, nachdem sie durch das Hitler-Regime widerrechtlich ausgebürgert worden waren.

## Literatur

Borinski, Fritz: Gesellschaft, Politik, Erwachsenenbildung, Villingen 1969, darin: Die Geschichte von G. E. R., S. 52–56

Bungenstab, Karl-Ernst: Umerziehung zur Demokratie? Re-education-Politik im Bildungswesen der US-Zone 1945–49, Düsseldorf 1970

Lehmann, Hans Georg: In Acht und Bann. Politische Emigration, NS-Ausbürgerung und Wiedergutmachung am Beispiel Willy Brandt, München 1976

Link, Werner: Erziehungspolitische Vorstellungen der deutschen Emigration während des 3. Reiches, in: Geschichte in Wissenschaft und Unterricht, Stuttgart (1968), H. 5, S. 265–279

Specht, Minna: Gesinnungswandel. Die Erziehung der deutschen Jugend nach dem Weltkrieg, London 1943

Weniger, Erich: Die Epoche der Umerziehung 1945–1949, in: Westermanns Pädagogische Beiträge, Heft 10–12, 1959; Heft 1, 1960

# 6
# Biographischer Anhang

ADLER, Bruno, geb. 14. 10. 1888 in Karlsbad. Nach Studium der Kunstgeschichte in Wien, Erlangen u. München von 1920 bis 1930 Dozent u. mit dem Bauhaus verbunden. Veröffentlichte noch 1936 als tschech. Staatsbürger unter Pseudonym Urban Roedel ein Werk über Adalbert Stifter im Rowohlt-Verlag, was diesen nach Bekanntwerden des Autors in Schwierigkeiten brachte. Während des Zweiten Weltkrieges im German Service des brit. Rundfunks tätig; Verfasser satirischer Dialoge zwischen treuem NS-Gefolgsmann und seinem die NS-Propaganda anzweifelnden Freund, ebenso Kommentare der Berliner «Waschfrau Wernicke» zum Tagesgeschehen. Von 1944 bis 1950 Chefredakteur eines von den Briten herausgegebenen Literatur-Digests «Die Neue Auslese». Zeitweilig Lehrer an der Bunce Court School. Gest. 26. 12. 1968 in London.

ASTFALCK, Eleonore, geb. 13. 11. 1900 in Nürnberg. 1910 in erster Mädchengruppe des österr. «Wandervogel» in Prag. Ausbildung als Hortnerin u. Jugendleiterin. Päd. Arbeit in Schulgemeinde Wickersdorf, Kinderheim f. milieugeschädigte Kinder in Wien. Betreuung jugendlicher Arbeitsloser vorwiegend aus kommunist. Familien in «Jugendstube» des Vereins Jugendheim, Berlin (1932–33), u. Unterr. an dessen Soz. päd. Seminar 1928–33. Da «auf schwarzer Liste der Nazis», vorsorglich 1934 mit offizieller Arbeitserlaubnis auf Wunsch von Hilde Lion an Stoatley Rough School, Haslemere/Surrey, gegangen, zusammen mit Johanna Nacken. 1945 Übernahme eines Auftrags der Quäker zur Leitung einer vorbereitenden Schulung für sozialpädagogische Arbeit im zerstörten Deutschland. Pfingsten 1946 Rückkehr nach Deutschland, zunächst als Mitarbeiterin von Minna Specht an der Odenwaldschule. Seit 1950 – wiederum gemeinsam mit Johanna Nacken – Aufbau und Leitung eines Heimes der Arbeiterwohlfahrt für Kinder, Jugendliche und Mütter, des «Immenhofes» in der Lüneburger Heide. Nach Pensionierung 1970 Lehrtätigkeit an einer Schule für Frauenberufe. Lebt in Nienhagen b. Celle.

Bei den mit * versehenen Namen sind die ausführlichen biographischen Angaben in die jeweiligen Kapitel integriert.

BERGEL, Alice Rose, geb. 15.6.1911 in Berlin. Studium d. Romanistik in Berlin u. Freiburg 1929–33. Trotz Ausschluß vom Studium durch Prof. 1934 noch Dipl. bzw. Promotion ermöglicht. 1933–34 Privatunterricht in Französisch an jüd. Grundschule in Berlin. 1935–38 Lehrerin am Jüd. Landschulheim in Caputh. Nach Palästinareise wegen fehlender hebr. Sprachkenntnisse Entscheidung für Emigration nach England. 1939 Heirat m. Kurt Bergel. Lehrerin an verschiedenen Synagogen, schließlich in Rowden Hall, der von ihrem Mann geleiteten Schule für Flüchtlingskinder. Nach den USA 1940, Hausarbeit, Privatunterricht, dann mit ihrem Mann in Sommerlager und Ausbildungsstätte f. Hochbegabte Deep Springs in Kalifornien tätig bis 1947. Lehrtätigkeit am East Los Angeles College bis 1976, danach Chapman-College in Orange.

BERGEL, Kurt, geb. 22.8.1911 in Frankfurt/M. 1930–33 Studium Univ. Frankfurt. 1933 Mittelschullehrerexamen. 1933–34 Lehrer im Jüd. Landschulheim Herrlingen. 1934–35 Jüd. Lehrhaus Frankfurt/M. 1935–38 Lehrer einer progressiven jüdischen «Gesamt-Schule» in Düsseldorf, gleichzeitig in der Erwachsenenbildung tätig. Nach Zerstörung der Schule im November 1938 zunächst Emigration nach England 1939 und Tätigkeit als Lehrer u. Leiter einer Schule für Flüchtlingskinder ohne reformpäd. Anspruch. Erziehungsarbeit im Kitchener Camp, 1940 in die USA, Tätigkeit als Betreuer eines Sommerlagers. 1941–1947 Lehrtätigkeit an einer Ausbildungsstätte für Hochbegabte in der kal. Wüste, Deep Springs. 1943/44 in Stanford beteiligt an der Vorbereitung amerikanischer Offiziere auf ihren Einsatz in Deutschland. Studium und Promotion in vergleichender Literaturwissenschaft in Berkeley. Ab 1949 Lehrer am Chapman-College zunächst in Los Angeles, dann Orange. Organisierte seit 1951 zahlreiche Europareisen von Studenten mit dem Ziel internationaler Verständigung.

BERNFELD, Siegfried, geb. 17.5.1892 in Lemberg. Dr. phil. Führend in der auf Gustav Wynekens Vorstellungen begründeten «Jugendkulturbewegung». 1913–1914 Herausgeber der Jugendzeitschrift «Der Anfang». 1915–21 Mitglied der Zionistischen Bewegung. 1920 Erziehungsversuch Kinderheim Baumgarten auf der Basis einer psychoanalytisch und politisch orientierten Pädagogik. Leiter des Jüdischen Berufsberatungsamtes in Wien. Vorsitzender des jüdischen Instituts für Jugendforschung u. Erziehung. Maßgebend im jüdischen Pädagogium Wien. 1922 praktizierender Psychoanalytiker in Wien. 1924 Mitarbeiter am Ausbildungsinstitut der Psychoanalytischen Gesellschaft in Wien, später auch in Berlin. Dort intensive Auseinandersetzung mit dem Marxismus. 1934 Emigration von Wien nach Frankr., 1937 San Francisco. In den USA bedeutende Beiträge zur Freud-Forschung. Gest. 1953.

BLENCKE, Erna, geb. 25.7.1896 in Magdeburg. Studium d. Mathematik, Physik, Philosophie u. Pädagogik in Göttingen 1919–1923. ISK-Mitglied. Studienrätin in Frankfurt/M. 1928–1930. Ostern 1930 Aufnahme d. Arbeit an einer Weltlichen Versuchsschule in Hannover-Ricklingen bis zur Entlassung durch die Nationalsozialisten am 5.5.1933. Gründung eines Brothandels, der gleichzeitig zur Tarnung illegaler politischer Arbeit diente. Wegen zahlreicher Verhaftungen von ISK-Mitgliedern im Februar 1938 vorsorglich über die Schweiz nach Frankreich emigriert, dort Mitarbeit u.a. in «Sozialistische Warte». 1941 nach den USA, nach Aufenthalt im Internierungslager Gurs. Tätigkeit in Haushalt und Verlagsbüro, weil Anstellung als Lehrerin ohne zusätzliche Qualifikation nur in priv. Schulen möglich, die aber wegen meist kirchlicher Trägerschaft wiederum für sie als Freidenkerin nicht in Frage kamen. Kontakte zur amerikanischen

Arbeiterbewegung u. zu deutschen Emigrantengruppen. März 1951 auf Wunsch des DGB Hannover Rückkehr und Übernahme der Leitung der Heimvolkshochschule Springe bis 1954. Im Ruhestand, den sie im Frankfurter Raum verbringt, in der Erwachsenenbildung und ihren Organisationen aktiv.

BONDY, Curt, geb. 3.4.1894 in Hamburg. Psychologie-Studium bei W. Stern u. M. Liepmann. In den zwanziger Jahren Selbstverwaltungsversuche mit jungen Strafgefangenen im Jugendgefängnis Hahnöfersand b. Hamburg (gemeinsam m. Walter Herrmann) und auf dem Frommeshof, einem Übergangsheim in Thüringen. 1925 Privatdozent Hamburg. 1930–1933 Leitung des Jugendgefängnisses Eisenach; gleichzeitig Honorarprofessor für Sozialpädagogik und Sozialpsychologie in Göttingen. 1933 erzwungene Aufgabe seiner Tätigkeit aus «rassischen Gründen». 1935–38 Leitung der Ausbildung jüdischer Jugendlicher im Auswanderer-Lehrgut Groß-Breesen, das in der Reichskristallnacht zerstört wird. Inhaftierung mit den Jugendlichen im KZ Buchenwald. 1939 Emigration über die Niederlande u. Großbritannien, wo er das Jewish Transit-Camp in Richborough organisieren half, in die USA; zehnjährige Lehrtätigkeit an der Univ. Richmond. Seit 1950 Professor für Psychologie in Hamburg. 1961–68 Vorsitzender d. Bundes deutscher Psychologen. Gest. 17.1.1972 in Hamburg.

BONDY, Max, geb. 11.5.1892 in Hamburg. Gründete nach Studium der Kunstgeschichte u. Geschichte 1920 seine erste Schulgemeinde auf dem Sinntalhof bei Bad Brückenau in der Rhön, gemeinsam mit einem früheren Schüler Martin Luserkes, die nach 3 Jahren nach Bad Gandersheim/Harz übersiedelte. Um einer Großstadt näher zu sein Verlegung des Landerziehungsheims 1928/29 nach Marienau b. Hamburg. Nach Emigration 1936 weitere Schulgründungen zunächst kurzfristig in der Schweiz, in Gland am Genfer See, dann 1939 in den USA die Windsor Mountain School, die sich zuerst in Windsor/Vermont und später in Lenox/Massachusetts befand, nach dem Tod Max Bondys am 13.4.1951 fortgeführt von seiner Frau Gertrud, seinem Sohn Heinz und dessen Frau. Tochter Annemarie leitet mit ihrem Mann Georg Röper, einem ehemaligen Marienauer, eine Tagesschule im Staate Michigan.

BROOK (= Bruch), Eva und Rudi. Eva Bruch war Gymnastik- u. Zeichenlehrerin in Caputh, später Kristinehov. 5 Semester Kunstgewerbeschule in Magdeburg, einem Zweig des Bauhauses Dessau. Ausbildung als Gymnastiklehrerin in Berlin. Danach in dem von Gertrud Feiertag begründeten Kinderheim auf Norderney, später im daraus sich entwickelnden Jüdischen Landschulheim Caputh tätig. Zwei Kindergärtnerinnen-Seminare absolviert: eines bei der jüdischen Gemeinde, das zweite bei Nelly Wolffheim, einer Freundin von Anna Freud. 1937 mit ihrem Mann, Rudi Bruch, der als Jurist in Caputh für die Schulverwaltung verantwortlich war, nach Kristinehov gegangen. Beide 1938 nach den USA ausgewandert. Rudi Bruch im Anschluß an Tätigkeit als Gartenbaulehrer in Kristinehov zuerst in Los Angeles als Gärtner gearbeitet, dann selbständig gemacht.

BUNKE, Erich, geb. 13.9.1903. Lehrerausbildung, 1923 Examen als Volksschullehrer, 1928 Sportlehrerexamen. 1928 KPD. 1928–1932 Lehrer an der Karl-Marx-Schule in Berlin-Neukölln für Sport u. Mathematik. 1932–35 Lehrer an Berliner Volksschulen. Nach 1933 illegale Arbeit an der Seite v. Kurt Steffelbauer. 1935 Emigration über Luxemburg nach Frankreich, später nach Argentinien. In Buenos Aires an der deutschen Cangallo-Schule als Sportlehrer tätig. Mitbegründer der antifaschistischen Hilfs-Organisation «Das Andere Deutschland». 1938–52

Präsident des sozialdemokratischen Vereins «Vorwärts». Rückkehr 1952 in die DDR. Tochter Tamara fiel als Kampfgefährtin von Che Guevara, mit dem sie in Buenos Aires aufgewachsen war.

CARL, Hans, Lehrer in Naila b. Hof. Schon 1932 nach Missiones im nördlichsten Zipfel von Argentinien gegangen, um dort zu siedeln, weil er die kommende Entwicklung voraussah und nicht unter einem Nazi-Regime Lehrer sein wollte. Zuerst Übernahme einer kleinen Siedlerschule, dann Ende 1932/Anfang 1933 nach Buenos Aires an die Cangallo-Schule. Einer der ersten Lehrer an der 1934 gegründeten Pestalozzi-Schule. Verstorben um 1960 in Argentinien.

CASSIRER-GEHEEB, Edith, geb. 5.8.1885 in Berlin; Vater Stadtrat. Früh pädagogisch und sozial interessiert, aber auf Grund ihrer Herkunft zunächst nur unter familiären Widerständen Ausbildung im Pestalozzi-Fröbel-Institut (ohne Abschluß) und Betätigung im Kindergarten möglich. Unterstützung durch Alice Salomon. 1906 an die Freie Schulgemeinde Wickersdorf, Begegnung mit Paul Geheeb. Nach dessen Scheidung Heirat im Oktober 1909. Gründung der Odenwaldschule 1910, deren materielle Absicherung Ediths Vater übernimmt. 1934 Emigration in die Schweiz. Gemeinsam mit Paul Geheeb tragende Kraft der dort an wechselnden Standorten unterhaltenen École d'Humanité, die sie auch nach Geheebs Tod, zusammen mit dem Schweizer Armin Lüthi, fortführt. Gestorben in Goldern 29.4.1982.

DAMUS, Walter, geb. 6.10.1901 in Samotschin/Posen. 1920–1927 Studium Geschichte, Germanistik, Anglistik in Berlin, Jena u. USA. 1925 M.A. 1927 Staatsexamen. Ab 1930 Karl-Marx-Schule Berlin. 1929 SPD-Mitglied, 1932 Bildungsausschuß d. Gewerkschaften Berlin-Neukölln. Auseinandersetzungen mit SA. März 1933 Entlassung aus polit. Gründen u. Berufsverbot auch in Privatwirtschaft u. Verlagen. Zeitweise an Verbreitung illegal. Flugblätter beteiligt. September 1933 Emigr. nach Schweden als «Hochzeitsreise», dann London als Lehrer u. Übersetzer ohne Arbeitserlaubnis. 1934–1936 Lehrer an der von Fritz Karsen begründeten u. aus Schweizer Spenden unterhaltenen École Nouvelle de Boulogne für deutsche Emigrantenkinder in Frankreich. Nach deren Schließung 1937 als Lehrer an die Pestalozzi-Schule in Buenos Aires/Argentinien. Vorstandsmitglied der antifaschistischen Hilfs-Organisation «Das Andere Deutschland» u. Mitarb. d. gleichnamigen Zeitschrift. Nach Kriegsende Mitgl. des Deutschland-Hilfswerks. 1947–56 im Wollexport tätig, anschließend bis 1968 Lehrer an amerikan. Lincoln-School Buenos Aires. Kommunalpolitisch aktiv. Gest. 10.11.1974.

DANG, Alfred, geb. 5.1.1893 in Kaiserslautern. 1918–1921 Studium Germanistik, Geschichte u. Philosophie in Gießen. Promotion. Lehrbefähigung für das höh. Lehramt. Bis 1930 intensive journalist. u. bildungspolit. Tätigkeit in sozialdemokratischen, republikanischen, antichauvinistischen Organisationen sowie Gründung eines ständigen Beobachtungsdienstes gegen die NSDAP in Hessen. 1929–30 Leiter Reichsbanner in Elberfeld. 1930–34 Korrespondent bei Völkerbund u. Internat. Arbeitsamt Genf f. Sozialdemokrat. Pressedienst u. «Vorwärts» in Berlin. Berichterstattung über blamables Auftreten v. Arbeitsfront-Vertreter Dr. Ley in Genf, der Arbeitervertreter anderer Länder als «Zuchthaustypen» bezeichnet hatte, löst im Juni 1933 weltweite Empörung, insbes. bei Betroffenen in lateinamerik. Ländern aus, die als «Idiotenstaaten» charakterisiert worden waren. Mitarbeit an Exil- u. Auslandspresse. Auf Einladung d. Herausgebers des «Argentin. Tageblatts» Dr. Alemann 1934 nach Argentinien als Direktor u. Lehrer an dessen Pestalozzi-Schule in Buenos Aires. Engagement in der antifaschist. Bewegung «Das Andere Deutschland» und der von dieser Organisation herausgegebenen Publikation gleichen Namens. Legte 1951 wegen Konflikten mit konservativen Strömungen im Vorstand der Pestalozzi-Gesellschaft Schulleitung nieder, kehrte aber nach Tätigkeit in der Industrie 1954 noch einmal als Direktor, bis zu seinem Tod 1956, an sie zurück.

EDELSTEIN, Heinz, geb. 5. 6. 1902 in Bonn. Studium d. Musik, Kunstgeschichte u. Philosophie in Bonn, Freiburg/Br. u. Berlin. Cellolehrer im Landerziehungsheim Birklehof. Orchestermusiker, Musikkritiker. Als Jude von allem ausgeschlossen, daher Emigration 1937 nach Island. Aufbau einer Jugendmusikschule in Reykjavik. 1956 Rückkehr nach Deutschland an die Odenwaldschule. 5. 10. 1959 verstorben.

EMMERICH, Trude, geb. 6. 4. 1905 in Karlsruhe. Besuch des dortigen humanist. Mädchengymnasiums. Studium d. Theologie u. Philosophie 1924–29 in Heidelberg, Marburg, Münster. Nach erstem theolog. Examen 1930 zwei Jahre Lehrvikariat in einer von der Inneren Mission geleiteten Fürsorgeerziehungsanstalt in Wuppertal-Elberfeld. Nach 2. theolog. Examen 1932 im Ev. Jugend- u. Wohlfahrtsdienst in Karlsruhe, dann kirchl. Gemeindearbeit. Weil Mitglied des von Niemöller gegründeten Pfarrernotbundes u. d. Bekennenden Kirche 1935 von der badischen Kirchenregierung als «untragbar» fristlos entlassen. Wegen Verfolgung durch Gestapo Sept. 1935 zunächst in die Schweiz emigriert, nach vier Jahren über Paris nach Großbritannien. Mitarbeit bei G. E. R. Minna Specht zuliebe 1947 an die Odenwaldschule als Religions- u. Englischlehrerin. 1. 4. 1983 in Karlsruhe verstorben.

ESSINGER, Anna, geb. 15. 9. 1879 in Ulm. 1898 mit Tante nach Nashville/Tennessee in den USA. Besuch höherer Schule und Studium in Madison. Bei gelegentlicher Vertretung einer Lehrerin Interesse an Lehrerausbildung gewonnen u. absolviert. M. A. Nach dem Ersten Weltkrieg mit Quäkern nach Deutschland zurück und in der Sozialfürsorge tätig. Anschließend bei einer sozialist. Frauenorganisation in Stuttgart und Karlsruhe aktiv. Zur schulischen Versorgung von Kindern, die sich in Heimen ihrer Schwester Claire u. der mit ihr befreundeten Käte Hamburg befanden, 1926 Gründung des Landerziehungsheimes Herrlingen b. Ulm, das sie bis zur Emigration nach England 1933 leitete. Dort in Bunce Court, Otterden/Kent, Gründung u. Leitung von «New Herrlingen», das bis 1948 bestand.

FENSKE, Martin, geb. 18. 3. 1902 in Zwin (Prov. Posen). Studium d. Math., Physik, Chemie in Berlin und München, u. a. bei A. Einstein. Schon 1932 als Nazigegner über Uruguay nach Argentinien ausgewandert. Von Dr. Alemann an die Pestalozzi-Schule, Buenos Aires, als einer der ersten Lehrer geholt. Verfasser einer Fibel für Emigrantenkinder: «Wer lesen kann, hat Freude dran.» Wechsel an die Cangallo-Schule, die ebenfalls der Gleichschaltung widerstand, bis zur Pensionierung. Danach Aufbau einer deutschen Schule in Moreno. Ursprünglich Kommunist, später «ehrlicher Sozialist». Engagiert in der antifaschistischen Gruppierung «Das Andere Deutschland» und im Verein Vorwärts. Starb bei Deutschlandreise am 3. 7. 1964 in Berlin (West).

FLADUNG, Johann, geb. 12. 2. 1898 in Frankfurt a. M. Gelernter Goldschmied. Ab 1913 Mitgl. d. Arbeiterjugend. 1921 KPD. 1924–1933 Mitgl. d. Preuß. Landtags.

1928–33 Stadtverordn. Düsseldorf in Kultur- und Schulausschüssen bzw. -organisationen (Bund d. Fr. Schulges.) tätig. 1933 verhaftet, erkrankt, entlassen. 1938 Emigration in die Schweiz, 1939 nach England. Führende Funktionen in KPD, Mitbegr. d. Fr. Dt. Kulturbundes, später dessen Vors. Versuch d. Gründung einer Schule für Flüchtlingskinder (Theydon Bois School). Engagement im Refugees Children Evacuation Fund. Nach 1945 Gründung d. Progreß-Verlages in Düsseldorf. Hg. Zs. Heute und Morgen. 1948 FDKB-Sekr. Düsseldorf, 1951–58 Bundessekr. Wegen Versuch der Weiterführung des FDKB nach KPD-Verbot Prozeß wegen «Staatsgefährdung», gegen den u. a. Bertrand Russell protestierte. 1964 wegen Verhandlungsunfähigkeit d. Angeklagten ausgesetzt. 1982 in Gundershausen b. Darmstadt gestorben.

FRIEDLÄNDER, Martha, geb. 8. 9. 1896 in Guben/Niederlausitz. Lehrerausbildung bis 1917, Studium der Sprachheilkunde an d. Phil. u. Med. Fakultät der Universität Berlin. Unterricht als Hilfslehrerin in Görlitz bis 1927, mit Unterbrechungen z. T. durch Arbeitslosigkeit. Einrichtung u. Leitung einer städt. Sprachheilsammelklasse für Schulanfänger (1927–1932) und eines Sprachheilkurses vor Schuleintritt (1930–32). Nach Einsparung der Sprachheilklasse Versetzung an weltliche Schule. Privatunterricht für sprachgestörte u. schwerhörige Kinder. Teilnahme an Aktivitäten der Internationalen Gesellschaft für Logopädie und Phoniatrie, Beteiligung an Arbeitsgemeinschaften von Sprachheillehrern und Ausstellungen. Oktober 1933 Entlassung aus dem staatlichen Schuldienst auf Grund d. Gesetzes zur Wiederherstellung des Berufsbeamtentums. 18 Monate Unterricht im Jüdischen Landschulheim Caputh b. Potsdam (1934–35). 1936/37 Mitarbeiterin in der dänischen Schule von Minna Specht. Ein Jahr Lehrerin an der Boarding School Carmelcourt in England. Zulassung zur englischen Ausbildung als «Teacher for lipreading» vom Institute for the Deaf abgelehnt, da Ausländer. Erziehungsarbeit in Wartime Nurseries und Infant School. Mitarbeit bei G. E. R. Seit 1946 Fachpädagogin für Hör- und Sprachgeschädigte in Bremen. 1978 gestorben.

FRIEDLÄNDER, Sophie, geb. 1903. Nach erstem Lehrerinnenexamen Englisch-Studium in Berlin u. Freiburg. Einjähriger Aufenthalt in London. 1932 Staatsexamen für den höheren Schuldienst, Referendariat an der Karl-Marx-Schule in Berlin-Neukölln. 1933 Übernahme in den Schuldienst und Entlassung «aus rassischen Gründen» am gleichen Tag. Lehrerin für Englisch u. Geographie im jüd. Landschulheim Caputh. 1936 mit F. M. Friedmann Wechsel zur jüdischen Oberschule in Berlin als Lehrerin «für so viele Fächer wie möglich». 1938 Emigration nach Großbritannien. Zunächst Haushaltshilfe, dann «Second in command» in einem Auffanglager für Flüchtlingskinder. Bei Kriegsausbruch als «feindliche Ausländerin» aus diesem Lager ausgeschlossen. Mit Hilde Jaretzki, die auch in Caputh gewesen war, an englischen Schulen und Heimen, u. a. für junge Flüchtlinge, vor allem sozialpädagogisch und mit in England unbekannten modernen Unterrichtsmethoden gearbeitet. Nach Pensionierung ab 1969 Tätigkeit in der Lehrerfortbildung.

FRIEDMANN, Fridolin Moritz Max, geb. 2. 6. 1897 in Burgkunstadt/Bayern. Studium in München, Heidelberg, Köln und Erlangen, dort 1925 Promotion mit einer Arbeit über Moses Mendelssohn. Tätigkeit als Lehrer u. a. an Odenwaldschule (1925/26) u. jüd. Samson-Schule (m. Internat) in Wolfenbüttel b. Braunschweig. Ab April 1932 Lehrer für Deutsch u. Geschichte, dann Leiter des jüdischen Landschulheims Caputh b. Potsdam. 1937 Wechsel zur Oberschule der jüdischen Gemeinde in Berlin in der Wilsnackerstraße, nebenher Unterricht über jüdische Themen an den Wochenenden in Caputh. 1938/39 Begleitung von Kindertransporten nach England, wohin er selbst 1939 emigrierte. Erziehungsarbeit in einem Lager für jugendliche Einwanderer nach Palästina. Nach kurzer Internierung 1940/41 Deutschlehrer bis 1945 an der Warwick School. Übernahme eines Auffanglagers für Kinder aus Konzentrationslagern in Wintershill Hall, Durley, b. Southampton und 1946 einer ähnlichen Einrichtung in Nord-Irland. Von August 1946 bis Juli 1948 Lehrer an der Bunce Court School (=New Herrlingen). Nach Schließung der Schule, die hauptsächlich von Flüchtlingskindern besucht worden war, Lehrer für Geschichte und Englisch an dem neugegründeten jüd. Internat für Knaben Carmel College, dann in Greenham u. Wallingford. Nach seinem Rückzug aus dem Schuldienst 1961 Vorträge über jüdische Geschichte am Leo Baeck College u. später am City Literary Institute, nach kurzem erneuten «Gastspiel» in Carmel College. Er starb am 15. Oktober 1976.

GEHEEB, Paul, geb. 10.10.1870 in Geisa/Rhön. 1889–99 Studium d. Theologie, Philosophie, Orientalistik, Medizin u. Naturwissenschaft in Berlin, Gießen, Jena. 1891 Gründung eines studentischen Temperenzbundes. Kontakte zur Arbeiter- u. Frauenbewegung. 1893/94 Mitarbeiter in Trübnerschen Anstalten b. Jena, 1899 Gründung d. Nordseepädagogium auf Föhr, 1902–04 Mitarbeiter, schließlich Leiter Landerziehungsheim Haubinda, 1906 Gründung der Freien Schulgemeinde Wickersdorf m. Gustav Wyneken. Nach Bruch mit Wyneken u. Heirat m. Eva Cassirer Gründung der Odenwaldschule in Oberhambach/Bergstr. Nach deren Schließung 1934 Emigration in die Schweiz, wo er die École d'Humanité gründet. Mehrmaliger Wechsel des Standorts, ab 1946 Goldern/Hasliberg im Berner Oberland. 1936 Anerkennung als polit. Flüchtling. Engagiert im «Weltbund zur Erneuerung der Erziehung» (New Education Fellowship), Internationalem Guttemplerorden, Tabakgegnerbund. 1953 Großes Bundesverdienstkreuz. 1960 Dr. h. c. Univ. Tübingen. Gest. 1.5.1961 in Goldern.

GILEAD, Mordechai (bis 1950 Guttfeld, Heinz), geb. 10.4.1906 in Luckenwalde/Brandenburg. Nach 10 Jahren Gymn. und Lehre 1927–29 Arbeiter-Abiturienten-Kurs Berlin-Neukölln (Karl-Marx-Schule), 1929–33 Studium der Mathematik, Geographie, Meteorologie als Stipendiat der Studienstiftung d. deutschen Volkes in Berlin, Freiburg u. Frankfurt/M. 1932 Dipl.-Mittelschullehrer. 1922–32 Mitgl. d. Jungsozialisten, Kinderfreunde, Roter Studentenbund. Nachdem 1933 aus «politischen u. rassischen Gründen» weiteres Studium zwecks Promotion bei Hans Weil in Frankfurt unmöglich, Emigration im Oktober 1933 nach Italien, Zusammenarbeit mit ihm zunächst an dem von Dr. Werner Peiser in Florenz errichteten Landschulheim mit humanistischer Zielrichtung, sodann an der von Hans Weil in Recco 1934 gegründeten «Schule am Mittelmeer». 1935 Einwanderung nach Palästina mit Ehefrau Ellen Ephraim, die auch in Recco als Sportlehrerin tätig war. Wegen mangelnder Sprachkenntnisse keine Tätigkeit als Lehrer mehr. Nach zusätzlicher Qualifizierung seit 1948 Leiter des Meteorologischen Dienstes des Landes. Im Anschluß an Pensionierung 1971 Berater in der Entwicklungshilfe. 1947–1971 Ständ. Vertreter Israels bei meteorolog. Weltorg.

GRÖNEWALD, Heinrich, geb. 13.6.1909 in Einbeck (Hann.). Studium d. Erziehungswiss. an der TH Braunschweig bei dem Schulreformer Adolf Jensen. Mitglied in der Sozialist. Studentengruppe, Allg. Fr. Lehrergewerksch. D, linker Flügel der SPD. Nach 1. Staatsexamen f. Lehramt 1931 von dem nazistischen Kultusmin. Franzen aus polit. Gründen nicht in Schuldienst eingestellt. Deshalb Fortsetzung d. Studiums m. Ziel d. neugeschaffenen Dr. cult. Journalist. Tätigkeit für sozialdemokrat. Presse in Schöningen b. Göttingen. Nach Überfall durch SA 1932 Emigration nach Frankreich. In Paris Privatlehrer, Berichterstattung in französischen Lehrerzeitungen über zunehmende Faschisierung des deutschen Schulwesens, in deutschen Blättern und durch Vortragsreisen über französische Schulverhältnisse. Als Student an der Sorbonne eingeschrieben. Vertrauensmann u. Anlaufstelle für nach Frankreich emigrierende sozialistische Lehrer, an deren Zusammenschluß zu einer Arbeitsgruppe er wesentlichen Anteil hat. Mit Unterstützung des Internationalen Gewerkschaftsbundes Versuch des Aufbaus einer illegalen Lehrerorganisation im Reich. Ausgebürgert 1934 auf der 2., der sog. «Einstein»-Liste. 1935 mit Nansen-Paß nach Argentinien als Lehrer an die Pestalozzi-Schule in Buenos Aires, zusammen mit August Siemsen. Mit diesem Gründung der antifaschistischen Hilfs-Organisation «Das Andere Deutschland» u. Mitarbeit an der von ihr herausgegebenen gleichnamigen Zeitschrift. Vermittlung von Kontakten zum Verband deutscher Lehreremigranten in Paris, sowie zum Internationalen Berufssekretariat der Lehrer. Nach 1945 Mitbegründer des Deutschland-Hilfswerks. Ab 1953 Direktor der deutschen Auslandsschule Escuela del Norte in Buenos Aires. Verstorben 22.5. 1958 in Königstein bei Deutschland-Besuch zur Regelung seiner Wiedergutmachung.

GRUNWALD-EISFELDER, Hanna, geb. 21.3.1900. Vor 1933 Leiterin des 1927 von der Arbeiterwohlfahrt errichteten fortschrittlichen Erziehungsheims «Immenhof» in der Lüneburger Heide, zuvor Arbeit in einem Heim für uneheliche Mütter und ihre Kinder des Berliner Jugendamtes Prenzlauer Berg, das damals von Walter Friedländer geleitet wurde. Nach Aufdeckung ihrer Beteiligung am politischen Widerstand Flucht mit dem Ehemann zunächst nach Paris, wo sie die Assistance Médicale aux Enfants des Réfugiés ins Leben rief und hier wie auf ihrer nächsten Fluchtstation (Limoges 1939) ein Kinderheim errichtete, um meist jüdische Kinder – auch durch die Vermittlung von Adoptionen – der Verfolgung zu entziehen. 1942 erneute Flucht vor der Gestapo, die sie schließlich nach mehr als zwei Jahren in die USA führt, wo ihr Mann stirbt. Tätigkeit als Supervisor in verschiedenen Wohlfahrtsämtern der Stadt und des Staates New York und in Buffalo; Aufnahme in die Gesellschaft für Gruppentherapie; Veröffentlichung einschlägiger Artikel in amerikanischen und internationalen Fachzeitschriften. Seit 1960 ehrenamtliche Mitarbeit in der amerikanischen Sektion von Amnesty International, zu deren Ehrenvorsitzenden sie 1980 anläßlich ihres 80. Geburtstages ernannt wurde.

HAHN, Kurt, geb. 5.6.1886 in Berlin. Ab 1904 Studium d. Klass. Philologie in Oxford, Berlin, Heidelberg, Freiburg/Br., Göttingen (u. a. bei L. Nelson). Ab 1917 Pol. Berater u. Sekretär des Prinzen Max von Baden, Sondermissionen, u. a. Teilnahme an deutscher Delegation in Versailles. Kampf gegen Folgen des Versailler Vertrages während Weimarer Republik, zu der er sich kritisch verhält. Ab Febr. 1918 Sekr. d. Heidelberger Arbeitsgemeinschaft für Politik des Rechts unter Leitung von Max Weber u. Prinz Max von Baden, der 1920 das Landeserziehungsheim Schloß Salem gründet. Leitung der Schule von Schloß Salem von 1920 bis 1933 nach seinen päd. Vorstellungen zur Erziehung einer neuen Führungselite, auf der Basis von Selbstdisziplin, Verantwortung, vielseitiger Persönlichkeitsentfaltung, körperlicher Ertüchtigung und sozialem Dienst, u. a. angeregt durch Modell der «Public schools» und deren Nachfolge in den Landerziehungsheimen von Hermann Lietz. Nach zeitweiligen Hoffnungen auf positive Entwicklung des Nationalsoz. deutliche Distanzierung und Konflikte mit dem

NS-Regime; 1933 Schutzhaft und nach Entlassung Verbot der Schulleitung u. d. Aufenthalts in Baden. 1934 Emigration nach Großbritannien und Gründung von Gordonstoun/Schottland. Ab 1941 Initator sog. «Outward-Bound-» oder Kurz-Schulen, zuerst in Wales. Dort ab 1962 auch Einrichtung des ersten «Atlantic-College», das von Hahn erprobte Erziehungsmittel wie Leistungswettkämpfe u. Rettungsdienste als Erziehungsmittel für junge Erwachsene einsetzt u. zu einer international anerkannten Hochschulreife zu führen versucht. Dr. phil. h. c. 1956 Göttingen, 1961 Tübingen, 1966 Berlin. Gest. 14. 12. 1974 in Salem.

HAMBURG, Käte, geb. 1893. Studium d. Mathematik u. Philosophie in Berlin, Hamburg u. Freiburg/Br. 1914 Lehrexamen. Von 1917–20 Odenwaldschule, Heppenheim; Sanatoriumsaufenthalt in Verbindung m. Mathematikunterricht. 1920/21 Univ.-Klinik Freiburg Ausbildung als Kinderpflegerin. 1921 Gründung eines kleinen Kinderheims für mittellose uneheliche Kinder, die bei Erreichen des Schulalters im Landerziehungsheim Herrlingen von Anna Essinger als «Tagesschüler» Aufnahme fanden, wo K. H. auch Mathematik unterrichtete. Nach 1933 als Lehrerin im Jüd. Landschulheim von Hugo Rosenthal in Herrlingen bis 1939; Betreuung der teilweise jüdischen, von ihr angenommenen Kinder bis zu diesem Zeitpunkt. Von Mai 1939 bis Februar 1940 Haushaltshilfe u. Kinderbetreuung, bei englischer Familie. Ab Februar 1940 bis Ostern 1942 Mitglied des Lehrkörpers der Bunce Court School in der Evakuierung, als Lehrerin für Mathematik u. Deutsch und «Gruppenmutter». Seit Ostern 1942 Studium am Woodbroke College, Birmingham, der Quäker. Ab Dezember 1942 Leiterin eines Flüchtlingsheims der Quäker in Manchester.

HECKMANN, Charlotte, geb. Sonntag, geb. 1909. Nach Ausbildung als Sozialarbeiterin in Dresden 1933 Emigration nach Dänemark. Verantwortlich für den Kindergarten in den von Minna Specht begründeten und gemeinsam mit Gustav Heckmann geleiteten Nachfolge-Schulen der Walkemühle in Dänemark und England/Wales bis zur Schließung der Schule infolge der Internierung der meisten Lehrer 1940. Leitung eines englischen Psychotherapeutischen Kinderheims. Ausbildung als Psychiatric Social Worker an der Londoner School of Economics. 1945 Heirat mit Gustav Heckmann. 1945/46 Leitung eines Heims für halbjüdische Kinder aus dem ehemaligen Konzentrationslager Theresienstadt, worüber sie zusammen mit Cynthia Rowland einen Erfahrungsbericht verfaßte. Seit 1946 in Hannover. Aufbau einer Erziehungsberatungsstelle der Arbeiterwohlfahrt.

HECKMANN, Gustav, geb. 22. 4. 1898 in Voerde/Krs. Dinslaken. Studium der Mathematik, Physik, Philosophie in Göttingen, Marburg, Berlin, u. a. bei Max Born und Leonard Nelson. 1924 Promotion, 1925 Lehramtsprüfung. 1926 Beitritt zum ISK, 1927–1931 Lehrer am ISK-Landerziehungsheim Walkemühle/ Hessen mit Schwerpunkt Erwachsenenbildung, dann bis Febr. 1933 Mitarbeiter der ISK-Zeitschrift «Der Funke» in Berlin. Emigration mit Minna Specht nach Dänemark und Weiterführung der Kinderabteilung der Walkemühle dort und ab 1938 in Wales, bis zur Internierung des Lehrpersonals und Schließung der Schule. Jan. 1941 nach Meldung zum Pioneer Corps Rückkehr aus einem kanad. Internierungslager. 1942–1946 für brit. Admiralität in der Minenabwehr tätig. Mitglied der Landesgruppe deutscher Gewerkschaftler in Großbritannien. 1945/ 46 Referent in Kriegsgefangenlagern. Ab Aug. 1946 auf Anforderung der niedersächsischen Kultusbehörde Professor an der Pädagogischen Hochschule Hannover. 1947–53 Vorsitzender des Niedersächsischen Lehrerverbandes. Mitarbeit in zentralen Gremien des Allgemeinen Deutschen Lehrer- u. Lehrerinnenvereins bzw. der GEW. Austritt aus der SPD, der er wie auch die anderen ISK-Genossen nach dem Zweiten Weltkrieg beitrat, als sie ihren Kampf gegen die Atomrüstung aufgab; Wiedereintritt 1973 unter dem Eindruck der Versöhnungspolitik Willy Brandts mit dem Osten. Veröffentlichte «Das Sokratische Gespräch», Hannover 1981.

HENRY, Grete, geb. Hermann, geb. 2.3.1901 in Bremen. 1921 Abschluß des Lyzeums mit Lehrbefähigung für den Unterricht in Volks- und Mittelschulen. Von 1921 bis 1925 Studium der Mathematik, Physik und Philosophie in Göttingen u. Freiburg/Br. 1926/27 Privatassistentin Leonard Nelsons. Gemeinsame Bearbeitung seiner «Vorlesungen über das System der Philosophischen Ethik und Pädagogik» und Fortsetzung dieser Arbeit mit Minna Specht nach Nelsons Tod bis zur Drucklegung 1931. Danach eigene philosophische Studien zum Zusammenhang von Naturphilosophie und Ethik. Teilnahme als «Gast» am Unterricht der Walkemühle 1928–1930 und nach der Emigration an der Nachfolgeschule 1934–1937 in Dänemark. 1938 in England Schein-Ehe mit Eduard Henry. Führend in der ISK-Gruppe London. Rückkehr nach Deutschland 1946, ab 1946 Lehrauftrag, 1950–1966 Professor für Philosophie und Physik an der Pädagogischen Hochschule der Freien Hansestadt Bremen. Zeitweilig Leiterin der Pädagogischen Hauptstelle der Gewerkschaft Erziehung und Wissenschaft. Ab 1947 Mitglied des Kulturpolitischen Ausschusses der SPD. 1954–1966 Mitglied des Deutschen Ausschusses für das Erziehungs- u. Bildungswesen. Lebt in Bremen.

HERMANS, Werner, geb. 4.2.1905 in Dortmund als W. «Hermanns», Jugend bis zum Heidelberger Studium in Hilchenbach/Sauerland verbracht. Aus besonderem Interesse in den Semesterferien Arbeit an der Odenwaldschule, auch als Referendar für einige Monate, aber wegen der politischen Lage 1932 von Geheeb nicht mehr eingestellt. Heirat mit Thera H., einer holländischen Kunsttöpferin. Durch sie und die Bekanntschaft mit van Pallandts, die als Lehrer bzw. Schüler an der OSO waren, 1934 in der Internationalen Quäkerschule Eerde/Holland als Lehrer zuständig für die holländischen Schüler. Nach Einbürgerung als Holländer Januar 1940 durch Rückzug von Kurt Neuse auch Schulleiter. 1943 nach Besetzung des Schlosses durch die Deutschen Weiterarbeit mit Kindern von Mitarbeitern und Nachbarn. Neubeginn des Schulbetriebs 1945/46, Schulleiter bis zum Eintreffen des amerikanischen Quäkers Horace Eaton 1947. Trennung von der Quäkerschule 1951 und Fortsetzung der Arbeit mit einem «Pallandt-freundlichen» Teil, Rückkehr nach Eerde nach Auslaufen des Quäkervertrages 1959. Schulleiter bis zur Pensionierung. Lebt in De Steeg b. Arnhem.

HILSLEY, Billy (William), geb. 15.12.1911 als W. Hildesheimer in London; Eltern deutsch, Vater brit. Staatsangehörigkeit. Als Kind musikalische Sonderbegabung. 5 Jahre Schulbesuch in Salem. Abitur 1930. Musikstipendium durch Eugen Jochum. Hinweis der Warburg-Schwester Eva auf Eerde als Zufluchtsort, nachdem Lage schwierig wird für «Nicht-Arier». Januar 1935 Vorstellung in Eerde, wird gegenüber Eduard Zuckmayer bevorzugt. Nach Einmarsch der Deutschen Mai 1940 als Engländer zunächst in Nord-Holland interniert, obwohl deutsch-jüdische Abstammung bekannt war. Lageraufenthalt in Tost/Oberschlesien. Ab 1945 mit Choreographen Jooss und dessen Ballett bis 1947 auf Tournee, internationale Anerkennung, dann zurück nach Eerde und Verbleib an der Quäkerschule auch nach der Teilung. Wechsel mit dieser Schule nach Beverweerd, dort heute noch tätig.

HOERNLE, Edwin, geb. 11.12.1883 in Cannstatt b. Stuttgart. 1904–08 Studium Theologie Berlin u. Tübingen, 1909 Bruch m. Familie u. Kirche, 1910 SPD. Privatlehrer u. Mitarbeit SPD-Presse. Nach Kriegsausbruch zunehmende oppositionelle Haltung innerhalb der Partei. Mitbegründer des KPD-Landesverbandes Württemberg u. ab 1919 in verschiedenen Parteifunktionen führend tätig, ab 1920 insbes. auch in der kommunist. Kinder- u. Jugendarbeit. April 1933 Emigration zunächst in die Schweiz, Ende 1933 in die UdSSR. Tätigkeit in Agrar- u. Wirtschaftswissenschafl. Institutionen. Ab Mai 1942 Lehrer an der ersten Schule für deutsche Kriegsgefangene in der UdSSR im Lager Oranski. Mai 1945 Rückkehr nach Berlin. Mitarbeit und leitende Funktionen in land- u. forstwirtschaftlicher Verwaltung, Mitorganisator der Bodenreform in der SBZ. Gest. 21.7.1952 in Bad Liebenstein/Thür.

JOUHY, Ernest, geb. 29.7.1913 in Berlin. Ab 1926 Mitglied d. deutsch-jüd. Wanderbundes Kameraden u. nach Spaltung 1931 Leiter des aus ihm hervorgeg. Roten Fähnlein, 1929–1931 Reichsleiter Sozialist. Schülerbund, Mitglied der Reichsleitung der Roten Studentengruppe u. d. KJVD. 1933 illegale Tätigkeit u. Emigration nach Frankreich. 1931–1933 Studium der Pädagogik in Berlin, Studium der Psychologie und Soziologie in Paris mit Diplom u. Promotion als Abschluß. Journalistische Tätigkeit. Kontakte zu französischen Lehrergewerkschaftlern. Mit Manès Sperber und Karl Obermann 1935–38 Arbeit in der Weltjugendgemeinschaft für Frieden, Freiheit und Fortschritt. 1938 Parteiverfahren. Aktiv in der Résistance. Leitung u. Inspektion von Heimen für Kinder jüdischer Flüchtlinge und von Kriegsopfern nach 1945. Ab 1944 päd. Leiter der OSE Paris. Eigenes Heim für Schwererziehbare. Dozent für die Ausbildung von Heimerziehern, von der UNESCO in die Leitung der Internationalen Gesellschaft für Heimerziehung berufen, deren deutsche Sektion er gründete. 1952 Studienleiter an der Odenwaldschule. Ab 1969 Professor für Sozialpädagogik an der Universität Frankfurt a. M.

KARSEN, Fritz, geb. 11.11.1885 in Breslau. Ab 1904 Studium d. Germanistik, Anglistik, Philosophie, Indologie. 1908 Promotion Breslau, 1909 Staatsexamen, 1911–20 Oberlehrer, zuletzt in Berlin. Mitglied Bund entschiedener Schulreformer, SPD, AG sozialdemokrat. Lehrer. Ab Okt. 1921 Leiter des Kaiser-Friedrich-Realgymnasiums, 1930 in Karl-Marx-Schule umbenannt, die er zum Modell für eine Demokratisierung des Schulwesens ausbaut. 1928–1933 außerdem Lehrbeauftragter der Univ. Frankfurt/M. und Berlin. Febr. 1933 Beurlaubung, Sept. 1933 Entlassung. Emigration zunächst in die Schweiz, dann nach Paris. Dort 1934 Gründung der École Nouvelle de Boulogne für Emigrantenkinder, die er 1936 angesichts staatlicher Reglementierung aufgeben muß. 1936–1938 als Regierungsberater für Erziehungsfragen in Kolumbien. Aus gesundheitlichen Gründen 1938 in die USA. Lehrtätigkeit an verschiedenen Hochschulen, insbes. in New York. Vorbereitung eines Geschichtsbuchs für deutsche Schulen, das nach 1945 nur regional kurzfristig in Gebrauch kommt. Beteiligung an Planungen für Erziehungs- u. Bildungswesen nach Hitler. Juni 1946 bis Febr. 1948 Leiter d. Abtl. Higher Education and Teacher Training bei US-Militärreg. in Berlin. Ab 1948 Prof. f. Deutsch u. Pädagogik in New York. März 1951 als Leiter einer UNESCO-Mission zum Studium v. Erziehungsfragen nach Ecuador, dort am 25.8.1951 gestorben.

VON KELLER, Alwine, geb. 10.6.1878 in New York. Kam 1916 mit ihren Kindern Ellen u. Franz und dem Pflegekind Trude Fidus an die Odenwaldschule, nachdem sie die von ihr geleitete kleine Schule in Hellerau b. Dresden aufgeben mußte. Zunehmend mit der pädagogischen Arbeit in der OSO verbunden. Offenheit für Kultur Indiens, wo Tochter Ellen heute Schule im Geiste Geheebs leitet. Auseinandersetzung mit der Psychologie C. G. Jungs, in dessen Sinn sie auch nach dem Weggang aus Deutschland 1934 als selbständige Psychologin in der Schweiz und zeitweise in Berlin arbeitet. Häufig Gast in der École d'Humanité. Gest. 31.12.1965 in Interlaken.

KRÜGER, Pitt*

LEVEN, Luise, geb. 3.12.1899 in Krefeld. Studium Universität Frankfurt/M. u. Berlin 1920–1926 m. Promotion zum Dr. phil. Musikausbildung Konservatorien Krefeld u. Frankfurt/M. Lehrerin am Staatl. Musiklehrerseminar, Volksmusikschule u. Städt. Konserv. Krefeld. Vors. d. Frauengruppe im Musiklehrerverband. 1934–1938 Chorleiterin u. Organistin an der Synagoge von Krefeld. Ausschluß aus Reichsmusikkammer. Emigration nach England März 1939 mit Unterstützung von Hilde Lion. Ab 1940 bis 1960 Leiterin d. Musikerziehung an der Stoatley Rough School, Haslemere/Surrey, später stellv. Schulleiterin, daneben zeitweilig Lehrerin an der Mädchenschule Farnham. Musikberichterstattung für Lokalzeitungen. Kulturelle Aktivitäten.

LINKE, Karl, geb. 3.3.1889 in Bennungen Krs. Sangerhausen. 1906–1909 Lehrerseminar Weißenfels. Lehrer in Magdeburg vor und nach dem Ersten Weltkrieg. 1923–1927 Rektor der Magdeburger Versuchsschule. Führende Mitarbeit im Bund der Freien Schulgesellschaften Deutschlands. Seit 1927 in Berlin als Leiter der 53./54. «weltlichen» Gemeindeschule in Neukölln. Enge Zusammenarbeit mit Fritz Karsen. 1933 zunächst beurlaubt, dann entlassen. 1934 nach Paris an die von Karsen gegründete École Nouvelle de Boulogne. 1935 Rückkehr nach Berlin, Existenz als Buchhändler. Nach 1945 Leiter des Volksbildungswesens und der Schulabteilung Magdeburg, dann bis 1948 Leiter der Schulabteilung im Volksbildungsministerium Sachsen-Anhalt. Danach Prof. an der Päd. Fakultät der Univ. Halle. 1950 nach West-Berlin, als Lehrer eingestellt und 1951 zum Rektor ernannt. Gest. 26.1.1963 in Berlin.

LION, Hilde Gudilla, geb. 14.5.1893 in Hamburg. Ab 1917 Ausbildung am Sozialpäd. Institut Hamburg. Examen als Sozialarbeiterin u. Lehrerin. Aktiv in der Frauenbewegung. Studium Volkswirtschaft u. Pädagogik in Freiburg, Hamburg, Berlin u. Köln, 1924 Promotion. Ab 1925 Lehrerin am Jugendleiterinnenseminar des Vereins Jugendheim, Berlin-Charlottenburg. 1929–1933 Direktorin d. Deutschen Akademie für Soziale u. Päd. Frauenarbeit, Berlin; Vors. d. Vereinigung d. Dozentinnen an sozialpäd. Lehranstalten. 1933 Entlassung aus «rassischen Gründen», Emigration nach Großbritannien. 1934 Gründung und Leitung der vor allem Flüchtlingskinder aufnehmenden Stoatley Rough School, Haslemere/Surrey, bis 1960. Gest. 8.4.1970 in Hindhead/Surrey.

MAEDER, Hans*

LÖWENSTEIN, Kurt, geb. 18. 5. 1885 in Bleckede/Elbe. 1906 Rabbinerseminar, daneben Studium d. Pädagogik, Philosophie u. Volkswirtschaft Berlin, nach Abbruch der Rabbinatsausbildung 1908 Externenabitur, Stud. Hannover u. Erlangen, 1910 Promotion. 1915–18 Krankenpfleger. 1918 Soldatenrat, USPD. 1919 Vors. d. Zentralkommission f. d. Bildungswesen der USPD Berlin-Brandenburg. 1919–23 Stadtverordn. Charlottenburg u. Berlin. 1921–33 Stadtschulrat Berlin-Neukölln u. Förderer der Karl-Marx-Schule. 1922 SPD, 1924–1933 Mitgl. d. Reichstages. Führungspositionen in Reichsausschuß f. sozialist. Bildungsarbeit, AG sozialdem. Lehrer u. Lehrerinnen, Sozialistischer Kulturbund. Begründer d. deutschen Organisation der «Kinderfreunde» u. Roten Falken. Angehöriger der linken SPD-Opposition. Nach SA-Überfall Febr. 1933 u. Suspendierung als Schulrat Emigration nach Prag. Vortragstätigkeit. Ab 1934 von Paris aus Wiederaufbau der Sozialistischen Erziehungs-Internationale. Veranstaltung von Internationalen Kinderrepubliken in Frankreich, Großbritannien u. Belgien, auch als Hilfsmaßnahme für Emigrantenkinder. Maßgebend beteiligt am Sozialistischen Schul- u. Erziehungsprogramm des Verbandes deutscher Lehreremigranten. Gest. 8. 5. 1939 in Paris.

MEFFERT, Carl (Moreau, Clément), geb. 26. 3. 1903 in Koblenz unter dem Namen Carl Meffert. Versteht sich als «Gebrauchsgraphiker», der mit seinen Graphiken, Bildergeschichten, Karikaturen undogmatische politische Aufklärungs- und Bildungsarbeit betreibt. Lernte in den zwanziger Jahren – nach Fürsorgeerziehung, politischer Haft, sozialen Notlagen – bei Käthe Kollwitz, Emil Orlik, Heartfield, Grosz, Zille u. a. Erste Arbeiten im Auftrag von Institutionen der Arbeiterbewegung. Zeitweilige Aufenthalte bei Fritz Jordi in dessen Siedlungsgenossenschaft in der Schweiz. Engagement für die schweizerische Arbeiterbewegung. Nach Machtübernahme der Nazis illegale Existenz in der Schweiz. 1935 über Paris nach Argentinien. Von 1935–37 Zeichenlehrer an der Pestalozzi-Schule in Buenos Aires. Mitarbeit in Organisation u. Zeitschrift «Das Andere Deutschland» u. argentinischen Blättern. Gründung einer Agitprop-Gruppe «Truppe 38». Arbeit mit Indios vor allem in der Provinz Chaco, vergleichbar dem Alphabetisierungskonzept von Paolo Freire. Unter reaktionärem Regime zeitweilig Haft, Flucht und Exil nach Uruguay. Nach Regierungswechsel 1958 Beteiligung am Aufbau einer Universität im Chaco, Lehrtätigkeit. Vom Umsturz 1962 auf Europareise überrascht. Entscheidung für Verbleiben in der Schweiz, wo er seitdem als freier Graphiker, Lehrer an der Kunstgewerbeschule St. Gallen und gemeinsam mit seiner Frau psychotherapeutisch arbeitet.

MEISSNER, Erich, geb. 1. 7. .1895 in Grankfurt/M. Dr. phil., Schüler von Hermann Lietz und nach dessen Tod Leiter des Landerziehungsheims Haubinda. Lehrer in Wickersdorf, dann in Salem bei Kurt Hahn. Internatsleitung bis Ende des Sommers 1934; Emigration zu Kurt Hahn nach Gordonstoun/Schottland. Nach Rückkehr aus Emigration Leitung der Schule Schloß Salem von Februar bis Juni 1960 während der Erkrankung des damaligen Leiters Axel v. d. Bussche. Gest. 10. 1. 1965 in Salem.

MEYER, Otto, geb. 17. 11. 1908 in Peine. Lehrerstudium an der TH Braunschweig. 1930 als Lehrer eingestellt, Ostern 1931 zusammen mit 31 Junglehrern wegen Sparmaßnahmen der Nazi-Bürgerblock-Regierung in Braunschweig entlassen. Mitglied der KPD und der Allgemeinen Freien Lehrergewerkschaft. Nach Reichstagsbrand illegale Arbeit. 1933 KZ Mohringen, wo er Naturkunde-Unterricht für Jugendliche organisiert. November 1933 Emigration über die Schweiz nach Belgien, deshalb zunächst aus der KPD ausgeschlossen, später jedoch rehabilitiert. In Belgien beim Schulfunk, als Sprachlehrer und in der kulturellen Betreuung junger Emigranten tätig. Mitglied des Verbandes deutscher Lehreremigranten. Nach Einmarsch der Deutschen interniert und ins südfranzösische Lager St. Cyprien überstellt. Flucht und erneute Internierung im Lager Rebecidou. In beiden Lagern pädagogische Arbeit mit Kindern und Jugendlichen. Entkam 1940 aus dem Lager. Beim Versuch, im Januar 1941 nach Deutschland zu gelangen, in Belgien von der Gestapo verhaftet. Nach Zuchthaushaft im KZ Sachsenhausen am 12. 5. 1943 gestorben.

MORITZ, Manfred, geb. 4. 6. 1909 in Berlin. Dr. phil. Emigrierte 1934 als junger Wissenschaftler nach Schweden, wohin er Verbindungen hatte. Am zionistisch orientierten Internat Kristinehov als Lehrer und Schulleiter bis 1941 tätig. Erneutes Philosophiestudium 1951 mit Habilitation abgeschlossen. Seit 1959 Professor für Praktische Philosophie an der Universität Lund.

NACKEN, Johanna, geb. 15. 5. 1896 in Enkirch/Mosel. Zum Besuch einer Höheren Schule mit älterer Schwester in Neuwied bei Familie untergebracht. In Kassel Besuch der Kunstschule, Unterricht in Kunstgeschichte, Zeichnen, Handarbeit. Während der Inflation als Bankbeamtin tätig zur Unterstützung der Familie. Bei Anna von Gierke im Jugendheim Charlottenburg zuständig für Handfertigkeitsunterricht in der Ausbildung von Kindergärtnerinnen u. Hortnerinnen. Nach Beurlaubung zur einjährigen Werklehrerinnenausbildung im Pestalozzi-Fröbel-Haus Führung von Jugendleiterinnenklassen im Jugendheim Charlottenburg. Engagiert in Alice Salomons Mädchen- u. Frauengruppe für soziale Hilfsarbeit. Von 1933 bis 1945 zusammen mit Nora Astfalck an der Stoatley Rough School für Flüchtlingskinder in Haslemere/England, vor allem verantwortlich für den Werkunterricht, aber auch für eine Reihe von praktischen Aufgaben. Nach 1945 mit Nora Astfalck Rückkehr nach Deutschland, zunächst an die Odenwaldschule bis 1950, später Wiederaufbau des «Immenhofs», des Heilerziehungsheims der Arbeiterwohlfahrt in der Lüneburger Heide. Gestorben 3. 4. 1963.

NEUSE, Kurt, geb. 30. 9. 1897. Studium alter und neuer Sprachen in Berlin. Zusätzlich Besuch von Kursen im englischen Club des Quäkerzentrums, wobei er seine spätere Frau Rose kennenlernt. 1929 Heirat. Anstellung an Realschule in Schlochau/Westpreußen, an der Grenze zum «Korridor» gelegen. Anti-polnische, reaktionäre Stimmung in der Bevölkerung verstärkte entgegengesetztes politisches Engagement: als Unabhängiger mit Unterstützung durch jüdische Gruppen, Kommunisten und Sozialdemokraten 1933 gewählt, wurde seine Situation unhaltbar. Emigration zunächst nach England, sodann an die Internationale Quäkerschule in Eerde/Holland, an deren Planung seine Frau zeitweise Anteil hatte. Studienleiter und 1938 Schulleiter, bis zum Einmarsch der Deutschen. Einberufung zur Schutztruppe, der er sich bis Kriegsende durch Verstecken entzog. Ging zunächst nach England, 1946 in die USA, holte 1947 die Familie nach. Lehrtätigkeit an der deutschen Abteilung der Cornell-University im Staat New York. 1964 Rückkehr nach England, wo er im März 1978 starb.

NEUSE, Rose, geb. 4. 8. 1902 in England. Mitglied der «Society of Friends» (Quäker) und tätige Pazifistin. Leitete 1928 im Internationalen Quäkerzentrum in Berlin die Clubabende der englischen Gruppe. Erwarb durch Kurse am Auslandsinstitut der Humboldt-Universität das Diplom als Deutschlehrerin für Ausländer, lernte dabei Kurt Neuse kennen, den sie 1929 heiratete. 1931 Geburt des Sohnes Richard. Litt unter den politischen und menschlichen Spannungen am Anstellungsort ihres Mannes in Schlochau/Westpreußen. Beteiligt an Planungen für Quäkerschule. Emigration mit Familie nach Eerde/Holland. Übernahme der Verantwortung für das Rechnungswesen der Schule und die Betreuung der Jüngeren. Mit ihrem Mann für den «Quäkergeist» in der Schule entscheidend. Bei Kriegsende bis 1947 nach England, dann in die USA. Rückkehr nach England 1964, wo sie seit dem Tod ihres Mannes im Wechsel mit USA-Aufenthalten lebt.

PAPANEK, Ernst, geb. 1900 in Wien, bereits 1916/17 zur Führung der damals illegalen sozialdemokratischen Mittelschülerbewegung gehörig und über die sozialdemokratische Studentenbewegung mit dem Verband jugendlicher Arbeiter in Verbindung. In den zwanziger Jahren nach Studium der Philosophie und Pädagogik als Anhänger Otto Glöckels für dessen Schulreformbestrebungen engagiert sowie bei den Kinderfreunden, den Roten Falken, den sozialistischen Lehrern, in der Sozialistischen Arbeiterjugend, deren Bildungsarbeit er ab 1930 zentral leitete. Ostern 1933 Verbandsvorsitzender der SAJ, die seit dem Staatsstreich der Regierung Dollfuß bereits unter halblegalen Bedingungen arbeitete. Nach den Februarkämpfen mit der «alten» SDAP-Führung ins Brünner Exil; unter dem Decknamen Ernst Pek Vertretung der sozialistischen Jugend Österreichs in der Sozialistischen Jugendinternationale und dort ab 1937 zuständig für die Spanienarbeit, als deren offizieller Vertreter er in die überparteiliche Internationale Hilfskommission für die spanische Jugend entsandt wurde. 1936 Schriftleiter der deutschen Ausgabe der «Internationalen pädagogischen Information». Von 1938 bis 1940 Aufbau und Leitung der von der jüdischen Hilfsorganisation OSE getragenen Kinderheime in Frankreich. Nach Flucht in die USA Fortsetzung der Tätigkeit als Lehrer, Kinderpsychologe und Leiter von Kinderheimen. Mitarbeit in internationale Kinder- und Jugendhilfsorganisationen. Daneben Studium der Sozialwissenschaften und seit 1964 Hochschullehrer am Queens College/USA und Gastprofessor an der Universität von Hiroshima. Mitglied des Parteivorstandes der Sozialistischen Partei in den USA und Freund von Norman Thomas. Starb 1973 in Wien.

PETERSEN, Katharina, geb. 3.11.1889 in Kiel. Lehrerin, 1922 – gegen zeittypische Widerstände – Schulleiterin. In der alten, später in der neuen preußischen Lehrerbildung tätig, ab 1926 an der Päd. Akademie in Kiel. Nach deren Schließung 1932 Regierungs- u. Schulrätin in Frankfurt/Oder. Verweigerung des Amtseids 1933, statt daraus resultierender Rückstufung im Amt Wahl einer zeitlich befristeten Pensionierung bis 1938. Von 1934 bis 1938 Aufbau und Leitung der Internationalen Quäkerschule in Eerde/Holland. Danach relativ unbehelligt Leitung eines Internats im liberaleren Hamburg bis zur Evakuierung nach Schlesien. Bei Kriegsende Flucht von dort in strapaziösen Fußmärschen nach Hamburg. Von Kultusminister Adolf Grimme als Ministerialrätin ins Niedersächsische Kultusministerium nach Hannover berufen und bis 1954 maßgeblich am Wiederaufbau des dortigen Schulwesens beteiligt. Mitarbeiterin bei UNICEF, dem Kinderhilfswerk der UNO; in der deutschen UNESCO-Kommission; in Gremien der deutschen Landerziehungsheime (gemeinsam mit Minna Specht), der Frauenverbände und der SPD, zu deren späterer Ostpolitik sie Anstöße gab. Anerkennung ihres vielseitigen Einsatzes für Humanität und Völkerverständigung durch die Verleihung des «Order of British Empire» und des Großen Bundesverdienstkreuzes. Starb am 23.7.1970 in Hannover.

RIELOFF, Willy, geb. 1887. Mitbegründer und Lehrer einer weltlichen Schule in Hannover. Mitglied im Bund Freier Schulgemeinden, SPD, ISK, Allgemeine

Freie Lehrergewerkschaft. 1933 aus dem Schuldienst entlassen. Lebte von Brotladen gemeinsam mit Erna Blencke. Illegale politische Arbeit. 1937 verhaftet, mangels Beweisen (!) freigesprochen. 1939 Flucht nach Frankreich, 1941 in die USA. Dort 1942 vermutlich an Folgen von Haft nach illegal. Grenzübertritt verstorben, nachdem kurzfristig als Hausmeister an Schule für zurückgebliebene Kinder gearbeitet.

RÜHLE, Otto, geb. 23. 10. 1874 in Groß-Voigtsberg/Sachsen. 1889–95 Stipendiat Lehrerseminar, danach zeitweise Hauslehrer u. Lehrer b. Chemnitz. 1896 Mitglied SPD; Redaktion sozialdemokrat. Parteiblätter, im Auftrag der Partei bis 1913 Wanderlehrer. Ab 1903 Ausarbeitung eines sozialist. Schulprogramms u. Monographie über «Das proletarische Kind». 1911 Mitglied d. sächs. Landtages, 1912–1918 Mitgl. d. Reichstags. Tendenz zum linken Flügel der SPD, dann ultra-linke kommunistische Position. 1920 Mitbegründer der KAP und Ausschluß, ab 1920 Einsatz für «Einheitsorganisation», nach 1923 Abkehr vom Linksradikalismus u. Rückkehr in die SPD. Wichtige pädagogische, psychologische u. kulturhistorische Studien; über Ehefrau Alice Gerstel-Rühle durch Individualpsychologie Adlers beeinflußt. 1933 Emigration nach Prag. 1936 als Regierungsberater für Erziehungsfragen nach Mexiko, vermutlich auf Betreiben mexikan. Stalinisten aus Regierungsdienst entlassen, weil eng mit Trotzki befreundet, trotz unterschiedl. polit. Auffassungen. Zuletzt als Kunstmaler erfolgreich tätig. Gest. 24. 6. 1943 in Mexiko City. Am gleichen Tag Freitod seiner Frau.

SARAN, Mary (gesch. Hodann), geb. 13. 7. 1897 in Cranz/Samland. Medizinstudium in Berlin u. Göttingen bis zum Physikum, anschließend in Erwachsenenbildung und Sozialarbeit in Berlin tätig. Anhängerin der Philosophie Leonard Nelsons und an führender Stelle für IJB und ISK publizistisch tätig. 1933 Entlassung als Sozialarbeiterin aus dem öffentlichen Dienst. Flucht nach Frankreich und über London nach Dänemark, dort Mitwirkung an der Verlegung der Walkemühle, danach zurück nach Großbritannien. Politisch in verschiedenen, dem ISK nahestehenden Gruppen aktiv, Mitarbeit bei Vorschlägen des ISK zur Nachkriegsordnung Deutschlands, ab 1945 Herausgabe des ISK-Informationsdienstes «Europe speaks», und Mitarbeit in der Kriegsgefangenenschulung, bei sozialistischen Frauenzeitschriften, in der UNESCO. Beratung und Vortragstätigkeit für das 1961 gegründete International Training Center for Community Services in Haifa. Ab 1974 an einer Londoner Schule tätig. In den drei Jahren vor ihrem Tode am 16. Februar 1976 Niederschrift ihrer Memoiren unter dem Titel: «Never give up» (London 1976).

SCHRAMM, Hanna, geb. 7. 4. 1896 in Berlin. Gewerbeoberlehrerin, an Berufsschule für ungelernte Arbeiterinnen. Seit 1926 Mitglied in SPD und Allgemeiner Freier Lehrergewerkschaft. Frühjahr 1934 wegen «politischer Unzuverlässigkeit» entlassen. Emigration nach Paris im November 1934. Mitarbeit am Schulprogramm des Verbandes deutscher Lehreremigranten. 1936 Deutschrepetitorin an einer Mädchenschule in Besançon. Wegen Spionageverdacht 3 Monate in Haft. 1940/41 im Lager Gurs interniert; Einrichtung einer Lagerschule. Nach dem Krieg in Paris journalistisch, schriftstellerisch und als Sekretärin tätig. Rückkehr nach Deutschland abgelehnt, weil sie «als Lehrerin eine ganze Generation Schüler übersprungen» hätte und von der Vorstellung nicht loskäme, sich bei jedem älteren Mann zu fragen, inwieweit er Nazi gewesen sei. Gestorben am 13. 2. 1978 in Paris.

SIEMSEN, Anna, geb. 18. 1. 1882 in Mark/Westf. 1901 Lehrerinnenexamen in Münster. Privatlehrerin. 1905–1911 Studium Philologie in München, Münster, Bonn u. Göttingen. Promotion, Staatsexamen. Oberlehrerin in Detmold, Bremen, Düsseldorf. Anschluß an pazifist. Organisationen im Ersten Weltkrieg. 1918 USPD, 1922 SPD. Mitgl. i. Bund entschied. Schulreformer. 1919–1923 im Preußischen Kultusministerium in Berlin und im Fach- und Berufsschulwesen in Düsseldorf tätig. 1923 Berufung als Oberschulrätin u. Honorarprof. nach Jena. Mitarbeit bei Reform des Mittelschulwesens u. d. Lehrerbildung. 1924 von Bürgerblockregierung als Oberschulrätin entlassen. Beibehaltung der Professur bis 1932, als sie wegen ihres Protests gegen die Amtsenthebung des Pazifisten Prof. Gumbel in Heidelberg ihre Lehrerlaubnis verliert. Sommer 1933 endgültige Entlassung aus dem Beamtenverhältnis, auf Grund führender Stellung innerhalb der Linksopposition SPD, die sie von 1928–1930 im Reichstag vertrat und Mitgliedschaft von 1931–33 in SAP. Außerdem Mitglied der Freien Lehrergewerkschaft seit Anbeginn, aktive Bildungsarbeit in sozialistischen Jugendorganisationen. Emigration in die Schweiz am 15. 3. 1933. Scheinheirat mit Schweizer Sozialisten zwecks Arbeitserlaubnis. Mitarbeit in der schweizerischen Arbeiterbewegung u. ihrer Presse. 1937 im Auftrag eines Kinderhilfswerks im kämpfenden republikanischen Spanien. Ende des Zweiten Weltkriegs Organisation von Kursen zur Ausbildung von Schulhelfern u. Sozialarbeitern für Deutschland. Fortsetzung dieser Arbeit seit 1946 in Hamburg mit Sonderlehrgängen zur Ausbildung von Volksschullehrern. Dozentin f. Lit. u. Päd. Univ. Hamburg. Engagiert in Bildungsarbeit f. sozialist. Jugend u. in der Sozialistischen Bewegung für die Vereinigten Staaten v. Europa (dt. Sektion später in Anna-Siemsen-Kreis umbenannt). Gest. am 22. Jan. 1952 in Hamburg.

SIEMSEN, August, geb. 5. 7. 1884 in Mark/Westf. Studium Germanistik u. Geschichte in Tübingen, Münster u. Göttingen. 1909 Promotion. Oberlehrer in Essen, dort Mitgl. und Vors. des Fortschrittl. Volkspartei. 1915 SPD, dann USPD, 1922 wieder SPD, linker Flügel. 1920 wegen Unterstützung d. Generalstreiks gegen Kapp-Putsch zu 6 Monaten Gefängnis verurteilt, aber amnestiert; Entlassung aus Schuldienst erst nach Protesten rückgängig gemacht. 1923 Studienrat in Thüringen, 1924 in Wartestand versetzt. In Erwachsenenbildung tätig und für Zeitschr. «Sozialistische Erziehung u. Kultur», AG Sozialdemokrat. Lehrer u. Lehrerinnen Deutschlands, Kinderfreunde, Bund freier Schulgesellschaften. 1930–32 Mitgl. d. Reichstages. 1931–1933 SAP. Am 1. 4. 1933 – wie seine mit ihm eng verbundene Schwester Anna Siemsen – in die Schweiz emigriert. Dort schriftstellerisch u. journalistisch tätig. Jan./Febr. 1936 Übersiedlung nach Argentinien als Lehrer an der Pestalozzi-Schule Buenos Aires. Mitbegründer u. Leiter der antifaschistischen Organisation «Das Andere Deutschland», Herausgeber der gleichnamigen Zeitschrift von 1938–49. Mitglied des Verbandes deutscher Lehreremigranten. Mitbegründer d. Deutschland-Hilfswerk nach 1945. 1952 Rückkehr in die BRD, 1955 aus Protest gegen polit. Entwicklung in die DDR. Mitglied der SED. Verstorben am 25. 3. 1958 in Berlin (Ost).

SOLLMANN, Wilhelm, geb. 1. 4. 1881 in Oberlind/Krs. Sonneberg. Kaufm. Lehre in Köln. Seit 1903 aktiv im Anti-Alkoholbewegung und Mitglied der SPD. 1907 Mitbegründer der «Freien Jugend», später SAJ Köln. 1912–1933 Redakteur der sozialdemokratischen «Rheinischen Zeitung». Jan. 1918 einer der ersten drei SPD-Stadtverordneten in Köln. Nov. 1918 verantwortlich für «geordneten Ablauf» der revolutionären Erhebung der Arbeiter- u. Soldatenräte im Kölner Raum und darüber hinaus. Mitglied der Weimarer Nationalversammlung u. d.

Reichstages. 1923 zweimal Reichsinnenminister unter Stresemann. Loyales, jedoch nicht unkritisches Verhältnis zu Konrad Adenauer, damals Oberbürgermeister von Köln, der Sollmann als «ethischen Sozialisten» respektiert. 1933 Mißhandlung durch SA und SS-Trupps, «Schutzhaft» und Flucht ins Saargebiet, dort Herausgabe der «Deutschen Freiheit» als einziger noch unabhängig. Tageszeitung der SPD. Ab 1937 Vortrags- und schließlich Lehrtätigkeit in den USA, mit Existenzbasis in Quäker-Hochschule Pendle Hill b. Philadelphia, u. a. auf Initiative von Hertha Kraus, ehemalige Stadtdirektorin u. Leiterin der Wohlfahrtsarbeit in Köln. Beiträge zur «Programmdiskussion» gewerkschaftl. u. sozial-demokr. Exilorganisationen. 1948 Entsendung als «Botschafter guten Willens» nach Deutschland durch die Quäker. 1949 Gründung eines «Bundes für Bürgerrechte», Gastprofessur an Kölner Universität. Am 6. Januar 1951 in Mount Carmel/USA gestorben.

SPECHT, Minna, geb. 22. 12. 1879 in Reinbek bei Hamburg. 1899 Lehrerinnenexamen; 1906–1909 und 1912–14 Studium der Geschichte, Philosophie und Mathematik in München und Göttingen, ab 1914/15 Mitarbeiterin von Leonard Nelson. Mitbegründerin des Internationalen Jugendbundes. Ab 1918 Mathematiklehrerin im Lietzschen Landerziehungsheim Haubinda. Aktiv in dem 1924 gegründeten Lehrer-Kampfbund mit sozialistisch-freidenkerischer Ausrichtung und in der «inneren Führung» des SK. Leiterin des 1925 begründeten ISK-Landerziehungsheims Walkemühle b. Melsungen bis zur zwangsweisen Schließung 1933. Emigration der Schule im Sommer 1933 nach Dänemark, 1938 Übersiedlung nach Wales, später Somerset/England. Nach Auflösung der Schule 1940 durch Internierung der meisten Lehrer Fortsetzung der pädagogischen Arbeit im Internierungslager. Nach Entlassung 1941 Mitarbeit beim Aufbau von G. E. R, in der Landesgruppe deutscher Gewerkschafter in Großbritannien und in der International Group of Teachers' Trade Unionists. Im Auftrag der Fabian suchung des Systems der «Public schools» in «kontinentaler» Perspektive. Maßgebende Beteiligung an Entwicklung von Programmen verschiedener Exilgruppen für den auch durch päd. Bemühungen zu unterstützenden Gesellschaftsund «Gesinnungswandel» nach Hitler. 1946 bis 1951 Leitung der Odenwaldschule Oberhambach/Bergstr. Danach Mitarbeit bis 1959 am UNESCO-Institut für Pädagogik in Hamburg, in Bildungspolitik und Frauenarbeit der SPD. Zahlreiche Vortragsreisen in europäische Länder. Gestorben am 3. 2. 1961 in Bremen.

SUTRO, Nettie, geb. 1. 11. 1889 in München. Studium in München und Bern, dort Promotion zum Dr. phil. und Heirat mit dem Mediziner Dr. Katzenstein, dessen Helferin sie 40 Jahre lang in seiner zunächst Tessiner und dann Züricher Praxis war. Kurz vor der «Machtübernahme» Einbürgerung in Zürich. Beibehaltung des ehemaligen Namens Sutro, nicht zuletzt auch zum Gebrauch als Deckname. Dank ihrer Initiative Gründung des Schweizerischen Hilfswerks für Emigrantenkinder, das sie während 14 Jahren leitete. Nach der durch sie initiierten Gründung des Schweizer Kinderdorfes Kirjath Jearim b. Jerusalem (1952) viele Jahre Präsidentin des Zentralvorstandes und des Zürcher Komitees der schweizerischen Freunde dieser Niederlassung. Neben der Arbeit als «Flüchtlingsmutter» Betätigung als Historikerin, Erzählerin und Übersetzerin. 1967 gestorben.

TEPP, Max, stammte aus der Gegend von Hamburg. Aktiv in der deutschen Jugendbewegung. 1923 aus Schuldienst entlassen, weil – politisch eher dem Anarchismus zuzurechnen – Eid auf die Reichsverfassung abgelehnt. Ab 1938 Lehrer an der Pestalozzi-Schule (zuvor Cangallo-Schule) in Buenos Aires/Argentinien; nach Alfred Dang deren Direktor. Auch schriftstellerisch tätig. Nach 1945 nach Deutschland zurückgekehrt.

WARBURG, Josepha (Josie), geb. Spiero, geb. 4.4.1903 in Hamburg. Ausbildung bei Alice Salomon in Berlin als Sozialarbeiterin, ohne Abschluß. Als 18jährige Heirat mit Dr. Fritz Einstein, Unterstützung seiner Arbeit als Arzt in der Fritz-Schumacher-Siedlung, der ersten sozialistischen Siedlung für Schwerkriegsbeschädigte, Kinderreiche u. Tuberkulöse in Hamburg. Zwei Kinder (Hans, geb. 1923, Heilwig, geb. 1925), mit denen sie im April 1934 nach Eerde/Holland als «Hausmutter» an die internationale Quäkerschule emigriert, um sie vor zunehmenden antisemitischen Repressalien zu bewahren. Da F. Einstein seine Arbeit in Hamburg nicht aufgeben will, 1935 Scheidung. 1938 Heirat mit Max Warburg. Geburt zweier Töchter in Eerde (Maria-Christina, geb. 1939, Iris, geb. 1943). Untertauchen der Familie bei Übernahme des Schulgebäudes durch deutsche Besatzung. Auswanderung des Sohnes Hans 1939, der Tochter Heilwig 1946 nach den USA. Weil an sich gewünschte Rückkehr nach Deutschland zu schwierig, gemeinsam mit Max Warburg 1947 nach England, wo sie ab 1948 als Hausverwalterin an der progressiven Schule Dartington Hall und von 1957 an in gleicher Funktion am Church of England Training College S. Katharine's tätig ist. 1966 Ende der Berufstätigkeit. Lebt in London.

WARBURG, Max A., geb. 10.7.1902 in Hamburg. Studium Klass. Philologie, Philosophie u. Kunstgeschichte. Lehramt, Promotion. 1934 an die Internationale Quäkerschule, Eerde/Holland emigriert, begründet mit halbjüdischer Abstammung und politischer Lage. Heirat m. Josie Einstein, geb. Spiero, 1938 und Geburt zweier Töchter. Mit Kurt Neuse komplementär Geist und Charakter der Schule geprägt. Untertauchen mit Familie während der deutschen Besatzung. Statt Rückkehr nach Deutschland 1947 Einreise nach England mit Arbeitserlaubnis für die an die Londoner Universität als «Warburg-Institute» angeschlossene bedeutende kulturwissenschaftliche Bibliothek des Vaters Aby Warburg. Ab 1948 Lehrer in der progressiven Schule Dartington Hall. 1957 Gründung und (bis 1966) Leitung eines «Department of History of Art» am regionalen College of Art in Liverpool. Nach schwerer Erkrankung 22.10.1974 verstorben.

WEIL, Hans, geb. 8.9.1898 in Saarbrücken. Besuch der Landerziehungsheime Odenwaldschule und Dürerschule. Studium der Philosophie, Geschichte, Soziologie und Nationalökonomie in Heidelberg, Göttingen, München und Frankfurt/M. Promotion 1927 bei Herman Nohl über «Die Entstehung des deutschen Bildungsprinzips». 1930–1932 Assistent am Pädagogischen Seminar der Universität Frankfurt. Nach der 1932 erfolgten Habilitation Privatdozent in Frankfurt bis April 1933. Entzug der Lehrerlaubnis aus «rassischen» Gründen und Emigration nach Italien, als Versuch einer Schulgründung besonders für halbjüdische Kinder in Deutschland scheiterte. Zunächst pädagogische Leitung des von Dr. Werner Peiser gegründeten Landschulheims in Florenz, Frühjahr 1934 Gründung der «Schule am Mittelmeer» in Recco, die bis 1938 bestand. Auf Grund antisemitischer Gesetzgebung 1939 zum Verlassen Italiens gezwungen. Emigration über Großbritannien 1940 in die USA. Wegen Sprachfehlers infolge früherer Kinderlähmung außerstande, in einer Fremdsprache als Lehrer tätig zu werden. Eröffnung eines Foto-Ateliers in New York. Um 1950 Auftrag der Columbia-Universität zur Auswertung von «captured documents» u. a. des NS-Hauptamtes Wissenschaft. Nach 1945 als «Wiedergutmachung» zum Professor der Pädagogik in Frankfurt ernannt, ohne diese Funktion regulär wahrzunehmen. Starb am 5.6.1972 in New York.

WELTER, Marianne, geb. 1907 in Hattingen, dort erstes Examen als Kindergärtnerin und Hortnerin, daran anschließend Ausbildung zur Jugendleiterin in Verbindung mit Abitur im Jugendheim Berlin-Charlottenburg. Praxis in einem Hort für verwahrloste Kinder. Fürsorgerin in einem Tagesheim für erwerbslose Mädchen im «sozialistisch orientierten» Jugendamtsbezirk Prenzlauer Berg von Walter Friedländer. Als Mitglied der Gewerkschaft und SPD im Juni 1933 entlassen. Flucht nach Paris und Aufbau eines privaten Kinderheims als «Kooperative» in Plessy Robinson, gemeinsam mit Nora Hackel, mit der sie schon in Berlin zusammengearbeitet hatte. 1939 Internierung im Lager Gurs. Freilassung nach Einleitung der Auswanderung in die USA und zeitweilig Sozialarbeit im Lager Le Vernet. 1941 Emigration in die USA. Mit Hilfe eines Stipendiums Studium zunächst an der School of Social Work in Chicago, dann an der School of Applied Social Science in Cleveland, wegen der dortigen «Doppelorientierung» an Case Work *und* Group Work. Nach der Graduierung 1944 erste weiße Fürsorgerin in einer «all negro institution» in New York, als gerade mit der Rassenintegration begonnen wurde. Danach Arbeit mit in den USA aufgenommenen Waisen der von den Nationalsozialisten verschleppten europäischen Zwangsarbeiter. Fortsetzung dieser Tätigkeit nach Erlangung der amerikanischen Staatsbürgerschaft von 1948–1952 in Deutschland im Auftrag einer halb-öffentlichen, halb-privaten Institution, des Unitarian Service Committee, die mit der Arbeiterwohlfahrt kooperierte. In deren gemeinsamer Trägerschaft auch Veranstaltung von Fortbildungskursen für Sozialarbeiter sowie 1952 Einrichtung und Leitung eines Nachbarschaftsheimes in Bremen. Nach Rückkehr in die USA kurzfristig Tätigkeit beim International Social Service und Promotion in «Social Welfare» 1957, danach Lehrtätigkeit an der Adelphi School of Social Work bis 1975. Seit der Verleihung d. Prof. Emeritus 1977 Forschungsarbeit in dem privaten Institut für Counseling and Education in San Diego/Cal.

WETTIG, Liselotte, geb. 24.6.1907 in Gelnhausen. Ausbildung als Kindergärtnerin. Nach Tätigkeit in verschiedenen Kindergärten und Spielzentren für Schulkinder ab 1928 bis 1933 zunächst als Kindergärtnerin, sodann Beteiligung am Unterricht in den Elementarklassen. Emigration mit Minna Specht nach Dänemark und England, einschlägige Mitarbeit in den Nachfolgeschulen der Walkemühle. 1940 Internierung und bis zur Entlassung 1941 in der «Lagerschule» für internierte Kinder tätig. Danach Betreuung von Evakuierten und Lehrtätigkeit in einem Landerziehungsheim. Mitglied des Ständigen Komitees von G.E.R. Nach Rückkehr 1946 ein Jahr Odenwaldschule, dann weitere Ausbildung als Jugendleiterin. Von 1950–1956 Heimleitung in Hamburg. Ab 1960 Unterricht an Fachschule f. Kindergärtnerinnen d. AWO bis 1967. Lebt in Gelnhausen.

WILD, Heinz, geb. 22.12.1902 in Wien; 1916 nach Mainz. Auf ärztlichen Rat Gärtnerlehre bis 1922. Danach Lehrerausbildung in Rudolstadt/Thüringen. Zeitweise Freie Schulgemeinde Wickersdorf, 1931 Odenwaldschule bei Geheeb, dem er seine Examensarbeit über Koedukation vorlegt. Kaum im thüringischen Schuldienst, als Dorfschullehrer in Katzhütte, erste Schwierigkeiten auf Grund der politischen Situation 1932, zumal Wild seine Einstellung nicht verhehlt. 1933 Entlassung und Versetzung in den Ruhestand «aus rassischen Gründen». 1934 mit «Vorkommando» zur Gründung der Internationalen Quäkerschule nach Eerde/Holland emigriert, dort vor allem in musischer und praktischer Arbeit tätig, insbesondere Gärtnerei. Nach Arbeitsverbot für Juden durch die Deutschen Ende 1941 einer der Betreuer für die abgesonderten jüdischen Kinder in der Schule. Von holländischer Quäkerin vom Gang ins Lager abgehalten und versteckt, bis Nachweis «halb-arischer» Abstammung möglich. Bei Kriegsende Rückkehr nach Thüringen erwogen. Statt dessen Mitarbeit bis Ende 1945 im Kindergarten, dann an der wiedereröffneten Schule in Eerde bis 1952. Durch Stadtschulrätin Römer zur Rückkehr nach Frankfurt bewogen. Heirat. Im Schuldienst bis zur Pensionierung 1970 als Rektor an Schule mit hohem Anteil ausländischer Kinder, für die er sich besonders einsetzt. Starb am 20.11.1974 in Frankfurt/M.

WILKER, Karl, geb. 6.11.1885 in Osnabrück. Studium der Naturwiss., Psychologie, Philosophie u. Pädagogik; 1908 Promotion über «Die Bedeutung u. Stellung der Alkoholfrage in der Erziehungsschule». Staatsexamen für das Höhere Lehrfach. Studium d. Medizin in Jena. Mitglied d. bünd. Jugend. Beteiligung an Org. des Jugendtags an den Hohen Meißner 1913. 1910–14 Arbeit im Heilpäd. Heim v. Johannes Trüper b. Jena. 1914–16 Feldunterarzt. Ab 1917 Heimleiter in der Fürsorgeerziehung. Wegen Ausbau des Berliner «Lindenhof» zum Modell fortschrittlicher Heimpädagogik Konflikt mit Behörden u. Entlassung 1920. Goldschmiedelehre. Kontakte zu Landerziehungsheimen u. Volkshochschulen in Thüringen. Zusammenarbeit mit Elisabeth Rotten in der dt. Sektion des Weltbundes für Erneuerung der Erziehung. 1929–1931 Heimerzieher, daneben Vortragstätigkeit in Volkshochschulen, zuletzt in Frankfurt/M. Trotz prinzipieller Ablehnung von Parteizugehörigkeit, noch im April 1933 Eintritt in SPD. Am 3.5.1933 Emigration in die Schweiz wegen drohender Verhaftung auf Grund offener Kritik an faschistischen Verhältnissen, insbesondere HJ. Zunächst bei Schohaus im Lehrerseminar Kreuzlingen als Mitarbeiter an «Schweizer Erziehungsrundschau», 1935–1937 Lehrer am Landerziehungsheim Oberkirch, das auch viele Flüchtlingskinder aufnimmt. 1937 Ausreise nach Südafrika, mit Unterstützung bei Errichtung eines Landerziehungsheimes dort von jüd. Familie in Aussicht gestellt, was sich aber zerschlägt. Lehrer u. Direktor an Ausbildungsstätten für Bantus. Nach Regierungswechsel 1955 u. Auflösung der von ihm geleiteten Bantu-Lehrerbildungsanstalt Umzug nach Durban u. Tätigkeit als Kinderpsychologe u. -therapeut. 1964 Rückkehr nach Deutschland. 1975 Ehrendoktor der Univ. Frankfurt. Gestorben 1980 in Camberg/Ts.

WOLF, Ernest M., geb. 1909 in Dortmund. Mitglied der jüd. Jugendbewegung «Kameraden». 1927–1934 Studium der roman. Sprachen u. Literaturen, Deutsch, Englisch, Kunstgeschichte u. Philosophie in Bonn, Berlin, Münster, Paris. 1934 noch zur Promotion zugelassen, da Vater als Kriegsteilnehmer gefallen. Zuerst Auswandererkurse in Englisch u. Französisch. 1935 bis 1937 Lehrer im Jüdischen Landschulheim Herrlingen, das Hugo Rosenthal (Schüler von Geheeb) nach der Emigration von Anna Essinger neu errichtete. Auf Empfehlung von Rosenthal 1937 an das von dem Ehepaar Posener gegründete Jüdische Landschulheim Kristinehov in Västraby/Schweden, zunächst als Lehrer, dann als Direktor von 1938 bis 1940. Da Einwanderung nach Palästina, für die das Landschulheim erzog, nicht möglich, über Rußland und Japan nach Los Angeles/USA. Nach Tätigkeit als Gärtner u. Privatlehrer erneute Lehrerausbildung für Anstellung im öffentlichen Schulwesen. Seit 1947 Lehrtätigkeit am San Diego College bzw. der San Diego State University in den Fächern Deutsch, Französisch u. Spanisch. Im Anschluß an die Emeritierung 1976 Forschungen zu Rilke, Thomas Mann; Erwachsenenbildung mit Schwerpunkt europ. Kulturgeschichte. Neben zahlreichen wiss. Veröffentlichungen 1966 die «Kulturkunde» für den Gebrauch an Mittel- u. Oberstufe: «Blick auf Deutschland», mit Kap. über deutschen Widerstand, insbes. Geschwister Scholl.

WOLFF, Emmy, geb. 25.12.1890 in Bernburg/Anhalt. 1915–18 Hochschule f. Frauen, Leipzig, dann Studium Sozialwiss. München u. Frankfurt/M., 1922 Dip. f. Sozial- u. Verwaltungsbeamte, 1924 Promotion Frankfurt/M. Ab 1925 Lehrerin bei Verein Jugendheim, Berlin, daneben Doz. an der Deutsche Akademie f. soziale u. päd. Frauenarbeit. Ab 1927 Geschäftsführerin d. Bund deutscher Frauenvereine, Red. Zeitschrift «Die Frau». 1935 Emigration nach Großbritannien, bis 1959 Lehrerin f. deutsche Sprache u. Literatur an d. Stoatley Rough School von Hilde Lion in Haslemere/Surrey. Gestorben im September 1969 in Hindhead/Surrey.

WOLFF, Kurt H., geb. 20.5.1912 in Darmstadt. Unterrichtete an der «Schule am Mittelmeer» von Hans Weil in Recco/Italien von 1934 bis 1936. 1936–38 Institut Mare-Monte in Ruta und Pontedilegno. 1939 Emigration in die USA. Professor für Soziologie an der Brandeis University, Waltham/Mass.

ZIER, Kurt, geb. 1907 in Berlin. 1909 bis zum Ersten Weltkrieg mit Eltern in China. 1927 Abitur, anschließend Besuch einer Kunstakademie u. Studium d. Kunstgeschichte u. Biologie. Lehre als Marionettenspieler. Nach Staatsexamen 1932 als «Professeur de Dessin» an die Völkerbundschule in Genf. Rückkehr nach Berlin. 1933 aus dem Staatsdienst entlassen u. Arbeitsverbot als Maler u. Graphiker, da er «deutsches Kulturgut weder wahren noch schaffen könnte». 1939 nach Island, wo er mit isländischen Mitarbeitern in Reykjavik eine Werk- u. Kunstschule aufbaut. Ab 1949 Lehrer, ab 1951 bis 1961 nach Minna Specht Leitung der Odenwaldschule. Berufung zum Leiter der Werkkunstschule in Reykjavik bis 1969. Gest. 1971.

ZUCKMAYER, Eduard, geb. 1890 in Nackenheim/Main. Musikpädagogik in der «Schule am Meer» von Martin Luserke auf Juist, bis zu deren Auflösung 1934. Vorstellungsbesuch in der Internationalen Quäkerschule in Eerde/Holland. 1936 – durch Paul Hindemith vermittelt – als Lehrer an die Musiklehrerschule Ankara berufen, aus der das Staatl. Konservatorium Ankara hervorging. 1938 Leiter der Musikabteilung an Lehrerbildungsakademie in Ankara. Dort 2.7.1972 verst.

**Quellennachweis der Texte**

Sophie Friedlaender: Erinnerung an ein verlorenes Paradies. (c) Sophie Friedlaender, London

Anna Essinger: Die Bunce Court School (1933–1943). Rechenschaftsbericht der Schule, u. d. Besitz v. Dr. Adolf Prag, Oxford.

Minna Specht: Erziehung zum Selbstvertrauen. (c) Philosophisch-Politische Akademie, Frankfurt/M.

Hans Weil: Wie die Schule am Mittelmeer zustande kam – Sonntagsansprache vom 14. 3. 1937. (c) Senta Weil, New York

Paul Geheeb: Idee und Projekt einer Schule der Menschheit. (c) Odenwaldschule Oberhambach / Bergstr. / Ecole d'Humanité, Goldern

Alwine von Keller: Eindrücke aus der Ecole d'Humanité. 1934–45. (c) Lambert Schneider, Heidelberg

Martin Wagenschein: Paul Geheeb in der Ecole d'Humanité. (c) Martin Wagenschein, Darmstadt

Kurt Hahn: Das praktisch veranlagte Kind und der Bücherwurm. (c) Schule Schloß Salem / Lota Hahn-Wartburg, London

Eine bezeichnende Episode. (c) Schule Schloß Salem / Gordonstoun School

Pitt Krüger: Brief an eine Quäkerfreundin. (c) Pitt Krüger, La Coûme

Heinrich Grönewald: Ich finde, daß ... (c) Ilse S. de Grönewald, Konstanz, aus: Festschrift 1936, Pestalozzi-Schule, B. A.

Ein Schüler äußert sich. (c) Pestalozzi-Schule, Buenos Aires

August Siemsen (Hg.): Kinder hinter Gittern. (c) Pieter Siemsen, Berlin (DDR) / Das Andere Deutschland (existierte bis 1949)

Max A. Warburg: Das Landerziehungsheim. Ein Mittel der Erziehung zur Demokratie. (c) Josie Warburg, London.


**Quellennachweis der Abbildungen**

S. 45, 46, 49: Dr. Ernst King (?) Reprod. aus dem Besitz von Sophie Friedlaender, London; S. 61, 62: Nachlaß Minna Specht, Philosophisch-Politische Akademie, Frankfurt a. M.; S. 65: Privatbesitz Lex Ullmann, Leipzig; nach: Lex Ullmann, Zur Erziehungsarbeit mit Kindern deutscher Emigranten in Kindererziehungsheimen der ČSR (1934–38), in: Jahrbuch für Erziehungs- und Schulgeschichte 18/1978, S. 125–131, Berlin (DDR), Volk und Wissen; S. 69: Johanna Nacken, im Besitz von Eleonore Astfalck, Nienhagen, S. 73, 83: Aus dem Besitz von Sus. Trachsler-Lehmann, Zürich, S. 91: Nora Walter, Bonn; S. 105, 106: Aus dem Besitz von Eva und Rudi Brook (Bruch), Los Angeles; S. 109, S. 113: Aus dem Besitz von Senta Weil, New York; S. 111: Edith Baumann, aus dem Besitz von Heinz Guttfeld-Gilead, Ramat Gan; S. 123: Gretel Osterwalder, Frauenfeld / Schweiz; S. 137, 149: Reproduktion im Besitz von Martin Doernberg, Barsinghausen 4, Originale Gordonstoun School, Elgin / Morayshire (Schottland); S. 156, 159: Aus dem Besitz von W. Hilsley, Beverweerd / Holland; S. 161: Nachlaß Heinz Wild, im Besitz von A. Wild, Frankfurt; S. 165: Aus: Die Tagebücher des Klaus Seckel. Das letzte Stückchen Erde, Assen 1951, nach S. 96; S. 169: Hannelore Lehnard-Schnorbach, Frankfurt a. M.; S. 172, 174: Pitt Krüger, La Coûme; S. 192: Graphik: Carl Meffert / Clément Moreau, Zürich; aus: Deutsche Gedichte von Goethe bis Brecht, zusammengestellt von August Siemsen, Transmare Verlag, Buenos Aires o. J.; S. 194: Titelblatt der Broschüre «Kinder hinter Gittern», hrsg. v. August Siemsen, Buenos Aires, o. J. (1942?); S. 203, 208: aus dem Besitz von Gunter Nabel, Wolfsburg. Fotos 1955 und 1958 Clemens Kalischer.